中南财经政法大学"双一流"建设文库

文 | 化 | 传 | 承 | 系 | 列 |

U0548891

洋务运动时期
英美法在中国的
输入与影响

李 栋 著

中国财经出版传媒集团
经济科学出版社
Economic Science Press

图书在版编目（CIP）数据

洋务运动时期英美法在中国的输入与影响/李栋著.
—北京：经济科学出版社，2021.11
（中南财经政法大学"双一流"建设文库）
ISBN 978 – 7 – 5218 – 3223 – 5

Ⅰ.①洋⋯　Ⅱ.①李⋯　Ⅲ.①法制史 – 中国 – 近代②
英美法系 – 研究　Ⅳ.①D929.5②D904

中国版本图书馆 CIP 数据核字（2021）第 250116 号

责任编辑：孙丽丽　胡蔚婷
责任校对：王苗苗
版式设计：陈宇琰
责任印制：范　艳

洋务运动时期英美法在中国的输入与影响
李　栋　著
经济科学出版社出版、发行　新华书店经销
社址：北京市海淀区阜成路甲 28 号　邮编：100142
总编部电话：010 – 88191217　发行部电话：010 – 88191522
网址：www. esp. com. cn
电子邮箱：esp@ esp. com. cn
天猫网店：经济科学出版社旗舰店
网址：http://jjkxcbs. tmall. com
北京季蜂印刷有限公司印装
710 × 1000　16 开　36.25 印张　410000 字
2021 年 12 月第 1 版　2021 年 12 月第 1 次印刷
ISBN 978 – 7 – 5218 – 3223 – 5　定价：118.00 元
（图书出现印装问题，本社负责调换。电话：010 – 88191510）
（版权所有　侵权必究　打击盗版　举报热线：010 – 88191661
QQ：2242791300　营销中心电话：010 – 88191537
电子邮箱：dbts@ esp. com. cn）

总　序

　　"中南财经政法大学'双一流'建设文库"是中南财经政法大学组织出版的系列学术丛书，是学校"双一流"建设的特色项目和重要学术成果的展现。

　　中南财经政法大学源起于 1948 年以邓小平为第一书记的中共中央中原局在挺进中原、解放全中国的革命烽烟中创建的中原大学。1953 年，以中原大学财经学院、政法学院为基础，荟萃中南地区多所高等院校的财经、政法系科与学术精英，成立中南财经学院和中南政法学院。之后学校历经湖北大学、湖北财经专科学校、湖北财经学院、复建中南政法学院、中南财经大学的发展时期。2000 年 5 月 26 日，同根同源的中南财经大学与中南政法学院合并组建"中南财经政法大学"，成为一所财经、政法"强强联合"的人文社科类高校。2005 年，学校入选国家"211 工程"重点建设高校；2011 年，学校入选国家"985 工程优势学科创新平台"项目重点建设高校；2017 年，学校入选世界一流大学和一流学科（简称"双一流"）建设高校。70 年来，中南财经政法大学与新中国同呼吸、共命运，奋勇投身于中华民族从自强独立走向民主富强的复兴征程，参与缔造了新中国高等财经、政法教育从创立到繁荣的学科历史。

　　"板凳要坐十年冷，文章不写一句空"，作为一所传承红色基因的人文社科大学，中南财经政法大学将范文澜和潘梓年等前贤们坚守的马克思主义革命学风和严谨务实的学术品格内化为学术文化基因。学校继承优良学术传统，深入推进师德师风建设，改革完善人才引育机制，营造风清气正的学术氛围，为人才辈出提供良好的学术环境。入选"双一流"建设高校，是党和国家对学校 70 年办学历史、办学成就和办学特色的充分认可。"中南大"人不忘初心，牢记使命，以立德树人为根本，以"中国特色、世界一流"为核心，坚持内涵发展，"双一流"建设取得显著进步：学科体系不断健全，人才体系初步成型，师资队伍不断壮大，研究水平和创新能力不断提高，现代大学治理体系不断完善，国际交流合作优化升级，综合实力和核心竞争力显著提升，为在 2048 年建校百年时，实现主干学科跻身世界一流学科行列的发展愿景打下了坚实根基。

"当代中国正经历着我国历史上最为广泛而深刻的社会变革，也正在进行着人类历史上最为宏大而独特的实践创新"，"这是一个需要理论而且一定能够产生理论的时代，这是一个需要思想而且一定能够产生思想的时代"①。坚持和发展中国特色社会主义，统筹推进"五位一体"总体布局和协调推进"四个全面"战略布局，实现"两个一百年"奋斗目标、实现中华民族伟大复兴的中国梦，需要构建中国特色哲学社会科学体系。市场经济就是法治经济，法学和经济学是哲学社会科学的重要支撑学科，是新时代构建中国特色哲学社会科学体系的着力点、着重点。法学与经济学交叉融合成为哲学社

① 习近平：《在哲学社会科学工作座谈会上的讲话》，2016 年 5 月 17 日。

会科学创新发展的重要动力，也为塑造中国学术自主性提供了重大机遇。学校坚持财经政法融通的办学定位和学科学术发展战略，"双一流"建设以来，以"法与经济学科群"为引领，以构建中国特色法学和经济学学科、学术、话语体系为己任，立足新时代中国特色社会主义伟大实践，发掘中国传统经济思想、法律文化智慧，提炼中国经济发展与法治实践经验，推动马克思主义法学和经济学中国化、现代化、国际化，产出了一批高质量的研究成果，"中南财经政法大学'双一流'建设文库"即为其中部分学术成果的展现。

文库首批遴选、出版二百余册专著，以区域发展、长江经济带、"一带一路"、创新治理、中国经济发展、贸易冲突、全球治理、数字经济、文化传承、生态文明等十个主题系列呈现，通过问题导向、概念共享，探寻中华文明生生不息的内在复杂性与合理性，阐释新时代中国经济、法治成就与自信，展望人类命运共同体构建过程中所呈现的新生态体系，为解决全球经济、法治问题提供创新性思路和方案，进一步促进财经政法融合发展、范式更新。本文库的著者有德高望重的学科开拓者、奠基人，有风华正茂的学术带头人和领军人物，亦有崭露头角的青年一代，老中青学者秉持家国情怀、述学立论、建言献策，彰显"中南大"经世济民的学术底蕴和薪火相传的人才体系。放眼未来、走向世界，我们以习近平新时代中国特色社会主义思想为指导，砥砺前行，凝心聚力推进"双一流"加快建设、特色建设、高质量建设，开创"中南学派"，以中国理论、中国实践引领法学和经济学研究的国际前沿，为世界经济发展、法治建设做出卓越贡献。为此，我们将积极回应社会发展出现的新问题、新趋势，不断推出新的主题系列，以增强文库的开放性和丰富性。

　　"中南财经政法大学'双一流'建设文库"的出版工作是一个系统工程，它的推进得到相关学院和出版单位的鼎力支持，学者们精益求精、数易其稿，付出极大辛劳。在此，我们向所有作者以及参与编纂工作的同志们致以诚挚的谢意！

　　因时间所囿，不妥之处还恳请广大读者和同行包涵、指正！

中南财经政法大学校长

代　序

　　中国古代，国家一统与社会和谐，既是民族精神与社会文化的最高价值，也是政治体制与法律制度的重要任务。在这一原则主导之下，古代中国不以国家间的竞争以及国家利益扩张为主要目标。近代西欧，以追求社会公正、崇尚个人自由为核心的古希腊罗马文化，借助文艺复兴、工业革命的力量，不仅一定程度上弱化了基督教的温情羁绊，而且极端化发展，形成在国家之间追逐商业利润、海外殖民扩张、甚至不惜兵戎相见的强权国际政治。

　　中国社会近代化是一个艰难的历史过程。在这一过程中，以欧陆国家和英美为主体的西方国家，基于殖民运动的目标，从技术、制度、文化等方面，全面介入并影响中国。洋务运动时期，既是清政府引进新技术、建构近代制造业和商贸体系基础的关键时期，也是西方国家与制度、文化相关联的思想理论介入中国、并在中国社会传播的关键时期。

　　介入并影响近代中国的西方思想理论，在整体内容与风格上区别于东方思想理论；而西方理论本身也会因国别、地区或文化传统不同而存在内部差异。

　　鸦片战争时期，英国步兵的制式装备有伯克式燧发枪，而法国步兵则主要使用查尔维尔式燧发枪。对于清军士兵及中国普通百姓而言，多数只有一个概括性的"洋枪"概念，知道外国士兵手中的洋枪射程远、杀伤力强，而对于不同国度士兵制式步枪在功能特点及使用方式方面的差别，则忽略不计。

洋务运动时期中国人对于英美德法各国法律的认知，包括对于法律思想与法律制度的了解，多数也仅限于整体概念上的"泰西法律""西国法律"。随着社会各界与西方法律的进一步接触，包括出使大臣介绍，出洋大臣考察，尤其是西方法典、法学著作的翻译以及中国学术界对于西方法律研究的深化，法德法律与英美法律的内部差异，逐渐为中国的学界、政界所知晓。清末五大臣出洋考察，综合政权体制、治理机制、君民关系、传统习惯等因素，提出仿效德国政权体制，并推进从形式上以德法日等国法律为蓝本，通过移植参照，建构中国自己的近代法律体系。以清末法制改革为起点的法律近代化进程，在基本精神、核心原则等方面，多以"西方法律"为一整体加以参照；而在法典编纂、法官作用等具体制度方面，则主要以德、法、日各国为借鉴。

李栋的《洋务运动时期英美法在中国的输入与影响》一书，以"整体性借鉴"为原则，较为系统地梳理了洋务运动时期英美法在中国的传播与影响。结合学界已有的关于德日等国法律在近代中国传播与影响的研究成果，我们能够更全面地了解"西方"法律对于中国法律近代化的整体影响。

2020 年 9 月 20 日

序　言

  中国是世界上少有的拥有四五千年连续不断的文明发展史的国家，其文化积累之丰富，传统价值观念之持久稳定，都是世界文明史上少有的。在中国漫长的文明发展史中，曾发生过两次重大的转变。一次是从列国并立的先秦时代转变到秦汉大一统的中央集权的君主专制时代；另一次是晚清从大一统的中央集权君主专制时代向强调民权的现代民主社会转变。对此，薛福成在 1885 年刊行的《筹洋刍议》中指出："天道数百年小变，数千年大变"，秦灭六国"其去尧、舜也，盖二千年，于是封建之天下，一变为郡县之天下"；"而今之去秦、汉也，亦二千年，于是华夷隔绝之天下，一变为中外联属之天下"。① 两次转变过程最大的区别在于：前者完全是由于中国社会内部的种种变化而驱动的；而后一次转变则是在外部力量的挤压下发生的。

  在这场关涉传统文化、传统价值的巨变中，中国传统的法律也概莫能外。中国古代礼法传统所内涵的天人交感的宇宙观、道德化的法律思想以及息事宁人的人生观，有别于西方自古希腊罗马以降以公平、正义为终极追求、以彰显个人权利与自由为目标的法律传统。然而，列强的"坚船利炮"

---

① （清）薛福成：《筹洋刍议·变法（1885 年）》，引自马忠文、任青编：《薛福成卷》，中国人民大学出版社 2015 年版，第 184 页。

迫使古老中国的法律做出改变，中国艰辛地走上了学习、移植、借鉴西方法律的法律近代化之路。

以往学界研究中国法律近代化之路，尤其是清末法制变革，多强调大陆法国家如德国、日本等的影响，认为中国法制近代化之路实质上走的是一条移植大陆法的道路。①

至于中国近代缘何"钟情"于大陆法系，而没有选择英美法系，国内许多学者都对此问题做出了大致相同的分析。如贺卫方教授在 1991 年《英美法与中国（代引言）》中就提出，大陆成文法典形式、演绎式的法律推理、偏重用理性的宣言来规定公民权利的做法以及民族国家兴起后所出现的中央集权倾向均与中国传统的法制和晚清"内忧外患"的时局存在暗合之处，加之东邻日本的影响，因此，晚清以降中国做出了"模范"大陆法系的选择。② 郝铁川教授也从"相近的国家主义观念""相近的法典编纂观念""相近的思维方式"以及"相近的审判方式"等四个方面作出了解释。③ 范忠信教授也认为，清廷变法修律之所以会出现向"大陆法系一边倒的倾向"，主要是因为中国重视成文法的传统与大陆法系近似、出洋考察大臣们对大陆法系国家政治法律制度的倾向性以及日本取法大陆法系国家而立宪和变法修律由弱变强的历史经验和延聘日本法学专家的实际影响等。④ 对法典编纂有专门研究的封丽霞博士专门撰文探讨了中国近代选择继受大陆

---

① 如权威著作和经典教科书均不否认这一点，具体可参见张晋藩主编：《中国法制通史》第 9 卷（清末·中华民国），法律出版社 1999 年版，第 612 页；范忠信、陈景良主编：《中国法制史》（第二版），北京大学出版社 2010 年版，第 434 页。
② 参见贺卫方：《英美法与中国（代引言）》，载于《比较法研究》1991 年第 4 期。
③ 参见郝铁川：《中华法系研究》，复旦大学出版社 1997 年版，第 195～212 页。
④ 参见范忠信、叶峰：《中国法律近代化与大陆法系的影响》，载于《河南政法管理干部学院学报》2003 年第 1 期。

法系法典化模式的原因，她认为："中国近代选择与继受大陆法系法典化模式不是一种偶然或巧合，而是中国深厚的传统观念、文化背景、当时的民族境遇，一衣带水的日本的影响，以及法典法和判例法的特点等诸多因素共同决定的历史必然"。① 此外，李贵连先生也着重从"同洲同文，取资尤易为力""法典翻译中的倾向""日本专家的聘请""派员到日考察"和"法律教育和法学"等五个方面强调了日本对晚清中国移植大陆法系所产生的重要影响。② 可以说，晚清以降，中国移植、借鉴大陆法系国家政治法律制度成为当下研究中国法律近代转型的一条不容回避的"主线"。

然而，对于这一近似"公理"化的结论，我们应当保持足够的警惕。不仅是因为这极易使我们将中国法律近代化转型这一问题简单化，将中国法律近代化转型之路化约为一条移植大陆法之路，从而回避或者弱化英美法在此进程中的存在和影响。更为重要的是，晚清以降的中国法律近代化转型之路在上述"公理"化的结论中，可能被裁剪为一部"线性"的大陆法之于中国的法律史，法律近代化转型背后更多丰富的学术内容可能无从挖掘，"西法东渐"之丰富内涵必将压缩为干瘪的制度规范、原则的横向"位移"。

实际上，为什么近代中国法律近代化转型之路走的是大陆法系的路子，而不是英美法的道路这一设问本身就存在问题。因为在那时法政精英对大陆法和英美法的划分并不清晰，

① 参见封丽霞：《偶然还是必然：中国近现代选择与继受大陆法系法典化模式原因分析》，载于《金陵法律评论》2003 年春季卷。
② 参见李贵连：《近代中国法律的变革与日本影响》，载于《比较法研究》1994 年第 1 期。

更遑论他们会在移植西法过程中，刻意秉持移植大陆法的立场。

之所以这样讲，一方面是因为"法系"一词的前身"法族"（legal family or family of law）是明治十七年（1884），日本法学家穗积陈重在《法学协会杂志》第 1 卷第 5 号《法律五大族之说》一文首次提出的，① 而西方法学界真正对法系之间的不同进行研究和讨论也是 19 世纪末 20 世纪初的事情了。例如，第一届国际比较法大会直到 1900 年才在法国召开。② 与之相对应的是，在此之前西法东渐在中国已经开始了近半个世纪之久。③ 西方传教士通过报纸杂志，林则徐和魏源等人通过撰写书籍，译书机构通过翻译西洋书籍，少数知识分子通过海外游记以及一批清朝官员、士大夫以日记、信件、奏章的形式向国人介绍了西洋大量的法政知识，甚至在 19 世纪 60 年代到 90 年代末期，掀起了一个"公法时代"。

另一方面，即便光绪二十九年（1903）由日本法学家穗积陈重创立的"五大法族说"首次被引入中国，然而，一个无法否认的事实，却是国人在此后的变法修律中，对英美法系与大陆法系的区分并不十分清楚，且这一趋势一直延续到

---

① 在该文中，穗积陈重认为，世界上的法律制度一般可以分为五大法族，即"印度法族、支那法族、回回法族、英国法族、罗马法族"五种，参见穗积陈重：《穗积陈重遗文集》第一集，第 292～307 页，转引自杨鸿烈：《中国法律对东亚诸国之影响》，中国政法大学出版社 1999 年版，第 2 页。而美国法学家约翰·亨利·威格摩尔（Dean John Henry Wigmore）三卷本的《世界法律系统大全》所提出的"十六法系说"则是 1928 年的事情。

② 参见何勤华：《比较法在中国》，载于《法学研究》2006 年第 6 期。

③ 这里笔者将"西法东渐"的历史确定为 1807 年，即英国传教士马礼逊到中国传播基督教那一年。因为在此之后，以马礼逊为代表的一大批传教士在传播基督教的同时，通过报纸杂志、西式书院等方式向国人介绍了大量有关西方的法政知识，并在鸦片战争前后直接影响了林则徐、梁廷枏、徐继畬和魏源等人。

民国时期。① 1903 年留日学生编辑的刊物《政法学报》（其前身是《译书汇编》）在该年第 2 期上刊载了署名为"攻法子"②的《世界五大法系比较论》一文，该文首次将"法系"概念引入中国，使国人首次知道"罗马和英国两大法系不仅历史久远，而且生生不息，势力进入了全世界"。③ 但是，就当时中国究竟应援引何种法律时，该文并未舍英美法而单就大陆法，而是给出了兼采两大法系的"药方"。

> 支那不言法治则已，欲言法治，则唯舍支那固有之法系，而继受罗马及英国之二新法系，然后国民法律之思想得以渐次发达进步，法典可期其完成也。④

就连当时在晚清变法修律中最具权威性的沈家本，他在言及西洋法律时，也并未拿大陆法、英美法作为言说的惯常术语，而是以"泰西法律""欧美科条""西国刑法"等笼而统之。⑤ 而真正对两大法系的特点、区分产生正确认识，并成为一种法学常识则是民国时候的事情了。表 0 - 1 中大量民国法学论文对两大法系的著述即为明证（见表 0 - 1）。

---

① 值得一提的是，杨兆龙先生在 1949 年《新法学》第二、三、四期，以连载的形式分析了英美法和大陆法的区别，参见杨兆龙：《大陆法与英美法的区别究竟在哪里？》，引自陈夏红编：《大陆法与英美法的区别》，北京大学出版社 2009 年版，第 2 ~ 51 页。

② 关于"攻法子"的真实身份问题参见赖骏楠：《构建中华法系——学说、民族主义与话语实践（1900 - 1949）》，载于《北大法律评论》第 9 卷·第 2 辑，北京大学出版社 2008 年版，第 426 页。

③④ 攻法子：《世界五大法系比较论》，载于《政法学报》癸卯年第 3 期，转引自何勤华：《比较法在近代中国》，载于《法学研究》2006 年第 6 期。

⑤ 尽管贺卫方教授曾在沈家本 1907 年所写的《裁判访问录序》中找出过两大法系区分的例句，即"泰西裁判之制，英美为一派，德法为一派，大略相同而微有不同"。但正如贺卫方教授自己所说的，"在八十多年之后，我们能够说沈氏的这个意见并不确切；西方两大法系的司法体制以及技术不是微有不同，简直可以说是大有不同。"参见贺卫方：《英美法与中国（代引言）》，载于《比较法研究》1991 年第 4 期。

表 0 - 1　　民国时期有关英美法与大陆法论文篇目节选

论文题目	作者	译者	期刊名	卷/期号	出版年份
论拿破仑百周年纪念及其在世界法系上之影响	郦星章		法学季刊	第 1 卷第 1 期	1922 年 4 月
法律解释上之英美法源	罗鼎		法律评论	第 10~17，19~20 期	1923 年 9 月
英美之判例法	龙守荣		法评	第 13~22 期	1923 年 9 月
五大法系比较观	孟之英		政法月刊	第 3 卷第 1 期	1923 年 10 月
判例与大陆法系	陆鼎揆		法学季刊	第 4 卷第 1 期	1929 年 1 月
魏穆尔氏世界法律地图之研究	马存坤		法律评论	第 8 卷第 3 期	1930 年 10 月
世界法律地图	John Hr Wigmore	刘虎如	东方杂志	第 27 卷第 4 期	1930 年
两大法系之进展与特质	徐砥平		中华法学杂志	第 2 卷第 8 期	1931 年 8 月
英美普通法之精神		盛森璇等	法学杂志	第 5 卷第 4~6 期	1932 年 4 月
世界两大法系之辨正的转换	严级葳		东方杂志	第 29 卷第 8 期	1932 年 12 月
法源与法系之研究	潘新藻		正中	第 1 卷第 4 期	1935 年 1 月

论文题目	作者	译者	期刊名	卷/期号	出版年份
大陆法系与英美法系	桂裕		东方杂志	第41卷第19期	1945年10月
异见—英美法介绍	徐家康		东吴法声	复刊3号	1946年6月
成文法与不成文法	王元候		东吴法声	复刊号第1卷第6期	1946年6月

资料来源：节选自何勤华、李秀清主编：《民国法学论文集》第一卷（基础法律篇），法律出版社2003年版。

因此，为什么中国近代尤其是晚清时期在移植西方法律过程中会选择大陆法而舍弃英美法这一问题本身就是值得质疑的。因为在不具备相应比较法学知识的前提下，苛求先人成竹在胸地审时度势，无疑有牵强附会之嫌。这就好比马克斯·韦伯在用"理想类型"（ideal-types）[①] 分析中国古代司法时，我们的先人并不清楚他们在使用一种被称为"卡迪式"（khadi）[②] 的司法进行断

[①] "理想类型"作为一种研究方法有如下两个特征：首先，它具有一定的"价值关联"，也就是说，研究者的问题结构中已经蕴涵着一定的价值判断，而理想类型本身也必须能够对研究对象包含的意义结构做出解释，这就将理想类型的研究方法与逻辑实证主义的研究方法区别开来。其次，"理想类型方法的目的不是侧重揭示各种文化现象之间的家族相似性，而主要在于辨析它们之间的差异。"参见 Max Weber, *Gesammelte Aufsatze zur Wissenschaftslehre*, 3rd edn, Tübingen, 1968, p. 202. 转引自郑戈：《法律与现代人的命运：马克斯·韦伯法律思想研究导论》，法律出版社2006年版，第59页。

[②] "卡迪"为回教法院执行阿拉伯法律的法官。"卡迪司法"是指任何不依形式理性法律的固定规则，而依据伦理、宗教、政治或其他实质理由而做成判决的法律制度。当然，将中国古代司法定义为"卡迪"司法是否准确，本身就存在争议，具体体现在中国台湾地区著名学者张伟仁先生与贺卫方教授2006年围绕此问题所进行的争论。

案。当然，作为一种"回溯性"的分析研究，我们可以用当下的比较法学概念对过去发生过的历史进行分析，于是，也就产生了前述提到诸位学者分析的原因和观点。对此，贺卫方教授在论及此问题时也谈到上述观点，"在晚清的法律改革家眼中，西方不同于国家，不同法系的分别并不如今天法学家那般清晰"。①

其实，从1901年慈禧发布上谕实行"新政"开始，西方法律始终是被国人作为一个整体对象认识的，无所谓大陆法，也无所谓英美法。无论清廷所颁布的诏书、谕令，还是士大夫的公文、奏表，亦或是知识精英的言词、著述，在论及如何学习西方法律时，言必称"泰西诸国律法""各国成法""西国律例""各国政法""博辑中外""模范列强"，而无大陆、英美之见。尽管在"预备立宪"访察各国宪政过程中，出洋大臣在各自的奏折中有了"英国宪政""美国宪政""德国宪政""法国宪政"等提法，且大致形成了"师法德日"这一近似学习大陆法的说法。如"美以工商立国，纯任民权，与中国政体，本属不能强同。"②又如"大抵英国政治，立法操之议会，行政责之大臣，宪典掌之司法……惟其设官分职，颇有复杂拘执之处，自非中国政体所宜"。③再如"查德国以威定霸……立国之意，专注重于练兵，故国民皆有尚武之精神，即无不以服从为主义。……其人民习俗，亦觉有勤俭质朴之风，与中国最为相近。盖其长处，在朝无妨民之政，而国体自尊，人有独立之心，而进步甚猛，是以日本

---

① 贺卫方：《英美法与中国（代引言）》，载于《比较法研究》1991年第4期。
② （清）戴鸿慈等：《出使各国考察政治大臣戴鸿慈等奏在美国考察大概情形并赴欧日期折》（光绪三十二年正月二十三日），引自故宫博物院明清档案部编：《清末筹备立宪档案史料》，上册，中华书局1979年版，第7页。
③ （清）载泽等：《出使考察政治大臣载泽等奏在英考察大概情形暨赴法日期折》（光绪三十二年三月二十四日），引自故宫博物院明清档案部编：《清末筹备立宪档案史料》，上册，中华书局1979年版，第11页。

维新以来，事事取资于德，行之三十载，遂致勃兴，中国近多歆羡日本之强，而不知溯始穷原，正当以德为借镜"。① 但这并不能说明此时诸大臣已对两大法系有了明确的认识，对于各国宪政的认识和评价是他们出使所必须完成的"功课"。至于"师法德日"说也只是他们从"政治功用""国家富强""救亡图存"的角度认识西洋宪政的大致观感，这种说法不仅与两大法系的法律形式无关，而且更与两大法系各自所蕴涵的精神无涉，况且这种十分模糊的判断也仅局限于政治领域，与具体法律制度毫无关系。

因此，笔者认为，直至清帝逊位前，晚清各阶层对西方法律的认识是整体意义上的，它们既无所谓两大法系的概念，也无所谓明确移植大陆法的规划，其唯一的行动指南和理论依据便是1901年慈禧在"仓皇辞庙"而狼狈"西狩"时所发布"变法上谕"中的"取外国之长，乃可补中国之短"，继而实现"强国利民"的总体目标。②

显而易见的是，在整个19世纪和20世纪初的时间里，当中国大规模学习、移植西方法律时，比较法尤其是英美法和大陆法的分类和研究在西方也远远没有成熟、定型，因此在晚清主导西法东渐的士大夫那里也就不太可能存在清晰、可辨的到底是学习英美法系或者是大陆法系的道路选择问题。

既然"中国法律近代化道路走的仅仅是一条大陆法之路"的命题是我们后人总结概括的结果，那么，作为西方法律文明重要组成部分的英美法在中国法律近代化过程中从逻辑上存在与中

---

① （清）戴鸿慈等：《出使各国考察政治大臣戴鸿慈等奏到德后考察大概情形暨赴丹日期折》（光绪三十二年三月十六日），引自故宫博物院明清档案部编：《清末筹备立宪档案史料》，上册，中华书局1979年版，第9～10页。

② 具体内容可参见《变法上谕》（光绪二十六年十二月初十日），引自夏新华、胡旭晟等整理：《近代中国宪政历程：史料荟萃》，中国政法大学出版社2004年版，第35～36页。

国"接触"的可能。事实上，英美法在中国近代，尤其是在晚清曾经广泛传播，并产生深远影响。申言之，从 1807 年伦敦会传教士马礼逊（Robert Morrison，1792～1834）① 赴华传教开始，英美法通过传教士、士大夫、知识精英等人，以杂志、报刊、学校、译著、著作、游记等形式进行传播，并从知识、思想和实践三个维度影响着中国法律近代化的进程。如国内对英美法有深入研究的高鸿钧教授就指出：

> 中国与英美法接触，始于清末，主要是借助四种方式和途径。一是鸦片战争前英美传教士在华的活动，例如在他们所办介绍西方文化的书刊中，夹杂着一些关于英美法的话语和知识；二是 19 世纪 60 年代，在翻译西方法律著作中，涉及一些英美法著作，典型是美国学者丁韪良《万国公法》的汉译；三是清末在移植西方法律中，涉及一些英美法，例如 1903 年《钦定大清商律》中的公司法移植了英美的制度，1904 年的《商标注册试办章程》确认了英美的商标法，1906 年的《刑事民事诉讼法草案》曾经"酌取英、美陪审制度"。②

马剑银博士也指出：

> 当然，学者一般都认为近代中国的法律移植主要以移植大陆法系为主，中国法律体系的建构确实以大陆法系为模

---

① 马礼逊，英国人，1782 年 1 月 5 日诞生于布勒古林（Buller's Green）。1805 年获准加入伦敦会后被送往戈斯波特的牧师勃格博士（Rev. Dr. Bouge）处深造。1807 年 1 月 8 日，马礼逊在伦敦施华洛大街（Swallow Street）的苏格兰教堂被按立为牧师。1807 年 1 月 21 日由美国启程前往中国，9 月 4 日到达澳门。1834 年 8 月 1 日其在广州丹麦行 6 号寓所中去世。马礼逊作品有《华英字典》《中国大观》《中国文集》等。参见［英］伟烈亚力（Alexander Wylie）：《1867 年以前来华基督教传教士列传及著作目录》，倪文君译，广西师范大学出版社 2011 年版，第 10～20 页。

② 参见高鸿钧：《比较法律文化视域的英美法》，载于《中外法学》2012 年第 3 期。

板，但是英美两国的法律制度和法律观念对近代以降的中国确实也产生了非常深远的影响，使得近代中国的法律制度和法律观念具有多层次、多方面的英美法印记。①

当然，我们也必须意识到，这些关于英美法和西学的内容更多是朝野知识精英的记载和表达，而与更多的普通人关联不大。对此，有论者指出：

> 直接了解这种情况的只是统治阶级、文人和官吏中的少数人物，至于平民，特别是与外国人共事的人，则不习惯把他们的看法和经历记录下来留给后世。所以我们在考察中国人对西方的看法时，不得不主要依靠上流社会学者们的著作。②

因此，重新梳理英美法在晚清中国的传播与影响不仅有利于我们补全中国法律近代化的历史事实，对中国法律近代化的历程进行全面的把握与评判；而且更为重要的是，重温这段英美法在中国传播与影响的历史，有助于我们理解中国法律近代化的复杂与艰辛。因为这其中包含着中国人对西方法律的最初认知与思考以及由此所引发的迎拒态度与好恶，而这些共同构成了中国近代法律转型的"中国问题与背景"。时至今日，在西方法律与苏联法制的直接影响下，我们在形式上完成了法律体系的建构，③但是，近两个世纪以来的中国法律近代化（现代化）的进程并没

---

① 马剑银：《英美法在近代中国 1840－1949》，载于高鸿钧等主编：《英美法原论》，（下册），北京大学出版社 2013 年版，第 1455～1503 页。

② 王尔敏、郝延平：《中国人对西方关系看法的变化，1840～1895 年》，载于［美］费正清、刘广京编：《剑桥中国晚清史（1800－1900）》，（下册），中国社会科学出版社 2007 年版，第 141 页。

③ 2011 年时任全国人大委员长的吴邦国宣布"中国特色社会主义法律体系已经形成"。参见吴邦国：《在形成中国特色社会主义法律体系座谈会上的讲话》，载于《人民日报》2011 年 1 月 24 日，第 1 版。

有完成,① 法律移植过程中的"排异反应"和"水土不服"现象仍然存在,②"文本法制（显性法制）与现实法制（隐形法制）之间存在着显著抵牾",③ 许多当年在晚清西法东渐过程中出现的踌躇、犹豫、焦虑与困惑仍在继续,法国当代学者雷蒙·阿隆（Raymond Aron,1905~1983年）所提的"后知之明"④（Retrospective Meditation）我们仍然没有获得,于是,我们必须回过头来重新审视、挖掘这段历史及其背后所蕴藏的可能指引我们前进的"密码"。因此,厘清晚清西法东渐的历史既是我们面对时代变迁、社会转型所必须面对的问题,同时也是我们超越中西、古今问题羁绊,走向未来的逻辑起点。

具体而言,本书研究的主要内容包括:（1）以英美法在近代中国的传播与影响为切入,以期通过大量、具体、翔实的史料再现这一西法东渐的过程,具体包括鸦片战争前后、洋务运动时期、甲午战后、清末修律时期以及整个民国时期这五个重要的历史时期;（2）着重分析、探讨英美法在近代中国传播与影响过程中,中国人对其的认知程度、迎据态度以及由此所秉持的冲突

① 如学者金耀基指出:"中国前现代社会的传统的文明秩序（一个主要以儒学三纲六纪为规范的帝国秩序）已倾圮解体,而中国的现代文明秩序还远远没有完全建立,今天仍处于一个社会大转型的过程中。"参见雷颐:《面对现代性挑战:清王朝的应对》,社会科学文献出版社2012年版,总序,第2页。

② 如一直致力于"法制中国化"的范忠信教授主张目前中国法律史学研究最亟待解决的问题,是从宏观和微观两个层面全面反省西法东渐所出现的"排异反应"问题,并对其进行"中国化改造"。参见范忠信:《法制（治）中国化:历史法学的中国使命（论纲）》,载于《理论月刊》2011年第1期。

③ 范忠信教授从宪法法制、刑法法制、民事法制以及司法诉讼制度等五个方面列举了西法东渐后中国当代移植后的文本法制与现实法制所存在的抵牾和冲突现象。参见范忠信、吴欢:《法制中国化:新世纪十年实践与争鸣之反省（论纲）》（未刊稿）。

④ "后知之明"是指历史学家在探索历史时,时常会发现在错综复杂的历史发展过程中,往往存在着很大的类似性,这需要人们去分析和解释这种历史的相似性,并从中获得宝贵的经验和前进的知识,而这些就构成了"后知之明"。转引自金观涛、刘青峰:《开放中的变迁:再论中国社会超稳定结构》,法律出版社2011年版,第15页。

心理和深层原因；（3）结合中国近代不同历史节点的历史实际来说明，英美法在中国法律近代化过程中起到什么样的重要作用，产生什么样的影响；（4）修正目前学界对于"中国法律近代化之路就是一条移植大陆法"的观点，重新审视英美法在中国法律近代化过程中的历史；（5）寻找近代中国西法东渐与当代中国法治建设之间的内部关联，思考中国未来的法治进路。

需要说明的是，涉及本书的鸦片战争前后英美法在中国的输入与影响，笔者已经梳理完成，并于 2013 年在中国政法大学出版社出版。① 本书梳理和整理的是洋务运动时期英美法在中国的输入与影响问题。

就研究视角而言，由于受到西方学者的影响，学界一般认为中国近代史的研究从视角上大致分为两种主要观点，一是以美国学者费正清（John King Fairbank，1907～1991 年）、列文森（Joseph R. Levenson，1920～1969 年）为代表的哈佛学派于 20 世纪五、六十年代提出的"冲击—反应"（impact-response）模式；② 二是以美国学者柯文（Paul A. Cohen，1934 - ）为代表于 20 世纪70 年代以后提出的"中国中心观"（China - centered Approach，或

---

① 参见李栋：《鸦片战争前后英美法知识在中国的输入与影响》，中国政法大学出版社 2013 年版。
② 尽管费正清和列文森同属"冲击—回应"模式之下，具有师徒关系，但他们的研究风格还是存在差别。"相比较而言，费正清讲求实证，对于任何理论都存有戒心，谨守作为史学家的规范；而列文森则对于'思想理论'表现出更多的关注和信念，他的成果也更富有历史哲学的意味。就'冲击—回应'模式而言，在费正清等人那里，它仅只是一种'模式'，一种设定，一种处理史料的整体框架和主导性的观念；而列文森则把此一模式中能够容纳的思想内涵发挥到了极致，使之成为一种系统的理论和方法。"参见郑家栋：《列文森与〈儒教中国及其现代命运〉》，引自 [美] 列文森：《儒教中国及其现代命运》，郑大华、任菁译，中国社会科学出版社 2001 年版，第 12～13 页。

译为"中国中心取向")。① 前一种观点认为，中国的近代化就是在西方挑战、刺激下的一个被动"受刺"过程，极力强调西方文化的刺激作用，把中国近代文化转型仅仅看成是中国固有文化对西方文化的刺激的一种消极反映。② 与之相对，后一种观点强调，中国的近代化并不是西方刺激的结果，而主要是由中国社会内部自我生发出来的，因此主张从中国文化的内部发掘新质因素。③ 如美国学者芮玛丽（Mary Clabaugh Wright，1917～1970年）就批评费正清等人说：

> 许多美国人的注意力最近一直集中于中国舞台上出现的新因素，几乎无人重视规定着中国历史近期水流方向的河岸的构造，无人重视政治行为的既定模式。④

应该说，两种研究视角及其所内含的理论框架对于研究者而言，其启发是巨大的。就前者而言，"冲击—反应"模式向我们揭示了促使中国近代社会发生转型的一个重要线索，即"外发的压力"。试想，倘若西方文明不与中国文明发生接触和碰撞，中国人始终生活在陈陈相因几千年的传统文化氛围中，民主、法治、宪政等思想囿于传统中国人思维的"盲点"几乎很难"自然生长"出来。对此，对中国传统文化有深入观照的梁漱溟先生

---

① 其实日本学者沟口雄三在其著作《作为方法的中国》一书中也提出过类似的观点。参见［日］沟口雄三：《作为方法的中国》，孙军悦译，生活·读书·新知三联书店 2011 年版。

② 例如，费正清指出："在我们新大陆，我们帮助产生了近代世界；而近代世界却是被强加给中国人的，中国人不得不咽下去。"参见［美］费正清：《中国：人民的中央王国与美国》，剑桥大学出版社 1967 年版，第 104 页。转引自王人博等：《中国近代宪政史上的关键词》，法律出版社 2009 年版，第 4 页，页下注。在《剑桥中国晚清史》《剑桥中华民国史》中费正清进一步表达了此观点。

③ 参见［美］柯文，林同奇译：《在中国发现历史——中国中心观在美国的兴起》，中华书局 2010 年版。

④ ［美］芮玛丽：《同治中兴：中国保守主义的最后抵抗（1862～1874 年）》，房德邻等译，中国社会科学出版社 2002 年版，第 11 页。

说道：

> 假使西方化不同我们接触，中国是完全闭关与外间不通风的，就是再走三百年、五百年、一千年也断不会有这些轮船、火车、飞行艇、科学方法和"德谟克拉西"精神产生出来。①

因此，"外发的压力"不仅为传统中国人展示了反思自己"生活版本"更为宽广的视界；而且也向其提供了改变万马齐喑、循环往复的可能。当然，过分地强调"外发的压力"也极易使我们忽略近代以来中国士大夫及其仁人志士们主动地探索和努力以及来自中国社会内部对于"现代性"的某些客观需要，而陷入一种没有"主体性意识"的"西方中心观"②（或称"欧洲中心观"）。

就后者而言，如果我们将这样一场亘古未有之法律变革仅仅理解为外部的强烈刺激，那么这样的观点显然是片面的。因为自19世纪以来，中国社会内部的变迁也构成了近代法律变革的重要原因。以人口为例，宋明时期人口至多在一亿左右，而在清初二百多年时间里，人口竟增长至四亿左右。如此巨大的变化直接导致商品经济的发展和货币经济的复苏，土地交易和土地流转频繁发生，越来越多的纠纷和案件冲击着传统的制度设计。传统的解决问题手段即礼法系统以及地方行政已经无法正常应对这些问题。于是，当外部环境稍有冲击，内部社会固有的矛盾就会在外部矛盾的掩护下促使社会变革

---

① 梁漱溟：《东西文化及其哲学》，商务印书馆1999年版，第72页。
② 如柯文所言："研究中国历史，特别是研究西方冲击之后中国历史的美国学者，最严重的问题一直是由于种族中心主义造成的歪曲（ethnocentric distortion）。"参见［美］柯文，林同奇译：《在中国发现历史——中国中心观在美国的兴起》，中华书局2010年版，第53页。

的发生。① 这里，如果我们不是把中国近代历史描写成为对外关系史的一部分，而是相反，把后者视为前者的一部分，肯定更为恰当。

然而，过分地强调"中国中心观"也有矫枉过正之嫌。实际上，美国学者柯文所强调的"中国中心取向"更多的是一种地域史、社会史的研究，采取的方法更偏向于人类学和社会学。② 这种研究取向只是在研究视角和研究方法上更加丰富，但是，这样的研究始终无法回答一些重要的问题，即西方的这套"知识话语"为何一定要与中国发生接触？接触后的中国为何与源自西方的这套"话语知识"发生隔膜？被隔膜的西方"话语知识"如何在中国与之协调？而这些问题恰恰是"中国中心观"的缺陷之所在。③ 实际上，具有相对主义哲学色彩的"中国中心观"始终无法破解麦金泰尔（Alasdair Macintyre，1929 -）提到的"知识论的危机（epistemological crisis）"，亦即难以在既有的

---

① 当然，对于这一论断，美国学者列文森在《儒教中国及其现代命运》第一卷中就予以了否定。详见［美］列文森：《儒教中国及其现代命运》，郑大华、任菁译，中国社会科学出版社 2001 年版，第 3 ~ 38 页。

② 如美国学者柯文在概括"中国中心取向"特征时这样概括道："（1）从中国而不是西方着手来研究中国历史，并尽量采取内部的（即中国的）而不是外部的（即西方的）准绳来决定中国历史中哪些现象具有历史重要性；（2）把中国按'横向'分解为区域、省、州、县与城市，以展开区域性与地方历史的研究；（3）把中国社会再按'纵向'分解为若干不同阶层，推动较下层社会历史（包括民间与非民间历史）的撰写；（4）热烈欢迎历史学以外诸学科（主要是社会科学，但也不限于此）中已形成的各种理论、方法与技巧，并力求把它们和历史分析结合起来。"参见［美］柯文：《在中国发现历史——中国中心观在美国的兴起》，林同奇译，中华书局 2010 年版，第 201 页。

③ 对此，王人博先生在研究中国近代"民权"概念时曾提到过类似的观点。他指出："民权作为一个近代性概念在中国的传统文化'基体'中是不存在的，中国传统的'民权资源'在近代性的民权概念之下可以得到解释，而不是相反。在对待中国的民权问题时，应有这样一个基本前提：什么是诠释意义上的民权？什么是概念性的民权？对此，'中国中心观'的分析框架首先是混淆的。"参见王人博等：《中国近代宪政史上的关键词》，法律出版社 2009 年版，第 5 页。

知识体系内对新的世界做出解释，① 因而，一个传统必须借助于另一种具有生命力的传统帮助其度过该危机。在这个意义上，"现代化模式"之于近代中国不仅是具有意义的，而且是具有示范性的。如果我们再看看后来费正清对于其"冲击—反应"模式诸多批评的回应亦可证明上述笔者的观点。费正清面对批评，一方面也承认了"'刺激'（或'冲击'）和'回应'的表述并不严谨""'西方冲击'仅仅是中国多样图景中的元素之一"；但是，另一方面，他坚持认为："西方影响确实促成了中国生活方式和价值观的重塑。"②

尽管"冲击—反应"研究模式过分地对立了"传统"与"现代"这对概念且在历史叙说上有"宏大叙事"之嫌，但是，如果忽视了西方现代化的示范作用，中国文明固有及其所能发掘的应对危机能力始终是具有"思维惰性"和"思维盲点"的。传统的士大夫根本无法从传统文明系统中"创造"出一种从整体上对传统文化秩序和政治秩序质疑或全面改革的想法及办法。因为在中国古代政治系统与意识形态高度统一的秩序形式下，③对统治秩序的根本质疑或根本变革，都可能对其意识形态亦即儒家传统文化构成致命威胁，从而引发举国上下深刻的宗教信仰及文化认同感危机，使其失去安身立命的精神家园。

因此，综观中国古代士大夫"摆脱困境"的办法，在现实中清楚地表现为被林毓生概括为"借思想—文化"的方法，即重振儒家意识形态的种种努力，在思想上集中表现为对更为开明

---

① 石元康：《从中国文化到现代性：典范转移?》，生活·读书·新知三联书店 2000 年版，第 16~20 页。
② ［美］费正清、邓嗣禹：《冲击与回应：从历史文献看近代中国（1839－1923）》，陈少卿译，民主与建设出版社 2019 年版，第 9 页。
③ 有关中国古代政治法律体系与意识形态的高度一体化论述，参见杨阳：《王权的图腾化——政教合一与中国社会》，浙江人民出版社 2000 年版。

的王权主义政治秩序的期待。① 从这个意义上讲，中国近代之所以走上现代化之路固然和中国内部的种种需要密不可分，但是，在强调这种选择主动性的同时，我们必须承认，没有西方"坚船利炮"对古老中国造成的巨大压力，就未必会有现代化的选择；而没有西方现代文明在各个方面特别是政制方面的示范效应，即便社会变革也可能会发生，但其目标指向却未必是现代性的。

　　由此，我们在研究这段历史的过程中既不能忽略"外部"的刺激或"内部"的需要，也不能过分地夸大他们，而应当在汲取两种理论合理因素的基础上，努力分析英美法这套"话语知识"与洋务运动时期的中国这一特殊历史"语境"之间的互动关系。申言之，本书在研究英美法在洋务运动时期中国传播与影响问题所秉持的具体研究方法具体是：首先，介绍英美法通过何种途径传播、介绍到中国；其次，观察、体验中国人在对待英美法时所表现出的态度、观点以及心理；最后，分析、总结国人这种反应对中国近代产生的以及可能产生的积极或者消极的影响，但在此之前，英美法的"知识话语"在文章的叙述中不是作为一个极具现代化色彩的"进步性"因素而使用，而是作为一个中性的时空因素来看待。

----

① 对这一现象最佳注脚当属黄宗羲。尽管黄梨洲毕生都在对君主专制制度进行批判，甚至也因此博有"中国之卢梭"之名，但是，黄梨洲批判君主专制所要达致的目标是要通过在位者与士大夫的良好治理，来实现天下万民的福祉和康乐，而远非西人所说的民主和自由；其开出的"药方"也主要是"原君""原臣""重教化"等传统手段，而不是"代议制民主""分权分立""权力制衡""司法独立"等现代政制的方法。因此，集中国古代批判君主专制主义之大成的黄宗羲从本质上讲其提出的种种主张只是一种"民本"思想，充其量与近代"民主"思想具有某些相通之处，可将其视为加上"引号"的"民主"思想，但其与近代来自西方的民主思想绝非一物，不可等量观之。

此外，本书研究所使用的"英美法"①，其内涵和外延基本上与当下一致，从形式上看，既包括英美国家的法律思想，也包括其制度规范。从内容上，主要包括英美国际法、英美国家政制的规定以及涉及司法制度、刑法、契约法、侵权法、商经法、家事法在内的各种具体的英美法律。

最后，笔者想特别说明的是，文章许多部分大段引用相关史料文献，这在一定程度影响了本书表达的流畅性。然而，笔者仍坚持这样做，主要是因为这些史料十分珍贵，过往常被忽略。因此，笔者想利用本书将他们"原汁原味"地再现，以方便更多的研究者对此展开更为深入的研究和讨论。

---

① 有关"英美法"的内涵及其与"普通法""衡平法"等相关概念的区分，参见李红海：《当下中国英美法研究的评述》，引自易继明主编：《私法》，华中科技大学出版社 2011 年版，第 349 ~ 365 页。

目　录

第一章
"公法时代"：
英美法输入的历史契机

一、传统"朝贡体系"的破坏与"条约体系"的引入

两次鸦片战争，中国的国门被迫打开，中国以极不情愿的方式被拉进世界万国体系之中。

传统中国尽管疆域版图始终变动，且并不缺乏域外的交往，但中国人对"世界"的认知图景却始终不变，即：

> 本不相干的方位观、层次观和文化的夷夏观交织而成。天下由诸夏及蛮夷戎狄组成，中国即诸夏，为诗书礼乐之邦，在层次上居内服，在方位上是中心；蛮夷戎狄形同鸟兽，在层次上属外服，在方位上是四夷。方位和层次可以以中国为中心，无限地延伸；诗书礼乐的华夏文化也可以无限制地扩张。最后的理想是王者无外，合天下为一家，进世界于大同。①

在此文化主义的世界观指导下，中国历代王朝均奉行以"羁縻政策"② 为核心的一整套对外关系理论和体系。受其影响，中国与其他国家之间的关系被视作各国向中国君主称臣纳贡的"朝

---

① 邢义田：《天下一家——中国人的天下观》，引自《中国文化新论（根源篇）》，台湾经联出版事业公司1983年版，第454~455页。

② 这里的"羁縻政策"主要指的是中国古代对待夷夏"抚绥"和"驭夷"的两种策略，即所谓"王者无外天下一家""王者不治夷狄"，宜"羁縻"而系之。据陈廷湘先生考，该策萌于战国时，在汉代已形成较为明确的观念。"羁縻政策"之要在于与夷人既维系相安，又不以华夏礼制治之。申言之，该理论一方面强调"王者无外天下一家"，主张以中国之臣待外夷之臣，以中国之礼待外夷使臣为优待之表示，所持的显然是中外一家，王朝应将外夷完全视为自己臣民加以治理的古训；另一方面又恪守"王者不治夷狄"，坚持中外有别，其俗殊异，王朝不应强要外夷谨守中国礼制，以示怀柔远人，其本质并未超过"非战即抚""夷夏大防"的藩篱。参见陈廷湘：《第二次鸦片战争后清廷世界观的变化》，引自陈廷湘、周鼎：《天下、世界、国家—近代中国对外观念演进史论》，上海三联书店2008年版，第154~157页。

贡关系"①。该关系是"儒家人际关系思想在国际层面的延伸",②强调中央与四夷各安其分、互不侵扰,和平相处。中央会以礼制准则处理以四夷之关系,并对他们负有道德教化和经济援助的义务。例如,作为礼制准则中的"德",在此关系中就会表现为历代君王都会向四夷以"厚往薄来"家长式的慷慨进行馈赠。为了"柔远存抚",他们除了对海外各国首领或君主进行册封外,在"朝贡"和"回赐"这种形式的官方贸易中,大量回赐朝贡国。对于这种"国际关系",徐中约教授这样评价道:

> 这一"国际关系"体系就是广为人知的朝贡体系,它并非建立在西方承认的主权国家间平等的基础之上,它的基础是父子或长幼关系。不同于西方帝国主义国家与其殖民地之间的关系,朝贡关系首先是仪式性和礼节性的,而不是剥削性的。③

徐中约先生认为该关系的基本精神可用《周书》的《旅獒》中的"明王慎德,四夷咸宾。无有远迩,毕献方物"予以概括。④

需要强调的是,"朝贡体系"作为鸦片战争前传统中国处理与外国,尤其是东亚诸国的一种政治外交关系,在理顺和稳定对外关系、避免紧张与军事冲突、缓解冲击、维护中国社会稳定方

---

① 当然,有学者将中国古代对外之关系概括为"朝贡关系"存有异议,如陈尚胜先生就认为应将其称为"封贡关系"可能更加准确,因为"朝贡"具有单方性,而"封贡"则体现为一种双向性的关系。笔者这里无意在这里更为细致地区分这些概念,仍坚持"朝贡关系"的提法,因为即便是双向性的"封贡",起主导性的仍是中国,这与之后所要提及的"条约体系"或"万国体系"还是存在本质区别的。参见陈尚胜:《中国传统对外关系研究刍议》,引自陈尚胜主编:《中国传统对外关系的思想、制度与政策》,山东人民出版社 2007 年版,第 18~22 页。

② [美]徐中约:《中国进入国际大家庭:1858~1880 年间的外交》,屈文生译,商务印书馆 2018 年版,第 9 页。

③ [美]徐中约:《中国进入国际大家庭:1858~1880 年间的外交》,屈文生译,商务印书馆 2018 年版,第 11 页。

④ [美]徐中约:《中国进入国际大家庭:1858~1880 年间的外交》,屈文生译,商务印书馆 2018 年版,第 15~16 页。

面发挥着十分重要的作用。当然，这种"朝贡体系"在本质上是以假定各国都是文明化的中国秩序的一部分而存在的，体现为中国单方的主导性。对此，美国汉学家费正清将其描绘为"一个以中国为中心、从中心向外围扩展的同心圆"。费氏认为，"朝贡体系"是以中国为中心形成的圈层结构：第一是汉字圈，由几个最邻近且文化相同的"属国"构成，包括朝鲜、越南、琉球和一段时期的日本；第二是亚洲内陆圈，由亚洲内陆游牧和半游牧的"属国"和从属部落组成；第三是外圈，一般由关山阻隔、远隔重洋的"外夷"组成，包括日本、东南亚和南亚一些国家以及欧洲。[①]

因此，这种"朝贡体系"从根本上讲仍是一种一元化体系，在该体系框架下，不存在真正意义上的两个"国"。而维系这一体制的根本在于中央国家"厚往薄来"的巨额经济花费，故这种"朝贡体系"很大程度上也是一种变相的、不对等且不具长久性的贸易关系。费正清教授指出："纳贡制度是中国以其无与争衡的商业资财的优势地位和吸引力为基础的防守性外交武器。"[②] 这是在讲，宋元之后，"朝贡体系"之所以能够维系，也主要源于"1500 年至 1800 年间，世界经济中心是中国"的缘故。[③] 一旦强大的经济优势不再或者无法维系，"朝贡体系"必将趋于瓦解、崩溃。

19 世纪当英国率先完成工业革命，逐渐成为世界经济中心后，其所引发的鸦片战争，对传统中国的"朝贡体系"的冲击

---

① J. K. Fairbank, *Trade and Diplomacy on the China Coast*：*the Opening of the Treaty ports* 1842 – 1854, Stanford Univerty Press, 1953. 转引自王培培：《朝贡体系与条约体系》，载于《社科纵横》2011 年第 8 期。

② ［美］费正清：《伟大的中国革命》，刘尊棋译，世界知识出版社 2000 年版，第 42 页。

③ 参见［德］弗兰克：《白银资本》，刘北成译，中央编译出版社 2000 年版。

无疑是致命的。一方面，西方的机器化生产和鸦片贸易使得传统中国"朝贡体系"下的经济优势日渐颓靡；另一方面，西方的殖民扩张也直接对东亚地区性的"朝贡体系"进行着否认和破坏。诚如汪晖先生所言："清朝与欧洲列强之间的冲突不是一般的国与国之间的冲突，而是两种世界体系及其规范的冲突，即两种国际体系及其规范的冲突。"① 而取代"朝贡体系"的，则是列强带来的"条约体系"。所谓"条约体系"是指，"伴随近代殖民扩张，形成的西方殖民列强主导的以'条约关系'为结构的国际体系——其本质上是一种'殖民体系'"。② "条约体系"的前提是 1648 年《威斯特伐利亚和约》（*Peace of Westphalia*）西欧各国所确立的"主权观念"，是各国通过三十年战争用"民族国家主权"取代"教皇帝国主权"的结果。③ 需要说明的是，尽管"条约体系"意味着各主权国家之间的平等，但这种平等仅适用于基督教国家内部，而非非基督教国家的殖民地。

具体来说，"条约体系"是列强推行殖民政策时的"副产品"。19 世纪以来，西方列强在与殖民地或半殖民地签订一系列不平等条约的过程中，需要以"条约关系"的形式，将后者的领土、主权和权益"合法地"确定下来。与此同时，为了保证不平等条约在理论上的自洽，西方列强首先必须承认各政治实体的"主权"。④ 然后，再试图通过这些政治实体践行他们的理论。

---

① 汪晖：《中国现代思想的兴起》，第 10 卷，生活·读书·新知三联书店 2004 年版，第 480 页。
② 这一概念主要由美国学者费正清提出，参见王培培：《朝贡体系与条约体系》，载于《社科纵横》2011 年第 8 期。
③ 有关民族国家主权建构与《威斯特伐利亚和约》关系的论述，参见李明倩：《〈威斯特伐利亚和约〉与近代国际法》，商务印书馆 2018 年版。
④ 关于"条约关系"的殖民性质以及"主权"概念与殖民扩张的关系问题参见汪晖：《中国现代思想的兴起》，第 2 卷，生活·读书·新知三联书店 2004 年版，第 695~706 页。

对此，刘禾教授指出：

> 以武力威逼满清政府签订了一个又一个不平等条约之后，英国和欧洲列强们现在需要总理衙门和清廷与他们合作，严格按照国际法去履行和实施条约的各个条款。①

因此，令人感到吊诡的是，主张"主权平等"看似文明的"条约体系"却对殖民国家的"主权"损害极大，而固守"华夷有别"看似落后的"朝贡体系"却在实践中并无取代其他国家主权的实质意义。

尽管 1842 年中英《南京条约》的签订标志着"条约体系"在中国开始建立，但此体系对中国产生影响是从第二次鸦片战争签订《天津条约》和《北京条约》后开始的。对此，对近代中国"条约体系"有深入研究的李育民先生指出：

> 第一批不平等条约中列强国名均冠以"大"字，表明天朝体制已被打破，但并非是确立列强对华关系的支配地位。《天津条约》和《北京条约》则实现了这一点。条约不仅强使清政府同意公使驻京，明文规定中国文书不准提书"夷"字；而且还指令大清皇帝必须"降谕京外各省督抚大吏，将此原约及续约各条发钞给阅，并令刊刻悬布通衢，咸使知悉"。这种强令国家元首以此种形式在国内公布条约的做法，不仅在中国前所未有，就是在世界缔约史上，也是罕见的。这与《南京条约》签订后，"办理夷务诸臣，但知有万年和约之名，而未见其文"的状况相比，不啻天壤之别。②

---

① 刘禾：《帝国的话语政治：从近代中西冲突看现代世界秩序的形成》，生活·读书·新知三联书店 2014 年版，第 163 页。
② 参见李育民：《近代中国的条约制度》，湖南人民出版社 2010 年版，第 10 页。

与强调自卫、防御，把外夷纳入华夏文化秩序的"朝贡体系"不同的是，"条约体系"具有明显的扩张性，它将中国及其"朝贡国"一起拉入殖民列强所主导的世界秩序之中。对此，日本学者从如下两个方面指出了两种"体系"的不同，即：

> 一是一方是向心的上下秩序，一方是离心的横的秩序；二是两者扩张的动力不同："朝贡体系"的扩张动力来自于皇帝或王朝的需要而产生的偶发性现象，而"近代欧洲国家体系"其内部包含着一种可以称为扩张机制的东西。①

由于推动"条约体系"的根本动因是资本主义的扩张本性，西方列强极力需要通过强力打开限制其进一步发展的各种既有"秩序"，因而，"朝贡体系"被"条约体系"所取代，实是中华传统的农耕文明无法抵挡西方列强所代表的工业文明所致。实际上，西方列强这种基于资本贸易，寻求"条约体系"的冲动，早在18世纪末马戛尔尼使团访华就已经开启，经过两次鸦片战争、洋务运动，直到1895年《马关条约》签订后，也就是马戛尔尼使团访华后约100年才真正确立下来。

"条约体系"取代"朝贡体系"的背后意味着传统帝制中国以儒学处理与外部关系的制度模式开始破产，延续千余年区域性的东亚国家关系体系让位于来自异种文明全球性的国际新秩序。中华帝国不再是万邦来朝的中心，开始厕身于万国竞争之中。这一过程用汪晖的话来讲就是"天理世界观"让位于"公理世界观"的过程。是谓：

> 对天理世界观与公理世界观的讨论实际上是对不同时期

---

① ［日］信夫清三郎主编：《日本外交史》，天津社会科学院日本问题研究所译，商务印书馆1980年版，第17页。转引自王培培：《朝贡体系与条约体系》，载于《社科纵横》2011年第8期。

中国认同的特征、演化和合法性的研究。简要地说：作为一个道德/政治共同体的普遍价值观，天理是"前西方"时代中国的道德实践、文化认同和政治合法性的关键概念，而以此为核心的世界观的解体意味着在漫长时代里形成的道德/政治共同体及其认同感正在面临危机；作为这一解体的结果的公理/科学世界观的产生标志着原有的认同形态已经难以为继。伴随资本主义/殖民主义体系的扩张，民族—国家模式正在成为一种支配性的政治形式，在中国自身的转变之中，传统的混合型国家的历史/政治认同不得不让位于一种新型的认同方式，这就是在公理世界观的框架内形成的民族认同形式。[①]

传统"朝贡体系"的破坏与西方列强所主导的"条约体系"的逐步引入，意味着"条约体系"下新的秩序规则需要被国人所熟悉和掌握。在这种背景下，这一时期主导"条约体系"秩序规则的英美国家的法律就有了进一步在中国输入的需求和土壤。当然，这里需要特别予以说明的是，"朝贡体系"的崩溃和"条约体系"的建立并不是先后"无缝对接"的，两者之间的关系毋宁说是同时发生，同时进行的。事实上，即便是经历过两次鸦片战争以及太平天国运动，清廷试图"中兴"的标志之一，就是"那些贡使团在因战争长久废弃而现已恢复的贡道上重新出现。"[②] 因此，在清廷看来，两次鸦片战争后需要建立一种新制度以处理与西方的关系，而传统朝贡制度的恢复以处理与原亚洲

[①] 参见汪晖：《现代中国思想的兴起》，上卷，第一部，理与物，生活·读书·新知三联书店 2008 年版，第 47~48 页。

[②] ［美］芮玛丽：《同治中兴：中国保守主义的最后抵抗（1862~1874）》，房德邻等译，中国社会科学出版社 2002 年版，第 275 页。

各国的关系。① 然而，随着 1876 年暹罗成为英、法所划定的英属缅甸和法属印度支那间的缓冲国，与中国宗藩关系终结，1879年琉球被日本吞并，再到 1885 年《中法新约》承认越南的"独立"，可以说中法战争之后，中国与周边国家的"朝贡体系"才基本上崩溃。

二、"条约体系"引入背景下公法外交的尝试

第二次鸦片战争后，随着"条约体系"逐步在中国的引入，按照"条约体系"所确定的秩序规则，公法外交越来越被朝野上下所重视，并成为整个洋务运动时期中国力图推进、建构的重点领域。

需要说明的是，中国一开始对"条约体系"的认知是陌生的，咸丰皇帝对列强"派公使驻京"的敏感程度，远胜于主权核心利益的丧失。② 对此，徐中约先生说道："在这些条约中，有三项规定对中国的威胁最大，即：核定关税、治外法权和最惠国待遇。中国人同意这些条款部分是出于权宜之计，部分是由于不懂国际法和国家主权概念。"③ 这一点，我们可以从当时清廷重臣的言论中清晰地看出。例如，关于领事裁判权问题，当时的

---

① 事实上，1866 年中国面对法国征讨朝鲜的事件，就是一个既涉及国际法，又涉及朝贡制度的例子。对此，"受总理衙门指导的理藩院在与朝鲜打交道时依照着传统的礼仪，但是在与法国并且最终与其他许多西方国家的交涉中，总理衙门全神贯注在令西人信服的推理的方式上，对于礼仪则不甚重视。"参见 ［美］芮玛丽：《同治中兴：中国保守主义的最后抵抗（1862～1874）》，房德邻等译，中国社会科学出版社 2002 年版，第 296 页。
② 参见 ［美］徐中约：《中国进入国际大家庭：1858～1880 年间的外交》，屈文生译，商务印书馆 2018 年版，第 170～184 页。
③ 徐中约：《中国近代史：1600～2000 中国的奋斗》，计秋枫、朱庆葆译，世界图书出版公司 2008 年版，第 188 页。

军机大臣彰穆阿就上奏皇帝说：

> 臣等查通商之务，贵在息争。如有英人华民涉讼，英商应先赴管事处投禀。即着管事官查明是非，勉力劝息……免致小事酿成大案。①

从中可见，彰穆阿此时将"领事裁判权"当作是避免与英人发生乃至扩大纠纷的手段而使用，且这一做法在《唐律》"化外人"的规定中，古已有之，因而，将纠纷交由他们去解决不仅可以避免纷争，重蹈鸦片战争的覆辙，而且还能显示天朝怀柔远人的胸襟。另外，就"最惠国待遇"而论，我们从时任两江总督，与美国人交涉的耆英（1787～1858年）写给皇帝的上奏中可以看出。该奏文写道：

> 一英夷已足为害边疆，况合众夷而使之为一耶！此又不可不审思熟虑者也……今该夷（米利坚）既肯通融，各夷亦皆乐从。法穷则变。与其谨守旧章，致多棘手，莫若因势利导，一视同仁。②

该文显示，耆英主张清帝接受美国"一体均沾"的主张，其背后的理由是如果皇帝的恩惠只让英夷独享的话，其他夷国便会产生相互嫉妒和不满之情，进而引发骚乱，不如"一视同仁"。可见，"最惠国待遇"在耆英笔下，根本不是什么主权，只是皇帝对夷狄的恩惠而已。因此，与其说他们无知，不懂"条约体系"，毋宁说他们此时根本就没有感觉到自己无知。对此，日本学者佐藤慎一说道："他们用已有的知识结构去照应本来未知的东西而且作了无矛盾的说明。"③

---

① 《筹办夷务始末》（道光朝）卷六十七。
② 《筹办夷务始末》（道光朝）卷六十四。
③ ［日］佐藤慎一：《近代中国的知识分子与文明》，刘岳兵译，江苏人民出版社2011年版，第44页。

然而，1860 年与英法媾和的惨痛教训以及列强对辛酉政变后"新领导人"的认可，使得以恭亲王奕䜣（1833～1898 年）为代表的清廷开始对"条约体系"及其列强有了新的认识。对此，有学者描述道：

> 恭亲王在与额尔金勋爵和葛罗男爵的周旋中，明确地领悟到了西洋器械的精良。令他惊喜的是，他发现这些从前的敌人不仅不想对中国隐瞒他们的军事秘密，而且还公开提议要按西洋模式来帮助中国训练军队及铸造武器。英法占领军在缔和后立即撤离北京，进一步表明外国列强对中国并无领土野心，而且更非蛮不讲理和不守信义，倒是中国人习惯于欺诈他们。恭亲王得出结论，只要中国信守条约义务，以善良和开明的态度对待洋人，不给他们以任何抱怨的理由，就能保持和平。依照这种乐观的想法，从前被认为是耻辱的条约现在变成了一种用来确定最大让步底线的有用工具，超越这条底线，中国就不予同意，而洋人在法律上也不得逾越这条底线。根据这种理解，这位 28 岁的亲王为中国制定了一项新政策：中国应在外交上接纳西方以获得一段时间的和平，并于这期间在西方帮助下加强军事力量。因此，通过外交赢得和平便成为政府的直接目标（标），而自强则显现为终极目标（本）。①

伴随着"新领导人"认识的"提高"，以英美为代表的西方列强对待中国的外交策略也发生了改变。19 世纪 60 年代初，美国公使蒲安臣（Anson Burlingame，1820～1870 年）和英国公使卜鲁斯（Federick William Adolphus Bruce，1814～1867 年）向各国提倡一

---

① 徐中约：《中国近代史：1600～2000 中国的奋斗》，计秋枫、朱庆葆译，世界图书出版公司 2008 年版，第 211 页。

种对中国的"合作政策",主张:(1)西方列强之间的合作;(2)与中国官员合作;(3)承认中国的合法权益;(4)坚持条约权利。① 该"不干涉及有限合作"主张得到了驻华使节的积极响应,这一主张为清廷赢得了相对轻松的生存环境,并直接推动清廷暂时搁置过去的"朝贡体系",尝试"条约体系"下的公法外交。

作为公法外交尝试的结果,一些列国与国正常交往的观念和制度被依次引进,承载这些国际交往的制度性机构也渐次建立起来。

外交改良开始于咸丰十年(1861年)十二月初一(1月11日)恭亲王奕䜣与留京办理抚局大学士桂良(1785~1862年)、户部左侍郎文祥(1818~1876年)上奏的"统筹全局酌拟善后章程",该章程建议设立一个新的衙门总理夷务。同年3月11日,总理各国事务衙门(简称"总理衙门""总署""译署")在北京设立。② 同年4月7日,李泰国(Horatia Nelson Lay,1833~1898年)被任命为海关总税务司。除这两个部门以外,"通商事务大臣"和"同文馆"也于1862年设立。在这些"硬件设施"的帮衬下,公法外交背后的运转规则,自然被引进过来。有关这一点,我们可以从1864年恭亲王等人最初接触到国际公法,并急于翻译、引进、使用的态度中清楚地看出:

> 窃查中国语言文字,外国人无不留心学习,其中之尤

---

① Wright, *The Last Stand of Chinese Conservatism*:*the T'ung-chih Restoration* 1862 – 1874, Stanford University Press, 1957, pp. 21 – 22. 转引自徐中约:《中国近代史: 1600~2000中国的奋斗》,计秋枫、朱庆葆译,世界图书出版公司2008年版,第 211页。
② 关于总理衙门的设立,详见李文杰:《中国近代外交官群体的形成(1861~ 1911)》,生活·读书·新知三联书店2017年版,第40~44页。

为狡黠者，更于中国书籍潜心探索，往往辩论事件，援据中国典制律例相难。臣等每欲借彼国事例以破其说，无如外国条例俱系洋字，苦不能识，而同文馆学生，通晓尚须时日。臣等因于各该国彼此互相非毁之际，乘间采访，知有万国律例一书。然欲径向索取，并托翻译，又恐秘而不宣。适美国公使蒲安臣来言：各国有将大清律例翻出洋字一书。并言：外国通行律例，近日经文士丁韪良译出汉文，可以观览。旋于上年（二年）九月间，带同来见，呈出万国律例四本，声称：此书凡属有约之国皆宜寓目。遇有事件，亦可参酌援引。唯文义不甚通顺，求为改删（删改），以便刊刻。臣等防其以书尝试，要求照行，即经告以中国自有体制，未便参阅外国之书。据丁韪良告称：大清律例，现经外国翻译，中国并未强外国以必行，岂有外国之书，转强中国必行之礼（理）。因而再三恳请。臣等窥其意，一则夸耀外国亦有政令；二则该文士欲效从前利玛窦等在中国立名。检阅其书，大约俱论会盟战法诸事，其于启蒙之间，彼此控制钳束，尤各有法。第字句拉杂，非面为讲解不能明晰，正可藉此如其所请。因派出臣衙门章京陈钦、李常华、方浚师、毛鸿图四员，与之悉心商酌删润，但易其字，不改其意，半载以来，草稿已具。丁韪良以无资刊刻为可惜，并称：如得五百金，即可集事。臣等查该外国律例一书，衡以中国制度，原不尽合，但其中亦兼有可採之处。即如本年（三年）布国在天津海口扣留丹国船只一事，臣等暗採律例中之言与之辩论，布国公使即行认错，俯首无词，似亦一证。臣等共同商酌，照给银五百两，言明印成后，呈送三百部到臣衙门。将来通商口

岸各给一部，其中颇有制服领事官之法，未始不有裨益……①

尽管在此奏折中，奕䜣等人错误地将大清国内法《大清律例》与国际公法进行类比，但他们通过 1864 年普鲁士公使与丹麦商船在中国所属海域发生冲突，中国当局运用国家公法知识予以解决的例证，② 认识到《万国公法》③ 在外交事务中的有效性和有益性，并提议各"通商口岸"尝试使用。④ 同时，显而易见的是，此时恭亲王对待国际公法的态度已与之前彰穆阿、耆英等人有了明显的不同。第一，拒绝西方各国要求的根据发生了变化。鸦片战争期间中方交涉当事人拒绝西方的最大根据就是他们的要求与"天朝定制"相矛盾、相抵触，而恭亲王托人翻译《万国公法》的举动实际上已经暗含着以"天朝定制"这种单方面标准说服西方，已经难以为继，需要反过来援用对方的标准来对抗或者拒绝他们。第二，对西人行为方式的认识发生了变化。此时的恭亲王已经意识到西方列强并非是毫无顾忌地追求自己的利益，而在一定程度上也遵循着某种被称为"万国公法"的共同规则。对于中国而言，根据他们的规则坚持自己的主张，在一定意义上是有效的。⑤ 对此，美国学者芮玛丽总结道：

在 1860 年的危机中，中国人决定放弃徒劳无益的传统

---

① 《筹办夷务始末》（同治朝），卷二七，《奕䜣等又奏美士丁韪良译出万国律例呈阅已助款刊行折》，中华书局 2008 年版，第 1184～1185 页。
② 此案详见田涛：《国际法输入与晚清中国》，济南出版社 2001 年版，第 57～58 页。
③ 需要说明的是，"万国公法"是 international law 的翻译，该翻译是 19 世纪中期新造词语。后来，日本学者箕作麟祥将其翻译为"国际法"。到 20 世纪初，"万国公法"被中国留日学生带回来的"国际法"一词所取代。参见［日］佐藤慎一：《近代中国的知识分子与文明》，刘岳兵译，江苏人民出版社 2011 年版，第 32 页。
④ 对于此事件，亦可见［美］徐中约：《中国进入国际大家庭：1858～1880 年间的外交》，屈文生译，商务印书馆 2018 年版，第 204～207 页。
⑤ 参见［日］佐藤慎一：《近代中国的知识分子与文明》，刘岳兵译，江苏人民出版社 2011 年版，第 47～48 页。

做法：借助对儒家道德权威例行公事般的申论，来达到对一个在物质上更为强大的敌人加以控制的目的；改而诉诸敌人自身的道德准则。他们是一些十分敏锐的观察者，看到外国人所承认的是依据国际法、西方公法、书面协约和国际惯例的道德论证的合法性。中国人试图利用欧洲伦理中与儒家伦理相同的内容来约束在华外国人的行动。这正是"中兴"政府外交政策的本质。①

由此，我们看到随着清廷对外政策的转变，公法外交的尝试，大量涉及公法外交的法律知识从 19 世纪 60 年代以后被引进，朝野上下学习和讲求公法的观念也日渐丰富。芮玛丽对此现象这样描述道：

在 19 世纪 60 年代，几乎每一个涉及外交事务的文件，都包括对于讨论问题相关的条约的详细说明。凡是有条约依据的问题，决策就自动地依据条约；没有明确的条约规定的问题，就根据策略需要加以研究。有许多情况清楚地表明了这样一个原则：条约具有明确的法律效力，只要外国提出的要求有条约依据，他们就应当得到满足，而无需顾及是否涉及中国的直接利益。因为中国的长远利益正是依赖于条约的神圣不可侵犯。②

国内学者王健先生将这一趋势称之为"公法时代"，并认为：

从此，近代西方法（学）的输入开始获得相对独立的意义。而以中国之接受西方法的概念为衡量标准，19 世纪 60 年代到 90 年代末期可称之为中国近代输入西方法学的第

---

① ［美］芮玛丽：《同治中兴：中国保守主义的最后抵抗（1862~1874）》，房德邻等译，中国社会科学出版社 2002 年版，第 277 页。
② ［美］芮玛丽：《同治中兴：中国保守主义的最后抵抗（1862~1874）》，房德邻等译，中国社会科学出版社 2002 年版，第 287 页。

一期。①

因而可以说，公法外交所开启的"公法时代"是整个洋务运动时期英美法知识在中国输入的整体性背景之一。

然而，我们同样必须认识到的是，清廷公法外交的尝试并不意味着"条约体系"在洋务运动时期已经彻底建立。实际上，1861 年"总理衙门"设立后，清廷与周边诸国间的册封与朝贡关系依然存在，礼部、理藩院、南北洋大臣，甚至是地方督抚大臣依旧分享着"外交权力"。总理衙门在某种意义上，只是一个处理鸦片战争后与所签订国家临时进行交涉的部门，远非西方人眼中的"中国外交部"。

更为重要的是，这一时期清廷对于条约的遵守更多是防御性的，只是利用它避免引发不必要的外交冲突，而非积极利用它争取主权的实现。例如，在准备 1868 年修约时，总理衙门还在诸如觐见无需叩头、中国向国外派驻外交公使、电报线路及采矿等问题上向各总督巡抚征求意见，但并未就收复已丧失权力向他们征求建议；被征求者中也无人主动提出这样的建议。后来，清廷向海外派出蒲安臣使团，也从未指示使团同外国政府协商收回业已失去的主权。② 再如，尽管向国外派驻驻外大使在 1858 年中英《天津条约》时就有所涉及，后来蒲安臣、赫德、威妥玛都曾为此劝说清廷在国外建立自己的公使馆，③ 然而，清廷直到 1875 年

---

① 王健：《沟通两个世界的意义——晚清西方法的输入与法律新词初探》，中国政法大学出版社 2001 年版，第 149～150 页。

② 参见［美］徐中约：《中国进入国际大家庭：1858～1880 年间的外交》，屈文生译，商务印书馆 2018 年版，第 221 页。

③ 例如，赫德就在 1865 年 11 月 6 日向总理衙门提交了一份题为《局外旁观论》的说帖，明确指出："委派大臣驻扎国外，于中国大有益处，在京所住之大臣，若请办有理之事，中国自己办理，若请办无理之事，中国若无大臣驻其本国，难以不照办。"威妥玛撰写《新议略论》也探讨了"派委代国大臣驻扎各国京都"一事。参见［美］徐中约：《中国进入国际大家庭：1858～1880 年间的外交》，屈文生译，商务印书馆 2018 年版，第 234～239 页。

才决定行使此权利。① 相反，在此之前，除三口通商大臣崇厚（1826～1893 年）以及代理两江总督李鸿章（1823～1901 年）以外，其他督抚大员对此并不认可。我们从他们的相关言论中可以一见端倪。江西巡抚刘坤一（1830～1902 年）认为派遣使团常驻外国是"以柱石重臣弃之绝域，令得挟以为质"。闽浙总督左宗棠（1812～1885 年）则认为，赫德和威妥玛皆为英国人，他们的用意在确保英国在首倡扩大外国货物在华的市场，借此来笼络其他在华开展贸易的国家。② 因此，基于中国固有制度和心理两方面因素，"条约体系"在晚清中国的最终建立还有待时日。如徐中约就认为中国主动利用国际法争取主权大致发生在 19 世纪 80 年代以后。是谓：

> 及至 1880 年，中国的国际地位达到一定位置，中国此时在大多数主要西方国家和日本设立了公使馆，成为主要国际法协会的成员国，表明了其学习更多国际法新知识的意愿，并在开展外交关系时每常援引国际法。③

有关这一转变也可以通过这一时期薛福成加入国际公法体系的论说得到印证。

总之，与"公法时代"相对应的是，中国接纳"条约体系"的艰辛过程，同样构成了洋务运动时期英美法在中国输入的整体性背景。

---

① 当然，清廷对于建立驻外使馆也不是完全消极对待，实际上从同治五年（1866）到光绪元年（1875），清廷上层对遣使问题曾经进行过四次比较大的讨论。详见李文杰：《中国近代外交官群体的形成（1861～1911）》，生活·读书·新知三联书店 2017 年版，第 50～57 页。

② ［美］徐中约：《中国进入国际大家庭：1858～1880 年间的外交》，屈文生译，商务印书馆 2018 年版，第 241～242 页。

③ ［美］徐中约：《中国进入国际大家庭：1858～1880 年间的外交》，屈文生译，商务印书馆 2018 年版，第 313 页。

第二章
教会对英美法的介绍

一、教会在华传播西学活动概况

第二次鸦片战争后，传教士在华获得了更多的特权，这些特权保证了他们在各地有传教的自由，新教教会传教人数也随之大幅增长。据统计：

> 1807～1842 年间，在华的新教传教士有 24 人，受洗教徒却不足 20 人。至 19 世纪末，有新教传教士约 1 500 人，教会团体 61 个，教徒 9.5 万人……天主教在华的传教活动在 19 世纪下半叶也有较大发展。1842 年，全国大约有外籍神甫 50 余人，中国籍神甫 80 余人……教徒共约有 20 万人……至 19 世纪末，约有传教士 400 人，教徒 74 万人。[①]

与鸦片战争前后新教教会在华传教活动相一致的是，整个洋务运动时期他们通过办学、办刊以及创立译书机构等方式，继续传播基督福音，介绍西学知识。

首先，就办学而言，1860 年以后随着传教士逐渐深入内地，教会学校较之前迅速增多。据统计，到 1877 年第一次"全国传教大会"召开前，教会在中国各地共设各类教会学校 462 所，有学生 8 522 人。1890 年第二次"全国传教大会"召开以前，全国基督教会学校学生数达 16 836 人。[②] 需要说明的是，由于教会学校多为中小学程度，所教内容主要涉及语言、数学、地理、历史等基础性内容，所以教会办学对英美法知识在中国传播并无直接作用。但是，如果换个角度看，这些基础性教育所培养出的学

---

① 王秀美等著：《基督教史》，江苏人民出版社 2006 年版，第 376～377 页。
② 熊月之：《西学东渐与晚清社会》，中国人民大学出版社 2011 年版，第 228 页。

生，为后来洋务运动、维新变法运动和清末变法的顺利开展起到了积极的作用，并为各类官办新式学堂提供了大量的人才。例如，据美国来华传教士林乐知（Young John Allen，1836～1907年）统计，中西书院"设立多年来，学者已有千余人之多。如海关以及官商电报局。南北洋水师学堂等处取用多人"①。

> 据统计，从1876年至1910年，文会馆共培养学生208人，其中有104人担任各地学堂的教习，分布在全国各省，其中包括一些重要的官立学堂，如：京师大学堂、山西大学堂、江南高等学堂、北洋大学堂、云南政法学堂、保定陆军学堂和奉天陆军学堂。②

因此，从这个意义上讲，教会办学也为英美法知识在这一时期的进一步传播起到一定积极的作用。

其次，就办刊而论，这种方式是基督教会最惯常使用的。这一时期，教会所办期刊主要有1862年在上海创刊的《中外杂志》、1865年创刊于广州的《中外新闻七日录》、1868年创刊于上海的《中国教会新报》（后改名为《教会新报》《万国公报》）、1875年创刊于上海的《小孩月报》、1872年创刊于北京的《中西闻见录》、1876年创刊上海的《格致汇编》、1879年创刊于上海的《益智新录》以及1878年创刊的《益闻录》等（具体参见图表）。③ 这些报刊除《益闻录》系天主教会所办外，其余均为新教所办（见表2－1）。

---

① ［美］林乐知：《中西书院规条》，载于《万国公报》，1891年2月，第11806页。
② 王立新：《美国传教士与晚清中国现代化》，天津人民出版社2008年版，第125页。
③ 李焱胜：《中国报刊图史》，湖北人民出版社2005年版，第12～13页。

表 2 - 1 教会所办期刊

创办时间	创办地点	创办人	刊物名称	刊物概况
1862 年	上海	英国传教士麦嘉湖	《中外杂志》	中国境内第一份以"杂志"命名的刊物,只出版 6 期
1865 年	广州	英国传教士约翰·查默斯	《中外新闻七日录》	中国发行最早的单张中文周报,1868 年停刊,共出 155 号
1868 年	上海	美国传教士林乐知	《中国教会新报》	1872 年后改名《教会新报》,1874 年改名《万国公报》
1875 年	上海	美国传教士范约翰	《小孩月报》	中国最早的画报,以少年儿童为主要对象,1881 年改名《月报》
1872 年	北京	美国传教士丁韪良、英国传教士艾约瑟	《中西闻见录》	北京及华北地区最早的中文报刊,1875 年 8 月停刊
1876 年	上海	英国传教士傅兰雅	《格致汇编》	前身是《中西闻见录》,1876 年易名《格致汇编》,初为月刊,1890 年改为季刊,出版时间长达 16 年,中间曾两度停刊,共出版 60 期
1878 年	上海	华人天主教徒李杕	《益闻录》	天主教机关报,半月刊,1898 年与《格致新闻》合并,易名《格致益闻汇报》,1912 年又改名为《圣教杂志》,1937 年停刊

与两次鸦片战争前,教会办刊传播宗教"加塞"西学知识

不同的是，这一时期教会内部对办刊方针出现了分歧。在华传教士就办刊方针的争论直接引发1877年5月"传教士大会"在上海的召开。该次会议"有二十九个传教差会的一百二十六名传教士出席，他们代表着当时在华的四百七十三名传教士"①，包括韦廉臣、林乐知、艾约翰、傅兰雅、丁韪良和狄考文在内的知名在华传教士都参加了这次会议。会议主要就是否继续出版世俗报刊、是否应该通过这些报刊向中国人传播西学知识等问题展开争论，并形成针锋相对的两派。因此，从18世纪70年代以后，教会办刊出现了世俗报刊和宗教报刊并存的新现象。这一现象直接导致一些世俗色彩较浓的报刊出现并得以坚持，如前述提到的《中国教会新报》尽管是鸦片战争后出现的第一个宗教性报刊，但它在1874年更名为《万国公报》后，逐渐演变为较为纯粹的世俗性报刊，"把传教士中文报刊对世俗社会的影响推向了顶峰。"②

需要说明的是，尽管这些报刊是综合性质的，但是其中所涉及的英美法还是有一定数量的。除去下文将重点介绍的《万国公报》以外，以1876年易名的《格致汇编》为例，该刊在重点介绍西方自然科学常识之外，还在"答记者问"栏目介绍了一些英美法知识。如该刊就对"西国保命之法究持何理，保命之行如何办理才不致亏折，中国如何办理保命之行（即人寿保险）"这一问题，介绍得相当详细，并建议中国可以设立。③

最后，就创立译书机构来说，19世纪九大译书机构，除京师同文馆、江南制造局和天津水师学堂这三所官办以外，其他6

① 姚民权：《上海基督教史（1843~1949）》，上海市基督教三自爱国运动委员会1994年版，第73页。转引自赵晓兰、吴潮：《传教士中文报刊史》，复旦大学出版社2011年版，第207页。
② 赵晓兰、吴潮：《传教士中文报刊史》，复旦大学出版社2011年版，第207页。
③ 参见熊月之：《西学东渐与晚清社会》，中国人民大学出版社2011年版，第342页。

所，即墨海书馆、美华书馆、益智书会、上海土山湾印书馆、广州博济医院以及广学会，均系教会所办。由于墨海书馆主要活动于 1860 年以前，广州博济医院所译著作主要涉及西医知识，所以其他 4 所机构是教会所办这一时期西学传播的主要阵地。据统计，这一时期涉及英美法知识的翻译作品主要有以下方面（见表 2 - 2）：①

表 2 - 2 涉及英美法知识的翻译作品

时间	书/刊名	译/编者	出版者	备注
1882 年	《万国通鉴》	美国传教士谢卫楼	美华书馆	章节体裁的世界通史
不详	《西学略述》	英国传教士艾约瑟著	益智书会	《西学启蒙》十六种之一
不详	《欧洲史略》	英国传教士艾约瑟	益智书会	全书以事为纲，不分国隶事，体例似纪事本末
1876 年	《中西关系论略》	美国传教士林乐知	益智书会	
不详	《英兴记》	英邓理槎著，美国传教士林乐知译	广学会	英主维多利亚在位六十年之政教
1888 年	《自西徂东》	德国传教士安之花	广学会	
1892 年	《中西四大政》	英国传教士李提摩太	广学会	

① 熊月之：《西学东渐与晚清社会》，中国人民大学出版社 2011 年版，第 367、449 页、何绍斌：《越界与想象：晚清新教传教士译介史论》，上海三联书店 2008 年版，第 88～92 页、田涛、李祝环：《清末翻译外国法学书籍评述》，载于《中外法学》2000 年第 3 期、［英］伟烈亚力：《1867 年以来来华基督教传教士列传及著作目录》，倪文君译，广西师范大学出版社 2011 年版、熊月之主编：《晚清新学书目提要》，上海书店出版社 2007 年版。

续表

时间	书/刊名	译/编者	出版者	备注
1892 年	《天下五洲各大国志要》	英国传教士李提摩太	广学会	又名《三十一国志略》
1892 年	《华英谳案定章考》	英哲美森著，英国传教士李提摩太译	广学会	
1894 年	《泰西新史揽要》	英马恳西著，英国传教士李提摩太译	广学会	原名《十九周大事记》
不详	《列国变通兴盛记》	英国传教士李提摩太译	广学会	杂论各国变政等事
不详	《治国要务》	英国传教士韦廉臣	广学会	

　　从上述作品来看，广学会在其中贡献最大。作为教会所办译书机构的代表，广学会旨在"期取各国至善之法，以及国势盛衰之所系，著书立说，明告中国官吏绅士。"① 应该说，广学会自1887 年成立后，尤其是从美华书馆接手《万国公报》后，其在整个西法东渐过程中起到了着十分重要的作用，并直接影响了晚清的维新变法和变法修律运动。

　　由于这一时期广学会机关报《万国公报》是教会传播英美法的主要媒介，且十分重要，故下文将重点介绍该刊及其所承载的英美法。

---

① ［英］李提摩太：《广学会第十一届年报纪略》，引自《中东战纪本末》，三编，卷四，第82 页。转引自王立新：《美国传教士与晚清中国现代化》，天津人民出版社2008 年版，第216 页。

二、《万国公报》的创办及其发展

前已述及，《中国教会新报》以及《万国公报》主要是由美国监理会传教士林乐知在上海创办和主持的，可以说林乐知个人对这份报纸的发展有着重大的影响。林乐知在华的传教生涯从他 1860 年 6 月抵达上海算起，到 1907 年 5 月 30 日于上海去世，共持续了 47 年。在华的 47 年，他孜孜不倦地传播基督教福音，并为此做了许多工作，包括学习中文、担任教师、创办报刊、翻译西书等。

1836 年 1 月 3 日林乐知出生于美国南方佐治亚州的伯克郡。他从小失去双亲，由郝琴斯夫妇（姨夫姨母）抚养成人。中学读书期间，林乐知受到姨父姨母的宗教灌输以及美国基督教"第二次大奋兴运动"感召，接受洗礼，加入美国南方监理会，成为一名监理会新教徒。1858 年 12 月美国监理会的佐治亚会议在佐治亚州的哥伦布（Columbus）召开，会议强调了向中国传播基督教的重要性和迫切性，并决议向中国派遣传教士团（mission，又译为"差会"）。当时的皮尔斯主教在 12 月会议结束时宣布派遣林乐知前往中国传教。

1859 年 12 月林乐知带着家眷从纽约乘坐"海员新郎号（Seaman's Bridge）"货船经过 6 个月的跋涉于 1860 年 6 月抵达上海。初到上海时，他按照监理会的指示前往杭州考察，但由于杭州正被太平天国军占领，无法进入。1861 年由于美国爆发"南北战争"，美国南方监理会停止了对在华传教士的所有资助，这使得林乐知的生活和传教事业受到了极大的影响。"我们有四年之久收不到差会一分钱，也接不到亲友的一封信。"① 为了维持生计，林乐知不得不出租变卖教会资产，做煤炭、米、棉花等生意，还当过保险行的经济人和领事馆的通译等。

1864 年林乐知经冯桂芬（1809～1874 年）介绍担任上海广方言馆西学教习一年。在任教之前，他认为这个机会既可以使传教活动摆脱经济困境，又能够扩大传教活动的影响力。1867 年他再次担任广方言馆教习，并为江南制造局翻译馆译书。

1867 年林乐知在上海附近召开的新教传教士大会上提出创办宗教报纸的主张，得到了与会传教士的认可。随后，林乐知独自承担了编辑出版发行《中国教会新报》的重任。1868 年 9 月 5 日《中国教会新报》第一期出版，共有五个四开本页，这种版式一直维持到 1872 年秋第五卷，此后变为七个四开本页直至1874 年。《中国教会新报》由美国长老会出版社印刷，具体由林乐知负责的林华书院每周定期出版，除歇年、歇夏外，每年共出版五十卷，1872 年 8 月 31 日第 201 卷后改名《教会新报》，一直持续到 1874 年。②

《教会新报》的内容来源主要有：（1）从中文资料里挑选文章，如《香港新报》《上海新报》《申报》《京报》等；（2）从读者和朋友处得到稿源；（3）从上海的基督教徒处得到的稿件；（4）从西方资料中翻译文章等。

林乐知在创办《教会新报》之初就明确了办刊目的，即宣传基督教，建立教会之间的联系。他说道："俾中国十八省教会中人，同气连枝，共相亲爱"，同时"使外教亦可看此新报，见

---

① 顾长声：《从马礼逊到司徒雷登来华传教士评传》，上海书店出版社 2005 年版，第 229 页。
② 杨代春：《〈万国公报〉与晚清中西文化交流》，湖南人民出版社 2002 年版，第 15 页。

其真据，必肯相信进教。"① 因此，在初期《教会新报》主要以发布宗教动态，宣扬基督教教义为主，但同时为了吸引顾客，也会刊登少量世俗消息和科技知识。

据统计，在第一卷中，48%的内容与宗教相关，新闻报道占26%，科技占22%，批评与建议占4%。第二卷中，宗教和新闻各占36%，科技占9%，批评建议占19%。第三卷中，宗教内容占18%，新闻占68%。第四、五、六卷宗，宗教内容所占的比例在16%~20%之间浮动，世俗新闻各占64%、46%、50%。② 很明显，宗教内容在《教会新报》中所占的比例越来越少。这也反映出林乐知办报理念的转变，即从直接传教，到通过介绍世俗新闻间接传教的转变。

1874年9月，为了增加销量，吸引读者，扩大影响，林乐知将《教会新报》改名为《万国公报》。在谈及更名原因时，林乐知称：

> 既可以邀王公巨卿之赏识，并可以入名门闺秀之清鉴。且可以助大富商贾之利益，更可以佐各匠农工之取资。益人实非浅鲜，岂徒新报云尔哉!③

更名为《万国公报》后，从第301卷至430卷增加了"京报全录"和"东南各省督抚辕门抄"，并列卷首。但从第431卷开始，把"京报全录"改为"京报选录"，第451卷时增加了教务文章置于卷首。到第497卷《万国公报》开始按照政事、教事、各国新闻、杂言、杂事、京报选录的栏目编排。后又因经费问题于第551卷不再选录京报。

---

① 《教会新报》，第1本，台湾华文书局1968年影印合订本，第8页。
② ［美］贝纳特：《传教士新闻工作者在中国——林乐知和他的杂志（1860~1883)》，金莹译，广西师范大学出版社2014年版，第103页。
③ 《教会新报》，第6本，台湾华文书局1968年影印合订本，第3295、3296页。

1883 年《万国公报》刊登启示："本馆主职司教长，凡教中事务俱归经理，又拟建中西大书院，募资购地，鸠功庀材，事属创行，诸行劳瘁。主笔襄理庶事，亦虞顾后失前，不得已议将公报自七百五十卷后暂为停止。一俟院务就绪，再行商办。"[1] 自此，《万国公报》停刊，直至 1889 年。

1889 年 2 月《万国公报》复刊，一直持续到 1907 年终刊。复刊后，《万国公报》册次另起，为月刊，每期 32 张，篇幅较复刊前增加 2 倍。复刊后，它隶属广学会，成为广学会的舆论阵地。早期《万国公报》以报道新闻为主，复刊后更倾向于评论。复刊后的《万国公报》除了继续传教外，还开始关注中国政治。甲午战争后，刊登了大量评论中国时局、鼓吹变法的文章。戊戌变法后，《万国公报》接连刊载了《醒华博议》《匡华新策》《保华全书》之类的文章。1898 年义和团运动高涨，《万国公报》极力反对义和团，发表了《真教化为救中国之本说》《论基督教与中国学术变更之关系》和《论中国维新之正路》等文章，公开鼓吹"西方今日进步之大本，全恃基督教"。[2]

作为洋务运动时期教会在华所办期刊的代表，《万国公报》在传播西学及英美法方面意义重大，且影响深远。1891 年李提摩太曾对《万国公报》的读者人数作过一个统计。他的统计数字是：县级以上的主要文官 2 289 人；营级以上的主要武官 1 897 人；府视学以上的教育官吏 1 760 人；书院教习 2 000 人；派驻各省城的高级候补官员 2 000 人；经科举考试获得秀才以上头衔的文人约 60 万人，以其中 5% 为重点，计 3 000 人；经过挑选的

---

[1] 《万国公报》第 764 卷，1883 年 6 月 30 日，第 10035 页。
[2] ［美］林乐知、（清）范祎：《谣传之释言》，载于《万国公报》，1904 年 5 月，第 22591 页。

官吏与文人家庭的妇女儿童，以 10% 计算，计 4 000 人，以上共计 44 036 人。① 况且这一数字还不包括中国当时的教徒、学堂和书院未参加科举考试的学生、商人、寓华西人和旅居海外的华人等。据林乐知考察，《万国公报》在当时的传阅率应为 1∶2 至 1∶10 之间。以 1∶5 中间值计算，《万国公报》在当时的读者应当在 5 万～50 万人之间。②《万国公报》数量庞大的读者群主要包括：清朝的皇帝及政府官员、清朝驻外使馆人员、书院及学堂学生、中国教徒以及中国的绅士和普通民众。据考，甚至连光绪皇帝的皇宫中都存放着成套的《万国公报》。③

不仅如此，该刊所载内容也基本构成了这一时期洋务派和之后维新派的主要思想来源。如有学者考，郑观应 1880 年出版的《易言》36 卷本和 1894 年出版的《盛世危言》就受到林乐知和《万国公报》的影响。④ 康有为自 1883 年起，就"购《万国公报》，大攻西学书"⑤，他后来的变法主张基本上"没有超出《万国公报》的范围"，"都是《万国公报》的老生常谈"。⑥ 专攻晚清士人西学阅读史的潘光哲先生说："林乐知创始的《万国公报》（1868 年 9 月 5 日创刊）流传于读书界，就是好几个世代的晚清士人共同分享的知识财富。"⑦

---

① 《同文书会年报》第四次（1891 年），载于《出版史料》1988 年第 3/4 期合刊。转引自杨代春：《〈万国公报〉与晚清中西文化交流》，湖南人民出版社 2002 年版，第 78～79 页。
② 转引自杨代春：《〈万国公报〉与晚清中西文化交流》，湖南人民出版社 2002 年版，第 80 页。
③ 转引自杨代春：《〈万国公报〉与晚清中西文化交流》，湖南人民出版社 2002 年版，第 82 页。
④ 参见王林：《西学与变法——〈万国公报〉研究》，齐鲁书社 2004 年版，第 122～123 页。
⑤ （清）康有为：《康南海自编年谱（外二种）》，中华书局 1992 年报，第 11 页。
⑥ 王林：《西学与变法——〈万国公报〉研究》，齐鲁书社 2004 年版，第 123 页。
⑦ 潘光哲：《晚清士人的西学阅读史（一八三三～一八九八）》，凤凰出版社 2019 年版，第 125 页。

三、《万国公报》中的英美法

就《万国公报》所涉英美法而论，可谓极多。据笔者统计，从 1874 年《万国公报》至 1895 年之前，该刊所涉及英美法的文章或片段就有 30 多篇（参见表 2－3）。此外，还有一些连载的著述，如德国传教士的《自西徂东》、英国传教士韦廉臣的《治国要务》以及王韬撰写《弢园文录外编》的内容。

表 2－3　　　　　《万国公报》中的英美法

序号	作者/译者	篇名	时间	卷目
1	不详	选举民主	1874 年 12 月 19 日	第七年三百十六卷
2	佩福来	论英国发信法	1875 年 1 月 23 日	第七年三百二十一卷
3	李善兰	米利坚即美国志序	1875 年 1 月 30 日	第七年三百二十二卷
4	不详	西人上李爵相出洋生童宜至英德二国肄业禀	1875 年 3 月 20 日	第七年三百二十八卷
5	不详	不照例致格物议	1875 年 3 月 27 日	第七年三百二十九卷
6	不详	纪上院议事大臣总单	1875 年 5 月 1 日	第七年三百三十四卷
7	美人林乐知	译民主国与各国章程及公议堂解	1875 年 6 月 12 日	第七年三百四十卷
8	英人赫德	中西关系论略：局外旁观论，	1875 年 10 月 23 日	第八年第三百五十九卷
9	不详	副伯理圣天德逝世	1876 年 1 月 1 日	第八年三百六十九卷
10	不详	公举新皇	1876 年 4 月 23 日	第八年三百八十四卷

序号	作者/译者	篇名	时间	卷目
11	郭嵩焘	使西纪程	1877 年 5 月 26 日、6 月 16 日、6 月 23 日、6 月 30 日、7 月 7 日、7 月 14 日、7 月 21 日、7 月 28 日、8 月 4 日	第九年第四百四十一卷、第四百四十三卷至第四百五十卷
12	不详	泰西司狱新法	1879 年 5 月 24 日	第十一年五百四十卷
13	美人毕遮尔著，英人艾约瑟译	防罪十则	1879 年 5 月 24 日	第十一年五百四十卷
14	不详	纪两次在位美皇来沪盛典	1879 年 5 月 31 日	第十一年五百四十一卷
15	不详	开设议院	1879 年 11 月 22 日	第十二年五百六十五卷
16	不详	论中外法律不同	1880 年 1 月 31 日	第十二年五百七十五卷
17	不详	公议堂晓谕摘录	1880 年 2 月 7 日	第十二年五百七十六卷
18	德人安之花	国政要论：省刑罚	1881 年 6 月 4 日	第十三年六百四十二卷
19	中西友	西国钱法	1882 年 2 月 4 日	第十四年六百七十六卷
20	不详	民主洁己	1882 年 2 月 18 日	第十四年六百七十八卷

续表

序号	作者/译者	篇名	时间	卷目
21	英人艾约瑟	司狱新法	1882 年 5 月 6 日	第十四年六百八十八卷
22	不详	与客论公法	1889 年 3 月	第二册
23	得一庸人	环游地球略述（连载）	1890 年 2 月、4 月	第十三册、十五册
24	海滨逸民	论泰西国政	1890 年 8 月	第十九册
25	不详	拟裁上院	1891 年 12 月	第三十五册
26	不详	民主俭德	1892 年 5 月	第四十册
27	不详	议员久任	1892 年 6 月	第四十一册
28	不详	党人交哄	1892 年 9 月	第四十四册
29	不详	推选民主	1892 年 10 月	第四十四册
30	不详	遴选民主	1892 年 12 月	第四十七册
31	英人哲美森	华英谳案定章考	1892 年 12 月	第四十七册
32	袁曰善	立理法以求尽善	1893 年 7 月	第五十四册
33	美人林乐知	中美关系略论	1894 年 4 月、5 月、6 月	第六十三至六十五册

（一）所涉英美民主制度与思想的介绍

《万国公报》特别关注英美民主制度和思想。例如，《万国公报》每卷都设有"大英国事"和"大美国事"栏目，英美民主制度的细节在这两个栏目中都有较为具体的展现。在长期或系统或零碎的介绍中，国人对英美国家的总统、议会、选举等制度有了一定的认识和了解。

就美国民主制度与思想而言，从 1874 年起《万国公报》陆续有文章刊载进行介绍。

1874 年 12 月 19 日在"大美国事"栏目就有《选举民主》一文。该文载：

> 美国民主曰伯利圣天德，自华盛顿为始已百年矣。例以四年换举，或有在位深得民望者，再行接立四年亦曾见过。即现今之美皇古难得亦已续接四年，是两次也。而古君在位恩惠及民，兹逢更举之期，民间又欲再举。古君四年为美之主，据云古君已力辞不受矣。①

在该文中，作者将美国民主等同于"总统"，为了帮助中国人理解，将美国总统称为"美皇"。尽管这样的介绍并不准确，但作者在文章的最后用"力辞不受"表明了美国的总统以四年为期，两届为限，是需要"民间更举"的事实。

1875 年 1 月 30 日在"大美国事"栏目刊登的《米利坚即美国志序》又对美国总统制进行了介绍。与前述《选举民主》不同的是，该文较为准确客观地介绍了美国总统的选举办法。是谓：

> 连战数年，英与之和，国乃立公会，议立大统领所谓伯里圣天德者也，定例四年一易，传贤不传子，令通国公举，其人举推华盛顿。四年期满欲避位举国共留之，又四年卒让副总统领而去，遂为永制。②

接着，《万国公报》于 1875 年 3 月 27 日"大美国事"栏目刊登《不照例致格物议》一文，对美国政制进行了更为详尽的

---

① 《选举民主》，载于《万国公报》，第 316 卷，1874 年 12 月 19 日，第 440 页。
② （清）李善兰：《米利坚即美国志序》，载于《万国公报》，第 322 卷，1875 年 1 月 30 日，第 607 页。

介绍。文载:

> 美国为民主国合众之邦,其中仍有数处尚称省份,照民
> 主国之例,自来有定其邦规,凡与他国立合约暨兵战税项铸
> 银钱之事皆统归国之定例,悉听公议堂内议定而行。其余举
> 立邦主,各邦应照各邦成规办理。美国之南有一邦立邦主,
> 民分两起,各举一人,彼此争竞遂至参差不合,似将滋生事
> 端。而经美国之民主伯里圣天德古难得诓行派兵前去,压服
> 一边,偏袒一边为该邦之主。而此举大违合众国民主国之定
> 例,现在合众国之各邦皆生物议,恐古难得居位纵似满其限
> 期,民亦不能再举矣。①

从该文记载的信息中可知,美国是联邦制国家,除立约、纳
税、交战等事由中央政府决定外,地方各州可自立政府,独立选
举,决定自己的事务,作为"公议堂"的国会以及作为宪法的
"国之定例"在美国具有重要的地位。

此外,在同期刊物上,还刊登了一篇名为《西人上李爵相出
洋生童宜至英德二国肄业禀》的文章,虽其内容是对中国幼童出
国留学发表意见,但在陈述原因时,提及法兰西、瑞士之外的欧
洲国家"乃君权无限制之国,皆系天下继续流传。"而美国及南
美一些国家"皆称民主之国,于天命乘乾之事,民无是说。即美
国之小童受读,不讲君权有无限制,纵君主观面,仍然任肆为。"②

1876 年 1 月 1 日《万国公报》在"大美国事"栏目记载了
《副伯理玺天德逝世》一文,通过报道美国副总统去世一事,补
充介绍了美国的总统制。文载:

---

① 《不照例致格物议》,载于《万国公报》,第 329 卷,1875 年 3 月 27 日,第 800 页。
② 《西人上李爵相出洋生童宜至英德二国肄业禀》,载于《万国公报》,第 328
卷,1875 年 3 月 20 日,第 778 页。

民主国凡举立伯理圣天德时皆举其二，以有正副之分。正统主国政，副无国主之权，惟在公议堂主其议政诸事，而有民主国未如此例也，如法国。然今美国之副者名魏立生新近作古，于西历十一月廿四日兹有补举一人名腓力以充此位。①

接着，《万国公报》还在 1876 年 4 月 23 日、7 月 15 日、8 月 19 日、11 月 18 日、12 月 30 日分别刊登《公举新皇》《将举国皇》《公举新皇嗣位》《新举伯理玺天德》和《伯理玺天德公举已定》等文章，报道美国总统选举史上最具争议的大选，即 1876 年共和党人海士（拉瑟福德·海斯，Rutherford B. Hayes，1822～1893 年）以一票优势战胜民主党德士登（塞缪尔·蒂尔登，Samuel J. Tilden）当选总统的情况。②

1879 年 5 月 31 日《万国公报》在"政事"栏目，刊登《纪两次在位美皇来沪盛典》一文，对美国政制进行了进一步的解释和说明。文载：

若美国非民主之国乎？民主之例由民间公举，在位之期四年为限，其君之深仁厚泽果能惬乎舆情，不妨两次公举以尽攀辕卧辙之忱也……前两次在位之伯理圣天德坐非銮舆衣非文缛，不过一平民装束，及其夫人公子亦何尝有自尊之气习以？人哉！盖美国帝王之贵，不在外观有耀而在内美中含也。

篇中所称伯理圣天德者，译之为民主；称之为国皇者，华人尊而重之也。伏思皇帝两字中国以为尊无二上之名，而

① 《副伯理玺天德逝世》，载于《万国公报》，第 369 卷，1876 年 1 月 1 日，第 1894 页。
② 《伯理玺天德公举已定》，载于《万国公报》，第 420 卷，1876 年 12 月 30 日，第 3253 页。

抑知其名固尊，未必无拂逆民情之处。我泰西除德俄奥等国之主自尊为皇帝外，英美法诸大国皆不然，恐民心大有不服也。故英称为君主，美法称为伯理圣天德。英虽循传位之例，而实由民公举代民间理事耳……皇帝于英之本国即悖民主之义，民将有不快于心者，故英法美诸国主皆不乐居皇帝之称，实不欲以力服人，行令在必行之令也。可知人君在位，民为邦本，本固邦？不必拘于称谓，遂信间阎之众中心悦而诚服，此泰西各国恃在民心之坚固成城，岂在称名之大云尔哉。①

通过该文，作者一方面向中国人解释了"伯理玺天德"实际上指的是美国的民主制度，过去将其翻译为"国皇"或"民之主"，只是对它的尊称，但其实际上并无中国"皇帝"的含义。另一方面，作者还指出无论是英国的君主，还是美国和法国的"伯理玺天德"都是民主制度的表现，相反，他们都是与中国的"皇帝"有本质区别的。可见，这一文章，正本清源地向国人解释了西方民主制度的实质与形式，回答了国人之前对此含混不清的认识。

甲午战争前，对美国政制较为细致的报道，当属林乐知以"得一庸人"为名，从 1879 年 8 月 9 日第 551 卷开始间断性地连载的《环游地球略述》。其中比较重要的是 1881 年 6 月 4 日第 642 卷对美国 1787 年宪法内容的介绍以及 1881 年 6 月 11 日第 643 卷对美国宪法修正案的介绍。其中对美国 1787 年宪法具体条文内容这样记载道：

一、凡立法权柄总由国会中元老、绅董两院司掌，即上

---

① 《纪两次在位美皇来沪盛典》，载于《万国公报》，第 541 卷，1879 年 5 月 31 日，第 6351～6352 页。

下两院之大臣也，外职不得逾分办理。其上院之数归各邦会中共同选举，按两（一）邦两员，一任六载。统计若干邦，该举若干员，分三班入院，每班二年，班尽任满。下院之数由各邦民众公举，视民数为准，一任两年。……国中诸税有应充正用及一切政务章程皆当先由下院草议，然后与上院会商，始归国君详察施行，君曰可则行之，否则必复议另上。如是者妥，夫然后行。至可行者有三分之二，则君亦不阻之矣。他如国内关税、铸宝、借贷、贸易、银号、驿报、信局、测量、寄籍等务，概归国会承办。会中设有未定事件，即尊如民主，亦不得自专独断焉。

二、凡行法权柄总归民主主持，位分正副，率任四年。……誓云：予小子输诚以告，而今而后，君临联邦，恪供要职，原创政典，敬守勿失。……至于军务大权，不分邦国，凡水陆之兵将，概归民主节制。若君欲派使臣及各属官员前往别国或本国办公，皆当先与上院会商，上院以为可，始可如派。……每年之内，民主当将己行及欲行各务预为统治国会，或一次两次俱可。若夫民主及各大臣等所行不道，经人告发，果属情实，准将该职位革退，照案审判。

三、凡国中审判总权概归国会之司审总院及所属各官专执其属。……若该院官有熟谙民情、办事妥协者，许即终身办理，不受年限。

四、凡邦会所办政务，无论何事，系我同联之邦，皆当信以为实，不可是此非彼，指为虚假，致生疑忌。

五、我国政体既立之后，国会及各邦会之中若有三分之二欲修改政体者，许即会同商政，另议所议分布各邦，俾其互相教阅，斟酌尽善。再同联之邦，必须有四分中之三准改者，始得按照新议，盖印通行。

六、凡我同联之十三邦，当与英交战之时，无论军需公务所欠银两……总归新国按数偿还。……所选一切官员，不拘大小职位，未莅位以前，概须立誓守法，方许就职。

七、我国联邦内见此政体，若有九邦意属可行，其余数邦纵有意见不合者，我民概行从众，不问其余。①

需要强调的是，这应该是晚清以降，美国 1787 年宪法在中国的首次翻译，意义重大。同时，还应注意的是，这里林乐知将"民主"等同于"总统"，而非与"君主制"相对立的一种政体。这与 1864 年丁韪良在《万国公法》中对于"民主"的界定是不同的（见后文）。

此外，《环游地球略述》中论及的美国宪法前 15 条修正案也是晚清首次介绍到国内的。文载：

一、公议堂大臣不得行法关系立教，亦不得阻人愿从何教，且不得禁人言论、报馆登录、聚集公议，具奏上闻，求免责备。二、保护邦国，实为要务，不得禁民自备洋枪。三、太平之时，严禁营兵占据民房，即有征战之秋，若不照律所定，亦不准强入民房。四、不准无故行查民产、拿获民人、搜检书信等事。倘奉官查访，须求实据，并须立誓详言访查何地、何人、何事则可。五、凡有犯法之事，官署审问当依律例。除水陆两兵之外，则可不待告发，会审绅董查明详秉，即可审问。审结后不得再行审判，亦不得强迫人自证己罪。凡斩杀、囚狱、封产等事，务须照律审定，不得违背律法，亦不得以民产充公。如欲取民物，必当偿其值价。

① ［美］林乐知：《环游地球略述》，载于《万国公报》，第 642 卷，1881 年 6 月 4 日，第 8142～8144 页。

六、凡有犯法株连官员等事，立即审问，不可耽延时日，在何地犯罪，即在该地之绅董秉公审问，毋得偏枯徇情。七、凡因钱财涉讼等事，倘其数在二十元以上，邀请绅董会议，除律法所定之外，毋庸再问。八、凡遇讼事，两造未经到案，该保人不得多担赎款，且司审官不得辄用滥弄。九、凡照章程所有之权柄，不得禁去民所存之权柄。十、凡有权柄未交于联邦，此权仍在，或曰在于民手。十一、倘遇此邦人告发彼邦人，联邦司审官不问。十二、凡公举民主及副民主之规矩，开创政体第二条内已经载明。十三、贩卖奴仆一事，除照律法外，于联邦各国所属之地一概不准。十四、凡生于美国或入籍人等既属于美，皆为美国有分之人，则不得弃其分。即如斩杀、封产、释放等事，不论何邦何法，不得减少其人之分，亦不得不照律例一体相待，庶无轻重之别。十五、美国公举官员，皆美国内有分之人。不论何国何人何事，不得禁其不有公举官员之分。①

这十五条修正案涉及美国宪法内的"信仰自由""言论自由""正当法律程序""不得自证其罪""未列举权利保留""平等保护""豁免权条款""废除奴隶制"以及"平等选举"等诸多原则。至于为何只介绍了 15 条修正案，主要是因为 1881 年文章刊发之时，美国只颁布了 15 条修正案。

此外，林乐知还于 1890 年 2 月、4 月在《环游地球略述》中整体上论述了美国民主制度的优点和美国国会运行的情况。文载：

> 除国主系全国兆民公举外，其余大小官吏概由各省自行

---

① ［美］林乐知：《环游地球略述》，载于《万国公报》，第 643 卷，1881 年 6 月 11 日，第 8159～8160 页。

选举。所可嘉者，本省之人作本省之官，本县之官系本县之人，缘其熟悉风土民情，官民相合，为政自无扞格。且生长之地，爱情之所钟也，情之所属安，有不悉心谋事者乎？然犹恐日久玩生窃柄专权，以贻地方之害。故必四年满任，示以光阴有限，冀其靖共尔位，恪守官箴，时凛履霜之戒。况藻鉴在民，品评系乎月旦。狡猾之徒，欺君则易，罔民綦难。盖权在一人，欲售奸者或可逢迎而作伪，权在百姓，粉饰虽工其如十目所见，何若任内不协人望着，集议会黜之。议会者，民也，亦官也。官与民，一而二，二而一者也。服御同其制，盘餐同其馔，车马宫室同其起，居休戚相关，忧乐与共，直不啻交相为命者也。

……余游历各国城，绝不觉有官吏威武气，心颇异之，与友人偶谈及此，友设譬曰：官之于民犹履之于足也。履称其足，不觉有履，则足与履均有适宜之妙，相得之意。不然长短大小不与足相似，吾知无益于足而反为足累者多矣……论者谓质胜于文则不威，不威则不贵尔，不知使民畏其威，凛凛然不可犯以为贵，则贵为自贵也。岂若民之尊而敬之，亲而爱之，尤为贵乎。故官民相亲，俨如一家，可并坐鼓瑟，可同车共语，有上下之分，无上下之嫌，官事必使周知，下情无不上达。[①]

国既定矣，我欲归田，尔宜自择贤才者立为国主。众坚推之，顿乃就总统位，即今所谓伯理圣天德也。在位四年，集众议曰：国宜择贤不宜私之子孙，遂定四年为任满，国众再行选举，众再推之则留四年，否则推副者为正，或别行选

---

① 得一庸人：《环游地球略述》，载于《万国公报》，第13册，1890年2月，第10944页。

择。以此者为承例，此美利坚立国之大略也。

美利坚，民主之国也。凡法制政令均由公议而出。故不特京都省会有公议院，即各县各乡亦必有之。议事之人亦由民间选举。县之议事由各乡而来，省之议事由各县而来。又每省举二人赴京都上议院，有随省份大小人数多寡举三四人或五六人赴下议院。议会既集，公举一人为会正，主理斯会。每议事件，必详细辩论，反复审度，以期尽美尽善而后已。极少须得过半之人言实则为定议。凡事下议院议定呈于上议院，复由上议院议定呈于国主画押为据，然后颁发民间一体遵照。①

在上述的记述中，林乐知首先论述了美国民主制度的优点："官民相亲，俨如一家""有上下之分，无上下之嫌，官事必使周知，下情无不上达"。接着，简略介绍了美国开国总统华盛顿所开创的"立国大略"。最后，通过具体介绍美国国会的运作，展现了美国的民主制度。

《万国公报》于1892年5月，在"大美国"栏目刊登《民主俭德》一文。该文通过将美国与俄国和英国进行比较，得出美国民主更优的观点。文载：

美俄两国政事每每相反，俄皇视其国民一如奴隶，美则君若为民任其劳勚，而民转居于逸乐。俄则国贫而皇用奢侈，俄皇一日糜洋二万五千元；美则国富而君奉俭啬，一日需洋一百三十七元，故每民主退位之日，穷迫必甚于先时未任君位之年，可知其国君民苦乐之大概矣。至于英为奕世传位之民主，在二者之中，每日君主供奉之需则六千三百洋

① 得一庸人：《环游地球略述（续）》，载于《万国公报》，第15册，1890年4月，第11111～11112页。

元，约美民主四十日之用，而俄皇二日之费，适美民主一岁之需，民何幸为美之民哉。①

除去美国以外，《万国公报》从 1874 年 9 月起，也用一些笔墨介绍英国的制度。

1875 年 5 月 1 日《万国公报》在"大英国事"栏目，刊载了《纪上院议事大臣总单》，列举了英国上议院的组成和人数。文载：

> 英国上院议事大臣记共四百九十一员，亲王五员，公爵二十八员，侯爵三十二员，伯爵一百七十一员，子爵三十七员，男爵一百九十二员，教会监督二十六员。以上议事诸大臣系自备资斧，为国宣勤不受俸禄者也。②

1879 年 11 月 22 日在《开设议院》一文中，明确了英国议会的职责是"为议国政而设也，每年启闭有定期。"③ 值得注意的是，在该文中对于英国议会下院的翻译，已经不再是鸦片战争前后的"甘文好司""平民院"或"乡绅房"，而是直接将其准确地译为"下议院"。

与集中介绍美国民主制度不同的是，《万国公报》对于英国政制的介绍，主要涉及议会的日常事务，如 1892 年 6 月的《议员久任》④、1892 年 8 月《选官集议》⑤、1892 年 9 月《党人交哄》⑥、1892 年 9 月《推选民主》⑦、1892 年 10 月《贺举议

---

① 《民主俭德》，载于《万国公报》，第 40 册，1892 年 5 月，第 12828 页。
② 《纪上院议事大臣总单》，载于《万国公报》第 334 卷，1875 年 5 月 1 日，第 938 页。
③ 《开设议院》，载于《万国公报》第 565 卷，1879 年 11 月 22 日，第 6839 页。
④ 《议员久任》，载于《万国公报》第 41 册，1892 年 6 月，第 12886 页。
⑤ 《选官集议》，载于《万国公报》第 43 册，1892 年 8 月，第 13019 页。
⑥ 《党人交哄》，载于《万国公报》第 44 册，1892 年 9 月，第 13092 页。
⑦ 《推选民主》，载于《万国公报》第 44 册，1892 年 9 月，第 13099 页。

员》①、1892 年 10 月《议院开门》②、1892 年 10 月《开院宣谕》③ 以及 1892 年 10 月《调易枢相》④ 等。

与上述零星、部分介绍英美民主政制的文章不同的是，《万国公报》还刊载了一些集中介绍、论述英美民主政制的文章。比较重要的有：1875 年 6 月 12 日的《译民主国与各国章程及公议堂解》、1878 年 8 月 31 日的《公报弁言》和 1890 年 8 月的《论泰西国政》。

《译民主国与各国章程及公议堂解》的作者应该是美国人林乐知。该文在整体上对英美民主政制向中国人进行了介绍。文章全文如下：

> 本报常译泰西各国事迹，而论及民主国矣，且论各国章程与公议堂等事矣。惜华人未居住西国，未读西国书籍，安知何为民主国乎！又安知各国章程及公议堂之谓乎……泰西各国所行诸大端，其中最关紧要而为不拔之基者：其治国之权属之于民仍必出之于民，而究为民间所设也。推原其故，缘均是人也，仰观于天，俯察于地，其有待于日以暄之者，同此日也……然必分众民之权汇而集之于一人以为一国之君，此即公举国王之义所由起也，而辅佐之官亦同此例矣。

> 以众民之权付之一人，为其欲有益于民间，而不至有叛逆之事与苛政之行，此之谓章程也。夫章程有行之自然而非语言所能宣者，有守之勿替而为笔墨所能纪者，其以笔墨而著为章程者，岂一时所能核定乎？必经数世之后，因之革之，尽美尽善而始？为令典也。试以英国论之，数百年来群

---

① 《贺举议员》，载于《万国公报》第 45 册，1892 年 10 月，第 13159 页。
② 《议院开门》，载于《万国公报》第 45 册，1892 年 10 月，第 13160 页。
③ 《开院宣谕》，载于《万国公报》第 45 册，1892 年 10 月，第 13161 页。
④ 《调易枢相》，载于《万国公报》第 45 册，1892 年 10 月，第 13161 页。

加考订而成此一定之章程也。且以美国论之，立国之初，斟酌至当，至今无多增损而章程实善也。

若必举各西国之章程而历言之则大同小异，无庸赘述矣，然即其中最要者言之，不过分行权柄而已。其权柄之所分者，欲行之有利而不相悖，有利而不相害耳。约举其目盖有三焉：一曰行权二曰掌律三曰议法。何言乎行权？传立之国君为尊，欧洲各国之法是也；若美国与南亚美利加各国，由公举而为君者是也。何言乎掌律？必经行权者之所命由议法者议定而允从者是也。何言乎议法？议法之员有由君派民举者，有悉听民间公举者是也。然则行权者权安在乎？皆照章程中已定之法及公议堂议定之事办理也。其所办理者，凡钱粮出入、国用开销以及简派督兵官职，提调水陆兵丁，与邻国往来立约等事而已。掌律者权安在乎凡厘清案牍、分给家产、判断债务，不为朝廷所拘，不受公议堂所制，且可解说律法于国皇之前也。议法者权安在乎？总理国中一切律例，听其酌议；凡增减钱粮，筹画国用是也。议法之员分言之为上下两院，合言之即为公议堂。其上院中大员在英国则以国中亲王与爵位及朝廷所派之员充之。在合众之美国即由各国所派人员充之。其下院中大员则直由民间公举之人充之，特管钱粮与国用也。

广观泰西各国以何国为宽政之国耶？夫所谓宽政之国者，即是使公议堂人员掌握大权，使士农工商皆得有公举人员之位分也。近来泰西各国渐欲效法宽政之国之所行也……是以泰西各国立国学立义学，国中男女老少皆当入学读书读史读律，增长识见，以明爱国之心而知本身非无用之人，并知用本身所有之权也。况复多立新报馆辩论国政之是非，品评人员之贤否,凡阅新报者无不知国政何者为是何者为非,无不知人员谁则为贤谁则为否也,岂邪愚无知者所可同日而语哉? 凡此皆欲为宽政之国耳。

当日者泰西各国教会与国事并驾齐驱,今则欲分而为二矣。国家不必轻视教会,而教会实不得干预国事,此即欲为宽政之国之明证也。即如英德两国近年来于教会之事哆嗦议论,非以教会为可轻也,亦只欲起宽政之国而已。试观美国不既行之多年乎? 且夫利之所在,其权不必全为国家操之,散入民间与民共之可耳。盖与天下各国商凡远适异国者非惟无所禁阻。且简派钦差,设立领事,差遣兵船,凡皆为保护商民起见,而且开挖煤铁等矿以备铸造之需。起筑轮船铁路以便商贸之行,至若电报轮船在在均关紧要,国内民人无忧伤与宽政之天也。

又旧年两国失和争? 易咨,今则尚能不尚力矣有彼此已露失和之意者俱以理强不示兵威。即如英美两国因阿拉巴苏轮船即划清界址两事皆凭邻国派人从公断结而不闻有干戈从事之危也。此道有行之于前者有接踵行而行之者,有勃勃欲试而行之于将来者。虽各西国中有率由旧章牢不可破之处国中人民凡事皆欲节给于君上,其民束缚不舒,惟愿他年亦入此宽政之途则可也。①

上述文字表明,作者认为由于中国人"未居西国,未读西国书籍",因而对于英美的民主政制不甚了解,更无法深刻把握其中的关键——章程(宪法——作者注)和公议堂(议会或国会——作者注)。于是,作者分别对这两个关键性的概念向国人进行了

---

① 〔美〕林乐知:《译民主国与各国章程及公议堂解》,载于《万国公报》,第340卷,1875年6月12日,第1083~1085页。

解释。

就"章程"而言，作者认为它是确保英美政制"主权在民"，"而不至有叛逆之事与苛政之行"的根本保证。作为根本大法的"章程"，作者总结道既有像英国渐进、修订而成的，也有像美国一次制定的，不一而足。尽管"章程"形式各异，但其主旨基本相同，即"分行权柄而已"。而权柄具体所分者，即议法（立法——作者注）、掌法（司法——作者注）和行权（行政——作者注）。

就"公议堂"而论，作者认为它是"议法"所在之所，分为"上下两院"。在英国，上院是由"国中亲王及爵位及朝廷所派之员充之"，美国则由各州派人员充之；下院则无论英美"直由民间公举之人充之"。作者认为，英美民主政制之所以优良，主要是因为一国之内"公议堂人员掌握大权，使士农工商皆得有公举人员之位分也"，体现并贯彻了民主之义。

文章最后还提及了英美民主政制背后的"政教分离原则"。接着，作者举例说正是因为英美民主政制之优良，世界许多国家纷纷效仿。这种表达暗含了作者向中国推荐此种政制的意图。

1878 年 8 月 31 日，《万国公报》由英国传教士慕维廉（William Muirhead，1822～1900 年）暂时代理。从第 499 卷到 515 卷每卷皆有《公报弁言》，其中不少是论述各国政体的内容，主要涉及德国、奥地利、俄国、日本、美国、英国。他把各国政体分为三种。一是以德国、奥地利和日本为代表的帝制，其特征是："德、奥、日诸国亦称皇帝。奉的德、奥政法，由议会院商选举司事，议成之后，皇帝斟酌施行。惟俄之国政小异，不设议会院，皇帝一人操之也"。二是以英国为代表的君主制，其特征是："大英之政法，称曰君主，下有诸相治理内外……国有议院，凡国事均于议院议之。"三是以美国为代表的总统制，其特征是："美国之主称曰统领……不以国传子，而以国传贤，雍雍然有古时禅让之风焉。"或许因为慕维廉是英国人的缘故，三种政制中，他最推崇的是英国。他说道："最要紧者莫如下堂，公政纷纭，悉由下堂操权定妥，或送上堂，或由上堂行下，彼此定力，呈请君主书名而成焉。"最后，慕维廉认为，中国也应该效仿英国民主政制，即"此事实有益于朝廷，上下无隔阂，惜中国不行此法，而颇有裨益也。"①

在 1890 年 8 月刊载的《论泰西国政》一文中，作者林乐知对中国的君主专制政体"忧心忡忡"，认为应该限制君权，保护民权，才能振国威。因此，在该文中，他明确对英美的民主政体持肯定态度，并阐明具体理由。是谓：

> 今者普天之下，环大地球数十万里，数百千国，化理之优足以外安而长治者，孰有如民政者哉！次之则君民并主之政亦为有利而无弊。何以言之？天生庶民而树之，君非专为君也，恐民之无以养而立君以养之者也，恐民之无所教而立君以教之者也。天既隐以教养之职，尽责之于人君，则为人君者自当以民心为己心，而民之所好者亦好之，民之所恶者亦恶之。若者为民开衣食之源，若者为民示训行之准，而犹虑芸生之众庶事之繁非□手一足之力所克胜任焉。②

（二）所涉其他英美法的介绍

除重点介绍英美民主制度外，《万国公报》对英美法的其他

---

① ［英］慕维廉：《公报弁言》，载于《万国公报》，第 499 卷，1878 年 7 月 27 日，第 5305 页。
② 海滨逸民：《论泰西国政》，载于《万国公报》，第 19 册，1890 年 8 月，第 11386 页。

法律也有提及。首先就国际法而言，《万国公报》中此类文章为数不少。李提摩太（Timothy Richard，1845～1919 年）在《救世教益》中在论及应该如何实现"安民"时，说道：

> 救世教欲将各国律法比较，然后再作万国公法，使人按公法而行，不可一味恃势。又救世教人到处传教，常言人当爱人如己，欲万国以仁义为主，自然相安。即不幸一旦有事，两国亦不可交兵，当请他国有德望之君若臣来解和，听具公议，不可恃强执拗也。现西国已多次如此行，迨各国传行均信此法，不胜于养兵乎？此攘外之法也。①

即李提摩太认为清政府在清朝与外国发生矛盾后，应该请中立人士前来调停，不可倚强凌弱，并且应该遵从万国公法中的规定与外国相交。

《万国公报》中还记载有美国侵害在美华工利益的事件。林乐知在其所著的《中美关系略论》中提到，美国批准了针对华工的严苛法律，即"在美之华工，与此一年之内皆须到官领取凭照，否则监禁一年，仍递回原籍。"针对该法律，林乐知认为，美国所为违反了之前中美之间签订的《中美续修条约》第 1 款的规定："大清国与大美国共同商定，如有时大美国查华工前往美国，或在各处居住，实与美国之益有所妨碍，或与美国内及美国一处地方之平安有所妨碍，大清国准大美国可以或为整理。所有定限办法，凡续往承工者，只能令其按照限制进口，不得稍有凌虐。"按照条约规定，美国的行为"君子皆指为不公不信之

---

① ［英］李提摩太：《救世教益》，载于《万国公报》，第 3 册，1889 年 2 月，第 12583～12590 页。

尤。"① 从其记述中可知，林乐知试图从国际条约的角度，指责美国违背条约的规定，为中国华工利益陈情。这启发了国人在面对涉外纠纷时，应从所订立的国际条约的角度保护自己的权益。

其次，就刑事法律而言，1876 年《万国公报》上刊登了美国人毕遮尔撰写，英国人艾约瑟（Joseph Edkins，1823 ~ 1905 年）翻译的《防罪十则》一文。文章称：

> （刑罚）宜卫民免害也，由来象魏悬书，……依是刑期无刑之意，非所病民，实所以卫民也，无非欲人知者为罪，先期预防之耳，……圣书中眼偿眼、牙还牙之理，不可轻引，古圣人著有律禁，是欲人怀刑畏刑，存心持躬，能远于刑、免于刑、无时或犯乎刑耳。②

该文告诫国人刑罚的目的是为了保护民众，而非惩罚民众，不能有古人所说的以牙还牙，以眼还眼的报复心态。针对这一问题，《万国公报》于 1880 年 1 月 31 日曾刊登《论中外法律不同》一文，也提及了中国法律"以刑去刑"的精神是与英美刑罚存在不同的。文载：

> 近日中外和好，所有国家政治法律胥得而参考，以论其同异得失焉。其风俗各殊，教互治异，固夫人而知之矣。至于法律，中国似过于严，而为西人所不惬于怀者，屡因事以为言，恒欲中国稍纵而更改焉。然详？立法定律之意，中国虽严而实多所保全也，西国虽宽而究多有幸心也。夫仁人在上，则国无幸民，民之多幸，国之不幸也。故吞舟漏网古人

---

① ［美］林乐知：《中美关系略论》，载于《万国公报》第 63、64、65 册，1894 年 4 月、5 月、6 月，转引自李天纲编校：《万国公报文选》，生活·读书·新知三联书店 1998 年版，第 290 ~ 301 页。
② ［美］毕遮尔：《防罪十则》，［英］艾约瑟译，载于《万国公报》，第 54 卷，1879 年 5 月 24 日，第 6330 页。

恒举以为戒，盖姑息足以养奸而除残即以止暴。唐虞三代之隆，杀亦名刑亦名，祥诚以戮一人而众知警，罚一人而众知？于以服教畏种，始足以致无刑之治，奠太平之基也。夫乱臣贼子固普天之共愤而为国法所不容也。乃西国于揭竿倡乱据地以叛之徒即属渠魁、罪大恶极当阵擒而归亦或流之荒岛，禁锢终身，其有败窜远方即不复过问，以为成则称王败则为寇，原属豪杰之士，情有可原，即法有可贷也而叛人之家属则固？得而禁锢虐待之矣……盖仁育义正各有所宜，中国法律有时似过于严而实不流于酷也。①

此外，针对中国刑罚的残酷，传教士曾提出建议以改善清朝刑律现状。传教士哲美森（Geo. Jamieson，1843～1920年）在《华英谳案定章考》中说道：

> 被告若系杀人之犯，定以环首之刑。或即系杀人而事出有因者，则将全案供招上详驻京大臣，该大臣可以原情减等，改为监禁终身或若干年限，均令兼作苦工。倘该被告所犯罪不至死，问官有自主之权，按其犯事时之情景以分别其轻重，即以杀人论，或事出有因或情有可原，问官比于轻律，则甚至不过监禁一个月，比于重律，则加至监禁终身，兼作苦工，其余各案亦可即此类推。英国刑律最紧要关键在于分别故误，于是杀人之案必澈究其有心与否，罪名即缘之而定，假使杀人而十分有心也者，罪名即十分加重，苟或无心，罪即从轻，此系用刑之本，是以疯子杀人从无拟抵之律，且杀人者大半必有所因，否则断无凭空执途人而杀之

---

① 《论中外法律不同》，载于《万国公报》，第575卷，1880年1月31日，第7007～7010页。

理，故极刑不恒有。①

文章中提及自首者应该减刑，主审官有决断权，根据杀人者的动机区别误杀和故杀分别量刑。

再次，就民事法律而论，19 世纪作为中西方交流载体的传教士，开始向中国传播英美的民事法律制度，甚至倡导中国的民事法律应该仿效英美进行"民刑分离"。前述英人哲美森就在《华英谳案定章考》中，提到了英国的"民刑分立"模式。是谓：

> 英官衙门所定之案计分两等，一曰刑律，一曰户律，定案之法与中国形殊理合，一一申明，今考刑律之中亦分两等，……舍此之外则为户律，……维何亦分两等，辟如甲乙两人先已约定，互立凭文，追后有一人不认此凭，因而成讼。又如丙控丁欠钱不还等情，此户律中犯约一类之案。又有本无约而致损者，水路则如戊船撞己船，陆路则如庚车撞辛车之类，既已受损，亦可控告到官以伸理。②

该文对英国的刑律和户律都进行了介绍，指出处理案件的方式与中国的方式大同小异，并通过列举案例的方式具体说明。从文段可以看出，哲氏的文章通俗易懂，并没有太多高深的专业词汇，而《万国公报》在清末的影响力甚大，因此民刑分立的立法思想受到了广泛的关注。这也反映在之后清末修律中民律的修订上。

最后，就法理而言，《万国公报》曾于 1893 年 7 月刊载了一篇名为《立理法以求尽善》的文章。在该文章中，作者梳理清楚了"理"与"法"的关系，即"理"是"法"的内在本质，

---

① ［英］哲美森：《华英谳案定章考》，［英］李提摩太译，载于《万国公报》，第 47 册，1892 年 12 月，第 13250 页。
② ［英］哲美森：《华英谳案定章考》，［英］李提摩太译，载于《万国公报》，第 47 册，1892 年 12 月，第 13247 页。

重在"明事物"，而"法"是理的外在形式，重在"定事物"。
是谓：

> 从来天地间，有是物必有是事，有是事必有是理，有是
> 理尤宜有是法。盖理也者，所以明事物也，法也者所以定事
> 物也，苟徒讲理而不立法，则事物虽明而无由定，固未善
> 也，徒立法而不讲理，则事物虽定，终无由明，犹未善也。
> 即理法兼备，而理有或昧，则法无所本，法有未精，而理无
> 所施，终未善也……是以其立法也不失之严则失之宽，不失
> 之简则失之繁，不失之邪则失之偏，不失之奢则失之俭，或
> 举一而废百，或坐井而观天……徒讲理而不立法，则必蹈有
> 名无实之弊也固矣，则立法亦可缓乎？不惟不可缓也，即不
> 由此而深筹之，犹难至乎尽善也……是以理法之既立也，原
> 以成天下之俊才，备国家以登庸，顺天心而成人事，固以不
> 为不美，而不为不尽善矣。[①]

该文是晚清为数不多探讨法理问题的文献，值得注意。此
外，《万国公报》还刊载过一些零星涉及英美法的信息，如1875
年1月23日就曾刊载过英国人佩福来涉及英国发信法的文章。
文载：

> 泰西各国寄信例有官司，与中国寄信不同，违例者重
> 究。伦敦发信总司设立大小官员以及信役，其发信分内外两
> 地，内有司格兰、爱尔兰两国（前为自主之国，今与英合而
> 为一），各有发信总司，然皆归伦敦总司统制，依民数而设，
> 每五千人分为一司，伦敦三百万人分为十邑，曰中西曰中东
> 曰西曰东曰西南曰西北曰北曰南曰东北曰东南。每邑统制百

---

① 袁日显：《立理法以求尽善》，载于《万国公报》，第54册，1893年7月，第
13732页。

司……若不出境不论远近五钱重者不过付银二分，官有以为如此办理入不敷出，虽欲改而不能。观此知信法所关甚大矣……以上内外两法内重而外轻，窃思中国发信不但有耽延迟误之处而且需费甚多，或以为有相沿有历久难变之势。回忆英国前数十年，亦为是说，迨尝试新法而发信遂络绎不绝。①

四、《万国公报》介绍英美法的特点

首先，《万国公报》中的大部分文章主要是为其宗教目的而服务的。无论是法律知识的介绍，还是政治、经济、文化、社会生活等内容的介绍，都被深深地打上了宗教的烙印，只不过表现形式有所不同。

对此，最明显的一个例证即基督教宣扬的"西政源于西教"。《万国公报》中《论政教关系》一文表达的观点是世界各国政体之别源于所信仰宗教的不同。是谓：

天下万国之政治，及其人民之风俗教化，有君主专制之政体，有君民共治之政体，有未教化之人民，有半教化之人民，有文明教化之人民。虽万有不齐，然考其政治所凭藉之端，与其教化所从出之源，盖莫不根于其教道之性质也。

教与政相表里，其教道如何，则其政治亦必如何矣；教与政又相为始终，其教道既为如何，或变为如何，则其政治亦必随之矣。②

---

① ［英］佩福来：《论英国发信法》，载于《万国公报》，第 321 卷，1875 年 1 月 23 日，第 578 页。
② ［美］盖乐惠：《论政教之关系》，［美］林乐知译，载于《万国公报》，第 170 册，1903 年 3 月，第 21601～21602 页。

因此，不同宗教与国政密切相关。那么何种教道才是国家应该采取的呢？对此，该文给出了明确的答复："一言以蔽之曰，凡不奉基督教之国，其政权无一非专制暴虐者也。"[①] 此外，该文还以美国为例，称美国就是因为以基督教为根本，才使得美国"各保其自主平等之名分，一切身家性命财产自主，皆得律法之保护，无一人在于律法之外，既无一人不为律法所保护矣。"[②] 因此，基督教就是美国的立国根基。

此外，这种目的的宗教性倾向还表现在，《万国公报》在介绍英美法律制度时，明显极力推崇自身，全盘否定中国法制。造成这一现象的原因，一方面是由于传教士作为西方人士，尤其是来自英国和美国，他们对自己的文化具有的天生优越感；另一方面也是出于宣教的需要：为了宣扬基督教，就必须先以"先进"的制度吸引中国人。

其次，从《万国公报》中法律知识介绍的外在形式上来说，法律知识的介绍大都是夹杂在介绍西方各国政治、经济状况、各种时事对策的综合性文章中，少有单独的栏目进行专门的介绍。比如，赫德的《局外旁观论》一文，在分析中国的内情和外情，其中涉及对晚清社会的军事、士人、官吏、对待西人的态度、对西国与中国缔结的条约、教案等多方面介绍，但其中仅有一小部分提及了国际条约问题，即：

> 民间立有合同，即国中立有条约。民间如违背合同，可以告官准理；国中背条约，在万国公法准至用兵，败者必认旧约赔补兵费均外，加保方止。中国初次与外国定约，并未

---

① ［美］盖乐惠：《论政教之关系》，［美］林乐知译，载于《万国公报》，第170册，1903年3月，第21608页。
② ［美］盖乐惠：《论政教之关系》，［美］林乐知译，载于《万国公报》，第170册，1903年3月，第21609页。

以条约为重，不过聊作退敌之策，至今万众之内或有一二人知有条约，然未识条约之重，未知违约之害。①

相较于整篇文章来说，这部分内容分量比重太低。

最后，《万国公报》在介绍英美法知识过程中常把中国法政状况作为对立面来进行论证，试图通过介绍英美法来修补。很多传教士的相关文章无一不对晚清中国的法制现状表现出了极大"忧虑"，意图用俯视者的态度出言指导。如林乐知在《险语对》中提及"欲审中国之机宜，而定长治久安之策"，为中国提出了五项对策，分别为意兴、权力、道德、政令、体统。在"体统"部分，他指出：

体统宜整饬也。中国内政不修，斯外交不竞。欲求外交之竞，则自除客官自治其民之权始。欲求内政之修，则自参西士真实无妄之教始。华人若能真是无妄，客官自无从自治其民。②

他的观点就是中国应该去除领事官员的自治权，因为中国的刑罚太过严苛，使得"华例一经被控，缧绁随之，问之而不承，笞杖随之。甚或加以种种非刑，必使如问官之意而后已。"③ 如果赋予中国领事官员自治权就不能做到公正司法。而中国的内政应该学习西方的基督教，以其教义来教化子民，才能内政修好。

之所以选择通过英美法进行修补，主要是因为《万国公报》涉及英美法的撰稿人基本上来自英国或美国。据学者考，在为

---

① ［英］赫德：《中西关系论略：局外旁观论》，载于《万国公报》，第 369 卷，1875 年 10 月 23 日，转引自李天纲编校：《万国公报文选》，生活·读书·新知三联书店 1998 年版，第 186 页。
② ［美］林乐知：《险语对·下之中》，载于《万国公报》，第 87 册，1896 年 4 月，第 15956 ~ 15957 页。
③ ［美］林乐知：《险语对》，载于《万国公报》，第 87 册，1896 年 4 月，第 15957 页。

《万国公报》撰文的 79 名外国传教士中，除 4 人来自德国，1 人来自瑞士，其余全部来自属于新教的英美两国。① 比较有趣的是，当文章作者是英国人时，作者一般主张中国应向英国学习；当作者换为美国人时，美国则成了学习的目标。

---

① 具体参见"在《万国公报》上撰文的传教士名单一览表"，参见杨代春：《〈万国公报〉与晚清中西文化交流》，湖南人民出版社 2002 年版，第 60～62 页。

第三章
官办机构对英美法的介绍

一、官办机构传播西学活动概况

与基督教会在华传播西学活动相对应的，是整个洋务运动期间清廷所主导的官办机构对于西学的传播也是十分重要，且不容忽视的。这些官办机构主要分为两大类：一类是以京师同文馆、上海方言馆为代表的洋务学堂；另一类是以上海江南制造局翻译馆为代表的译书机构。正是这些官办机构在教学和译书过程中将大量西学知识介绍到中国。需要说明的是，尽管这些机构主要是清廷所办，但实际的授课人和译书人大多是上面提到的西方传教士。①

就洋务学堂而言，最早创立此类学堂的目的主要是应付外交过程中，翻译人才匮乏等问题。尽管 1859 年第二次鸦片战争期间，时任翰林院编修的郭嵩焘以"推考诸夷嗜好忌讳"为由，曾奏请咸丰皇帝创立外语学校，但并未引起重视，最终不了了之。战争结束之后，《北京条约》签订。该条约重新确认了 1858 年《天津条约》的各项规定，其中最为重要的就是对交涉所用语言的规定，即"两国交涉，均使用英文或法文，暂时附送中文，俟中国选派学生学习外文后，即停附中文照会；此后各项文件或文词发生争议，均以外文为准"。② 于是，主持外交事宜的奕䜣等人便向朝廷奏请开设外语学馆。文载：

---

① 以京师同文馆为例，据考同文馆先后聘请过 54 名外国人，担任英文、法文、德文、日文、化学、天文、医学教习，且大多数为传教士。参见熊月之：《西学东渐与晚清社会》，中国人民大学出版社 2011 年版，第 243～245 页。

② 参见熊月之：《西学东渐与晚清社会》，中国人民大学出版社 2011 年版，第 236～237 页。

查与外国交涉事件，必先识其性情，今语言不通，文字难辨，一切隔膜，安望其能妥协？从前俄罗斯馆文字，曾例定设立文馆学习，具有深意。今日久视具文，未能通晓，似宜量为鼓舞，以资观感。闻广东、上海商人，有专习英、佛、米三国文字语言之人，请敕各该省督抚，挑选诚实可靠者，每省各派二人，共派四人，携带各国书籍来京，并于八旗中挑选天资聪慧，年在十三四以下者，各四五人，俾资学习。其派来之人，仿照俄罗斯馆教习之例，厚其薪水，两年后，分别勤惰，其有成效者，给以奖叙。俟八旗学习之人，于文字言语悉能通晓，即行停止。俄罗斯语言文字，仍请敕令该馆，妥议章程，认真督课。所有学习各国文字之人，如能纯熟，即奏请给以优奖，庶不致日久废弛。[①]

通过此折可知，奕䜣等人当时并没有大规模长期办学的打算，而纯粹是为了应付夷务。然而，奏折批准后，由于外语教习迟迟没有到位，学馆无法正常开馆。直至 1862 年，总理衙门接受英国公使威妥玛（Thomas Francis Wade，1818～1895 年）的推荐，聘请英国人包尔腾（John Shaw Burdon，1826～1907 年）为英文教习，并从八旗子弟中招收 10 名学生，于同年 6 月 11 日在东堂子胡同的总理衙门中正式开课，定名"同文馆"。1863 年，开办法文馆，后又将俄罗斯馆并入。

需要说明的是，尽管同文馆自 1862 年已经开馆，但直至 1870 年以前，由于诸多保守派的反对，同文馆运行的一直不景气。"到 1869 年，英文馆只有学生 2 名，法文馆 8 名，俄文馆较

---

① 《筹办夷务始末》（咸丰朝），卷七一，"咸丰十年十二月初二恭亲王奕䜣等奏"，中华书局 2008 年版，第 8～9 页。

多，有 18 名，学生多已人到中年。"① 1870 年以后，随着丁韪良
（William Parsons Martin，1827～1916 年）担任总教习，② 采取了
改进措施，同文馆逐渐成为以外语为主，兼习多门西学的综合性
学校。

1876 年，同文馆正式规定，除了英、法、俄、德等外语以外，
学生还要兼习数学、物理、化学、天文、航海测算、世界历史、
世界地理以及万国公法、政治学等课程。在这些课程设置中，涉
及英美法的国际公法课程就显得十分重要。例如，同文馆的总教
习丁韪良就是国际公法课程的授课教师，并教授此课程长达 25 年
之久。至于同文馆教授国际公法所涉及内容，我们可从如下三则
考试试题中管窥。光绪四年（1878 年）同文馆岁试，题目如下：

> 遣使之权自主之国皆有之，何以辩之？此国遣使彼国，
> 有拒而不接者，其故何也？使臣有四等，试言其序。遇更易
> 国主，驻京使臣位次何以定之，其定法不一，而各有成案，
> 试言之。头等公使得邀破格优待之礼，试言其概。公使之权
> 利之尤要者，试言之。公使职守，其尤重者在何事？各国议
> 立条约，所论何事居多？公使偶不安分，有遣之出疆者，系
> 因何事？公使停职其故有七，试述之。③

光绪十二年（1886 年）大考，题目如下：

> 海上盘查他国船只，限制有四，试论之。盘查之权每有
> 条约范围之，试述其一二。邦国凭其自护之权，不理局外旗
> 号，而追捕船只者其案例若何？英美两国设立禁绝贩卖黑奴

---

① 熊月之：《西学东渐与晚清社会》，中国人民大学出版社 2011 年版，第 239 页。
② 丁韪良，字德三，号冠西，美国传教士。1849 年受美国长老会委派，来华传教
 62 年，1916 年病逝于北京。他从 1869 年 11 月 26 日出任京师同文馆总教习到
 1894 年因健康原因辞去这一职位。
③ 《同文馆题名录》光绪五年刊，引自朱有瓛主编：《中国近代学制史料》第 1 辑
 （上册），华东师范大学出版社 1983 年版，第 90 页。

之事，其大端若何？美国与英国第二次启衅其故有二，试
言之。①

光绪十八年（1892 年）大考，题目如下：

邦国之得土地者，其原不以一法，试述之。昔者公使每
争位次，其案之尤著者，试言之。自主之国均等而仍有分别
者，其义例若何？按公法之通例，其免于地方管辖者有三，
试言之。东方各国外人罪案每归领事官审问，其例由何而
始？邦国治内政，其公文有牵涉他国因而诘问者，其例案若
何？人民诽谤他国之君上，有司因而治罪，其例案若何？②

通过上述三则试题可知，同文馆这一时期对所培养学生的国
际公法知识要求还是很高的，题目所涉及内容也基本与国际通行
规则接轨。

除了同文馆外，各地洋务学堂纷纷建立起来（见表 3 -1）。③

表 3 -1　　　　　　　　洋务学堂列表

学校名称	地点	创立时间	创办人	备注
京师同文馆	北京	1862 年	奕䜣	1898 年归并入京师大学堂
上海同文馆	上海	1863 年	李鸿章	1898 年与江南制造局所属炮队营归并，改设为江南工艺学堂

---

① 《同文馆题名录》光绪五年刊，载于朱有瓛主编：《中国近代学制史料》第 1 辑
（上册），华东师范大学出版社 1983 年版，第 93 ~ 94 页。
② 孙子和：《清代同文馆之研究》，附录二，台湾文海出版社 1977 年版，第 563 页。
转引自胡照青：《晚清社会变迁中的法学翻译及其影响》，华东政法大学 2007 年
博士学位论文，第 118 ~ 119 页。
③ 转引自邹小站：《西学东渐：迎拒与选择》，四川人民出版社 2008 年版，第 156 ~
160 页。

学校名称	地点	创立时间	创办人	备注
广州同文馆	广州	1864 年	毛鸿斌等	
福州船政学堂	福州	1866 年	左宗棠	
福州电报学堂	福州	1876 年	丁日昌	
天津水师学堂	天津	1880 年	李鸿章	
广东实学馆（西学馆）	广州	1880 年	张树声	1884 年张之洞改之为博学堂，1887 年改为广东水陆师学堂
天津电报学堂	天津	1880 年	李鸿章	
上海电报学堂	上海	1882 年		
金陵同文电学馆	南京	1883 年	左宗棠	
黄埔水雷局附设鱼雷学堂	广州	1884 年		1904 年归并到广东水师学堂
天津武备学堂	天津	1885 年	李鸿章	
天津医学堂	天津	1885 年	李鸿章	
昆明湖水师学堂	北京	1886 年	奕譞	
两广电报学堂	广州	1887 年	张之洞	
广东水陆学堂	广州	1887 年	张之洞	
新疆俄文馆	乌鲁木齐	1887 年	刘锦堂	
台湾西学馆	台北	1887 年	刘铭传	
珲春俄文书院	珲春	1888 年	希元	
江南水师学堂	南京	1890 年	曾国荃	
威海卫水师学堂	威海	1890 年	丁汝昌	
旅顺口鱼雷学堂	旅顺	1890 年		

续表

学校名称	地点	创立时间	创办人	备注
台湾电报学堂	台北	1890 年		
湖北矿务局工程学堂	武汉	1892 年	张之洞	
湖北自强学堂	武汉	1893 年	张之洞	
轮船招商局附设驾驶学堂	上海	1894 年	盛宣怀	

例如，1863 年李鸿章奏请朝廷在上海设立"上海学馆"，获批后，上海方言馆初拟名"上海外国语言文字学馆"，后冯桂芬在试办章程中正式将其定名为"学习外国语言文字同文馆"，简称"上海同文馆"，后于 1867 年改名"上海方言馆"。与京师同文馆课程设置相近似的是，这些洋务学堂虽然在授课内容上以外语和近代科技、军事为主，但也涉及国际公法和各国国政、风俗等内容。

就西学，尤其是英美法传播而言，洋务运动官办机构最为重要的贡献就是译书机构对大量西学书籍的译介，而其中最为重要的两个机构是京师同文馆和江南机器制造总局的翻译馆（下文将详细论述）。这里笔者想提一下赫德所领导的海关总税务司对于译介西书的贡献。

1880 年 12 月 10 日，赫德让中国海关驻伦敦办事处主任金登干订购麦克米伦公司（Macmillan）出版的"科学初级读本"和"历史初级读本"。同年，英国传教士艾约瑟（Joseph Edkins，1823～1905 年）辞去伦敦传教会之职，受赫德延聘，担任海关总署翻译。从 1881 年至 1885 年，艾约瑟承担了上述两套读本的翻译工作。1886 年艾约瑟编译的《西学启蒙》丛书出版，包括

《西学略述》《地志启蒙》《地学启蒙》《身理启蒙》《化学启蒙》
《天文启蒙》《辨学启蒙》《罗马志略》《格致总学启蒙》《地理
质学启蒙》《格致质学启蒙》《动物学启蒙》《富国养民策》《希
腊志略》和《欧洲史略》十六种，试图系统、全面地介绍西
学。① 其中艾约瑟所著《西学略述》和杰文斯所著，艾约瑟翻译
的《富国养民策》涉及了一些英美法的知识。②

需要说明的是，除去这些官办机构以及前述谈及教会所办机
构外，还存在一些民间机构以授课或翻译的方式介绍西学知识。
例如，1876 年在上海设立的格致书院就是这样的机构。该书院
是英国驻沪领事麦华陀（Sir Walter Henry Medhurst，1823～1885
年）倡议，由大批中国士绅官僚和诸多外国人合作捐资创办的。
据熊月之先生考，在该书院诸多课艺中，有几则中西法律比较的
内容。例如，1893 年秋书院就组织大家讨论"比较中西律例异
同得失"的话题，是谓：

> 《风俗通》称皋陶造律，至汉萧何因秦法作律九章，律
> 之名所由始。其曰例者，王制之所谓比是也。古者狱辞之
> 成，必察大小比，律有一定，例则随时变通，读律者八字十
> 六字之分，剖析毫厘，不得畸轻畸重，无非明慎钦恤，以仁
> 施法之意。《史记》言匈奴狱，久者不过十月，一国之囚，
> 不过数人，何其速而简也。宋邓肃对高宗言，外国文书简，
> 简故速，中国文书繁，繁故迟，其说信否？西国用律师判断
> 两造，权与官埒，此中国所无也。中西律例异同得失安在？

---

① 参见赖其深：《晚清介绍西学的一套启蒙丛书》，引自钟叔河、曾德明、杨云辉主
　编：《走向世界丛书》，岳麓书社 2016 年版，第 17～28 页。
② 详见［英］艾约瑟等：《西学启蒙两种》，引自钟叔河、曾德明、杨云辉主编：
　《走向世界丛书》，岳麓书社 2016 年版，第 1～329 页。

能详悉言之欤？①

又如，该年冬又讨论了"中国能开议院否"，文载：

> 考泰西于近百十年间，各国皆设立上下议院，藉以通君
> 民之情，其风几同于皇古。书有之曰：民惟邦本，本固邦
> 宁。又曰众心成城。设使堂廉高远，则下情或不能上达。故
> 说者谓中国亦设议院以达舆情，采清议有若古者乡校之遗
> 意。苟或行之，其果有利益欤？或有谓行之既久，不无流
> 弊，究未悉其间利害若何，能一一敷陈之欤？②

再如，1894 年春还讨论了"西学分科"问题，再一次提及
了明末耶稣会士高一志（Alphonse Vagnoni，1566～1640 年）、艾
儒略（Jules Aleni，1582～1649 年）等人在华已经明确介绍过
"法学"的问题，③ 即：

> 明艾儒略述泰西建学，凡六科，曰勒铎理加，曰斐禄所
> 费亚，曰默第济纳，曰勒义斯，曰加诺搁斯，曰陡禄日亚，
> 今已各有删并同异损益，可觊缕以言之欤？④

该课艺是通过课堂讨论的形式发布的，任课教师最后还要从
诸多讨论中评选出优胜者。例如，上面提到的 1893 年冬，郑观
应给学生所出"中国能开议院否"的题目，来自苏州的许象枢
所答内容就被评为超等第一名。从其回答中，可以窥见出该生对
英美议会制度的熟悉和理解程度。是谓：

> 考泰西上古亦无议院。耶稣降生前五十七，即汉宣帝五
> 凤元年，巴勒斯坦新设议政五大会，每会七十人，此为欧洲
> 议院之权舆。至西一千二百六十年，宋度宗咸淳元年，英国

---

①②④　转引自熊月之：《西学东渐与晚清社会》，中国人民大学出版社 2011 年版，
　　　第 305 页。
③　　参见［意］艾儒略：《西学凡》，引自黄兴涛、王国荣编：《明清之际西学文本：
　　　50 种重要文献汇编》，第 1 册，中华书局 2013 年版，第 233 页。

> 始定议院章程，迄于今而上议院、下议院，无国蔑有。诚以议院之有益治理非浅鲜也。泰西有君主之国，有民主之国，有君民共主之国。君主者权操于上，议院不得擅施行，弊在独断，德、俄等国是也。民主者，权落于下，议院得以专威福，弊在无君，美、法等国是也。英为君民共主之国：君可民否，君不得擅行；民可君否，民不得擅作，立法独为美备。然上情可以下逮，下情可以上达则一也。

接着，该生还以比较法的视角，分析了中国设立议院的好处和可能存在的问题：

> 泰西之设议院，亦合众小私成一大公也。如一事也，而民欲之，必其利己者也，私也。然一人欲之则为私，人人欲之即为公矣。一政也，而民恶之，必其害己者也，私也。然一人恶之则为私，人人恶之即为公矣。即有时众议员意见不合，各执一是，亦可相互辩驳，使曲不胜直，非不敌是，复何虑其有弊乎？中国诚能行之，将见君民联为一气，家国合为一体，古所云"民惟邦本，本固邦宁"；又所云"众志成城"者，不难再见于今也。故蒙得而决之曰：有利无害！①

由此可见，这一时期英美法对于国人，尤其是求学于洋人所办学校的学生而言，是有一定影响的。

二、京师同文馆译介工作中的英美法

前述提及京师同文馆既是洋务运动时期第一所官办的洋务学堂，

---

① （清）王韬编：《格致书院课艺》，引自夏东元编：《郑观应集》，上册，上海人民出版社1982年版，第324~327页。

同时也是一个翻译西学的重要机构。由于得到清廷的资金资助，这一时期的京师同文馆在翻译人员的聘任和翻译书籍的刊印上，具有很大优势。据学者考，"30 多年中，北京同文馆翻译出版的著作共二百多部。"① 其中有一些是涉及英美法的（见表 3 - 2），尤其是其中的国际公法学知识。

表 3 - 2　　　　　　　　　　涉及英美法著作

书名	著者	译者	出版时间
万国公法	［美］惠顿	［美］丁韪良	同治四年（1865 年）
星轺指掌	［德］马顿斯	［美］丁韪良等	光绪二年（1876 年）
公法便览	［美］吴尔玺	［美］丁韪良等	光绪四年（1878 年）
公法会通	［瑞士］步伦	［美］丁韪良等	光绪六年（1880 年）
陆地战例新选	国际法学会编纂	［美］丁韪良	光绪九年（1883 年）
海军章程	［英］不详	不详	光绪十四年（1888 年）

需要说明的是，法国人毕利干光绪六年（1879 年）所译《法国律例》虽无涉英美法，但是此处所指涉的"律例"就是西方法律史上极为重要的《法国民法典》。② 遗憾的是，由于译者水平的缘故，此法典翻译错漏百出。如梁启超对此评价道："《法国律例》一书，欧洲亦以为善本，而馆译之本，往往不能

① 吉少甫主编：《中国出版简史》，学林出版社 1991 年版，第 280 页。
② 关于法国人毕利干对《法国民法典》在中国的翻译与贡献问题，李贵连教授和王健教授已有较为充分地研究，具体详见李贵连：《法国民法典的三个中文译本》，载于《比较法研究》1997 年第 1 期；王健：《沟通两个世界的意义——晚清西方法的输入与法律新词初探》，中国政法大学出版社 2001 年版，第 187～217 页。

达其意。且常有一字一句之颠倒漏略，至与原文相反者。"①

（一）《万国公法》对英美法的介绍

《万国公法》是译成中文的第一本涉及英美国际法的著作。该著作的译介是清廷逐渐接受"条约体系"的重要标志之一。"中国人关于国际法的最原始的印象是通过万国公法而形成的。"② 这里需要说明的是，尽管在第一次鸦片战争前，林则徐也有主动翻译英美国际法的举动，但是林则徐对于国际法的运用完全是策略性的，"林则徐并没有把国际法视为普世价值，而是把国际法当作一种能够以理服人的权宜之计来使用。"③

1863 年夏，清廷因与法国交涉遇到困难，想请时任美国驻华公使蒲安臣（Anson Burlingame，1820～1870 年）介绍一本西方国家公认的较为权威的国际法著作。蒲安臣遂即推荐了美国法学家亨利·惠顿（Henry Wheaton，1785～1848 年）的名著《国际法原理》（*Elements of International Law：With a Sketch of the History of the Science*）④，并答应翻译部分内容。尽管后来清廷曾请求当时在中国海关工作的英国人赫德（Robert Hart，1835～1911 年）翻译此书，赫德也积极地开展了翻译工作，但是由于丁韪良

① 梁启超：《变法通议·论译书》，载于《中国出版史料近代部分》，第 2 卷，第 10～13 页。转引自邹小站：《西学东渐：迎拒与选择》，四川人民出版社 2008 年版，第 184 页。

② ［日］佐藤慎一，刘岳兵译：《近代中国的知识分子与文明》，江苏人民出版社 2011 年版，第 33 页。

③ 刘禾：《帝国的话语政治：从近代中西冲突看现代世界秩序的形成》，生活·读书·新知三联书店 2014 年版，第 161～162 页。

④ 亨利·惠顿所著的《国际法原理》最早出版于 1836 年，它是英语世界中第一部以英语创作的系统阐述国家法体系的专著，它在惠顿的生前和死后都获得多次再版，它被翻译成法语、西班牙语、意大利语、汉语以及日语，它是 19 世纪国际法学中实证主义流派的一个经典作品，它在英语世界中获得了大量赞美之词，是当时许多外交官案头必备的参考书籍之一。参见赖骏楠：《国际法与晚清中国：文本、事件与政治》，上海人民出版社 2015 年版，第 100 页。

已经先于赫德完成了翻译工作,[①] 并得到了总理衙门的资助和润
色,[②] 因而, 1865 年初丁韪良的译本得以面世, 由其创办的北京
崇实馆刊行。[③]

　　这里需要说明的是, 按照丁韪良自己的说法, 之所以选择将
英美国际法传入中国, 存在一定传播基督教的目的。他在 1863
年 10 月 1 日致朋友娄理华的信中提道: "一部大概能使这个无神
论政府认可上帝及上帝永恒正义的著作; 或许还能向他们传授基
督教精神"。他确信自己从事的事业 "并非不适合一位感到义务
为其选择传教的国家寻求福祉的传教士去做"。对于选择翻译惠
顿作品的原因, 他说道:

　　　　对于作者的选择, 我问心无愧。我起先倾向于瓦特尔;
　　但细细想来, 这位地位卓越、用语显豁的作者的作品如用于
　　指导实践, 可能会显得有些过时; 将之引入中国无异于向他
　　们讲授托勒密的宇宙学。惠顿的著作除了能将国际法科学写
　　到今天, 还是公认的全面公正的集大成者, 它也正凭借这点
　　进入了欧洲各国的内阁。[④]

　　丁韪良对于向中国传播英美国际法这项工作本身以及未来英

---

① 这里需要说明的是, 丁韪良译《万国公法》所依据的版本, 按照学者张用心的观
　点, 应该是 1855 年惠顿第 6 版的《国际法原理》。详见张用心:《〈万国公法〉
　的几个问题》, 载于《北京大学学报 (哲学社会科学版)》2005 年第 5 期。
② 根据《万国公法》中的 "序言"和 "凡例"可知, 参与翻译《万国公法》的还
　有四人, 分别是 "江宁何师孟、通州李大文、大兴张炜、定海曹景荣"; 另外,
　四位总理衙门的章京 "历城陈钦、郑州李常华、定远方濬师、大竹毛鸿图", 以
　及总理衙门四大臣之一的董恂参与了润色和校正工作。参见 [美] 惠顿:《万国
　公法》, 丁韪良译, 上海书店出版社 2002 年版, 序一、序二、凡例。
③ 关于《万国公法》的刊印背景, 参见林学忠:《从万国公法到公法外交: 晚清国
　际法的传入、诠释与应用》, 上海古籍出版社 2009 年版, 第 48 ~ 53 页。亦可参
　见赖骏楠:《国际法与晚清中国: 文本、事件与政治》, 上海人民出版社 2015 年
　版, 第 99 ~ 102 页。
④ [美] 徐中约:《中国进入国际大家庭: 1858 ~ 1880 年间的外交》, 屈文生译, 商
　务印书馆 2018 年版, 第 196 页。

美国际法在中国的推广也是十分乐观的。他在该译著的英文序言中写道:

> 对于国际法的基本原则,中国人做好了接受的准备。在他们的国礼及正典书籍中,他们承认人类命运终极仲裁者的存在,各国国王和亲王接受他的授权并对他直接负责;理论上讲,没有人(比中国人)更愿意承认终极仲裁者的法律是镌刻在人心之上的。国家被视为非自然人,国家间的相互义务也是基于这一准则推演而出,中国人对此完全理解。①

他甚至将同文馆翻译为 "International Law and Language School",以彰显他着力在中国普及万国公法的意向。沉浸在膨胀状态中的丁韪良甚至乐观地预测说:"我相信《万国公法》译本的影响只会仅次于《圣经》译本的影响。"② 当然,对于丁韪良翻译《万国公法》是为了"服务于基督教扩张目的"的说法,③ 也有论者持不同看法。他们认为,西方人主动翻译《万国公法》也有其自身的考量,即"通过使其理解国际法,企图使中国方面感到遵守条约的根据从强制性的屈从转移到规范性的义务上来。"④

应该说,较之前林则徐编译的《四洲志》和魏源的《海国图志》所介绍的零星国际法知识而言,丁韪良所译《万国公法》

---

① Martin, Wan-kuo kung-fa, English Preface, I. Italics mine. 转引自〔美〕徐中约:《中国进入国际大家庭:1858~1880年间的外交》,屈文生译,商务印书馆2018年版,第209~210页。

② 转引自〔美〕徐中约:《中国进入国际大家庭:1858~1880年间的外交》,屈文生译,商务印书馆2018年版,第210页。

③ 田涛教授通过文献证明了丁韪良此种意图。详见田涛,刘岳兵译:《国际法输入与晚清中国》,济南出版社2001年版,第48~55页;另见〔日〕佐藤慎一:《近代中国的知识分子与文明》,江苏人民出版社2011年版,第51页。

④ 〔日〕佐藤慎一,刘岳兵译:《近代中国的知识分子与文明》,江苏人民出版社2011年版,第46页。

给中国人带来的是一个全新的国际法学体系①。《万国公法》除序言、凡例外，共分4卷12章。② 第1卷"释公法之义，明其本源，题其大旨"（*Definition*，*Sources*，*and Subjects of International Law*），阐述国际法的性质和法源；第2卷"论诸国自然之权"（*Absolute International Rights of States*），分述国家"自护自主""制定法律""诸国平行""各国掌物之权"；第3卷"论诸国平时往来之权"（*International Rights of States in their Pacific Relations*），分述了通使及商议立约之权；第4卷"论交战条规"（*International Rights of States in their Hostile Relations*），讨论了"战始""敌国交战之权""战时局外之权"以及"和约章程"。应该说，丁韪良翻译的《万国公法》（以下简称"丁译（万国公法)"）不仅首次向国人介绍了近代西方的国家法知识和体系，而且还将英美国家的法治和宪政观念引入中国。需要强调的是，这本丁韪良译的《万国公法》很大程度上是丁韪良对惠顿著作的"意译"，其在内容上对原著有所删略，有所扩写。③

就具体介绍英美法内容而言，丁韪良译的《万国公法》最为重要的，也是被过往研究所忽略的内容其实是第1卷。在该卷中，丁韪良不仅向国人首次阐述了国家法的定义、性质、渊源等国际法基本原理，而且在该卷第1章中，丁氏还向中国人

---

① 何勤华：《〈万国公法〉与清末国际法》，载于《法学研究》2001年第5期。
② 需要说明的是，本书使用的《万国公法》文本，一是上海书店出版社2002年版的《万国公法》，另一个英文版本是杨焯在2015年法律出版社出版的《丁译〈万国公法〉研究》后附录的"丁译《万国公法》中英文对照研究"的内容。参见杨焯：《丁译〈万国公法〉研究》，法律出版社2015年版，第200～666页。
③ 徐中约先生曾比较过丁韪良的译本和惠顿的原著，发现《万国公法》删去了原书第4章第17～19节以及附录等内容。参见林学忠《从万国公法到公法外交：晚清国际法的传入、诠释与应用》，上海古籍出版社2009年版，第54～55页。又见杨焯：《丁译〈万国公法〉研究》，法律出版社2015年版，第55～72页。另见赖骏楠：《国际法与晚清中国：文本、事件与政治》，上海人民出版社2015年版，第102～111页。

第一次介绍了格劳秀斯、莱布尼茨、霍布斯、普芬道夫、沃尔夫、瓦特尔、赫夫特尔、宾刻舒克、孟德斯鸠、边沁、萨维尼、麦迪逊等西方法学家的法学思想，以及《得哩》（*De Republica*，《论共和国》——作者注）和《律例精义》（*Espriit des Lois*，《论法的精神》——作者注）等西方法学经典。有研究者认为，该卷"甚至也可以被看作西方法学史的'浓缩版'在中国的首次传播"①。

在该卷第 1 章第 1 节，丁韪良译《万国公法》就提出了公法"何自而来"的问题？对此问题，该书首先向国人区分了两种法的产生模式，即一种是"君为己之民制法"，另一种则是"由公议而设"。显然，后一种创制法律的模式是传统中国所陌生的。接着，该书首次向国人提出了"万国公法"②与"一国国内法"的区别问题，进而引出"万国公法"的精义之所在。是谓：

> 但万国既无统领之君以明指其往来条例，亦无公举之有司以息其争端，倘求公法，而欲恃一国之君操其权，一国之有司释其义，不可得矣。欲知此公法凭何权而立，惟有究察各国相待所当守天然之义法而已。③

为了阐明"万国公法"之精义——"天然之义法"，丁韪良

---

① 赖骏楠：《国际法与晚清中国：文本、事件与政治》，上海人民出版社 2015 年版，第 105 页。
② 需要说明的是，这里丁韪良将惠顿原著中"International Law"翻译为"万国公法"实际上并不准确，按照当下的通说，该词应是"国际法"或"国际公法"的意思，但考虑那个时代中西隔膜，将其翻译为"万国公法"已属不易。此外，根据赖俊楠的研究，对于"International Law"的翻译而言，实际上在"万国公法"之前，还存在其他一些翻译，如"各国律例""各国交通义理"以及"万国律例"等，但直到《万国公法》一书问世后，"'万国公法/公法'及其所代表的国际法译词传统主宰了随后几十年的晚清国际法话语界，直至 1900 年后被取自日语的新语词传统所取代。"参见赖骏楠：《国际法与晚清中国：文本、事件与政治》，上海人民出版社 2015 年版，第 112~113 页。
③ ［美］惠顿：《万国公法》，丁韪良译，上海书店出版社 2002 年版，第 1 页。

译《万国公法》接着梳理了西方自格劳秀斯以降的自然法学说，这对于近代中国无疑是具有开创性的。文载：

> 公法之学，创于荷兰人名虎哥者（雨果·格劳秀斯——作者注）。虎哥与门人论公法，曾分之为二种。世人若无国君，若无王法，天然同居，究其来往相待之理，应当如何？此乃公法之一种，名为"性法"也。夫诸国之往来，与众人同理，将此性法所定人人相待之分，以明各国交际之义，此乃第二种也。①

至于何为"性法"（自然法——作者注）？② 丁韪良译《万国公法》转引了荷兰法学家格劳秀斯1625年《平战条规》（今译为《战争与和平法》）中的观点，明确指出：

> 人生在世，有理有情，事之合者当为之，事之背者则不为当之，此乃人之良知。一若有法铭于心以别其去就也，与性相背者则为造化之主宰所禁，与性相合者则为其所令。人果念及此，便知其为主宰或禁或令，自可知其为犯法与否。③

正是由于"性法"盖由上帝所定，本乎"人之良知"，因而"邦国天然同居，虽无统领之君，即可将此性法以释其争端"，成为"诸国之义法也"。④ 需要注意的是，丁韪良译《万国公法》在介绍格劳秀斯有关论述国际公法与自然法之关系的观点外，还一并介绍了莱布尼茨、霍布斯以及普芬道夫对此问题的观点以及与格劳秀斯的区别。文载：

---

① ［美］惠顿：《万国公法》，丁韪良译，上海书店出版社2002年版，第1～2页。
② "性法"译自惠顿的"Natural Law"一词，该词现通译为"自然法"。按照何勤华教授的观点，该词虽在译法上有些怪异，但却抓住了自然法的本质。因为在传统中国人的观念中，"性"一词表达了人的本性和人原始的最初本原。因此，作为一种上帝赋予的、与人的出生一起产生的、管束人世间一切生灵的法律，用"性法"是一个很好的译法。参见何勤华：《〈万国公法〉与清末国际法》，载于《法学研究》2001年第5期。
③④ ［美］惠顿：《万国公法》，丁韪良译，上海书店出版社2002年版，第2页。

霍毕寺（霍布斯——作者注）、布番多（普芬道夫——作者注）论公法出自何源、行恃何权，亦与虎哥稍异。霍氏著书云：“性法分为两种，一则主庶人之往来，一则主诸国之交际。所谓万国之公法也，二者同理而异名，盖诸国既分，即以人人往来之道为诸国交际之规。论人人往来之道，名之曰‘性法’；推而极于诸国交际之事，则名之曰‘公法’焉。”布氏然其说云：“此外别无通行之公法，惟有性法可令万国钦服。”①

至于万国公法的效力问题，丁韪良译《万国公法》同样在援引格劳秀斯、霍布斯等人的观点后认为：“公法之条例皆然，欲违之者固能违之，但恐其所屈者将出尔反尔，且万国必共怒焉。”② 通过上面的描述，可以清楚地看到，尽管在国际法学史上，19 世纪后半叶已出现了自然法的国际法向实证法的国际法的转向，但惠顿此书仍具有浓厚的自然法倾向。

就万国公法的本源问题，丁韪良译《万国公法》首先介绍了自普芬道夫及其门人俄拉费（沃尔夫——作者注）为代表的“性理派”。该派认为，诸国之公法“盖视为人人相待之性法，而推及诸国交际之分也。”③ 依此理论，各国都会自觉遵守公法。是谓：

其所以未许而甘服者，惟因诸国之同居于天下，一若庶人之同居于一国焉。夫各国自制律法而甘服之，诸国亦有律法为各国所甘服者，缘此律法本出于性法而增减变通，以洽其事耳。④

---

① ② ［美］惠顿：《万国公法》，丁韪良译，上海书店出版社 2002 年版，第 3 页。
③ ［美］惠顿：《万国公法》，丁韪良译，上海书店出版社 2002 年版，第 4 页。
④ ［美］惠顿：《万国公法》，丁韪良译，上海书店出版社 2002 年版，第 5 页。

对于这一观点，瑞士法学家发得耳（瓦特尔——作者注）给出了不同的看法。他从"社会契约论"入手，认为国际公法虽来自人类理性，即"性法"，但同时国家之间的共同意志也是不容忽视的。文载：

> 夫国之赖以立者，须二事以成：有因众人以治己之私权归之于公，一也；有统权之君以为之制法禁暴，二也。今俄氏以万国合为一国，试问有此二事乎？且各国称为自主之国者，原因不听命于他国。若如俄氏之说，诸国天然同居，惟知有性法并赋性之主宰，则归私于公安在，统辖之君又安在乎？①

有基于此，瓦特尔不仅采取了折中主义的观点，认为："公法之本源皆从性法中推出，大纲既定，自可制诸国之事，但必须变通增益之也。"② 同时，在国际公法的分类上，瓦特尔也不认同"发氏以甘服、公议、常行三者合成诸国之公法"之说，认为"以甘服之法总括诸国交通之定章，其中又分为公议、常例二类"。③

就"just gentium"（万国法——作者注）分类而言，丁译《万国公法》第一次向国人介绍了德国古典国际法学者赫夫特尔（Heffer）的观点。他认为，万国法分为"论世人自然之权，并各国所认他国人民通行之权利者"，即我们今天通常所说的"国际私法"（Private International Law）和"论诸国交际之道"的"国际公法"。④ 为了区别一国国内之公法，这里海氏（赫夫特尔——作者注）将上述"论诸国交际之道"的"国际公法"称为

---

① ［美］惠顿：《万国公法》，丁韪良译，上海书店出版社 2002 年版，第 5～6 页。
② ［美］惠顿：《万国公法》，丁韪良译，上海书店出版社 2002 年版，第 6 页。
③ ［美］惠顿：《万国公法》，丁韪良译，上海书店出版社 2002 年版，第 6～7 页。
④ ［美］惠顿：《万国公法》，丁韪良译，上海书店出版社 2002 年版，第 7 页。

"外公法"（external public law）。①

值得注意的是，丁译《万国公法》在该卷还讨论了"是否存在统一万国公法"（*There is no Universal Law of Nation*）以及"万国公法是否应称法"的问题。对于前一问题，丁译《万国公法》明确表示并不存在统一的万国之公法："盖此公法或局于欧罗巴崇耶稣服化之诸国，或行于欧罗巴奉教人迁居之处，此外奉此公法者无几。"② 为了论证此一观点，丁译《万国公法》引用了格劳秀斯、宾刻舒克、莱布尼茨等人的说法。其中值得注意的是，丁译《万国公法》在此处第一次向国人介绍了孟得斯旮（孟德斯鸠——作者注）所著《律例精义》（*Espriit des Lois*，《论法的精神》——作者注），并引述了其中的观点，即：

> 各国自有公法也，即夷狄掳人而食之者亦有公法。盖互相遣使接使，并有和战条规，岂非有公法乎？惟不本于正理耳。③

丁译《万国公法》最后在总结"不存在统一万国公法"的观点时，还顺便批驳了古罗马法学家西塞罗在《论共和国》提出存在"所谓遍世通行之法"的说法。④

对于后一问题，丁译《万国公法》先是援引了一位法国学者观点称："万国律例不宜称公法"。接着又借用英国功利主义法学代表性人物本唐（边沁——作者注）及其弟子的说法，认为万国公法只是"借字"于法，其效力只能依靠"万国之共好共恶，非由执权者之禁令也""盖君国所以不违之者，惟惧他国

---

① ［美］惠顿：《万国公法》，丁韪良译，上海书店出版社 2002 年版，第 7 页。
②③ ［美］惠顿：《万国公法》，丁韪良译，上海书店出版社 2002 年版，第 8 页。
④ 这里需要指出的是，丁译《万国公法》在文中只提到《得哩》。经笔者查阅惠顿《万国公法》英文原著，丁译《万国公法》并未将文中的"Cicero"进行翻译，且将"*De Republica*"用音译翻译为《得哩》。参见杨焯：《丁译〈万国公法〉研究》，法律出版社 2015 年版，第 225 页。

仇怒致患也。"① 尽管丁译《万国公法》所处的时代是西方19世纪盛行的法律实证主义。按照法律实证主义的说法，万国公法不能算是"法"，但是，丁译《万国公法》认为，谙于共同的"教化风俗"，不同国家之间又是可以适用"同一公法"。② 对此，丁译《万国公法》援引了德国19世纪历史法学派代表性人物赛宾尼（萨维尼——作者注）的观点予以说明。是谓：

> 一国之律法，概从其教化风俗，故数国若同化同俗，即可同一公法也。即如欧罗巴数国系同本而同奉耶稣之教，故同一公法。此公法非古人所不知，盖罗马国书内已见其名也。公法即可谓律法，惟不如各国之律法、禁令详细，凭国势以行，赖有司以断之者也。然而吾侪之化，本乎耶稣之教而渐兴，令我以此公法待天下万国，无论其崇奉何教，无论其以是待我与否。③

按此思路，丁译《万国公法》认为不仅"同化同俗"的国家可以适用"同一公法"，而且随着诸国之间"国际往来"的扩大，"教化迥异"的国家亦可适用，如土耳其、波斯、埃及、巴巴里等国。这些"教化迥异"之国之所以"屡弃自己之例而从吾西方之公法"，其原因在于西方之公法强调"自主不分裂与均势之法［文中小字：所谓均势之法者，乃使强国均平其势，不恃以相凌，而弱国赖以获安焉。实为太平之要术也。］"。④ 因此，丁译《万国公法》认为中国既已参与国际交往，首先应该放弃的应是过往国与国不平等的"朝贡观念"，坚持平等的"主权观

---

①　［美］惠顿：《万国公法》，丁韪良译，上海书店出版社2002年版，第8~9页。
②　这里需要说明的是，根据赖骏楠的研究，由于丁韪良对自然法学的偏爱，因此，他在翻译《万国公法》时，尽其可能地在译文中减弱了法律实证主义的影响。参见赖骏楠：《国际法与晚清中国：文本、事件与政治》，上海人民出版社2015年版，第116~122页。
③④　［美］惠顿：《万国公法》，丁韪良译，上海书店出版社2002年版，第9页。

念"。文载：

> 欧罗巴、亚美利加诸国奉耶稣之教者，与中国迩来亦共议和约，中国既弛其旧禁与各国交际往来，无论平时、战时，要皆认之为平行自主之国也。①

其实，这一点是晚清英美国际法在中国输入最为核心且最难改变的地方。一方面，传统中国的朝贡观念本身就是不平等的；另一方面，鸦片战争以来，列强迫使中国签订的国际条约在内容上对于中国而言也是不平等的。传统的观念原本就根深蒂固，一时间很难改变，同样，来自列强方面残酷的现实又加深了这种"不平等"的认识，因此，强调"主权平等"的新国际秩序观很难在很短的时间内让中国人接受。

既然万国公法经过上述的论证可以称为"服化之国"通行的规则，于是，丁译《万国公法》在第 1 卷第 1 章最后两节，阐明了"公法总旨"（Definition of International Law）和"公法渊源"（Sources of International Law）。就前者而言，

> 服化之国所遵公法条例，分为二类：以人伦之当然，诸国之自主，揆情度理，与公义相合者，一也；诸国所商定辨明，随时改革而共许者，二也。②

就后者而论，丁译《万国公法》认为，其原有六："一、有名之公师辨正诸国之常例，褒贬诸国相待之是非，并其随时详辨改革而共许者也""一、各国会盟立约并通商章程，或改革、或申明、或辨正以前之公法""一、各国所定章程，以训示巡洋之水师，并范围其司海法院或作'战利法院'""一、各国所审断公案，即国使会同息争端，与法院审战利也""一、法师论事而寄秘书于

---

① ② ［美］惠顿：《万国公法》，丁韪良译，上海书店出版社 2002 年版，第 9 页。

本国也"和"一、史鉴所记各国交战及和约公议等情"。①

　　作为中国近代第一本全面介绍英美国际法的译著，丁译《万国公法》自然较为全面、系统地将国际法知识引入中国。关于这一问题，既有的研究已经有所涉及，② 笔者这里无意重复。然而，更让笔者感兴趣的是，丁译《万国公法》在向国人介绍英美国际法体系的同时，将大量有关英美宪制方面的知识引入中国，而这些也是已有研究所忽略的。

　　首先，丁译《万国公法》在第 1 卷第 2 章"论邦国自治、自主之权"（Nations and Sovereign States）介绍国家主权时，提到了两种政体即民主制和君主制，并将君主制又细分为有限君主制和无限君主制，认为在有限君主制下"君之私权有时归公法审断，即如国君私自置买、继续基业等权。"③ 这对于只知道"普天之下莫非王土"的中国人而言，无疑是具有冲击力的。

　　其次，对于民主政体，丁译《万国公法》在该章第 24 节系统地介绍了美国宪制。作为联邦制国家，丁译《万国公法》阐明了美国联邦制的特点，明确指出美国宪制的基础是"合邦庶民"和"合盟与凭盟而制之法"。文载：

　　　　若美国之合邦，其合之之法与日耳曼迥不相同，不惟为

---

① ［美］惠顿：《万国公法》，丁韪良译，上海书店出版社 2002 年版，第 9 ~ 11 页。
② 相关研究参见田涛：《国际法输入与晚清中国》，济南出版社 2001 年版、王健：《沟通两个世界的意义——晚清西方法的输入与法律新词初探》，中国政法大学出版社 2001 年版、刘禾：《帝国的话语政治：从近代中西冲突看现代世界秩序的形成》，生活·读书·新知三联书店 2014 年版、林学忠：《从万国公法到公法外交：晚清国际法的传入、诠释与应用》，上海古籍出版社 2009 年版、杨焯：《丁译〈万国公法〉研究》，法律出版社 2015 年版、赖骏楠：《国际法与晚清中国：文本、事件与政治》，上海人民出版社 2015 年版、杨泽伟：《近代国际法输入中国及其影响》，载于《法学研究》1999 年第 3 期、邹振环：《万国公法与近代国际法的传入》，载于邹振环：《影响中国近代社会的一百种著作》，中国对外翻译出版公司 1994 年版，第 55 ~ 58 页、何勤华：《〈万国公法〉与清末国际法》，载于《法学研究》2001 年第 5 期等等。
③ ［美］惠顿：《万国公法》，丁韪良译，上海书店出版社 2002 年版，第 12 ~ 13 页。

自主之国相连以防御内外强暴，亦是合成之国秉上权，以制盟内各邦，并直及庶民者也。其合盟有云："此盟为合邦庶民所立，而其所以立之之故，盖欲相合更密，坚公义、保民安、御外暴、聚众庆，且保自主之福爰及后世。"此合盟与凭盟而制之法，并盟约章程凭国权而立者，即为国内无上之法。虽各邦法度律例有所不合，其法院亦必遵此无上之法而断也。①

接着，丁译《万国公法》介绍了美国宪制中的"立法权"，即"上国制法之权"（Legislative Power of the Union）。是谓：

合邦制法之权在其总会。总会有上下二房，在上房者为各邦之邦会所选，在下房者为各邦之民人所举。总会执权可征赋税，以偿国债、防害、保安，而令合邦共好。可凭合邦之信借钱，可定内外通商章程，定外人入籍之统规，定亏空银钱之统规，筹通宝、定权量、建信局、开递信驿路，保著书制器者有专卖之利，禁海盗罚海上之罪犯，审一切干犯公法之案，定交战之事，赐强偿之牌，定水陆捕拿之规，招兵买粮，造兵船、养水师、定水陆二军条规，专治国都畿内并各处所属炮台、船厂、军器局等，且制法令以成合盟所任之职，凡此均属总会之权。②

"行政权"，亦即"首领行法之权"（Executive），则属于通过民主制选举出的总统。是谓：

其主权职事如此之繁，即有合邦之首领以统行之。首领乃美国之语，所称"伯理玺天德"者是也。其登位也，系各邦派人公议选举，所派之人亦为各邦之民，遵循其邦会之

---

① ［美］惠顿：《万国公法》，丁韪良译，上海书店出版社 2002 年版，第 24 ~ 25 页。
② ［美］惠顿：《万国公法》，丁韪良译，上海书店出版社 2002 年版，第 25 页。

定例而公举者也。①

"司法之权"（The Judicial Power）属于美国联邦最高法院和各州法院。文载：

> 司法之权在上法院，并以下总会所设之法院。所有干犯合邦律法盟约之案，听其审断，故总会并各邦会制法，均归合邦之法司。凭此权而察之，遇事即断其与国盟相合，可行与否。所有关乎公使领事等案，海上战利管理等案，上国所有之公案，数邦所有争端，此邦与彼邦之民所有之争端，彼此之民所有之争端，一邦之民凭二邦之权索地基而兴讼者，各邦并各邦之民与他国之民有讼事，凡此皆属上国法司之权，可审而断也。②

为了说明美国宪制中"司法之权"的独立性和权威性，丁译《万国公法》在很多章节还援引了美国联邦最高法院的判决作为例证。此外，丁译《万国公法》还从"立约之权"（Treaty – making Power）和"各邦所无之权"两个方面论及了美国宪制的联邦制原则。是谓：

> 立约之权全在首领，并总会之上房。凡与他国所议之盟约，皆须首领与上房应允施行。
>
> 国内各邦无权议立约据，无权赐强偿之牌票，无铸通宝之权，无出钱票之权，除金银而外无权制他物以偿债，无权以罚及子孙定律以追往事，无权制法以致人不守约据之信，无权赐爵位。进口、出口之货，除偿验货之费而外，无权征他税。即此款亦入国库，而其验货之例亦归国会斟酌主持，若国会不应许，各邦不可征船费。平时不可养水师、陆兵，

---

① ［美］惠顿：《万国公法》，丁韪良译，上海书店出版社2002年版，第25页。
② ［美］惠顿：《万国公法》，丁韪良译，上海书店出版社2002年版，第25～26页。

不可与邻邦或外国立盟约。若无敌过疆，非势危不能稍待则不可交战。美国保其诸邦各存民主之法，且当护各邦无外暴内乱。惟事当孔急，其邦会当请救，或邦会不便聚，则由各邦制宪请之可也。

美国之合盟条款既如此，各邦在内之主权如何减革则不必论，但其平战交际外国之权，既按合盟尽让于其所合成之国，而各邦禁用此权。则其在外之主权，全在其所合成之国明矣。各邦此等主权皆归于上国之主权，而其国即所谓合盟之国。①

总而言之，通过这部分介绍，美国民主宪制的大致轮廓已基本勾勒出来。

除去丁译《万国公法》外，京师同文馆翻译的英美国际法方面的著作还有上述提到的《星轺指掌》《公法便览》和《公法会通》。

（二）《星轺指掌》对英美法的介绍

《星轺指掌》是丁韪良入主京师同文馆后正式主持翻译的第一本国际法专著，该书是以德国法学家查尔斯·马顿斯（Charles de Maetens，1790～1863年）所著1866年德国莱比锡法文版的《外交指南》（*Manuel Diplomatique*）为底本翻译的。②关于该书的翻译、出版情况，《星轺指掌》中的"凡例"载：

是书原刊于法文，因通行泰西故也。其翻译华文，系同文馆学习人员联芳、庆常初稿，而荣贵、杜法孟稍加润色，

---

① ［美］惠顿：《万国公法》，丁韪良译，上海书店出版社2002年版，第26页。
② 参见［德］查尔斯·马顿斯：《星轺指掌》，（清）联芳、庆常译，［美］丁韪良鉴定、校核，傅德元点校，中国政法大学出版社2006年版，点校者前言，第4～9页。

复经丁总教习为之校覆，期免舛错。事既竣，乃呈钦命总理各国事务诸大臣批阅，蒙命付梓。[①]

《星轺指掌》全书共有正文三卷，十四章，九十节，续卷一卷二十八章，以及公文程式，主要论述西方自 1648 年《威斯特伐利亚和约》以后，各国之间因外交而逐渐形成的制度、准则和礼仪，其内容基本涵盖了近代国际关系中，各国之间派遣使臣、领事过程中所遇到的各种法律问题。

与前述丁译《万国公法》相似的是，《星轺指掌》除了诸多外交法律制度外，英美的法政知识也是其介绍的重要组成。在"凡例"中，丁韪良就介绍了"君主之国"和"民政之国"两种政体。文载：

> 各国政式不一，有君位世传而君权无限者，有君位世传而君权有限者，二者皆谓君主之国。复有庶民公举国主，而其在位限有数年者，是谓民政之国。[②]

接着，丁韪良又将其中的"君权有限之国"和"民政之国"归为一类，认为这类国家"皆公举大臣，会议国政，是谓国会。君位虽尊，而权势往往操之于国会也。"[③] 相反，他认为"君权无限之国"则不同。更为重要的是，他指出两类国家的区别在于：无论是"君权有限之国"，还是"民政之国"都实行"三权分立"。是谓：

> 君权有限之国与民政之国，率由国会公议以制法，国君秉权而行法，复有专设法司以执法，而审讯不法之事者，此

---

① ［德］查尔斯·马顿斯：《星轺指掌》，（清）联芳、庆常译，［美］丁韪良鉴定、校核，傅德元点校，中国政法大学出版社 2006 年版，凡例，第 4 页。
② ［德］查尔斯·马顿斯：《星轺指掌》，（清）联芳、庆常译，［美］丁韪良鉴定、校核，傅德元点校，中国政法大学出版社 2006 年版，凡例，第 1~2 页。
③ ［德］查尔斯·马顿斯：《星轺指掌》，（清）联芳、庆常译，［美］丁韪良鉴定、校核，傅德元点校，中国政法大学出版社 2006 年版，凡例，第 2 页。

谓之法院或法堂。①

此外，《星轺指掌》在第 1 卷"通使总论"还对"国体"和"政体"所涉及的法律问题有所介绍。

（三）《公法便览》对英美法的介绍

《公法便览》是丁韪良主持京师同文馆期间主持翻译的另一本重要的英美国际法书籍。该书以美国著名国际法学家，美国耶鲁大学校长吴尔玺（Theodore Dwight Woolsey）的著作《国际法导论》（*Introduction to the Study of International Law*）为译本，于 1878 年正式刊印出版。在该译本"自序"中，丁韪良说明了《公法便览》与之前《万国公法》的区别：

> 王大臣谕令译刊惠氏万国公法一书迄今十三易寒暑矣。邦国局势既有变迁，地球图式亦有异曩昔，兼之名家著作代出，公使大会叠见，而大国争端每延友邦调处，以免兵戈。公法因之益重审，是则将公法新书译刊华文，不得谓非急务矣……现今诸国之有新刻，实为幸甚。美之公法家，向多著名，而其尚在者以吴氏为冠。宜也缘吴氏学既周备，心亦公正，其续卷条约考略亦包括三百余年之史。②

对于《公法便览》所载国际法知识与之前惠顿所著《万国公法》的关系问题，丁韪良在后面的"凡例"中继续说道：

> 惠氏之万国公法行世已久。兹译吴氏公法便览以补旧书之不足。二书皆出美国而征引各国之论颇广，使阅者不啻遍

---

① ［德］查尔斯·马顿斯：《星轺指掌》，（清）联芳、庆常译，［美］丁韪良鉴定、校核，傅德元点校，中国政法大学出版社 2006 年版，凡例，第 2 页。
② ［美］吴尔玺：《公法便览》，［美］丁韪良等译，光绪四年（1878 年）同文馆聚珍版，"自序"。

览各国之书。①

可见，《公法便览》较《万国公法》观点更新、更广。

《公法便览》除"总论"外，共分四卷，卷一"论邦国平时之权利与应尽之责守"，主要讲述自主、自立、平行的国家主权原则、辖地掌物之权，以及邦国相交之权，款待外国人民之例；卷二"论邦国通使之权利与议约之规则"，论述各国交际通使之例，使臣外交豁免权，各国立约权利；卷三"论交战之例"，论及各国自护讨罪之权、交战条规、停兵议和等内容；卷四"论战国与局外交际之例"，解释局外中立原则，局外国与战国关系，以及通商、封锁、盘查船只等事项，并论述了禁止贩卖人口的一些国际公法问题。后附丁韪良所籍续卷，摘录了 1526～1866 年各国签订的一些重要条约的内容。

从整体上说，《公法便览》是继《万国公法》之后又一本译介到中国极为重要的英美国际法著作。有学者认为，丁韪良翻译的《万国公法》虽然影响很大，但是"多据罗马及近时旧案，未能悉本公理，而所采又未全备"，而《公法便览》与之相比"更为周密，例有未达者，历引泰西史乘及进今案牍以发明之。"②

（四）《公法会通》对英美法的介绍

除《万国公法》和《公法便览》以外，丁韪良在同文馆主持翻译的另一本极为重要的国际法著作是 1880 年刊印的《公法会通》。《公法会通》的翻译底本是瑞士法学家步伦（Johann Casper Bluntschli，1808～1881 年，后译为"伯伦知理"）1868 年

① ［美］吴尔玺：《公法便览》，［美］丁韪良等译，光绪四年（1878 年）同文馆聚珍版，"凡例"。
② 徐维则：《东西学书录》，转引自邹振环：《京师同文馆及其译书简述》，引自《出版史料》1989 年第 2 期。

出版于瑞士的法文著作《国际法法鉴》（*Le droit International Codifie*）。对此，丁韪良在该书"凡例"中有明确的交代。文载：

> 原书系布文后译为法文。兹由法文译汉文，复与布文核对，以免舛误。前半为法文馆副教习联芳、庆常、联兴翻译，余为余口译，由天文馆副教习贵荣、前同文馆学生桂林笔述，复经贵荣前后逐细校阅，既竣乃呈。①

全书共分十卷：卷一"论公法之源流及邦国之权位"、卷二"论代国而行"、卷三"论辖地之权"、卷四"论辖人之权"、卷五"论条约"、卷六"论邦国因启衅皆因违背公法"、卷七"邦国交战"、卷八"论邦国水战"、卷九"局外之权责"、卷十"原书作为续卷专载美国行军训诫"。

需要注意的是，与前述《万国公法》和《公法便览》一致的是，丁韪良也在《公法会通》撰有"序"和"凡例"，且内容大都相似、重复，② 但仔细比读也会发现些许变化。由于《公法会通》出版时间相对较后，其"序"和"凡例"所载有关国际法之观点，是丁韪良相对成熟的表达，因此，笔者将其中重要的观点予以摘录。首先，丁韪良认为国际法渊源有三：

> 夫例之原有三：其出于天理自然，而邦国不得不同然者，一也；其出于会议相约，而立有明文者，二也；其出于习久默许，而成者，三也。③

丁韪良认为，以往的国际法著作要么偏向自然法观点，要么

---

① ［瑞士］步伦：《公法会通》，［美］丁韪良等译，光绪六年（1880 年）乐善堂聚珍版，"公法会通凡例"。
② 如丁韪良在《公法便览》"凡例"中就"国体""政体"的表述就和前述《万国公法》和《公法便览》的相关内容完全一致。参见［瑞士］步伦：《公法会通》，［美］丁韪良等译，光绪六年（1880 年）乐善堂聚珍版，"公法会通凡例"。
③ ［瑞士］步伦：《公法会通》，［美］丁韪良等译，光绪六年（1880 年）乐善堂聚珍版，"公法会通序"。

坚持法律实证主义，而步伦的著作很好地融合了两派的立场，且体例优良，故予以翻译。文载：

> 顾法家所论往往详于义理，略于规条，务于评骘邦国之是非，而仍未指明界限。是以学者必溯其流，始能穷其源，由其末乃得求其本焉。步伦氏所以著此书，余所以译此书者，职是故耳。步伦氏为德国（双行小字：原籍瑞士）法学名家，因论辩公法疑案得著令闻爰编此集，以汇辑公法之通行者。每以一例，列为一章，俾阅者易于洞悉，更加注释以解之，引史案以证之，其持论既公而不偏，叙事亦确而有据缘，是经理外政诸大宪，多欣赏之。四方译刊，问世者已不胫而走矣。兹译以华文于邦国交涉事务，殆不无裨益焉。①

其次，就三本国际法译著的关系而言，丁韪良认为后译的《公法会通》更为简明，且出版在后，很好地补充了前两部著作的不足。是谓：

> 夫惠吴二氏之作既已译之，于先而今复译此书者，以其提纲挈领，执简御繁，遇事便于此，拟援引又出于二家之后。凡二家之论所未及者，步伦氏皆得详之。②

更为重要的是，前两本译书皆翻译的是美国的法学家，这使同为美国人的丁韪良在当时被人诟病。因此，丁韪良试图通过翻译欧洲法学家的相关著作，以印证与前述著作相同之处，以此洗清嫌疑。对此，他说道："二书皆出美国，兹译步伦氏公法会通，原书既系新出，足补前书之所未逮，且出自德国，尤可相互印证。"③

---

① ② ［瑞士］步伦：《公法会通》，［美］丁韪良等译，光绪六年（1880 年）乐善堂聚珍版，"公法会通序"。
③ ［瑞士］步伦：《公法会通》，［美］丁韪良等译，光绪六年（1880 年）乐善堂聚珍版，"公法会通凡例"。

最后，丁韪良也解释了为何在翻译中创造了一些让中国人感到难以理解的新语词，如"权利"（right）、"主权"（sovereignty）等。实际上，类似"权利"这样的词汇，早在丁译《万国公法》中就已出现，由于该词含义无法用中国既有语词对应翻译，丁韪良不得不以创造汉语新语词的方式进行回应。故他在"凡例"中专门对此进行解释。文载：

> 公法既别为一科，则应有专用之字样。故原文偶有汉文所难达之意，因之用字往往似觉勉强。即如一"权"字，书内不独指有司所操之权，亦指凡人理所应得之分，有时增一"利"字，如谓庶人本有之"权利"云云。此等字句，初见多不入目，屡见方知为不得已而用之也。①

当然，对于丁韪良这种创造新语词的做法，有学者是持否定态度的。他们认为，这是一种通过推行普世概念，实则实现殖民主义意图的做法。如刘禾教授就指出：

> 归根到底，"权利"话语表明了这样一个基本事实，即这一理论是由 19 世纪欧美国际法的代言人引入中国的。这些欧美人大张旗鼓地实行他们自由贸易的"权利"，以及他们侵犯、掠夺和攻击中国的"权利"。因此，无论对于坐在谈判桌前的满清政府官员，还是对于一般中国人来说，"权利"这个话语同时也传达出威胁、暴力和军事侵略的明确信息。②

尽管在理论上讲可能果真如此，但丁韪良在中西法律互译中的创见，无疑为陈陈相因之中国提供了新的观念与内容。

---

① ［瑞士］步伦：《公法会通》，［美］丁韪良等译，光绪六年（1880 年）乐善堂聚珍版，"公法会通凡例"。
② 刘禾：《帝国的话语政治：从近代中西冲突看现代世界秩序的形成》，生活·读书·新知三联书店 2014 年版，第 175～176 页。

需要特别指出的是，丁韪良在《公法会通》中还通过联系传统中国的话语与精神，试图在理论上说服中国接受万国公法秩序。对此，他在《公法会通》开头说道：

> 有化之国，既莫不有仁义之心，自当推此心施于政务。是以公法之道，惟赖教化隆盛之国以行之。①

这即是说，既然万国公法是基于人之本性制定而成，而中国又是讲求文明教化之国，那么，这种内在的契合关系使得中国接受万国公法秩序至少在理论上是成立的。

但是，丁韪良并未驻足于此，长期在中国的生活使他意识到仅仅指出万国公法秩序符合中国的教化精神是不够的，要想让中国彻底接受这一秩序，还必须证明万国公法秩序是传统中国曾经拥有过的。对此，日本学者佐藤慎一说道：

> 这样，丁韪良就陷入了进退两难的境地。如果万国公法为"真的"的话，"真的"万国公法对中国而言不是"自己的"东西，这无非是说中国文明存在着巨大的缺陷。这对中国人来说无论是从心理上还是从伦理上都是难以容许的。②

因此，为了避免这种矛盾，丁韪良撰写了《中国古世公法论略》，③ 试图用中国春秋战国时期各国的关系来说明万国公法中

---

① ［瑞士］步伦：《公法会通》，［美］丁韪良等译，光绪六年（1880 年）乐善堂聚珍版，"公法会通序"。

② ［日］佐藤慎一：《近代中国的知识分子与文明》，刘岳兵译，江苏人民出版社2011 年版，第 54 页。

③ 据田涛先生考，《中国古世公法论略》是 1881 年 9 月 8 日丁韪良参加柏林举行的东方学者大会的报告论文。该文作于巴黎，在柏林会议宣读后，收入《五届东方学者国际会议丛刊》（1881 年，第 2 部，第 71～78 页），又以"古代中国国际法遗迹"为题，用法文发表于《国际法和比较立法杂志》（1882 年，第 14 卷，第227～242 页）。1884 年，该书经由汪凤藻之手翻译成中文，并以《中国古式公法》为名，与丁韪良 1883 年翻译的《陆地战例新选》（*Manual of the Law of War on Land*）一起收入梁启超所编《西政丛书》。详见田涛：《国际法输入与晚清中国》，济南出版社 2001 年版，第 79～80 页。

的规范秩序不仅仅是西方的，也是"自己的"。

然而，令丁韪良始料未及的是，尽管他通过春秋战国时代各国的关系证明了万国公法秩序是"自己的"，但是，这一时代在中国历史上并不是一个好的时代，它代表着儒家所宣扬的那种理想者秩序的崩溃，因而，丁韪良"附会论"的努力最终功败垂成。

（五）《西学考略》对英美法的介绍

光绪六年（1880年），总理衙门批准了丁韪良请假回国省亲的申请，并要求他趁回国之机，考察各国的学术和学业，提交一份考察报告。于是，丁韪良从1880年3月23日启程，至1882年3月18日销假回京，用中文撰写了《西学考略》，介绍了西洋诸国。

《西学考略》分为上下两卷，上卷"纪游"记录其考察各国经过，下卷"缀论"则对各国教育情况进行介绍。与这一时期介绍西方"声学器电"的书籍相比，丁韪良在此书中着重从文化角度向中国人介绍西方。对此，为该书作序的周家楣说道：

> 自昔西儒之入我中华有声于时者大抵以天文、算学专门名家，而总教习则学具体要，不专一长，在华既久，习知中国政教本末，而于泰西各国用人行政之端特详察而著明之，意在证其异同，而以其所异者足资考镜，参酌裨益，见诸实用，盖其用心之深，立意之美，流露于文字间，而其文亦卓乎可传矣。①

就涉及本主题的英美法而言，丁韪良在光绪六年（1880年）

---

① ［美］丁韪良：《西学考略》，赖其深点校，引自钟叔河、曾德明、杨云辉主编：《走向世界丛书》，岳麓书社2016年版，第9页。

7 月 28 日的日记中谈到了美国的知识产权制度。文载:

> 凡哀公新创之机与创造之器不下千馀具,盖公凤擅奇才,以创造为己责,其左右有精良画师代为布置,又有算学家为之测量,至出售新机,由电信公司立有成约,岁给洋银五千圆,以抵先购之质,机器既出,公司先行试验,倩人秉公拟价,可欲者留之,否则听其自售,闻其岁进之款约四五万圆,乃竟未致富,实由创一新机屡费经营始得告成,故所费不赀也。按国家设有专例,每创一器凭准照独售,不惟在本国得享其利,即在他国亦得请照,故格致家既著令名,往往可以致富,盖国家护庇而鼓舞之也(闻哀公以新机报官而领照已至三百七十六次)。①

此外,他在同年 9 月 18 日的日记中,还对美国通过教育减少未成年人犯罪率的立法进行了介绍。是谓:

> 小民之陷于罪者多因无知,有确据可证,五年前纽约城年幼犯罪者每年有一千二百二十之数,后定新律,令民间子女必入小学,行之五年,每年犯罪者仅八百六十八人,去岁只有七百一十七人,较未定律以前减至百分之三十六。德之巴丁数年前亦定此律,行之七年,年幼犯罪者减至百分之五十一,数已过半,足见治民者欲免人之陷于罪,必以设小学广教育为上策。②

丁韪良在下卷的"缀论"中,用一些文字介绍了西方的法学。他首先介绍西洋法学皆出于古代罗马。文载:

> 自希腊式微而国势始强盛,在前汉时西国无有与之抗颜

---

① [美]丁韪良:《西学考略》,赖其深点校,引自钟叔河、曾德明、杨云辉主编:《走向世界丛书》,岳麓书社 2016 年版,第 25 ~ 26 页。
② [美]丁韪良:《西学考略》,赖其深点校,引自钟叔河、曾德明、杨云辉主编:《走向世界丛书》,岳麓书社 2016 年版,第 28 页。

行者，积渐而波斯逮西诸邦皆归其辖属，故文字广为流传，而最重律法，今各国法学其源多出于罗马。[①]

同时，在该部分专设"法学院"一目，专门介绍西洋法学。是谓：

> 法学一科，其义最广，道科意重化民，法科则事在治国也，不但刑名为法，即邦国之纪纲、君臣之节义莫不为法所范围，以至邻国交涉、人民通商亦无不为法所维系，法学分为。是以法学分为四项：曰刑名，通商，曰纪纲，曰公法。士人欲登仕版者，多攻此学，而国家因才器使，意在内安本国之民，外结邻国之交，每从法科选拔之，域以任内治者必须通纪纲，使外邦者必须谙公法方胜其选，其中最要者尤莫重于折狱，即所谓刑名也，西国不但设有清讼重臣，如司寇与廉访等职，即各郡县亦立司狱之官，以理词讼倬为专责，而民间一切他务概不过问，此等官职多出身太学，而为法科之尤著者始古膺之。更有出为讼师者，西国刑官必赖讼师襄助，而讼师非擅揽庇护，系按律奉公而行也，讯案之时，须有讼师二人以审案之出入，将是非曲直当堂剖辨，然后官始判定，况官鲜有独行折狱者，约须三员会同议拟，更有民之著令名者或六人或十二人随堂听审，遇案情重大者，两造各延讼师数人，届期在事证、佐亦均投到，其情词卷宗由讼师面诘，如此造供招已毕，事有未合，亦准彼造讼师斥驳，如此反覆研究，务期水落石出以成信谳。审问之时，准民众入内侧听，是以遇有重案，讼师为才能特著之人，而乐于听审者往往不下数千人，且准新报馆遣人录取供词、辩论等件印

---

① ［美］丁韪良：《西学考略》，赖其深点校，引自钟叔河、曾德明、杨云辉主编：《走向世界丛书》，岳麓书社 2016 年版，第 58 页。

入新报，其案情之始末自无隐而不宣，如此理讼意在免人屈抑，其法固甚美矣，无如世多奸佞之人挟其所学以枉理，其学尤精者祸人更烈，此弊之难免也。法学院每有十馀讲席分为教课，所学之限三年四年不等，课程已满始准理讼，除正课外，师生每虚拟讼事，或假为官长，或假为讼师，设案而理以取供词，令讼师互相辩驳以资练习，如弁兵操演两军对垒以待异日临敌也，更有富家子弟不就功名每习法学以为护产卫家之用，然遇有兴讼仍不免延请讼师代为措办，如儒者虽谙医术，抱恙亦须延医而理也。①

在这段文字中，丁韪良首先指出西洋治国依赖法律的事实。其次，他指出西洋法学具体分为刑名、通商、纪纲和公法四大方面，其中刑名最为重要。于是，在刑名之下，西洋法官专责，审判独立，律师参与，适用陪审，讲求证据，公开审判。最后，他指出正是因为法学在西方十分重要，因而，学习法学蔚然成风。

或许为了更好地保持与中国政府以及士人之关系，丁韪良在书中最后提到"西法取法中国"的观点。即：

> 所谓西学者，虽派分多门，要皆天、算、格、化等学，其本原出于东方，西人善为推广而流传之。②

接着，他从"修炼丹药各术""指南针""火药""桑蚕""瓷器""种茶"以及"科举制"等几个方面，指出了中国对于西洋的贡献。与此同时，他更强调西洋人对于中国上述"奇技异能"主动学习的姿态，值得注意。③

---

① ［美］丁韪良：《西学考略》，赖其深点校，引自钟叔河、曾德明、杨云辉主编：《走向世界丛书》，岳麓书社 2016 年版，第 66～67 页。
② ［美］丁韪良：《西学考略》，赖其深点校，引自钟叔河、曾德明、杨云辉主编：《走向世界丛书》，岳麓书社 2016 年版，第 90 页。
③ 参见［美］丁韪良：《西学考略》，赖其深点校，引自钟叔河、曾德明、杨云辉主编：《走向世界丛书》，岳麓书社 2016 年版，第 88～90 页。

需要强调的是，尽管这一时期京师同文馆在丁韪良的带领下，翻译了一些英美国际法著作，但其影响并不能高估。因为在这之后的七八十年代，我们很少发现，清廷会利用英美国际法知识主动向列强主张收复丧失的诸多主权。对此，徐中约先生就说道：

> 任何试图收回中国已失去权利的举动必招致修约，但政府又担心修约会打乱和平局面，给外国人提出新要求留下可乘之机。最保险的办法就是保持现状，并利用国际法知识，通过避免在外交上犯错，不激起外国人争吵，不给外国人提出新要求的机会等方式来避开麻烦。①

在他看来，"没有民族主义的强大动力，国际法只不过是清朝官员可以用来制服外国领事及避免犯下外交错误的一部外交参考书。"②

尽管19世纪七八十年代清廷很少利用上述英美法主张收回丧失主权，但是这并不意味着这些知识对于洋务运动时期的朝野知识分子完全是无用的。据笔者考，1875年以后，在郭嵩焘、曾纪泽、薛福成等驻外公使的出使日记中，都有他们阅读上述译著的记载。如曾纪泽在光绪七年（1881年）赴俄重签条约前曾反复阅读《公法会通》《公法便览》等书。③ 甚至曾纪泽、薛福成、陈兰彬等在1880年以后，在涉外谈判中，已经能自觉运用英美国际法。

---

① ［美］徐中约：《中国进入国际大家庭：1858~1880年间的外交》，屈文生译，商务印书馆2018年版，第220页。
② ［美］徐中约：《中国进入国际大家庭：1858~1880年间的外交》，屈文生译，商务印书馆2018年版，第223页。
③ 参见（清）曾纪泽：《出使英法俄日记》，引自钟叔河编：《走向世界丛书Ⅴ》，岳麓书社2008年版，第427~434页。

三、江南制造局译介工作中的英美法

按照熊月之先生的说法，"在晚清的译书机构中，由中国政府创办、历史最久、出书最多、影响最大的是江南制造局翻译馆。"① 该翻译馆于 1868 年 6 月正式在上海开馆。由于地处华洋共处之地，翻译馆很好地利用了 1843 年上海开埠以后的便利条件，翻译西书。

翻译馆所译之书主要是由英国人傅兰雅（John Fryer，1839～1928 年）向英国订购。有学者统计，截至 1870 年，傅兰雅分三批共订购英文书籍约二百种。② 值得一提的是，1868 年 5 月受聘于翻译馆的傅兰雅不仅是中国近代翻译西学书籍最多的外国人，而且他所确立的西译原则和方法影响深远，被誉为"对西学术语学进行探讨第一人"。③

翻译馆自 1871 年开始正式出版译书，该年出版 14 种，共 41 册。据傅兰雅记载，截止到 1879 年底，翻译馆共出书约二百种，共售书 32 111 部，83 454 册。④ 由于清廷此时对于西学主要关注声、光、气、电，如时任两江总督的曾国藩在聘用傅兰雅、伟烈亚力等西人时，曾明确要求"专择有裨制造书，详细翻出"⑤。

① 熊月之：《西学东渐与晚清社会》，中国人民大学出版社 2011 年版，第 392 页。
② Adrian A. Bennett, *John Fryer：the Introduction of Western Science and Technology into 19th–century China*, pp. 73–81. 转引自熊月之：《西学东渐与晚清社会》，中国人民大学出版社 2011 年版，第 394 页。
③ 参见孙邦华：《论傅兰雅在西学汉译中的杰出贡献》，载于《南京社会科学》2006 年第 4 期。
④ 转引自熊月之：《西学东渐与晚清社会》，中国人民大学出版社 2011 年版，第 396 页。
⑤ 《同治七年九月初二日调任直隶总督曾国藩折》，《洋务运动》（四），第 18 页。转引自邹小站：《西学东渐：迎拒与选择》，四川人民出版社 2008 年版，第 187 页。

因而，按照今天的学科分类看，翻译馆翻译最多的应是自然科学和工艺技术，相比之下有关社会科学方面的译著所占比例并不是不大。然而，如果我们细细爬梳《江南制造局翻译馆译书目录》，仍会发现该馆在洋务运动期间存在一些涉及英美法的译作（见表3－3）。①

表3－3　　　洋务运动期间存在一些涉及英美法的译作

序号	书名	摘要
1	《水师章程》	英国水师部原书，林乐知译，郑昌棪述，原编14卷，续编6卷，1879年刊
2	《英国水师律例》	英国德麟、极富德同撰，舒高第译，郑昌棪述，4卷，1877年刊
3	《列国岁计政要》	*The Statesman's Yearbook*，英国麦丁富得力（Martin）撰，林乐知口译，海监郑昌棪笔述，12卷，1875年刊
4	《佐治刍言》	*Political Economy*，为英国人钱伯斯兄弟 William and Robert Chambers 所编教育丛书的一种，1852年爱丁堡刊，傅兰雅译，应祖锡述，3卷，1885年刊
5	《国政贸易相关书》	法拉（Thomas Henry Farrer）著，原书名为 *The State in Relation to Trade*，1883年出版，傅兰雅口译，无锡徐家宝述
6	《公法总论》	*International Law*，英国罗柏村 Edmund Robertson 撰，原见《大英百科全书》第9版。傅兰雅译，汪振声述，1卷，1894年以前刊

① 本目录是根据熊月之先生参考傅兰雅档案资料、《江南制造局译书提要》《东西学书录》《译书经眼录》等资料所作。参见熊月之：《西学东渐与晚清社会》，中国人民大学出版社2011年版，第423～432页。

序号	书名	摘要
7	《各国交涉公法论》	*Commentaries Upon International Law*，英国费利摩·罗巴德 Robert J. Phillimore 撰，3 集，陆续刊于 1854 年、1857 年、1870 年。傅兰雅译，俞世爵述，汪振声、钱国祥校，约刊于 1894 年
8	《各国交涉便法论》	本书与上述《各国交涉公法论》同时出版，实际上是《各国交涉公法论》的第 4 集，系英国费利摩·罗巴德 Robert J. Phillimore 著，傅兰雅译，吴县钱国祥校

江南制造局上述众多涉及英美法译著中，最为重要的当属《列国岁计政要》《佐治刍言》和几本涉及国际法方面的著作。

（一）《列国岁计政要》对英美法的介绍

《列国岁计政要》是由林乐知口译，海监郑昌棪笔述，1875年刊印的译著。原书作者是英国人麦丁富得力（Martin）1873 年编辑名为 "*The Statesman's Yearbook*" 的书。[①] 该书除 "卷首" 所附各类图表外，下分 12 卷，按 "西国字母编次"，分论五大洲各主要国家概况，如政治制度、工商业、教育、财政、军事、疆域、人口等。[②] 该书基本内容来自英国驻各国使领馆搜集的材料，即各国国情、国力报告书。纵观其书，其中涉及本主题的主要在卷 5 "欧罗巴大洲·英吉利国" 和卷 11 "亚美利加大洲·美利坚国" 之中。

[①] 参见李章鹏：《"列国岁计政要" 的翻译出版及其意义》，载于《统计研究》2015年第 9 期。

[②] ［英］麦丁富得力编纂：《列国岁计政要》，凡例，林乐知口译，海监郑昌棪笔述，引自上海图书馆整理：《江南制造局译书汇编》，政史类，第 1 册，上海科学文献出版社 2012 年，第 95～98 页。

在介绍英国部分，该书较为详尽地介绍了英国的议院。这段介绍英国议院的文字，不仅向国人梳理了英国议会发展的历史，而且还说明了议会与王权之关系，论述了议会主权之于英国的重要意义。难得的是，该书还为中国人第一次非常具体地展示了1873 年英国议会上院、下院的具体组成，并最终得出议会政治是"强国之本务"的结论。文载：

英之定章，议院实为国家全权所在。惟期会之令，出自国王，议会不得专主。凡国有要公，王与军机阁臣预商，先期三十五日传谕各议员，届期齐集……查先朝爱歪德第三（爱德华三世——作者注）年间，颁定国制，议院岁聚一次，如遇要政，则一年再聚，揩而止第一（詹姆斯一世——作者注）年间定例，后世或有三年不令聚者，许监印首相矫旨鸣集上院会议，并令公举下院议员，更或首相亦置不问。许上院十二员出照会会议，即不然地方官可自行举议，再不然民间绅富亦可公举议员。所举之人或推诿不至者，众百姓共议重罚之。嗣揩而止第二（詹姆斯二世——作者注）光复旧朝，以为前例有碍国柄，悉从删去。惟令嗣后歇院，不得有过三年。惠廉募勒（威廉三世与玛丽二世——作者注）年间定例，议院按年聚会，以年款须逐年预定故也。自来国家极要之务，惟年款一宗。各处捐输权在下院。无论何项饷需，非下院核准，虽国王大臣不能为力，其会议之日，每起于正月朔，讫于六月底，恒以半年为期，至歇院之日。王亲诣上下院，院中首座将所议诸务，逐条而陈，王为可否其间，可者发行，否者俟下次开院重议。王躬劳各员，并示以下届开院之期，此散院礼也……昔在爱歪德第二（爱德华二世——作者注）年间所定议院章程。公议分上下两院，除民

主朝外，均世代循照办理。上院分五班，第一班世爵勋旧，
二班新简大员，第三班有职守者，如教中监督之类，第四班
阿尔兰公举大臣，终身任职，第五班斯古得兰（双行小字：
即苏格兰）公举大臣，任满重选。一千八百七十三年单，上
院四百七十九员：内亲王四人，总监督二人，公爵二十人，
侯爵十九人，伯爵一百九人，子爵二十四人，监督二十四人，
男爵二百三十三人，斯古得兰举十六人，阿尔兰举二十八人。
下院向例议员约六百五六十人之数。应举各员，必英之土著，
年及二十一岁。若他国人入籍后，得有议院印凭，许为英民，
亦可应选，其他内外各关税务官员，不举，刑审总院大员，
大小教师，均有官守，不举。其人或有败降违纪各劣迹，不
举，一切有官职食饩俸之员，不举，或退休散者，不在此例。
又英伦与斯古得兰院例，上院议员不得保入下院，惟阿尔兰
则不论。七十三年单：下院计六百五十八人，英伦威立士
（威尔士——作者注）计五十二县，公举一百八十七人，所属
大小二百城举三百一人，三大书院举五人，共四百九十三人。
斯古得兰计三十三县举三十二人，所属大小二十城，举二十
六人，四大书院举二人，共六十人。阿尔兰计三十二县，举
六十四人，所属大小三十三城，举三十九人，一大书院举二
人，共一百五人。总之议院之权，内而朝廷，外而属地，无
一不包举在内。国之定章，可增可减，可废可兴。教会文武
粮饷工商，远近巨细各务，非由议院核准，则不能行。以此
国君垂拱于上，而政声翕然，此强国之本务也。①

———————

① ［英］麦丁富得力编纂：《列国岁计政要》，林乐知口译，郑昌棪笔述，引自上海
图书馆整理：《江南制造局译书汇编》，政史类，第1册，上海科学文献出版社
2012年，第183～185页。

在介绍完英国议院后，该书又将"英国官制"进行了梳理，并着重阐明了政府与议会，行政权与立法权之关系问题。是谓：

> 行政之权在君，而实则在部官。部官各其尔位，尽力竭诚，无苟且推诿取巧之弊。设小有不惬，议院可以诘问。部官受任，纵非如议员之必由公举，而首相则由议院保荐，其所指派各部员，如院员有所不足于其人者，即不能如指授任，以故部员必分属于议院之人，而后克当其职。

此外，该书还特别介绍了 1873 年英国政府 16 人之组成，即除首相外，还包括"刑部大臣""各部会办之首领大臣""掌国宝大臣""司度支户部大臣""内部大臣""外部大臣""属国部大臣""印度部大臣""兵部大臣""水师海部大臣""通商部大臣""阿尔兰部大臣""文学部大臣""总理地方恤养堂事务大臣"和"兰士陕斯德侯国部大臣"。①

在美国部分，该书介绍了美国宪制的历史、基本构成及其1787 年美国宪法的主要内容。文载：

> 有公天下者华兴顿（华盛顿——作者注），统帅北亚美利加大兵，拒英而立合众民主国，乃西历一千七百七十六年七月初四日也。一千七百八十七年，议院始定国例颁行，嗣有不便于民者，陆续增例十五款，是为新例。国之政权有三：一行政之权，伯理玺天德暨各部官是。一议法之权，国会之上下院是。一掌律之权，刑审各官是。伯理玺天德与副伯理玺天德，以四年为期，其公举之法，各邦各有邦会，由本邦之百姓公举。每邦会各选二人至国会上院，而下院之

---

① ［英］麦丁富得力编纂：《列国岁计政要》，林乐知口译，郑昌校笔述，引自上海图书馆整理：《江南制造局译书汇编》，政史类，第 1 册，上海科学文献出版社2012 年，第 185 页。

员，则视各邦民数之多寡而定举数。于是上下院员，会同指保，再合众邦之指保，择其所保之人多者而定为伯理玺天德，次为副伯理玺天德。第在官食禄之人不得应举。当其未举之先，议院传令各邦同日公举，不得略有先后。所举之人，必本邦土著，年三十五以上，或入籍已阅十四年，未曾他出，亦可预举。伯理玺天德之权，调度水陆各军、简用将帅，国会译上条陈可以批驳，再由国会会议核准施行。伯理玺天德有事故，副伯理玺天德可接办，俟期满交替其主。上议院议席亦有正副，正即副伯理玺天德，副者亦可接主上议院。例载每四年届期，于十一月第一礼拜二日为公举之期，次年三月初四受事……行政部员七人，皆伯理玺（天德）所简派，第须上议院核准，然后授职，部员亦各有副……左右国主秉命宣猷，而计议国是，权属议院。院设上下，各邦会各举二人入上院，以六年为期，年须三十已上，无论土著与入籍百姓，须在本邦九年，不曾他出，乃可预选。上院并有审问案件之权，伯理玺有违例处，下院呈诉上院，上院呈问。例能削其权而褫其职，以故议院所在，即国例所在。所谓社稷为重君为轻焉。顾议院条陈诸事，非伯理玺批准，即不能行，而其所以不准之故，必逐条证驳，以付议院。于是驳上院者，下院再加核议。众议院复得三分之二以为是者。即呈伯理玺盖印施行，而伯理玺不复龃龉于其间矣。驳下院者，上院再议，如前例。众议员是非分定之法，各按名册而志之……下议院议员，每二年公举，年二十七已上，其应举若干人数，视十年内入丁册民数而定之。例载四万五千人举一人七十三年三月下院二百八十三人……下院之权以筹饷为重。以故家赀饶裕者，于公举之事，咸预闻焉。其新进议员，有不合于院员过半者，则逐之。例载第八款第一条，议员视岁款出纳之数，定内外税捐兴建炮台铁船，保卫疆宇，兼理国债诸务。第二条，可奉合众之国名号，以借国债。第三条，议通商外国各邦交易，及土人买卖事宜。第四条，议各邦入籍客民规条，应以入籍若干年，即为土著。商贾如有亏欠，应分产抵偿。第五条，议造金银钱，公估价值，并定称量之具。第六条，议定伪造钞票之罚。第七条，议设信局驿站。第八条，议兴格致手艺，凡民间有创造新法，给予印凭，以俾独享其利。第九条，议员可参掌律之权，以研讯案件。第十条，发明劫盗反叛情节重大之罪，并犯万国公法以定刑罚。第十一条，公司有被他国挫辱，而自愿兴国雪耻，议院为给文凭，许其便宜行事。如俘馘夺获辎重船支，应如何办理之处，议员为其核夺。第十二条，凡调集兵丁，筹给饷需，以二年为度，过此则重为筹措，不能一日集数年之饷也。第十三条，水师造船诸务归议院主持。第十四条，定水陆各军法度章程。第十五条，议院可调集留兵，安内攘外。第十六条，议定各军应用军械，及分立营寨，应派教练诸务。第十七条，以上各条，如有未备未尽之处，许随时增修。又例定第五条，许改易章程。惟上下两院，或合众邦会欲修改之人，得三分之二者可奏明。令国会聚议，议定应作何改法，发交各邦会再议。若得邦会四分之三应允乃行，不则另作计较。……各邦会聚议之日期规条，听其自便。第不能更易公举地方，议员在院时，国会不得别有差遣，各邦亦不得别有公举。其人已受他职，不得再举为议员。又例载第六条，国会邦会各议员，初入院时，必指天盟誓，遇有计议不敢稍越典章，至其教会无拘闲检，不可甲此乙彼。开国之初，一千七百八十九年至九十一年，为第一会。每二年一聚，故逢一三五七九等年，为会议之岁。今七十三年三月初四日午刻至七十五年三月初四日午刻，为第四十三会。此后即为第四十四会也。一千七百九十一年十二月十五日，所增第十款内开每邦地方有关系事宜，国会不能遥制，仍由邦会自行酌办。各邦各有邦主，谓之格佛那。所以布化宣献，因地制宜。格佛那所办一切，与伯理玺例同一体，格佛那亦可派委员弁，惟须邦内上议院应允乃可。例载格佛那有远例受贿情弊，许百姓指控而去之。一千八百六十五年十二月十八日，所增第十三款内开奴仆一事，通邦全行禁绝嗣后不得屈良为贱，妄施鞭挞，如或违犯，则由国发遣为奴者有之。一千八百六十八年七月二十八日，所增第十四款内开本邦生长或外来入籍须互相保护不得自行戕害行强侵夺财产，有违犯必告官听究。至于公举下院议员，必合其邦内之男女老稚而共计之，以定举数。一千八百七十年三月三十日所增第十五款内开，凡他国人来入籍者不论出身既隶美国版籍，年及二十一即得预操选政。①

该段内容信息量极大，不仅概述了美国宪制的主要内容，尤其是第一次向国人翻译了 1787 年美国宪法的具体条文，而且还用简略的文字介绍了一些美国宪法修正案的内容。

（二）《佐治刍言》对英美法的介绍

与上述诸多单纯介绍英美法著作不同的是，1885 年由傅兰

---

① ［英］麦丁富得力编纂：《列国岁计政要》，林乐知口译，郑昌棪笔述，引自上海图书馆整理：《江南制造局译书汇编》，政史类，第 1 册，上海科学文献出版社 2012 年，第 286～290 页。

雅主持翻译的《佐治刍言》应该是整个洋务运动时期为数不多的评论英美法的译著。该译著的底本是英国人钱伯斯兄弟（W. and R. Chambers）1852年编辑出版的教育丛书的一种。该书被认为是戊戌变法前，介绍西方政制最为系统的一本。[①]

该书除"总论"外，共有31章。该书在第2章"论人生职分中应得应为之事"中首先介绍了"人人自主"的重要性，且明示了法律应保护这一主旨的观点。是谓：

> 天既赋人以生命，又必赋人以材力，使其能求衣食以自保其生命……故无论何国、何类、何色之人，各有身体，必各能自主，而不能稍让于人。苟其无作奸犯科之事，则虽朝廷官长，亦不能夺其自主之本分。即如平等人与他人立一合同，议定若干时为之服役，或帮作工艺，其所议年限亦不得故违常例。且限内虽不得不帮人操作，然其身体仍归自己做主，其所得工资必归本人享用，即其家事亦仍归本人经理，雇工人皆不能与闻。是以国家所定律法、章程，俱准人人得以自主，惟不守法者，始以刑罚束缚之。[②]

接着，该书又论及了"法律面前人人平等"的立法主旨和意义。文载：

> 凡国内设立律法，欲令众人皆得益处，则必使国内之人上下一体，始能无弊。故婴儿丐子之生命，必与壮年富贵之人一样慎重，则贫家最少之产业，亦当与高爵人之产业，同为国家所保护，而不容分轻重于其间也……虽天生之人，其

[①] 叶斌：《〈佐治刍言〉点校说明》，引自［英］钱伯斯兄弟编纂：《佐治刍言》，傅兰雅口译，应祖锡笔述，上海书店出版社2002年版，第2页。

[②] ［英］钱伯斯兄弟编纂：《佐治刍言》，傅兰雅口译，应祖锡笔述，引自上海图书馆整理：《江南制造局译书汇编》，政史类，第1册，上海科学文献出版社2012年，第5页。

才智与遭际不能一概而论，或为富贵，或为贫贱，或有权柄
而治人，或无权柄而受治于人，然其所以治人与受治于人
者，仍是君民一体之理，其于人之生命，与自主、自重，及
所管产业等事，均无妨碍。①

国家虽有保护国民自主权和平等权之责，但国民也应对国家
承担义务和责任。于是，该书又从"权利和义务相统一"的角
度进行介绍。是谓：

> 人生一国内，既有分所应得之端，即有分所当为之事。
> 其分所当为之第一事，莫如衣食。盖衣食为人生所不可缺之
> 端，必能未雨绸缪，庶可免号寒啼饥，致累他人赈恤。又一
> 国之人，既受国家多方保护，则国内所有法律章程皆为恪恭
> 谨守，无负国家培植至意。若一味望国家保护，己则游手好
> 闲，不能自谋衣食，是之谓欺骗国家及本国之人。国内若有
> 此种欺骗之人，其国必不能久长矣。②

而其中最为重要的就是"守法"，既是法律有违民意，但在
法律未做修正前，仍应遵守。文载：

> 一国之中，凡前人所定律法，在当时固皆斟酌至当，意
> 美法良，即数传而后，人事变更，其法或不能无弊，然国中
> 若未议更张，则人民亦不能不照常遵守。盖律法者，百姓之
> 身家性命所赖以维持保护者也，若不恪恭遵守，而必与在上
> 为难，则国政既乱，人民均受其害矣。故国中有不便之法，
> 公议院即当查勘法中利弊，如果有弊无利，即宜思所变更，

---

①② ［英］钱伯斯兄弟编纂：《佐治刍言》，傅兰雅口译，应祖锡笔述，引自上海图
书馆整理：《江南制造局译书汇编》，政史类，第 1 册，上海科学文献出版社
2012 年，第 5 页。

或竟废去，使归平允，以洽群情。①

纵观《佐治刍言》，涉及本主题最为重要的当属第9章至第10章之内容。在第9章"论国政之根源"中，该书从"社会契约论"的角度认为，国政之根源在于"众人所托付"，而国政是一国有无"文教"，与"野人"殊途之区别所在。②更为重要的是，该书指出，近代"人民公举"意义上的"国政"较之于之前"为天所命"意义上的"国政"，对于国家而言"裨益尤大"。是谓：

> 以上所言各国初次设立之国政，至今已阅数百年，其意见章程俱已渐渐变改。从前每以国王为天所命，若不遵国法，即为违天。近来各西国久已无此意义，故有由国内人民公举一人为王者，令其统属一国之权，不得援古时继体之例。此种国亦有由此强盛者，然终不及历世相传之国，裨益尤大。盖易继体为民举，一切更张，不能无弊，且立国之法不同，而治国仍归一理也。③

因而，该书认为，"民举"之国政易于"国家治理"，且是"律法"得以正常施行之保障。文载：

> 所谓国政者，固合众人之意见，寄于一人之身，假手以行之者也。故国家行政，除代众人兴利除弊外，不得妄作好恶，致戾舆情。惟事权则不得不归之一人或二三人，方不致

---

① ［英］钱伯斯兄弟编纂：《佐治刍言》，傅兰雅口译，应祖锡笔述，引自上海图书馆整理：《江南制造局译书汇编》，政史类，第1册，上海科学文献出版社2012年，第6页。

② ［英］钱伯斯兄弟编纂：《佐治刍言》，傅兰雅口译，应祖锡笔述，引自上海图书馆整理：《江南制造局译书汇编》，政史类，第1册，上海科学文献出版社2012年，第19页。

③ ［英］钱伯斯兄弟编纂：《佐治刍言》，傅兰雅口译，应祖锡笔述，引自上海图书馆整理：《江南制造局译书汇编》，政史类，第1册，上海科学文献出版社2012年，第20页。

政令错乱，若政出多门，则意见不齐，易致事事掣肘。即数
人之中亦当推心置腹，断不可各存私见。又国政以能惬于民
心者为本，国家所行之事，必在有益于民，斯民方肯心服，
出己资以充国用。国家既能于百姓之身家性命，与所自主之
事，极力保护，虽所行事中稍有小弊，百姓亦应体谅上情，
勉遵国家号令。若百姓能助国家办事，自己既能守法，又能
使他人亦不犯法，则不特国家容易治理，即百姓亦能自得绝
大益处。总之，若无国政，虽有律法，亦不能行，国中必
乱。此乱一生，非从前之小弊可比矣。①

　　既然国政如此重要，那么国政都有哪些？该书第 10 章"论
国政分类"十分详尽地介绍、论述了此问题。首先，该书介绍
"地球所有国政，约分三种"：分别是"君主国之法""贤主禅位
之法"和"民主国之法"。②接着，作者强调在实践中，这三种
国政类型有很多变形和搭配，并明确举例英国，认为是三种国政
的混合。文载：

　　　　间有于三种中择一法行之者，亦有于三种中参用二法
　　者，又有合三法而并用者，如今英吉利是也。③

　　对于"君主国"，该书也大致介绍了"国王之权无节制"和
"国王之权有一定节制"两种情况，并认为前者不能使"民心
服"，"其国必不能长久也"；而后者则是大势之所趋，并以法国
举例道：

　　　　从前法兰西国王权柄亦大，然所颁旨意，亦必由公议院
　　议准，载入国书，方能施行。如公议院不以为然，则国王亦

①②③　［英］钱伯斯兄弟编纂：《佐治刍言》，傅兰雅口译，应祖锡笔述，引自上海
　　图书馆整理：《江南制造局译书汇编》，政史类，第 1 册，上海科学文献出版
　　社 2012 年，第 20 页。

难相强。①

对于"民主之国",该书这样介绍道:

> 民主之国,其原意欲令众人若干时公举若干人,为众人代立律法,又为众人选择一才德兼备者,以为国主。美国行此法已经数代,百姓称便焉。②

既然各种"国政"各有千秋,那么,一国应如何选择本国之"国政"呢?对于此问题,该书认为"能悦民心"才是最为重要的标准。是谓:

> 凡一国之政,无论依靠何种,并所设立者为古、为今,俱以能悦民心、能使民服为本,即不能使人人悦服,亦必悦服者多,不悦服者少,国政方能平稳。盖不悦服少,国家尚可以宽和之道待之;若不悦服者多,则不能不用威力以慑其众,而国家多事矣。③

为了说明此道理,该书以英国为例,给予论证。文载:

> 如英国国政,一切示民以宽,因其深信百姓极有识见,断不至作乱犯上,或负国恩。故除国政内应行禁止外,百姓之事大半听其自主,即国政亦准民间公议,登诸新闻纸上,以备采择。盖政事虽经国家权力斟酌,究不能无百密一疏之虑,故一令之出,可任民间议论,其中果有不洽舆情之处,亦无妨重加损益,务归至当。若能如是,则百姓向服愈深,国家亦无事刑驱势迫之劳矣。④

另外,一国"国政"之选择也与一国民众"文教程度"有

---

① ［英］钱伯斯兄弟编纂:《佐治刍言》,傅兰雅口译,应祖锡笔述,引自上海图书馆整理:《江南制造局译书汇编》,政史类,第1册,上海科学文献出版社2012年,第20~21页。
②③④ ［英］钱伯斯兄弟编纂:《佐治刍言》,傅兰雅口译,应祖锡笔述,引自上海图书馆整理:《江南制造局译书汇编》,政史类,第1册,上海科学文献出版社2012年,第21页。

密切关系。如"民主之国"需要"平日国人做惯此事",否则
"不徒无益,而且有害"。对此,该书以英美为例,进行例证。
是谓:

> 凡民主之国,不得不教百姓学习办理公事之法。如君主
> 之国,百姓素不明地方公事,其地方公事俱由国家派人管
> 理,百姓丝毫不能与闻。若一旦改为民主之国,不徒无益,
> 而且有害。因办理公事,既靠其人之学问见识,又必历练有
> 素,方能胸有成竹,否则易至偾事也。从前欧洲之国,有改
> 君主为民主者,设立公议院,欲令百姓帮国家办理公事,而
> 百姓往往殆误。近惟英吉利等国不然,各处地方皆有本处绅
> 士为地方官,凡小案件可以就地审问,又有巡捕梭巡,保护
> 乡里,各大城镇又有自立公会,公举一人为首,料理本处公
> 事者,如料理马路等会,俱由民间自行管理,国家并不预
> 闻。平日国人既能做惯此种公事,将来改为民主之国,百姓
> 自能照常办事,不至贻误。如美国初为英国属地,其未立
> 国以前,虽由英国派员管辖,仍准地方公举一人办理公事
> 若无甚错误,则英国所派之官亦不理会。故百余年前背英
> 自立,国中诸事俱已井井有条,不必再行更改。是以立国
> 时百姓相安,行所无事。所举总统,名溥来西钝得者,职
> 分亦与前英国所派之官相等,至公议院则仍从前之旧,此
> 外亦无甚增损。①

当然,尽管该书一再强调"国政非如格致之学,可以彻底推
究",且"以古迄今尚无一定之法","故有宜于此不宜于彼,宜

---

① [英] 钱伯斯兄弟编纂:《佐治刍言》,傅兰雅口译,应祖锡笔述,引自上海图书
馆整理:《江南制造局译书汇编》,政史类,第 1 册,上海科学文献出版社 2012
年,第 22~23 页。

于古不宜于今者，故各国之政，终难称为尽善。"① 甚至该书再一次以英国为例，② 并得出结论说：

> 若以英国之法用之别国，恐未必合宜，因其地不同，其民不同，其国有新旧之异也。能将以上之理详细研究，自知地球上各国，尚难指定何种国政最善，可为各国之用。盖不特各国之意见不同，即一国内各人意见亦有不同之处，国政与格致之理，其不同有如此者。③

然而，该书最后还是富有倾向性地认为，各国国政"总可谓愈进愈上矣"，坚持"凡国家行事，万不可专图利己，必令众人皆有益处，方为上下一体"的观点，主张渐进变革国政的做法，即"为一国兴利除弊，本非仓猝可成之事，亦必由浅而深，由难而易，历过许多险阻艰难之处，方能一劳永逸"；④ 因而，最终推荐"民主之国"。文载：

> 各国百姓，须知我于国政内，原有分所难辞之事，若国中有事相需，便应踊跃争先，不遗余力。尝有无知愚民，凡

---

① ［英］钱伯斯兄弟编纂：《佐治刍言》，傅兰雅口译，应祖锡笔述，引自上海图书馆整理：《江南制造局译书汇编》，政史类，第 1 册，上海科学文献出版社 2012 年，第 23 页。
② "如英国近来上下相安，闾阎殷富，国政似卓然可观矣，然推求其实，其间前后相反，名实不符者甚多。国王权柄过大，凡百姓所欲设之律法每不俯准，容易激成事变。其预闻国政者，国王而下，又有上下两公议院，上公议院皆国中贵爵居之，下公议院则由百姓公举，有声望之人居多，故下院议行之事，上院亦不能阻。国政如此纷繁，其国又能相安无事者，亦因国王与上下两公议院尚能彼此推让，凡有利于百姓之事无不商酌行之。或因立国已久，国政皆由数百年积渐而来，名器既古，百姓亦格外诚服。"［英］钱伯斯兄弟编纂：《佐治刍言》，傅兰雅口译，应祖锡笔述，引自上海图书馆整理：《江南制造局译书汇编》，政史类，第 1 册，上海科学文献出版社 2012 年，第 23 页。
③ ［英］钱伯斯兄弟编纂：《佐治刍言》，傅兰雅口译，应祖锡笔述，引自上海图书馆整理：《江南制造局译书汇编》，政史类，第 1 册，上海科学文献出版社 2012 年，第 23 页。
④ ［英］钱伯斯兄弟编纂：《佐治刍言》，傅兰雅口译，应祖锡笔述，引自上海图书馆整理：《江南制造局译书汇编》，政史类，第 1 册，上海科学文献出版社 2012 年，第 24 页。

国政内己所当得之利，则斤斤焉据为固有；己所当为之事，则又隔膜视之，以为与己无关，此固民之大误也。盖国政本与百姓相互维系，故国政或有弊病，则百姓皆当出为商酌，思一和平简便之法，变改旧章。即民主之国，公举一人为首办事，亦当审慎周详，择一十分合式之人，方不致误，如所举之人稍有私心，又当另与一人，如此则百姓出于公心，所举者亦有公心，所行国政自必至公无私，国家自然兴旺矣。[1]

需要特别注意的是，该书在第 11 章"论律法并国内各种章程"中专章论及西方的法律，这在整个洋务运动时期是十分难得的。在该部分，该书首先论及了法的公正性品格及其益处，并举例说明法对于"公权力"限制，对"私权利"保护的精神。是谓：

> 凡国家既兴文教，则必设立律法章程，能令国王与其官吏，必照公平之法治国，不能任意行事……各国律法皆从风俗中斟酌而出，其初设立时，亦不免有未尽妥善之处。然有此律法，究能保护百姓，不受权势迫胁之苦。假如有一贫苦农家，得罪于大诸侯或大官府，无律法则农人必至被累，若本处已经设有律法，两造不能私相报复，必另有公正之人或地方官审问其案，彼此皆可具呈分办。如农家果有错处，则科之以律，若讯无罪状，便当释放。虽各诸侯声势极大，可以挟制审问官，或贿通地方官，颠倒是非，农家易致受屈，然此种弊端究竟不得常有。即农家稍有屈抑，亦不致如无地方官审问者，其受累更为无穷。且国中既有一定律法，则审问官必照法办理，方保永无翻覆。是以地方官亦不肯多

---

[1] ［英］钱伯斯兄弟编纂：《佐治刍言》，傅兰雅口译，应祖锡笔述，引自上海图书馆整理：《江南制造局译书汇编》，政史类，第 1 册，上海科学文献出版社 2012 年，第 24 页。

用心思，于法外别生枝节也。①

接着，该书又从法律史的角度向国人第一次介绍了西方古典法时期，即古希腊法和古罗马法的情况，其中包括在西方法律史中鼎鼎有名的重要事件，如"梭伦立法""来库古立法""十二表法"以及"优士丁尼的《国法大全》"。文载：

> 各国所有律法，大半由历代积渐而成，其确凿源流，不尽可考。闻英国有亚福利得王（阿尔弗雷德大帝——作者注），希腊国之雅典城有苏伦王（梭伦——作者注），司巴大（斯巴达——作者注）地方则有犁克古司王（来库古——作者注），三人皆生有律才，世称其曾著《律法全书》若干卷。其实亦不过取当时律法，扩充厘订而已。尝考古罗马史书，言罗马王因国中尚无律法，特派钦差赴希腊，查考希国律法，携归本国，遂为罗马律法。又有所谓"十二碑律法"者，其书极古，刻于十二块碑上，故有是名。说者谓此即由希国取归者，近来已知其谬。盖罗马律法，实由逐渐编辑成书，略在西历五百年时，卷帙甚多。如欲将全书各种悉携一部，非十二驼不能搬运，因其时尚无印书之法，所有律书俱用兽皮缮成，故其书极大也。此书寻常人不能多见，国中亦只有几部。后有罗马王名这司你替恩者（优士丁尼——作者注），集国中名人，将各种律书详加参订，撮要删繁，另辑一简便之书，以垂世用。②

在介绍完西方古典法之后，该书又介绍了至1804年《法国

---

① ［英］钱伯斯兄弟编纂：《佐治刍言》，傅兰雅口译，应祖锡笔述，引自上海图书馆整理：《江南制造局译书汇编》，政史类，第1册，上海科学文献出版社2012年，第24~25页。
② ［英］钱伯斯兄弟编纂：《佐治刍言》，傅兰雅口译，应祖锡笔述，引自上海图书馆整理：《江南制造局译书汇编》，政史类，第1册，上海科学文献出版社2012年，第25页。

民法典》之前，西方法律之演进梗概，其中涉及"英国普通法传统""日尔曼习惯法""中世纪共同法"和"罗马－大陆法传统"等内容。文载：

> 观此可知各国律法，大半从风俗中生出。如英国律法皆出本于旧时风俗、旧时章程，此后另为详细言之。凡欧洲各国，在中古时（双行小字：即耶稣后五百年至一千余年间）及各处为诸侯管理之时，所定律法亦皆从风俗中生出。其时欧洲北边诸侯，攻败罗马，取其土地，将所属之地分给属下之人，令其按时贡献，或则纳税，若其人已故，其子仍归诸侯管辖，诸侯死后亦传其子管理。

> 欧洲各国，所有办理地产律法，皆从以上所言之风俗得来。如英国诸侯之法，虽早已废去，然亦仍用旧时律法。欧洲各国，至文教已兴之后，仍用罗马旧法，或又将罗马旧法与诸侯之法彼此参用者。法兰西民变之时，凡有名位人，向来所有利益全行淘汰，百姓欲将诸侯律法一概废革，故法王拿破仑另订律法一部，以合当时之用。法国能如此猝变律法，实为从来未有之事，而改律后能行之安然者，亦因所定新法大半本于罗马旧法，数百年前其国已行过此法，故改变亦较易也。①

对于法的产生问题，该书反复强调"律法生于风俗"，而最能体现这一特质的是英国。为说明这一特征，该书以英法为例，一正一反进行论述，其中涉及"正当法律程序"以及"英国陪审制"等内容。是谓：

---

① ［英］钱伯斯兄弟编纂：《佐治刍言》，傅兰雅口译，应祖锡笔述，引自上海图书馆整理：《江南制造局译书汇编》，政史类，第 1 册，上海科学文献出版社 2012 年，第 25 页。

从以上各案观之，可知一国律法不能不由风俗定出，即国家并公议院可以随时更改，亦不能废旧法而全行新法。如英国律法，令各人皆能自主，国家必力加保护。此种律法已为多年之旧风俗矣。又如法国常设律法，指明各人俱能自主，上下皆归一体，不得有以上凌下等弊。然法国虽有此律法，而国内有权柄之人仍要凶横残刻，以强凌弱，不守律法，以至国内大乱。此皆由所立新法不能合百姓风俗，故民不肯遵守也。

查法国所立律法，内言百姓必令自主一条，最为郑重。然国内从未设一简便之法，能令百姓可免无辜久禁狱中者。若英国则早设此律法，其百姓因案被禁，必于若干日内提至审问堂，讯其有无罪状，如无罪即当堂开释，其有罪者，立即科以刑罚，不使有久禁囹圄之累……

英国审问命案律法，亦仍古时风俗之旧。如有民人身故，而无医生诊视症据，言明因何而死，或遇尸身显有伤痕，则本地方臬司必派人往验，究其致死之由。如验明实因受害身死，则必查出凶手，照律治罪。其审问时，必另派本处绅士十二人，与问官会审，其人有罪、无罪，必由十二人拟有定断，然后官可照办，但被告者若于十二人内指明何人与有仇隙，则问官必另派一人，盖必十二人俱为被告所佩服，方能会审。此律法已经行之数百年，故国中从无冤抑不伸之事。后法国等处知其立法之善，亦欲令国中仿照英律办理。惜各处向无此风俗，人皆以为不便，其法卒不得行。[①]

---

① ［英］钱伯斯兄弟编纂：《佐治刍言》，傅兰雅口译，应祖锡笔述，引自上海图书馆整理：《江南制造局译书汇编》，政史类，第 1 册，上海科学文献出版社 2012年，第 25～26 页。

既然英国律法更能体现风俗，因而，英国律法较之欧陆各国亦是优良。不仅如此，该书认为在"地方自治"方面，英国也优于欧陆各国。文载：

> 欧洲国内有此种城，能立自主之会，于国政大有关系，于地方大有裨益。其办理各事经费，俱由本城自备，居民彼此辑睦，断不至猝发祸乱，致与国家为难。独法国则不然，无论城乡内外，管理之权俱由国家所出，故京城国政一坏，则通国顷刻变乱，其祸较烈。是以英国各城、各会，设立章程，办理公事，平时似与国政无关，一旦国中有事，则各城俱能各自保护，其利益实为无穷。①

为了进一步说明英国律法之优良，该书在论及"议会"这一"民主之国"良善设置时，用很大的篇幅详尽地介绍了英国议会。是谓：

> 各西国古时风俗，至今犹存者，惟公议院之法为最要，以能权衡于中，使上下两无偏倚也。公议院之制由来已久，并非近时创设之政。初立时，应有权柄与有益于国之处，国家百姓尚未尽知。其设立始于何时，不尽可考。或云初系国之耆老聚于一处，商酌国政；又云国王令各诸侯聚集贡献，进见国王，此为公议院之始。然无论设立之始，或为百姓自主，或由国王所命，而历代相传，皆能裨益于国，在近来各国政令内，可称第一良法。

> 查英国近来公议院，与初立之时大不相同，其初不分上下两院，迨分上下院时，其上院结系贵爵之人，意气傲慢，

---
① ［英］钱伯斯兄弟编纂：《佐治刍言》，傅兰雅口译，应祖锡笔述，引自上海图书馆整理：《江南制造局译书汇编》，政史类，第1册，上海科学文献出版社2012年，第27页。

每有轻视下院之意，而下院之人谦恭自处，不敢与上院人过于辩论。近来则不然，下院虽视上院较逊，然拟议公事究以下院为主。从前上下院皆不敢自定律法，止能奏请国王兴利除弊而已，故英王与其宰辅等常有凌辱公议院之事。而院中人亦不敢置辩。其有创为议论，思欲变改律法者，稍不合国王意见，往往遭其谴责。即院中聚议之期，亦必由国王先行谕准，方敢举行。今则每年必聚若干次，非若从前虚有其名矣。

英国公议院，其始虽为国王作主，后因渐渐变改，遂成为自主极有权力之会。所以自主之故，因初时国中财赋均由两院管理，如国有军兴等事须调动经费，必由院中给发，故院中得以设立新法，革除积弊奏请国王颁行。如国王不允所请，则应发国帑，两院亦不肯遵行。是以国王不能不允，而国中应增、应损之端，无不逐渐更改。近年来国王欲设立一法，必先商之两院，如院中不以为可，国王亦不能行。将来国中律法必由两院设立，方能通行，若国王一人独立者，恐百姓必视为具文也。

英国律法，虽由公议院逐渐变改，然设立新法，亦必入奏国王邀准后，方可施行。此虽奉行故事，亦不忘旧制之意也。前公议院欲立新法，其立法字样必由国王派人酌议，每与院中所欲立者两不相符。现在院中，先将所立新法字样拟定，然后呈送国王，请训遵行。所拟新法字样，国王不能改易一字，如真有不能准行之处，亦止得将全法停止。此事业已著为成例矣。

近来英国公议两院，其职分、称呼虽仍遵照旧章，而办理国事之权大半在于下院。如国中长年招募之兵，固归国王管辖，然每年必由公议院议定章程，令国王有此一年之权，其国王方能有此权柄。如公议院有一年不设此章程，则国内之兵仍如平常百姓，不必听武官号令，倘被武官谴责，可赴文官衙门控告，其武官必照法问罪。故国王必每年请院中出为聚会，设立此一年章程也。

英国每年水陆两军并国家一切经费，比他国较巨，其调用公款之权全在下公议院，凡国家动用，必由下院详细查问，所用系归何项，并何项应用若干，核与例章相符，方准一律给发。后又另设一法，将国家应用正项定为若干款，每款经费均有定额，别项不得拨动，故每年欲将来年应需之款，造册查核，如为数过多，则院中可以酌裁。公议院之权如此，故国王与宰相各大员，俱不能不请院中节年出为集议。若院中一年不为办理，即一年之过帑无从筹办也。

下公议院共有六百余人，俱由各省各府公举。因国中事务殷繁，不能事事院中办理，不如寄其权于一人，办理国事较为便捷，故将国政托之国王与宰相人等，其办理公事之速，亦与全权君主之国相同。各大臣中或有侵蚀公款、欺诈小民之事，则院中必加以重罚，故国内大臣必为下公议院所信服，方能久于其任。至于征收税课并审问案件各官，若办事错误，则下院人皆可指控，其宰相及各大员不能不为查究。如被控之官不能指出无错误凭据，则必立予褫革，以肃官箴。①

通过对英国议会的介绍和论述，该书明确表明了对英国国政

①　[英] 钱伯斯兄弟编纂：《佐治刍言》，傅兰雅口译，应祖锡笔述，引自上海图书馆整理：《江南制造局译书汇编》，政史类，第1册，上海科学文献出版社2012年，第27～29页。

的偏爱，认为其能"循序渐进"，又能使"君民一体，上下相安"。看得出，该书明确暗示，中国未来之国政如需变化，应仿效英国的观点。是谓：

> 观以上各节，可知英国政令之善，并非猝然而成，亦非因国中变乱而致，皆由小心谨守，率由旧章，有利必兴，有弊必革，故能循序渐进，以至有利无弊。盖一国政令律法，必平心斟酌，由旧时风俗规矩中渐渐变改，方能合用。如英国之政，较之三百年前已有霄壤之别，究其由来，无非从三百年前国政中，稍加损益而已。各国之政能照此办理，自然渐臻上理。若因国政未善，便思作乱以革其弊，恐变后未必能遽臻妥善也，且有因此致伤元气，必过多年方能赶到从前地步者。故治国务使君民一体，上下相安，方能享升平之福。①

除去第9章、第10章、第11章这三章重点以外，《佐治刍言》还在很多地方介绍了英美法。例如，该书第12章"论国家职分并行法度"就介绍了英国有关社会保障和社会管理的法律。②

（三）《公法总论》对英美法的介绍

尽管洋务运动时期京师同文馆丁韪良等人通过翻译《万国公法》《星轺指掌》《公法便览》以及《公法会通》等书，较为全面地将英美国际法传入中国，其内容无论从完整性上，还是从理论性上都是之前鸦片战争前后所不能比拟的。然而，需要指出的是，江南制造局对此也做出了杰出的贡献。

---

① ［英］钱伯斯兄弟编纂：《佐治刍言》，傅兰雅口译，应祖锡笔述，引自上海图书馆整理：《江南制造局译书汇编》，政史类，第1册，上海科学文献出版社2012年，第29页。
② ［英］钱伯斯兄弟编纂：《佐治刍言》，傅兰雅口译，应祖锡笔述，引自上海图书馆整理：《江南制造局译书汇编》，政史类，第1册，上海科学文献出版社2012年，第29～36页。

相比较而言，如果说洋务运动时期是京师同文馆率先启动了翻译英美国际法的活动，且由于丁韪良美国人的身份，因而侧重翻译美国国际法著作的话，那么，江南制造局则在洋务运动后期不仅很好地接续起这一活动，而且由于傅兰雅英国人的身份，因而侧重翻译了许多英国国际法的作品。这其中最为重要的成果是《公法总论》《各国交涉公法论》和《各国交涉便法论》。

《公法总论》是傅兰雅组织六合汪振声共同翻译英国人罗柏村（Edmund Roberson，1845～1911 年）的同名著作"*International Law*"。该书原刊载于《不列颠百科全书》（*Encyclopaedia Britannica*）第 9 版，共计一万余字。按照王扬宗先生的观点，该书大约是在 1886 年至 1894 年间刊出。① 该书共分 17 个部分，分别是："论公法之源流""论公法之大纲""论古今公法之沿革""论公法与便法攸分""论分别自主与不自主之国""论平权之理""论自主国相待为平等""论预闻别国之事""论新得地舆定交界法""论使臣分三等""论立和约""论待使臣法""论评理免战法""论交战章程""论局外国应守之例""论会议公法以息兵争"和"论待野人法"。② 除去后面几部分是较为具体的国际公法以外，该书前面几个部分很多内容不仅更为系统地介绍了有关"万国公法"的知识和理论，③ 而且很多内容已经超出了国际

---

① 　王扬宗：《江南制造局翻译书目新考》，引自《中国科技史料》1995 年第 2 期。
② 　[英] 罗柏村：《公法总论》，傅兰雅、汪振声同译，引自上海图书馆整理：《江南制造局译书汇编》，政史类，第 5 册，上海科学文献出版社 2012 年，第 205～217 页。
③ 　如在"论公法之源流"和"论公法之大纲"部分，作者不仅指出了"万国公法非真律法"的原因，而且也道出了该法存在之意义和效力范围，同时也明确了公法之精义，即"公法之命意，凡地球内所有自主之各国，在其本界内一切可以自主，国内所行之政，与他国无关，又彼此俱视为平等，此为公法之根本"。参见 [英] 罗柏村：《公法总论》，傅兰雅、汪振声同译，引自上海图书馆整理：《江南制造局译书汇编》，政史类，第 5 册，上海科学文献出版社 2012 年，第 205～206 页。

公法的知识。具体包括：

第一，在"论公法之沿革"部分，该书第一次向国人介绍了"国际法史"。是谓：

> 现在所有公法，大概为欧罗巴有文教之国，在三百年内所设。无论何时，有交涉之国，或和或战，俱不能不用公法。查欧罗巴各国之文教，多由古时各大国所传，虽现在文教大兴，但所传之公法甚少。观古时犹太国史，尚未明交邻之道。后希腊国战胜各国，则设希腊公法，令各国守希腊之风俗政教。各国有自主之权，与现在公法略相等。凡服希腊之各国，彼此相联，与他国之人民有别。故与他国有交涉事，无一定之公法。迨希腊衰而罗马兴，初设罗马律法，酌定与别国交涉事应如何办理。后罗马日渐强胜，不依从前相待别国之公法，并废公法学堂与教师。于是众人均以为非罗马所设交涉之律法，虽在万国公法源流内为要紧一款，然罗马律师不以为万国公法只罗马国与罗马所来往之各国有相关而已。罗马衰后，历数百年，无有能考究公法者。只有数条为各国所遵行，如遣派使臣不可阻难，或交战以前必先报明，凡立合约不可不守等例。至一千二百余年，有初考究公法之人为格鲁西乌士（格劳秀斯——作者注）。

> 有公法师美纳爵等所著之书，论古时罗马律法与现在公法之相关，俱凭天然公理，并邦交之道。故此论内可言其大略，查公法有天然之公理，为各国交涉所不可不守。凡守公法之国，彼此俱为平等。初欧罗巴各国行封建之法，以其地分属于各诸侯，民皆受廛而居，各诸侯俨然地主。故用罗马国之内法：所有产田之事均归律法办理。及后封建之法不行，而权归国主。于是，始有公法师出，窃取罗马律法之

意。一千二百六十四年，有格鲁西乌士著《和战公法书》（《战争与和平法》——作者注），言各国交涉之事，无论系天然之公理，或沿袭其旧俗，或为众人所隐服者，均不能不守。自格鲁西乌士以后，亦有公法师从一千五百年至一千六百年以内考究公法，如富兰西士得、维多里亚苏、阿里司阿亚拉、阿不里柯士、整体里司，各著有书，然皆空论而难凭。惟格鲁西乌士之书可为公法之祖，大都从罗马律法书中参考而得。此后亦有多人，如卜芬到弗（普芬道夫——作者注），武勒夫（沃尔夫——作者注），法底勒，丙哥说格，及英国正跟司爵、司徒维勒伯，亦著公法书。美国有辉登（惠顿——作者注）所著《万国公法论》，亦为现在各西国所深佩者。

公法之条款甚繁，有书统论其各要款，但此总论内只能将近来公法家所辑最要之各款，逐款言其大略。先论各国和时所常用之公法，后论战时改变之法，或另设新法。[①]

第二，在"公法与便法攸分"部分，该书向国人较早地界定了"国际公法"和"国际私法"。该书在近代第一次为中国人就何为"国际私法"给出了定义，即

公法家亦有将平常规例，分公法与便法两种。所用之便法为本国内审判堂所定简便之规例。恐别国律法与本国律法有歧义之处，如遇别国之民与本国之民结讼，则查照别国律法应如何办理。有不宜用本国律法者，故有此便法。[②]

---

① ［英］罗柏村：《公法总论》，傅兰雅、汪振声同译，引自上海图书馆整理：《江南制造局译书汇编》，政史类，第5册，上海科学文献出版社2012年，第206~207页。
② ［英］罗柏村：《公法总论》，傅兰雅、汪振声同译，引自上海图书馆整理：《江南制造局译书汇编》，政史类，第5册，上海科学文献出版社2012年，第207页。

为了能进一步解释何为"万国便法",该书举例如下:

> 假如法国人寄居在苏格兰地方,暂住英国而故,英国留其财物,如将其财物给予死者家属,既不能依法国律法,亦不能依英国律法,只可照苏格兰之律法。但此案如何办理必须各国预定规条以待别国流寓之民。凡文教之邦办理此种案件俱有公共之法为各国所应许。又如别国人,在寄居之国内,置有产业,死后其产业必依本处之律法办理。所有能运之物,则照别国人寄居地方之律法办理,乃无一国不允行。故此种案例在万国便法内。①

至于"万国便法"与"万国公法"之联系与区别,该书指出:

> 与公法相辅而行,但便法与公法应有分别。便法为实在之律法,本国能自操其权,不必徇各国之意见,能相合与否。总之便法系两国民人交涉之事,公法则关系两国家交涉之事。②

第三,在"论自主国相待为平等"部分,该书援引英国法学家非利摩尔(Robert Joseph Philimore,1810~1885 年)的观点,认为国家无论政体如何,实力如何,主权一律平等。是谓:

> 英国公法师非利摩尔云,凡自主之国在公法内俱视为平等。因不臣服于别国也,故虽大国不能自尊而藐视别国,无论大小各国俱应遵守公法。凡有国政亦然。所以民主之国与君主之国相等,君主之国与全权皇帝之国亦相等。此有一定

---

① [英]罗柏村:《公法总论》,傅兰雅、汪振声同译,引自上海图书馆整理:《江南制造局译书汇编》,政史类,第 5 册,上海科学文献出版社 2012 年,第 207~208 页。
② [英]罗柏村:《公法总论》,傅兰雅、汪振声同译,引自上海图书馆整理:《江南制造局译书汇编》,政史类,第 5 册,上海科学文献出版社 2012 年,第 208 页。

之范围而不能过者也。①

(四)《各国交涉公法论》对英美法的介绍

如果说,《公法总论》是一部提纲性的英美国际法译著的话,那么,1894 年刊印的《各国交涉公法论》和《各国交涉便法论》则分别从"国际公法"和"国际私法"两个角度细述英美最新的国际法。

"*Commenteries Upon International Law*"系英国人费利摩·罗巴德(Robert J. Phillimore,1810 ~ 1885 年)所著,共 4 卷,前 3 卷涉及"国际公法",即我们所看到的《各国交涉公法论》,第 4 卷涉及"国际私法",被译为《各国交涉便法论》。

《各国交涉公法论》由傅兰雅口译,俞世爵笔述,汪振声校正,钱国祥覆校。根据钱国祥在该书"校勘记"的说法,原书初集在 1854 年刊出,二集在 1857 年刊印,三集则是在 1870 年刊出。② 他还提到,该书的中译本早在 1884 年前后就已经译出,但囿于文字上的原因,"是以翻译此书已经十载,未能付刊"。③《各国交涉公法论》共分三集,16 卷,104 章,译者为印刷装订方便,对原书的很多章节做了一些调整。④ 除去非常详尽的国际公法外,该书涉及其他英美法的知识主要如下:

---

① ［英］罗柏村:《公法总论》,傅兰雅、汪振声同译,引自上海图书馆整理:《江南制造局译书汇编》,政史类,第 5 册,上海科学文献出版社 2012 年,第 208 页。
② ［英］费利摩罗巴德:《各国交涉公法论》,傅兰雅口译,俞世爵笔述,汪振声校正,钱国祥覆校,引自上海图书馆整理:《江南制造局译书汇编》,政史类,第 4 册,上海科学文献出版社 2012 年,第 648 页。
③ ［英］费利摩罗巴德:《各国交涉公法论》,傅兰雅口译,俞世爵笔述,汪振声校正,钱国祥覆校,引自上海图书馆整理:《江南制造局译书汇编》,政史类,第 4 册,上海科学文献出版社 2012 年,第 639 页。
④ ［英］费利摩罗巴德:《各国交涉公法论》,傅兰雅口译,俞世爵笔述,汪振声校正,钱国祥覆校,引自上海图书馆整理:《江南制造局译书汇编》,政史类,第 4 册,上海科学文献出版社 2012 年,第 1 ~ 8 页。

第一，在该书作者费利摩·罗巴德所撰写的"原序"部分，作者坚持了 19 世纪盛行于英美法世界的"法律实证主义"，认为实在法才是法之根源。是谓：

> 各国所习惯之事，则为天然之法，不可不守，但事仍由法而生，非谓习惯。即为法之根源也，此意不可不辨。①

第二，作者分两大部分论述国际公法之源流，"第分为数世，先论历来著名之法师，后论公法之学在英国何时为始，何时渐臻妥协"，② 由此，这里我们可以看到作者梳理了两种国际法史。

一方面，作者从"耶稣降生以前""耶稣降生至果鲁西亚士（格劳秀斯——作者注）之前""果鲁西亚士之时""自布国威斯达非利牙（威斯特伐利亚——作者注）一千六百四十年合立和约之时起至犹脱类一千七百十三年立约时止""自一千七百十三年犹脱类合立和约之时起至一千七百六十三年巴黎立约止""在巴黎一千七百六十三年合立和约时至一千七百八十九年法国大乱之年为止"和"自一千七百八十九年法国乱时起至一千八百五十七年止"等七个阶段，详述了国际公法史。③ 文载：

> 第一世为耶稣降生以前。古时犹太国之内政，并待别国之法，最为严酷，故难与各国有交涉公法，查其国史，从无论交涉之理，及观埃及国之教例，与待他国来使之礼，甚为忠厚。因疑其教师，必著有相待使臣之书，流传至希腊国，为该国所用。因从希腊各国之古籍中，考得各国交涉公法之源。其国之贤臣有公论云，无一国能独立而不与他国交涉

---

①② ［英］费利摩罗巴德：《各国交涉公法论》，傅兰雅口译，俞世爵笔述，汪振声校正，钱国祥覆校，引自上海图书馆整理：《江南制造局译书汇编》，政史类，第 4 册，上海科学文献出版社 2012 年，第 9 页。
③ 对于此段万国公法史的记载，郭嵩焘于 1878 年九月初六，在他的《伦敦与巴黎日记》中也有记载。参见（清）郭嵩焘：《伦敦与巴黎日记》，引自钟叔河编：《走向世界丛书Ⅳ》，岳麓书社 2008 年版，第 746～748 页。

者，故希腊各邦立一公会，名为安非底恒会，以定各邦交涉之公事。凡不在会内之国，则视为敌国，又如前欧罗巴各国，与回部交兵之后，所立和约，以若干年为期，过期不换约，则仍视为敌国。罗马初开国之时，甚明交涉之公理，设立书院，讲究此事，后著相待使臣之书，所定待各国之法，最为公允，又设立官员，审问抢夺之案。迨其国日强，不照开国所定之法而行，以致渐削，不复再振。虽其不照交涉之理待他国，反攘夺其地，然天然之公理，犹存于法师书中。不但待一国应如是，即待各国均应如是，此为各国交涉便法，与公法之根本也。

第二世为耶稣降生至果鲁西亚士（格劳秀斯——作者注）之前。自耶稣设教后，甚益于各国交涉之事，但其时人心蠢顽未化，而在位者，又办理不善，故其教不显。厥后奉教各国，皆能体教王之意，有事则派员会商，从此各国有分所应为分所应得者，乃渐知交涉之理，而其意尚未甚显明。一千三百年之前，教王渐为各西国公会之主。一千三百二年，布尼法司第八（卜尼法斯八世——作者注）为教王时，有人驳论教王不可有此大权，乃定议凡于教会有关之事，教王可管，若关系国家之事，教王不得管理。虽定此议，而国王所行之公事，有不合教法者，教王犹可与闻，然国王亦晓示于民，以教王不能管理国事。从此教王之权渐移，仅能从中为两国调停其事，但亦行之未久。一千五百年改正西教之时，教王并不能从中理处矣。斯时各国与他国交涉之事，归国王自行办理，不与民商办，后亦渐改。一千四百九十三年，有西班牙人，巡历大西洋，查得亚墨利加新地，为其属地，经教王给谕准其管辖，疑无处非教王所管者。至一千七百一年，有人论奥地利国王称布路斯国主为国王，以未得教主敕命，可见册立为王，其权专归教主也。欧罗巴各国自攻回教时，始有与闻他国政事之例，因回教人得土耳其国与欧罗巴各国交涉大不便，向来奉西教之国不能与土耳其国有交涉，以其教不同也。现其国之风俗渐改，与欧罗巴各国始有交涉事，则必得一公法，以待不同教之国，将来可渐推广。中古之世，所有各国交涉公事，有三大端：一为各埠立船政；二为领事官章程；三为派使臣之规例。

第三世果鲁西亚士之时。果鲁西亚士，荷兰人，生于一千五百八十三年，因国乱迁避法兰西，著书论和战交涉之公事。其时有数西国初明公法之理。至一千六百九年，果鲁西亚士著书论海为公用，一千六百二十四年又论和战交涉之事。此书阐明公法之理，于各国交涉大有裨益，或有议其书叙列太乱，或谓其论现在事理无古书古事以为证。不知其著书时，尚无可凭之书籍，与交涉之成案，经人指驳后，果鲁西亚士又著一书以辨明之。有英国法师麦根托司，发明果氏书中之妙旨，序中不能详述。

第四世自布国威斯达非利牙（威斯特伐利亚——作者注）一千六百四十年合立和约之时起，至犹托类一千七百十三年立约时止。斯时各国之交涉，益增新法，盖欧洲各国并其属地，交涉日多故也。一千六百七十二年，白分道弗（普芬道夫——作者注），著书论天然之律法，与各国之律法，其发明天然律法，不独人俱应守，即各国亦应守也。果鲁西亚士之书，论天然之律法甚略，而白分道弗论之綦祥，能补果氏之不足，此外别无妙处。雷部逆此（莱布尼茨——作者注）指出白氏之疵病，后人俱知不及果氏之书。雷部逆此于一千六百九十三年，著各国交涉公法书，其序文并各卷中之议论，显其学识宏博，究理甚明，但考究别种之学甚多，于此书不能更详。

第五世，自一千七百十三年，犹脱类合立和约之时起，至一千七百六十三年巴黎立约止。雷部逆此之徒乌拉富（沃尔夫——作者注）于一千七百四十年至一千七百四十三年间，著书九大卷，以格致之学，论天然之理。书内括其一生所得之学问，后有人将其书，撮要成一卷。乌拉富自视其书之妙，盖分别各国之律法有四：一为天理当然；一为众心甘服；一为向有之规；一为公是之处。但其书有二病：一用格致各种名目，论律法之事；一视各国如一自主之大会。其第二病，与总理无甚相关，但此书如无人修改，恐不能流传至今。今修改之功，全在法的利，故能明白晓畅，所言无不近理，惟嫌太略，欲详究各国之交涉，尚不足用。又有名满底斯可者，亦著有公法书，序中不能详述。荷兰人，丙克舍格（宾克斯胡克——作者注），颇著声望，惟不及果鲁西亚士，有数事与果氏互异，而心服果氏。一千七百三十七年，著公法论一部，又有分论海归何属，及使臣公廨两书，可为各国交涉之最要者。

第六世，在巴黎一千七百六十三年合立和约时，至一千七百八十九年，法国大乱之年为止。斯时有意大里亚国两法师兰波里地，及轧利阿纳，又有日耳曼国，摩色候，及马丁士，都有论各国交涉之书。有一事与各国交涉大有相关者，即亚墨利加数邦，合成花旗一国，其国悉凭各国交涉之理，后此国有著名法师斯吐利，及庚德，惠顿三人，名闻国外。

第七世，自一千七百八十九年法国乱时起，至一千八百五十七年止。其间日耳曼国人，著各国交涉公法书甚多，内有两人为特出，曰克吕伯、海富达。英国亦有七人，曰本他麦、瓦尔特、麦根脱世、马宵、雷地、怀特盂、波牙，均著有书。有论交涉便法之法师四人，曰斯吐回拉、瓦克他、萨费尼、费利克司，之四人者，将前人郝的亚士、虎比鲁士、辣丁白哥由司、符以特等人，所著罗马文之书，择其精要改为本国文字。

著交涉公法之人甚多，以上仅择其要者，余著书俱凭各家以集成，其各书名目共有七百余部。①

另一方面，作者还从历史的角度，介绍了英国国际公法的发展演变的历程，其中涉及大量英国普通法史的内容。是谓：

英国特设教习公法之书院，培植人才，虽额数不多，而院中法师官员生徒人等，讨论不厌。

英国所用之常律，多与他国不同，盖英国不与他国连壤。他国多仿照罗马律法，独英国之律，参用其法者甚少，及攻败罗马时，得其国之古德人，乃师之，渐学其律法。考罗马自克落的由斯王，至哈奴里由斯王，三百六十年间，审判大案之员，俱为著名法师，集众人之长，以荟萃成书，若无教士与官员收存，必至为各野人侵夺毁弃。英国之律，当时甚略，稍有增入罗马律法，为教师所手订，行之无弊。一千六十六年，挪尔曼人（诺曼底人——作者注），见英之国政，于是大变其俗，从前审问堂，无论案关教事与否，其教

---

① ［英］费利摩罗巴德：《各国交涉公法论》，傅兰雅口译，俞世爵笔述，汪振声校正，钱国祥覆校，引自上海图书馆整理：《江南制造局译书汇编》，政史类，第4册，上海科学文献出版社2012年，第9～12页。

主与设例府（双行小字：地方官名），并坐公堂审问。自第一挪尔曼王回凉，将教案与民案分办，至今未改，凡民人干涉教门之事，教主依国例与教例审判，另有两种案，如婚姻及遗产等事，半归教律，半归国律，教主亦可审问。因当时奉教各国，都有此规例也。

罗马律法，不但行于教门审问堂，犹行于船部审问堂，并大庚司达部，与马烁拉两衙门，亦行之。

凡判事公允之衙门，俱用罗马律法，即如英国常昔拉衙门之首领官，数百年来，皆以教主当其职。当时牧师，不但能明教律，兼明国律，从前国家派赴他国办事之公使人员，大半皆用教主，盖其学识，胜于平常有爵之人，且明各种律例。又如英之韦司大明司达衙门（威斯敏斯特宫——作者注），自一千一百三十五年至一千二百十七年，所有谳员，都用罗马律法，当时法师富利大（菲尔塔——作者注）书中，有数疑从罗马律法内摘出。

英国两大书院之审问堂，亦用罗马律法，凡各国设大书院，专为学习教律而设，至英国两书院，亦有习此学者。除英国外，其余各西国，皆以罗马律法，为各国律法之根原。洋教改正西教之后，其律无多改变，如英国则不然，教习罗马律，与教律之法师，大半为教门之审问堂中有职分者，民疑其敬服教王，并袒护虐民之吏，于是不分罗马律与教律，欲一概废弃。故一千五百四十七年，欧力弗（奥利弗·克伦威尔——作者注），稽查阿克司勿特之书院（牛津大学——作者注），将罗马律法，与教门律法之书，束置高阁，有虫蚀之痕，因疑其书染天主教之气息也。何特亦云，阿克司勿特之书院内，别种学问，人多考究，独罗马律法，与教门律法，几至无人愿问，其故因教主之权日替也。

一千五百三十六年，英之大臣哥郎回辣（托马斯·克伦威尔——作者注），奉国王派官刚薄利公书院（剑桥大学——作者注），发有告示数条，内有一疑云，因英国之教师及民人，不服教王，皆愿国王管理教中之事，故以后不许学习教门律法，书院内亦不考试此种学问。

同时哥郎回辣照会阿克司勿特书院，亦照此办理，内有一疑，与刚薄利书院示内之疑相似，云此后总书院内，不可宣讲教会之律法，无论何等人，均不可考试此种律法，已考取之人，停其升迁。前一千五百三十五年，英国王尚派教员赴书院查察各事，该员在书院之各学堂内，派人将罗马律法与教门律法，教习其生徒。

一千五百四十九年，英国王派数员，查刚薄利之公书院，欲令习教律之人，改习罗马律法，所派之员内，有教主以特里，奏明国王，以习教律之生徒，不可尽改习罗马律法，只可添学罗马律法之生徒，因与各国，时有交涉订约之事，必得考究罗马律法，以便办理。

英国女王以利赛勃（伊丽莎白一世——作者注），颁发刚薄利之公书院章程内，有应讲何书何时开讲一疑，云教习教会之师，只讲各种教会之书，教习律法之师，可讲罗马王，加司希呢恩（优士丁尼——作者注），所定之汇案总律，及罗马律例，并教会律法书，此三部外，不准另讲他书。至一千五百三十五年，有法师，法卡里由司，在阿克司勿特之书院，加讲罗马律法，以教生徒，自此以后，两书院之习罗马律法者不绝，此设立学堂之本意也。改正西教之时，国王特令人习此种律法，即英国王，欧特瓦特第六（爱德华六世——作者注），所设之书院章程内，载考究罗马律法之法师，不但应知本国律法，并能知他国律法，与本国律法之分别，无论何种案，能审断明允，此种学问，于国于教均有裨益。其章程论考取法师之功名，其本文云，凡考得法师之职，必考其英律能熟习，并能分别他国与本国律法，后遇重大之案，则能知罗马律法，教会律法，本国律法，当如何分别办理等语。两书院尊崇罗马律法，其故有二：一书院之章程，悉本罗马律法，及教会律法而定；二入伦敦法师书院之人必在两书院中考取功名，方可进院。

英王亨利第八（亨利八世——作者注），派名师五人，在公书院教习，内有一人，专教罗马律法，盖因摈斥天主教时，不用教中律法，疑罗马律法为同类，故不甚考究，后知罗马律法为有用，特派法师至公书院教之。因斯时，欧洲各国交涉之事日重，故英国王加意考究，其时英国为各西国之盟主，他国不敢侮，其威权甚重，虽与欧洲各国有海分界，不能无交涉事，故各西国，或启兵端，或有教案，或改国政，凡交涉相关之事，英国不能不与闻，所以罗马律法必认真考究也。

各西国交涉之事愈多，则交涉之公法愈要，有公法而各国能服从，则交涉之事易办矣。文教日盛，咸之礼让，由此可免争战之苦。然兵端之起，皆由不知交涉公法，故此学更为切要，英与各国有法师考究此公法，俾交涉之事，悉归公允，但本国所行，务求合乎天理，而各西国悉由自主，虽有公法，不肯求之于理，即得其理，亦不遵其法，欲令各国皆服公法，最为难事。盖一国所设之法，只能令行于本国，不能强他国服从，所以交涉愈多，公法愈要。如一国无国法则国必乱，欧洲无公法亦难免各国纷争也。

前论改正西教之后，英国不深究交涉公法，其他各西国，皆日事讲求，而英国尚能令此学不绝者，凡考究之人，必给以厚禄也。

改正西教之前，英国各法师，设立一会，考究罗马律法，及教中律法。于一千五百八十七年置买房屋，以为此会之公所，今虽其屋无存，而基地已改为法师之书院，英国各种律法实原于此。

历朝国王虽有大无道之君，而文学优于他国，甚敬爱文士，有能明罗马律法者，必尊贵之，授以显职，凡有与他国交涉，派令办理，简放使臣，或订立和约，皆与此等法师商议。亨利第八，深恨教律，遂波及于罗马律法，因两种并行设教之故，非欲弃置罗马律法也，故欲保罗马律法，乃派法师在公书院宣讲。一千五百八十七年，有著名之阿勃里哥斯，为意大里亚国，毕路加公书院之法师，延请至英之阿克司勿特公书院，教习罗马律法，其所著之书，在果鲁西亚士之前，欲复已废之罗马律法，芟除教门律法，英之中叶以前，罗马律法师大半系教士或教主为之，至以利赛勃英女主末年，法师与教师始分为二，法师可不为教师。一千八百七年，有教师名海摩耳者，欲谋充法师书院教习，事不果成，以利赛勃为英女主时，有一大案，必照交涉之律法，所定苏果兰（苏格兰——作者注）女王马理之案，英之女主与国中著名法师，妥商定案，可见各国交涉之学，已有法师专考之，又如英王雅谷（詹姆斯一世——作者注），博通书史，先为苏果兰王，深佩罗马律法，及践位后，有法师力特利，著罗马律法与教中律法论，呈于王，书内称平常法师，嫉妒罗马法师，思欲禁之，乃大不合理，此书著于一千六百四年，适值王命公书院各派一人，到公会堂参议国事，所派之人，必熟习罗马律法。英王查理治第一（查理一世——作者注），当国时，有法师两人，其声望不独著于英国，即欧洲各国无不知之，一为德克，一为苏致，其时国王与民相争，拘兵多年，德克从王于患难之后，即著书论罗马律法之为用甚大。苏致先佐王，后乃反为民助。

一千六百五十三年，有一案为交涉公法内著名之大案，有葡萄牙人班大里亚，在伦敦无故杀一英人。班大里亚之弟，为驻英葡萄牙国之公使，馆于伦敦，乃逃匿其弟之公馆，英国官派人往拿，该使臣抗阻云，依各国交涉公法，使臣之公馆，不可擅入，安得将其兄捕拿问罪，英王爰派熟于罗马律法之法师，蒲伦敦，苏致，可拉克，特那等四人，审拟此案，乃定杀人之凶手，并为匪倡乱者死罪，此后苏致，著书论使臣所到之国，依其国之律法，应如何治罪，又著别种公法书，内有交涉公法论，为现在欧洲与亚墨利加之法师，所时时披阅而心服者也。

英王查理治第二（查理二世——作者注），当国时，罗马律法之法师大兴，因国王崇奉洋教，渐夺回从前之权，又因各国通商之船日多，设立船部，并与各西国交涉甚烦，及与荷国两次交兵，当时考究罗马律法之大法师，金庚司，极有才具，故罗马律法人皆欲考究也。

自一千六百八十年至今，寻常法师，与罗马律法师，颇不乏人，无论在本国审问案件，与各国交涉公事，多有裨益，中有数人，为读史者所未知，如金庚司，李意，黑侯，温思罗伦司，斯吐回拉，是也。

　　金庚司所论，英国与各外国交涉之事，自一千六百六十四年，第一次与荷国交兵时起，至一千六百七十七年，你米观，议和时止，其实金庚司，与法师丹布，会同办理，金庚司在英国，屡膺大职，所著之书，有数种，论各国交涉之事，学问渊深，议论明通，后之法师，能于是书参透其理，不啻如矿出金，其于罗马律法，考究甚深，常惜英国讲求别学，于律法不甚考究也。

　　金庚司所定各案，为各国人所佩服，斯时欧洲大启兵端，俱请英国从中判断，英国皆由金庚司衡其曲直，不独断其直者服，即断其曲者亦服，盖能于律法之外，洞悉欧洲各国之情形，并知古今各国所行之规例，他国有审问难明之案，每请其核定，无论罗马律法或教会律法，或交涉公法，各种案件，一经断定，无人能驳。

　　英国人身故，未立遗嘱，其分遗产之例，为金庚司，仿照罗马律法，及古罗马王，加思丁力恩，所定律法第一百十八条之例拟定。又一千六百六十六年，伦敦火灾时，金庚司奉国王之谕，准罗马法师，免纳数种税饷，因其学大有益于国也。

　　英国王雅谷第二（詹姆斯二世——作者注），践位，金庚司乃殁，及王去位后，国中请罗马律法师，议论一件交涉事（双行小字：祥后第十三章第二百五十五款），英女王安捺（安妮——作者注）践位，苏格兰，与英国，立联合一国之约，办事各员，内有果克，为最著名之法师，又犹脱类地方，订立和约，皆与罗马法师商议定夺，英女主派波令波罗克，往法国订约时，令祥阅罗马法师所著之书，英国查治第一，与查治第二在位时，有法师巴罗，本利司，及卑此或特氏，兄弟两人，俱大有名望，一千七百二十九年，李意初出办事，所审问各案甚为明允，不独名著英国，即欧洲各国，皆闻其名，如布路斯国王，致书于英国，论通商船务，李意会同各员拟复，书中论交战时，局外之国，船只货物，与交兵两国之相关，帮同李意拟复之人，名麦里，其人究心于各种律法之公理，深明各国，应如何相交涉，其所有之理，俱由先学罗马律法而得，又有名斯吐回拉，在李意之上，其他著名之新波生等人，序中不能祥载。

李意于一千七百五十六年殁后，至一千七百六十八年，英王查治第三（查理三世——作者注），准罗马法师立会，凡会内之事，可以自行管理，颁发敕书，钤盖国家之印，取名法师书院，从此罗马律法，与交涉公法，俱为国家所重。

一千七百七十八年，斯谷德，入法师公会后，改名斯吐回拉，官封伯爵，古诗称其盛名留各国，名望护邦家等语，现在明律法之人，无有不知者，其人才具优长，久在公书院考究各种学问，壮年出办公事，有观人之识，遇事绝不矜张，即公事纷繁，甚至已经杂乱者，皆能次第办理，俱中肯綮，其文法字句，亦皆斟酌悉当，时值各西国大乱初定，交涉之公事甚多，欧罗巴及亚墨利加，无不服其所定之案，至暮年精力，仍不稍灭，为各国法师所景仰，至今人皆知之不必详论，另有斯脱来罕，哈利司，温思罗伦司等，序中不能备述，第略叙英国交涉公法之源流，并注明公法师数人而已。

是书将公法之理，并已有之成案，以次条例，较之英国向有之公法书，所包更广，惟此书运用之处，难免有二病，一著论太空阔，阅者不能识其意之所在，二著论太谨严，如算学书之一字，不能增损，但公法原不能如算法之执一，可以稍参活变也。

余甚望后之阅是书者，斟酌以定其去取，并补其所未备，以另著成书，更为精详，盖公法日增月异，久之删订更难，犹之一国必增修律例也，如各国交涉，能衷乎理，久之遍行于地球各国，俾律法相同，彼此和睦，永息争端，使天下共享升平之福，此则万国公法之大用，如西细罗书中云，罗马有罗马律法，雅典有雅典律法，现在有现在律法，将来有将来律法，其不同之处，能改归一例，历久不变，永为万国所公守，又古之犹太国人，以赛亚云，列国分争，治平有日，铸剑戟为农器，彼此不相攻伐，岂不美哉。①

这段文字涉及英国普通法的知识大致有：（1）1066 年"诺曼征服"所引发的教俗审判权的分立；（2）英国早期普通法中的罗马法因素；（3）英国普通法与罗马法的分野；（4）1535 年克伦威尔禁止牛津大学、剑桥大学讲授教会法以及两大学对于罗马法的讲授；（5）亨利八世"至尊法案"的颁布等。

（五）《各国交涉便法论》对英美法的介绍

前述 "*Commenteries Upon International Law*" 第 4 卷的《各国交涉便法论》也是这一时期江南制造局翻译馆译介的书籍。该书应该是近代西法东渐以来第一本系统论述"国际私法"的译著。该书系傅兰雅所译，吴县钱国祥校，共分 6 卷，48 章，985 款，第一次向国

---

① ［英］费利摩罗巴德：《各国交涉公法论》，傅兰雅口译，俞世爵笔述，汪振声校正，钱国祥覆校，引自上海图书馆整理：《江南制造局译书汇编》，政史类，第 4 册，上海科学文献出版社 2012 年，第 12 ~ 17 页。

人全面、具体地介绍了英美国际私法的内容（见表3-4）。[①]

表3-4　　　　　　　　英美国际私法的内容

卷一 凡十一章	卷二 凡三章	卷三 凡六章	卷四 凡八章	卷五 凡十章	卷六 凡十一章
第一章 论交涉便法	第十一章论官员之居处	第十四章论寄籍客民	第二十章论与嫁娶有相关之杂事	第二十八章论移动与不能移动之产业	第三十八章 论立合同处与产货处之律法并传授产业之保与押质
第二章 论此卷之纲领大旨	第十二章论自择之居处	第十五章论人之品级与身分所应得之益处	第二十一章论夫妻相离在别国审问定案	第二十九章总论分当为之事	第三十九章 论债户欠钱及倒账等事
第三章 论人所生之处	第十三章论分辨居处所依凭据之第一即出世之处	第十六章论居住他国律	第二十二章论英律料理别国夫妻相离之案	第三十章论分当为之事在罗马律内之解说	第四十章 论分当为之事如何了结依何律法
第四章 论居处之律		第十七章论与身体相关之律并人身份及人身所应得之公理	第二十三章论父能管子之权	第三十一章论罗马国合同之理	第四十一章 论商律
续第四章论居处之解说		第十八章论嫁娶	第二十四章论不合法所生之子女各国如何料理	第三十二章论英律中分当为之事	第四十二章 论汇票

[①] ［英］费利摩罗巴德：《各国交涉便法论》，傅兰雅译，钱国祥校，引自上海图书馆整理：《江南制造局译书汇编》，政史类，第5册，上海科学文献出版社2012年，第3~5页。

续表

卷一 凡十一章	卷二 凡三章	卷三 凡六章	卷四 凡八章	卷五 凡十章	卷六 凡十一章
第五章　论人能否有二居处		第十九章论嫁娶之事与产业有相关之处	第二十五章论照料之人	第三十三章论分当为之事各律法有相反处	第四十三章　论承业之利权
第六章　论人可否为无居处			第二十六章论与产业相关分当得之益处	第三十四章论分当为之事其体与其理	第四十四章　论办理别国人之案并钱债人命各种律法与不能移动之产业
第七章　论各种居处			第二十七章论无形迹之公益	第三十五章论分当为之事其体与分论之法	第四十五章　论办案律法内论本处律法与凭据口证及别国律法
第八章　论妻从夫之居处				第三十六章论合同解说与通商之账	第四十六章　论外国断案
第九章　论未成年人之居处				第三十七章论合同所遇之事银价参差及赔补等情	第四十七章　论审问地方之律法并暂用之律与禁止之事
第十章　论游学及疯癫之人并奴仆之居处					第四十八章　论本人受害何处控告伸理

与国际公法主要处理"国与国交涉之事",主要涉及"公法理论"不同的是,国际私法由于主要解决"土人与客人交涉之事",更接近"私法理论"。例如,《各国交涉便法论》就这样界定"国际私法":

> 即一国之律,在他国境内,依照便法,应用至何处为限,如欲考究此事,则必将律法相反之理,分为两段论之:一据各国所设之律法而论;一据各国彼此愿用他国之律于国中。各不相同而论,但称为交涉便法,或交涉私法。①

由于《各国交涉便法论》中涉及大量英美乃至欧陆"私法"的概念与内容,因而,这些关涉"私法"的概念与内容不仅在提法上,国人闻所未闻,而且其在体系上的分类,如上面提及的"民事主体的划分""动产不动产的界分""无形财产权""合同法理论""商事法律"以及"准据法理论"也是这一时期国人所无法理解的。例如,该书在卷4第27章"论无形迹之公益"部分,就向国人介绍了三种"无形财产权",即专利权、著作权和商标权。文载:

> 有三种无形迹之产业,为英律所讲究:一为保其专做物件之帖;二为保其专印书籍之帖;三为保其货物面上专用记号之帖。②

又如,该书卷5第31章"论罗马国合同之理"就向国人非常详尽地介绍了罗马法的四种合同。是谓:

---

① 〔英〕费利摩罗巴德:《各国交涉便法论》,傅兰雅译,钱国祥校,引自上海图书馆整理:《江南制造局译书汇编》,政史类,第5册,上海科学文献出版社2012年,第7页。
② 〔英〕费利摩罗巴德:《各国交涉便法论》,傅兰雅译,钱国祥校,引自上海图书馆整理:《江南制造局译书汇编》,政史类,第5册,上海科学文献出版社2012年,第138页。

罗马律师将合同分为四类而论之:

一论其源流,分为两种:第一种为律法合同;第二种为便法合同。

……

二论合同之性情,或为一面者,或为两面者,但依萨非尼(萨维尼——作者注)之说,罗马律内并无此种字样。

其一面之合同,为分当为事之最便者,此种合同内,一人为债主,一人为欠债者。

凡借贷银两,或馈送物件之价,归于此种合同办理。

其两面之合同,即如买货,或租屋,或合本作交易等事是也。

此两种之间,有一种不彼不此,而归两种之间者,罗马所设之律,许人做事,或用其物,以及托人看守物件,或托人办事等是也。

三,又有一类,不论合同之法,但论做合同人之意,即合同分为两样:第一样为一人专得益处者,所以必为一面之合同,即如应许送物,而其益处专归一人得之,或为托其看守物件,则两边之人,皆非直接得其益处,但一边之人,得其看守稳当之益处;第二样,其意欲令两人皆得益处,即如出本钱生利息,此一边之合同,又如买物或造物等事,则为两边之合同。

……

四,论保护数种合同之律:第一种为紧合同,而有文书为凭;二为相信合同,而有相信之凭据,皆一律为之保护,但此种分法与前说律法合同,与便法合同不同,然或有人误以为相同者。①

再如，该书卷6第42章"论汇票"在介绍设计汇票纠纷的各种"冲突规范"时就介绍了有关汇票的法律知识。文载：

> 造作一汇票，即生出四种人：一曰汇主；二曰支户；三曰受主；四曰押主。汇票经收主画押，即谓之有体面汇票，及期当支，名曰届期汇票。收主不肯画押，或画押后及期不肯照支，即谓之失体面汇票。汇主、收主、押主所行之事，均以造立合同地之律治理。②

总之，作为近代第一部专门论述"国际私法"的译著，《各国交涉便法论》非常详尽地向国人介绍了西方，尤其是英国的国际私法体系。该书不仅在制度内容层面有详细的介绍，而且难能可贵的是，该书在具体介绍某一制度内容时还辅以西方各国对此相关问题比较法意义上的规定，有时还加以案例予以解释，故而，十分系统、明白。

我们甚至可以说，该译著是整个洋务运动时期涉及英美法最为专业的一部作品。遗憾的是，由于整个洋务运动时期，清政府始终关注于如何与列强交涉的功利性目的，很少关注英美涉及国际公法之知识。因而，在这一可谓之"公法时代"里，《各国交涉便法论》虽极为特殊且重要，但其功用显然被低估和掩盖。

概而言之，作为洋务运动时期南方最大的官办译书机构，江南制造局翻译馆在近代西法东渐，尤其是英美法在中国传播的方面贡献极大。尽管既有的研究认为该馆在翻译西方科技与自然科

---

① ［英］费利摩罗巴德：《各国交涉便法论》，傅兰雅译，钱国祥校，引自上海图书馆整理：《江南制造局译书汇编》，政史类，第5册，上海科学文献出版社2012年，第147~148页。
② ［英］费利摩罗巴德：《各国交涉便法论》，傅兰雅译，钱国祥校，引自上海图书馆整理：《江南制造局译书汇编》，政史类，第5册，上海科学文献出版社2012年，第186页。

学知识方面，贡献极大；但通过上述的梳理可以看到，该馆在输入英美法方面也不容忽视，而且这一情况在洋务运动后，一直持续到1913年江南制造局改组为上海兵工厂，翻译馆被裁撤为止。

随着官办机构译介英美法的努力，这些关于英美法的译著连同上面传教士所办报刊中涉及英美法的内容，成为洋务运动中后期朝野知识分子"知识仓库"①的重要组成。如时任湖广总督的张之洞（1837～1909年）在光绪十二年（1886年）六月二十日"设立办理洋务处"，就开列了上述所涉书目。文载：

> 如总署所刊《万国公法》《星轺便览》，上海所译《四裔编年》《列国会计政要》《长江、海道图说》、总税务司所呈各关贸易总册，以及坊间印行《万国公报》、游历日记等类一切有关洋务政事之书，均须广储备用。②

但是，从另一个角度看，这些涉及英美法的书籍主要是配合自强运动而翻译的，在本质上仍被视为相当于机械、技术领域的"末务"而存在。尽管其中不乏有像《万国公法》《佐治刍言》这样涉及浓厚法学思想的书籍，但是从清廷角度看，这些书籍与造船、造炮手册相类似，更像是涉及外交方面的"技术指南"。

---

① "知识仓库"一次是潘光哲教授对1833～1898年晚清士人西学阅读史研究中所提炼出的一个概念，特指此一时期涉及西学的书籍。参见潘光哲：《晚清士人的西学阅读史（一八三三～一八九八）》，凤凰出版社2019年版。
② （清）张之洞：《札司道讲求洋务》，引自赵德馨主编《张之洞全集》，第五册，武汉出版社2008年版，第112～113页。

第四章
出使、游历人员对
英美法的记载和介绍

1856~1600 年英法联军发动的第二次鸦片战争，使清统治者意识到有必要修改对外政策，了解外洋情况，培养外交人才，学会和外国人打交道。① 从 19 世纪 70 年代中叶开始，一批清朝官员、士大夫开始走出国门以游记、日记、信函、奏章的形式向国人介绍英美的政治法律制度。大体说来，这些人大致分为如下四类：（1）外交使团；（2）驻外使臣及其使馆人员；（3）海外游历使；（4）其他出国游历人员。这些人物中，涉及洋务运动时期介绍英美法的主要包括（见表 4-1）：

表 4-1　　　　　　　涉及洋务运动时期的英美法

姓名	类型	时间	职务	地点	作品
斌椿	外交使团	1867 年 3 月 13 日 ~ 1867 年 10 月 30 日	总理衙门副总办章京	英国	《乘槎笔记》《海国胜游草》《天外归帆草》
德明（张德彝）	外交使团	1867 年 3 月 13 日 ~ 1867 年 10 月 30 日	同文馆学生	英国	《航海述奇》
志刚	外交使团	1868 年 2 月 25 日 ~ 1870 年 10 月 18 日	办理中外交涉事务大臣	美国、英国	《初使泰西记》
张德彝	外交使团	1868 年 2 月 25 日 ~ 1870 年 10 月 18 日	翻译	美国、英国	《欧美环游记》（又称《再述奇》）
郭嵩焘	驻外使臣及其使馆人员	1877 年 1 月 ~1879 年 1 月	驻英、法公使	英国	《伦敦与巴黎日记》

① 实际上早在 1858 年美国驻华公使列卫廉（William Bradford Reed，1806~1876 年）就曾向直隶总督谭廷襄（？~1870 年）建言，中国应向国外派遣大使以保护海外臣民时，谭回答说：富饶的中国对那些海外侨民一无所求，也不关心他们的福祉。参见［美］徐中约：《中国进入国际大家庭：1858~1880 年间的外交》，屈文生译，商务印书馆 2018 年版，第 230 页。

续表

姓名	类型	时间	职务	地点	作品
刘锡鸿	驻外使臣及其使馆人员	1877 年 1 月～1877 年 5 月	驻英副使	英国	《英轺私记》
黎庶昌	驻外使臣及其使馆人员	1877 年 1 月～1879 年 1 月	驻英参赞	英国	《西洋杂志》
张德彝	驻外使臣及其使馆人员	1877 年 1 月～1879 年 1 月	翻译	英国	《随使英俄记》（又称《四述奇》）
曾纪泽	驻外使臣及其使馆人员	1879 年 1 月～1886 年 5 月	驻英、法、俄公使	英国	《出使英法俄日记》
薛福成	驻外使臣及其使馆人员	1889 年～1894 年	驻英、法、义、比公使	英国	《出使英法意比四国日记》
宋育仁	驻外使臣及其使馆人员	1894 年 3 月～1895 年	驻英、法、义、比参赞	英国	《泰西各国采风记》
陈兰彬	驻外使臣及其使馆人员	1875 年～1881 年	驻美公使	美国	《使美记略》
容闳	驻外使臣及其使馆人员	1875 年～1881 年	驻美副使	美国	《西学东渐记》
黄遵宪	驻外使臣及其使馆人员	1882 年～1885 年 1887 年～1891 年	驻美国旧金山总领事、驻英参赞	美国、英国	《人境庐诗草》《日本国志》
张荫桓	驻外使臣及其使馆人员	1885 年 4 月～1889 年 9 月	驻美公使	美国	《三洲日记》
崔国因	驻外使臣及其使馆人员	1889 年 9 月～1893 年 8 月	驻美公使	美国	《出使美日秘国日记》
傅云龙	海外游历使	1887 年 7 月～1889 年 10 月	钦点游历使	美国	《游历美利加图经》

续表

姓名	类型	时间	职务	地点	作品
刘启彤	海外游历使	1887 年 ~ 1889 年	钦点游历使	英国	《英法政概》
李圭	其他出国游历人员	1876 年 6 月 ~ 1877 年 1 月	考察万国博览会官员	美国	《环游地球新录》
祁兆熙	其他出国游历人员	1874 年 8 月 ~ 1874 年 12 月	第三批护送留美幼童官员	美国	《游美洲日记》
蔡钧	其他出国游历人员	1881 年 ~ 1882 年	途经驻美使馆	美国	《出洋琐记》《出使须知》
邹代钧	其他出国游历人员	1887 年 2 月 13 日 ~ 1887 年 3 月 25 日	充随员游历英国	英国	《西征纪程》
张祖翼	其他出国游历人员	1883 年 ~ 1884 年	诗人	英国	《伦敦竹枝词》

应该说，他们的记载对后来中国人影响很大，有论者甚至认为这些记载的作用与意义远超他们在国外的工作本身：

> 作为中国设立常设外交机构初创期的开拓者，他们的主要成功之处在于将西方介绍给中国人而不在于提升中国人的国际地位。他们的日记与行记给了一代又一代中国人以极大的启发。①

应当注意的是，不同于上述新教传教士和主要由传教士任职的官办机构对英美法的介绍，这里出使、游历人员对于英美法的记载和介绍，包含着他们在这个特定时代对英美法的认知和

———————————

① ［美］徐中约：《中国进入国际大家庭：1858 ~ 1880 年间的外交》，屈文生译，商务印书馆 2018 年版，第 299 页。

理解。

需要说明的是，由于容闳（1828～1912 年）的回忆录《西学东渐记》直到 1909 年才出版。[①] 宋育仁（1857～1931 年）的《泰西各国采风记》是 1896 年出版的。[②] 因此，这些内容对于洋务运动时期的影响基本可以忽略，故笔者这里并不专门介绍。此外，陈兰彬、黄遵宪这一时期的记述，由于比较典型，故笔者将其内容合并至后文"英美法运用与理解部分"再做论述。

一、早期外交使团成员对英美法的记载与介绍

（一）"斌椿使团"对于英美法的记载与介绍

1866 年初，时任中国海关总税务司的英国人赫德撰写《局外旁观论》劝说清廷在国外设立公使馆未成，他在回国时提出可以先行派遣几位中国人赴欧洲考察，总理衙门同意这一提议。于是，1866 年 4 月 20 日，清廷决定派出总理衙门副总办章京斌椿（1804～1871 年）与其在内务府做笔帖式的儿子广英，[③] 连同同文馆学生德明（张德彝）、凤仪、彦慧三人随行赴欧洲游历。同治六年（1867 年）二月初八他们从上海出发，由

---

① 钟叔河：《容闳与"西学东渐"》，引自钟叔河编：《走向世界丛书Ⅱ》，岳麓书社 2008 年版，第 12 页。

② 参见（清）宋育仁：《泰西各国采风记》，穆易校点，引自钟叔河、曾德明、杨云辉主编《走向世界丛书》，岳麓书社 2016 年版。

③ 清廷之所以选择斌椿，一来斌椿是旗人，做过知县，已 63 岁，老成可靠；二来他在赫德总税务司当过文案，获赫德信任；三来曾与西人美国驻华使馆参赞卫廉士、同文馆总教习丁韪良多有接触。参见王晓秋、杨纪国：《晚清中国人走向世界的一次盛举——八八七年海外游历使研究》，辽宁师范大学出版社 2004 年版，第 9～10 页。

此开启了中国人出访西方各国的先河。

但是,令人遗憾的是,在历时短短 7 个月的游历中,斌椿在其游历日记《乘槎笔记》和《海国胜游草》《天外归帆草》诗稿两种中几乎没有专门记录英国政治法律制度方面的内容,只是提及曾旁听了一次英国议会辩论的情况。文载:

> 十八日,阴,微雨。……申刻,至公议厅。高峻闳敞,各乡公举六百人,共议地方公事。(意见不合者,听其辩论,必俟众论佥同然后施行,君若相不能强也。)①

除此之外,斌椿的游历笔记大部分都在介绍各国的历史以及游历期间的见闻。对此,学者尹德祥这样评价道:"几乎可以说,斌椿把西方的许多事物,都做一场戏看,眼中只有形式,没有内容。"②

与斌椿一起初使西洋的德明也在其游记《航海述奇》③ 对英国的监狱、议会以及法院有所介绍。文载:

> 十七日乙未,晴……又至英国囹圄,每犯净屋一间,酒食役使,一切极其优渥。譬如皮匠犯罪,官给皮、麻等料,令其作工。俟出监时,将所作之鞋靴易钱,分与其人一半。监内七日一犒,是监禁不惟饱暖,且得获利。在株连者固体

---

① (清)斌椿:《乘槎笔记·诗二种》,引自钟叔河编:《走向世界丛书Ⅰ》,岳麓书社 2008 年版,第 114 页。

② 尹德祥:《东海西海之间:晚清使西日记中的文化观察、认证与选择》,北京大学出版社 2009 年版,第 51 页。

③ 德明又名张德彝,籍隶汉军镶黄旗。张德彝一生八次出洋,每次均有日记,均又以"述奇"名之。(1) 同治五年,随斌椿游历欧洲,著《航海述奇》;(2) 同治七年,随蒲安臣、志刚、孙家穀出使欧美有约各国,著《再述奇》;(3) 同治九年,随嵩厚赴法国呈"天津教案"惋惜书,著《三述奇》;(4) 光绪二年,随郭嵩焘、刘锡鸿出使英国,任翻译官,著《四述奇》;(5) 光绪十三年,随洪钧出使俄、德、荷,著《五述奇》;(6) 光绪二十二年,随罗丰禄出使英、义、比国,任参赞官,著《六述奇》;(7) 光绪二十七年,随那桐出使日本,任参赞官,著《七述奇》;(8) 光绪二十八年,自任出使英、义、比国大臣,著《八述奇》。

其好生之德，而奸回者未免启其藐法之心。监有花园，晚间许罪人出游，只戒彼此交谈。英国刑无极刑，罪无杀罪，最重者止于绞。由此观之，刑书不必铸，酷吏不可为，饶有唐虞三代之风。①

申刻乘马车至其议事厅，……前有公案，左右设椅六百馀张，坐各乡公举六百人。凡有国政会议，其可否悉以众论而决。其极坐之三大臣，有议论不足服众者，许公举以罢其职，是日见戈兰孙与坐焉。②

二十九日丁未，阴雨。……又至判断处，其承审者十二人，昂然上坐，两造立于左右四五步外。事有不平，悉听十二人评断。断之不决，另请十二人，无有刑讯。虽系武断乡曲，尚不失于公道，有时亦经官断。③

（二）"蒲安臣使团"对于英美法的记载与介绍

1867 年 11 月 21 日，总理衙门接受赫德的建议，奏请派蒲安臣代表中国出使有约各国。于是，清政府第一次以国家的名义向西方国家派出了一个由前任美国驻华公使蒲安臣、总理各国事务衙门章京、花翎记名海关道志刚和礼部郎中孙家毂（1823～1888年）组成的"办理中外交涉事务大臣"使团。

蒲安臣使团一行30人于1868年2月25日从上海出发，先到美国，后访问英国、法国、丹麦、瑞典等11国，直到1870年10月18日回到上海，历时2年8个月，期间蒲安臣于1870年2

① （清）张德彝：《航海述奇》，引自钟叔河编：《走向世界丛书Ⅰ》，岳麓书社2008年版，第520页。
② （清）张德彝：《航海述奇》，引自钟叔河编：《走向世界丛书Ⅰ》，岳麓书社2008年版，第521页。
③ （清）张德彝：《航海述奇》，引自钟叔河编：《走向世界丛书Ⅰ》，岳麓书社2008年版，第530页。

月在俄国圣彼得堡因病去世，后使团由志刚率领。

与前述斌椿《乘槎笔记》记述大量交际娱乐信息不同的是，志刚的《初使泰西记》将重点放在了西方的科技、军事、政治和外交等方面，其中涉及一些英美法方面的记述。如志刚在美期间谒见了美国总统——"伯里喜顿（译言总统领也）"，参观了美国国会。对于美国国会他写道：

> 华都有议事之上下会堂。会堂者，取公论之地也。择年老谙练者主之。美国三十三邦联为一大国。每遇大政，则各邦首领，皆有派在都邑会议之人。惟赋税出于民者，下堂议之。条约法令出于上者，上堂议之。亦必上下询谋佥同，或议从其数之多，而后上其议于伯理喜顿，听其照准施行。故民情达而公道存。其日值议事之期，会堂首领寇法司约往一观。堂前列坐绅耆数十人。中间有坛。坛上会首高座宣讲。如堂上所言，堂下然之则诺，不然则否，不相强也。否者任其倡言驳议，公同听之，归于从众。①

值得注意的是，志刚在日记中详细记载了1868年《中美天津条约续增条约》（也称"蒲安臣条约" the Burlingame Treaty）的签订情景和该条约的具体内容。②通过阅读条约内容可以清晰地发现，该条约涉及主权平等、给予中国最惠国待遇、平等外交等诸多英美国际法原理，是对前述京师同文馆译介诸多美国学者国际法著作的贯彻和落实。因此，该条约被认为是中国近代史上第一个对等条约。

此外，志刚在日记中还描述了使团在英国与英国政府讨论修

---

① （清）志刚：《初使泰西记》，引自钟叔河编：《走向世界丛书Ⅰ》，岳麓书社2008年版，第270页。
② 具体参见（清）志刚：《初使泰西记》，引自钟叔河编：《走向世界丛书Ⅰ》，岳麓书社2008年版，第271～274页。

订约章时的情形，并顺带提及了英国的两党制。文载：

> 现在英国改章，由民举官。而以前执政及办事交涉大
> 臣，有更换之事。因民所举，有似两党，此进则彼退，无所
> 迁就。①

作为"蒲安臣使团"的出使人员，同文馆英文翻译出身的张
德彝在这次出使中作《欧美环游记》（也被称为《再述奇》）对英
美法也有零星介绍。如在美期间就对美国的宪制这样描写道：

> 记：合众国自乾隆四十年苦英苛政，叛而自立，于今百
> 年，已化三十六邦。民主其国，公立统领一人为首，在位限
> 以四年，每年公俸银六千圆。统领四年任满，集众议之。众
> 以其贤，则再留四年；至多不过十二年。否则推其副者为
> 正；副若不协人望，则另行推举。凡国人年至冠时，皆有荐
> 举之权。其举法系众人书其所举之人，投诸瓯内。毕则启瓯
> 吗，择其多者立之；或官或民，不拘资格。其退位之统领，
> 与庶民同。议事厅之正副首领与各绅士，亦由公举。而议事
> 厅又有上会堂、下会堂之别。国有大事，则集众议。先呈下
> 会堂，择其善者转呈上会堂，末则公递于统领。若统领不允，
> 则仍交上会堂再议；如仍执议不移，则统领亦曲从焉。②

二、驻外使臣及其使馆人员对英美法的记载与介绍

1858 年中英《天津条约》里互换公使的条文一开始并未受

---

① （清）志刚：《初使泰西记》，引自钟叔河编：《走向世界丛书Ⅰ》，岳麓书社
2008 年版，第 302 页。
② （清）张德彝：《欧美环游记》，引自钟叔河编：《走向世界丛书Ⅰ》，岳麓书社
2008 年版，第 663～664 页。

到清廷的重视，然而随着之后一系列事情的发生，如清朝海关总税务司赫德、英国驻华公使馆参赞威妥玛的奉劝，1867 年对修约的讨论以及 1875 年的马嘉理（Augustus Raymond Margary，1847～1875 年）事件，迫使清廷动议建立外交公使馆。① 有论者认为，真正促使总理衙门决定设立外交公使馆的直接原因是邻国日本的刺激，即在第三次（1870 年 12 月～1871 年 3 月）和第四次（1874 年 11 月～1874 年 12 月）涉及遣使的讨论中，曾国藩、李鸿章一直认为设立公使馆，派遣公使不仅有利于管理华人，而且方便刺探日本情报。② 截止到 1894 年甲午战争前，清廷先后设立了 12 个驻外使馆（见表 4 – 2）。③

表 4 – 2   清廷设立的十二个驻外使馆

国别	开馆时间	备注
英国	1877 年 1 月	1877 年 4 月，裁副使
德国	1877 年 4 月	1887 年 6 月，驻俄公使兼；1896 年 12 月，改专任
日本	1877 年 12 月	1880 年 11 月，裁副使
法国	1878 年 2 月	驻英公使兼；1884 年 4 月，驻德公使兼；1887 年 6 月，驻英公使兼；1895 年改专任
美国	1878 年 9 月	1881 年 6 月，裁副使
西班牙	1878 年 9 月	驻美公使兼；1903 年 11 月，驻法公使兼
秘鲁	1878 年 9 月	驻美公使兼

---

① 参见［美］徐中约：《中国进入国际大家庭：1858～1880 年间的外交》，屈文生译，商务印书馆 2018 年版，第 232～271 页。
② 参见李文杰：《中国近代外交官群体的形成（1861～1911）》，生活·读书·新知三联书店 2017 年版，第 55～57 页。
③ 参见李文杰：《中国近代外交官群体的形成（1861～1911）》，生活·读书·新知三联书店 2017 年版，第 65 页。

续表

国别	开馆时间	备注
俄国	1878 年 12 月	1880 年 2 月，驻英公使兼；1887 年 6 月，改专任
意大利	1881 年 4 月	驻德公使兼；1887 年，驻英公使兼；1897 年 6 月，驻德公使兼；1902 年 5 月改专任
奥匈帝国	1881 年 4 月	驻德公使兼；1887 年 5 月，驻俄公使兼；1902 年 5 月改专任
荷兰	1881 年 4 月	驻德公使兼；1887 年，驻俄公使兼；1897 年 6 月，驻德公使兼；1905 年 11 月，改专任
比利时	1885 年 7 月	驻德公使兼；1887 年 5 月，驻英公使兼；1902 年 5 月，改专任

　　截止到甲午战争前，清廷共派出驻英、驻美公使各 5 位（见表 4 - 3）。[①]

表 4 - 3　　　　　　　甲午战争前驻英公使表

姓名	籍贯	生年	任差年岁	在任时间	任期	本职和头衔
郭嵩焘	湖南湘阴	1818	57	1875～1878 年	3	福建按察使开缺以侍郎候补
曾纪泽	湖南湘乡	1839	39	1878～1885 年	7	一等毅勇侯、候补四五品京堂
刘瑞芬	安徽贵池	1827	58	1885～1889 年	4	江西布政使开缺以三品京堂候补赏二品顶戴

---

① 参见李文杰：《中国近代外交官群体的形成（1861～1911）》，生活·读书·新知三联书店 2017 年版，第 262 页。

续表

姓名	籍贯	生年	任差年岁	在任时间	任期	本职和头衔
薛福成	江苏无锡	1838	51	1889～1893 年	4	湖南按察使开缺以三品京堂候补赏二品顶戴
龚照瑗	安徽合肥	1836	57	1893～1896 年	3	四川布政使以三品京堂候补赏侍郎衔

甲午战争前驻美公使表

姓名	籍贯	生年	任差年岁	在任时间	任期	本职和头衔
陈兰彬	广东吴川	1816	59	1875～1881 年	6	四品衔郎中以三四品京堂候补
郑藻如	广东中山	1826	55	1881～1885 年	4	直隶津海关道赏三品卿衔
张荫桓	广东南海	1837	48	1885～1889 年	4	三品卿衔直隶大顺广道
崔国因	安徽太平	1843	46	1889～1893 年	4	翰林院侍讲赏二品顶戴
杨儒	正红旗汉军	1842	51	1893～1896 年	3	安徽徽宁池太广道开缺以四品京堂候补

资料来源：参见李文杰：《中国近代外交官群体的形成（1861～1911）》，生活·读书·新知三联书店 2017 年版，第 262 页。

（一）郭嵩焘对于英美法的记载与介绍

光绪元年（1875 年）七月二十八日（8 月 28 日），总理衙门上奏，简派大臣出使英国。候补侍郎郭嵩焘（1818～1891

年)、直隶候补道许钤身为出使英国"钦命出使大臣",担任正副使。同年 10 月 7 日,清廷命令许钤身不再去英国,改任驻日公使,① 刘锡鸿替补。② 同年九月十二日(10 月 28 日),总理衙门奏陈出使章程十二条,对出使大臣及使团其他人员的任命方式、使臣任期、薪俸等重要内容进行规范。③ 于是,郭嵩焘成为晚清政府向西方国家派出的第一位正式公使。郭嵩焘对英国政治法律思想的介绍远远超过了上述人物。正如钟叔河先生所言:

> 郭嵩焘的真正价值,就在于他不仅超越了"天朝上国"朝廷交给他的使命,而且还能够超越几千年封建专制主义形成的观念和教条,能够比较客观和实事求是地去考察和发现这个陌生的"地上世界"里的新事物和新道理,从而作出了西方不仅有"坚船利炮",而且在"政教"、"文物"等方面都已经优于当时的中华,中国若要自强,就必须向西方学习这样一个极为重要的结论。④

1877 年 1 月,郭嵩焘初至英国就对英国的政府组成进行了介绍。文载:

> 略考英文……政府曰特勒汋里,外部曰法林阿非斯(Foreign Office,外交部——作者注),吏部曰和姆阿非斯(Home Office,内政部——作者注),户部珥克司哲克(Ex-

---

① 需要说明的是,1876 年 9 月 30 日,原拟任英国使团副使的许钤身被任命为驻日本国公使,翰林院侍讲何如璋被任命为副使。但动身前,许钤身又被调至福州船政局任职,何如璋改任正使,曾为丁韪良《万国公法》译本作序的张斯桂被任命为副使。参见 [美] 徐中约:《中国进入国际大家庭:1858~1880 年间的外交》,屈文生译,商务印书馆 2018 年版,第 280~281 页。
② 由于英国一直没有承认副使刘锡鸿的法律地位,于是,1877 年 4 月,清廷废除在伦敦设立副使职位,并将刘锡鸿调任驻德公使。
③ 参见李文杰:《中国近代外交官群体的形成(1861~1911)》,生活·读书·新知三联书店 2017 年版,第 62~64 页。
④ 钟叔河:《郭嵩焘〈伦敦与巴黎日记〉》,引自钟叔河编:《走向世界丛书Ⅳ》,岳麓书社 2008 年版,第 2 页。

chequer，财政部——作者注），礼部曰马斯得赛勒蓦里阿非斯（Master of Ceremony Office，典礼长——作者注），兵部曰洼尔阿非斯（War Office，陆军部——作者注），水师总理曰阿里墨格得（Admiralty，海军部——作者注），工部曰波尔得阿大威尔克斯（Board of Work，工程局——作者注），理藩院曰科罗里阿非斯（Colonial Office，殖民地局——作者注），巡捕曰波里司（POLICE，警察——作者注），理刑之地曰塞尔格得（Crown Court，刑事法院——作者注）。又有一种专管地方街道者，由民人主之，分段管理，曰阿得门（alderman，市参议员——作者注），总管曰梅得尔（mayor，市长——作者注）。①

接着，郭嵩焘在其出使日记中介绍了一些有关英国两党制的情况。文载：

> 大抵英政分立两党，一主时政，为新政府毕根士由一党；一专攻驳时政，为旧政府格南斯敦一党。其议政院坐位竟亦分列左右，右为新政府党，左为旧政府党；而列入新党者常多，亦权势所趋故也。其主议院事者，谓之斯毕格，坐正中堂皇。……下议院，洋语曰好斯曷甫恪门斯（House of Commons，英国下院——作者注）；上议院，洋语曰好斯曷甫乐尔知（House of Lords，英国下院——作者注）。②

> 英国执政分二党。今相毕根士、前相格兰斯各为之魁。其前二党立名，一曰多里（Tory，托利党——作者注），一曰非克（Whig，辉格党——作者注）。今又易其名，一曰庚

---

① （清）郭嵩焘：《伦敦与巴黎日记》，引自钟叔河编：《走向世界丛书IV》，岳麓书社 2008 年版，第 104 页。
② （清）郭嵩焘：《伦敦与巴黎日记》，引自钟叔河编：《走向世界丛书IV》，岳麓书社 2008 年版，第 159～160 页。

色法尔甫（Conservative，保守党——作者注），犹言循守旧
章之意，毕根士一党主之；一曰类布拉尔（Liberal，自由
党——作者注），犹言遍行商议之意，格兰斯敦一党主之。
大抵异同二者之辨而已。①

对于英国的两党制，郭嵩焘对其优点亦有概括和总结。他
认为：

> 盖军国大事一归议院，随声附和，并为一谈，则弊滋
> 多。故自二百年前即设为朝党、野党，使各以所相持争胜，
> 而因剂之平。②

> 西洋议院之有异党相与驳难，以求一是，用意至美。③

初到英国不久，郭嵩焘就在友人哈栗斯的邀请下，参观了英
国四大律师公会和位于伦敦的各王室法院，并对英国司法审判过
程有所描写。文载：

> 审案堂，凡四处。一曰林庚新（Lincoln's Temple，林肯
> 律师公会——作者注），其官曰罗尔觉斯谛斯（Royal Jus-
> tice，皇家法官——作者注）。觉斯谛斯者，译言公道也。承
> 审四人：曰占模斯，曰噶里斯，曰结色拉，曰巴格里，而占
> 模斯为之长。其幕府曰金锵斯，陪同指示。是日噶里斯以病
> 未至，虚承审一席，占模斯即延予入坐。张案如弓，外抱稍
> 高。其下列坐三四人，亦张案外抱，则小官之录供者。又下
> 则小讼师之刺取案由者，坐皆外向，无案。再下列长案向
> 上，其前三四层，皆讼师也。后为民人，亦列案数层。

---

① （清）郭嵩焘：《伦敦与巴黎日记》，引自钟叔河编：《走向世界丛书Ⅳ》，岳麓书
社 2008 年版，第 398～399 页。
② （清）郭嵩焘：《伦敦与巴黎日记》，引自钟叔河编：《走向世界丛书Ⅳ》，岳麓书
社 2008 年版，第 429 页。
③ （清）郭嵩焘：《伦敦与巴黎日记》，引自钟叔河编：《走向世界丛书Ⅳ》，岳麓书
社 2008 年版，第 530 页。

其右为律堂，总管名为司吉讷尔，藏书四万帙，学律者集处其中七百人。司吉讷尔告言：伍廷芳在此学律，哈栗斯亦学律者。中有饭堂，有治事堂，有燕坐堂。过街为存案处（其名为豪事阿甫黎颇布力喀雷阔尔斯①。豪事，屋也；颇布力喀，译言公也；蕾阔尔斯，译言案也。犹谓房屋所盛之公案也。），主者结色拉，其副曰哈尔谛。列屋四层，层二十二屋，凡存旧案八十八屋，分地分年列号记之，而听人相就抄案，亦分数堂列坐其中。最后一层藏诸古迹，有巨册二，盛以琉璃匣，一千零八十五年所记田土册也，字皆刺丁文，相距八百年矣。又显理第七盖高宫殿与工人立约包工一册。又与法国立约一册，法王系以金印，大约五寸，厚八分许。又罗马教主给显理第八文册，系以金印，大约寸许。又今君主维多里亚始即位受戒教师②文册。（其中首列教师问："须发一誓，愿否？"答曰："愿。"因示戒曰："即位后一切按照英国法律，能否？"曰："能。"曰："一切当依公道以仁义行之，能否？"曰："能。"曰："宜保护耶稣，能否？"曰："能。"曰："凡教师世爵应享之利，并宜照旧，能否？"曰："能。"于是画押其下，而载当时所授官名于册，而以誓单黏其上。）

又登车至米达拉坦布拉（Middle Temple，中殿律师公会——作者注）、应勒尔坦布拉（Inner Temple，内殿律师公会——作者注）。米达拉者，中堂；应勒尔者，内堂；坦布拉，译言堂也。总管名安得森。中堂、内堂学律者各三四百人。而中堂由与西班牙战，海中掳得其船无数，取以建此堂

---

① House of Public Records，档案馆。
② 此指大主教，有时也指教士。

也。其中一礼拜堂，圆屋可坐千馀人。又有一堂名格雷斯
（Gray's Temple，格雷律师公会——作者注），相距二里许，
亦有学律生。凡学律四处，悉统于林庚新。

二曰魁英斯班迟（Queen's Bench，王座法院——作者
注），三曰艾克斯才克尔（Exchequer Bench，财税法院——
作者注），四曰阔尔太阿甫锵门普力斯（Court of Common
Pleas，普通诉讼法院——作者注）。

三处审案堂别为一屋。所至魁英斯班迟一处，承审三
人：曰科本恩，为律师之有名者，其官为罗尔基甫斯谛斯①
（基甫者犹言总理也）。曰海洛尔，曰勒什哈栗斯。云此三
堂皆依律断案者，律文与案情不能相准，乃移送林庚新以理
准之。觉斯谛斯虽亦统于锵恩斯，而不归其管辖，岁时分巡
各处，以平其讼。②

此外，郭嵩焘对西方实学、西政也有许多推崇性的记载。
是谓：

鄙人始及中国学问流传三千馀人（年），圣人立身行
己、治民治国之方，备具于书，此所以崇尚至今。计数地球
四大洲，讲求实在学问，无有能及大西各国者。③

英国行政务求便民，而因取民之有馀以济国用。故其所
设各官，皆以为民治事也，而委曲繁密；所以利国者，即寓
于便民之中。……此专为便民也，而其实国家之利即具于

---

① Royal Chief Justice，皇家首席法官。
② （清）郭嵩焘：《伦敦与巴黎日记》，引自钟叔河编：《走向世界丛书Ⅳ》，岳麓书
社 2008 年版，第 176～177 页。
③ （清）郭嵩焘：《伦敦与巴黎日记》，引自钟叔河编：《走向世界丛书Ⅳ》，岳麓书
社 2008 年版，第 190 页。

是。此西洋之所以日致富强也。①

西洋制国用，岁一校量出入各款，因其盈绌之数，以制轻重之宜，一交议院诸绅通议，而后下所司行之。三代制用之经，量入以为出，西洋则量出以为入，而后知其君民上下，并心一力，以求制治保邦之义。所以立国数千年而日臻强盛者，此也。②

在英国出使期间，郭嵩焘还对英国刑事案件审判和陪审制有所观察。文载：

以英国刑司质之克罗斯，云所管刑司二十三人，仍分上下两刑院。利科尔得由民举，与梅尔、阿得门理民讼者又别。盖前数百年其国主允民人公举一刑司，先经利科尔得，亦各视其案情轻重为处分。其重者及其案情不能定夺者仍转至下刑院。其总持律例者曰锵恩斯，而由上议院议定律例行之。其归入词讼者一统之内部尚书。杀人及盗重犯则由其国主科罪，而内部尚书权衡其犯罪情由，以为轻重之准，达之国主，以制其准驳丛违。各地方均有刑司。而此二十三人者，岁中率一分巡各地。案情重者专候刑司分巡时处分。③

西洋律法，凡死刑以上，刑司延请绅士十二人公议之。其所延绅士多少咸集，于中派十二人，以其名诏囚。囚曰："某某与吾夙怨。"则随改派，复诏之囚。乃集讼师具事状，详录供词以授之十二人，其名曰纠里（Jury，陪审员——作者注）。纠里会议有参差，出告刑司曰："某某议不合，以

---

① （清）郭嵩焘：《伦敦与巴黎日记》，引自钟叔河编：《走向世界丛书Ⅳ》，岳麓书社 2008 年版，第 197 页。
② （清）郭嵩焘：《伦敦与巴黎日记》，引自钟叔河编：《走向世界丛书Ⅳ》，岳麓书社 2008 年版，第 526 页。
③ （清）郭嵩焘：《伦敦与巴黎日记》，引自钟叔河编：《走向世界丛书Ⅳ》，岳麓书社 2008 年版，第 499 页。

某事疑。"刑司因复申论其所疑者,再交之。议毕,刑司始具状上之内部,内部以告于其君,科定罪名,下之舍利福而行刑焉。刑重者缢之狱而已,医者为诊其脉息,具结申报内部。①

此外,在英期间郭嵩焘还对英国的监狱制度产生了浓厚的兴趣。在参观完开敦威拉监狱日常管理后感叹道:"日治千五六百人食,亦皆犯人为之,而精洁无烟火气。"② 在观其如何管教犯人时,认识道:"观其区处犯人,仁至义尽,勤施不倦,而议政院犹时寻思其得失,有所规正。"③ 在参观完纽该脱监狱后甚至为之题词曰:"此系囚处隶之梅尔……观其用心曲折,一主于劝诚,而若有甚不忍者,使不油然坐其仁爱之心,亦足以见留贻之远且厚矣。"④ 通过切身的观察与感悟,郭氏认识到监狱远非血腥以及以恶去恶的代名词,相反,它是通过仁爱、劳动等方式改造罪犯心灵的场所。为了进一步了解西洋的监狱制度,郭氏甚于 1878 年冒着抗旨的风险,参加了在瑞典首都斯德哥尔摩的万国刑法监牢国际会议,并被推选为该会名誉副会长。⑤

郭嵩焘于光绪三年(1877 年)八月十一日收到万国公法会(又名"国际法改革和法典编纂协会",the Association for the Re-

---

① (清)郭嵩焘:《伦敦与巴黎日记》,引自钟叔河编:《走向世界丛书Ⅳ》,岳麓书社 2008 年版,第 549 页。
② (清)郭嵩焘:《伦敦与巴黎日记》,引自钟叔河编:《走向世界丛书Ⅳ》,岳麓书社 2008 年版,第 153 页。
③ (清)郭嵩焘:《伦敦与巴黎日记》,引自钟叔河编:《走向世界丛书Ⅳ》,岳麓书社 2008 年版,第 154 页。
④ (清)郭嵩焘:《伦敦与巴黎日记》,引自钟叔河编:《走向世界丛书Ⅳ》,岳麓书社 2008 年版,第 276 页。
⑤ 详见郭廷以编:《郭嵩焘先生年谱》,"台湾中央研究院近代史研究所" 1972 年版,第 694 页。

form and Cofification of the Law of Nations)① 寄呈的有关刚刚在荷兰安特卫普举行的第 5 次年会的材料，并被该会邀请参加将于 1878 年 8 月在德国法兰克福召开的第 6 次年会。尽管最终郭嵩焘碍于身份上的顾虑并未亲自参加万国公法会第 6 次年会，② 只是指派当时在法国政治学院学习国际法的马建忠参会，③ 但是其通过这期间与万国公法会的接触，已大致了解该会的相关情况。例如，他在光绪四年（1878 年）七月初一在日记中概述了"万国公法史"。是谓：

> 屠威斯（西语曰腿斯）见示所著《公法论》二篇，④ 推言公法之立，近二百年事耳。一千四五百年［脱"前"字］罗马盛时，其律法中略及公法，而无成书。其后有邱者舍斯、密伦二人始言公法，亦未有界说。界说者，发明公法之

---

① 根据王铁崖先生考，这里的万国公法会，亦即"国际法改革和法典编纂协会"，是当今最大国际法学术团体——国际法协会（International Law Association）的前身。前六次开会的地点分别是：1873 年的布鲁塞尔、1874 年的日内瓦、1875 年的海牙、1876 年的不莱梅、1877 年的安特卫普以及 1878 年的法兰克福。参见王铁崖：《中国与国际法：历史与当代》，引自《中国国际法年刊（1991）》，中国对外翻译出版公司 1992 年版，第 30 页。

② 徐中约先生在其书中不知依据何史料记载郭嵩焘参加了此次会议。他说道：在该会议上"郭嵩焘高度赞扬该协会在为各国政府各族人民提升国际法水平之事业所倾注的心血。他非常礼貌地解释道，他的国家因自身具有不同的文化和政治背景，故并未完全接受国际法规则，但他十分渴望了解科学知识，并希望它能有益于中国。为了嘉许中国的加入，协会推选郭嵩焘担任名誉会长一职，他的名字在 1922 年前一直保留在协会《报告》的每一期之中"。参见［美］徐中约：《中国进入国际大家庭：1858～1880 年间的外交》，屈文生译，商务印书馆 2018 年版，第 312 页。

③ 对此，郭嵩焘在光绪四年（1878 年）七月十三日的出使日记中有明确记载："舍非尔得古得门来见。万国公法会文案贞庚奉其主主会之邀，约西历八月廿日（为中历七月廿二日）集会于德国法兰莆尔得，盖其会科秘底屠威斯所属也。乃为诵辞，函至贞庚，属转致屠威斯，并告以遣派随员马眉叔前往赴会。"参见（清）郭嵩焘：《伦敦与巴黎日记》，引自钟叔河编：《走向世界丛书Ⅳ》，岳麓书社 2008 年版，第 692 页。

④ 郭嵩焘这里笔下的"屠威斯"实际上是英国国际法学者特威斯（Travers Twiss）。这里的"《公法论》二篇"应是特威斯在 1856 年伦敦出版的著作《两篇介绍国际法学的演讲稿》（Two Introductory Lectures on the Science of International Law）。参见张建华：《郭嵩焘与万国公法会》，载于《近代史研究》2003 年第 1 期。

旨也。已而格尔斯（盖尤斯——作者注）设立公法会，为界说所自始。首舍尔那（苏亚雷斯——作者注）亦续言之。当时罗马强盛，诸国聘使相属，势不能不为立法。其遣充公使者，均属赫尔勒斯（罗马内阁官名）。又与喀沙纪（Carthage，迦太基——作者注）连斯［年?］交战，公法由此渐密。嗣是罗马日衰，公法亦日驰。而诸国交接，用之以为程式，其书不能废也。后立罗马教皇，有教师荜伦西色斯阿维多里亚著《公法》十三篇，书凡四刻。一千五百五十七年，刻之法国立瀚地方，其出刻也，然终亦不甚显。其后乃有争梯立斯、克娄迪尔斯（丁韪良所译《万国公法》名之曰虎哥）、哈兰摩斯、懒卜里斯之徒出，公法乃大行。争梯立斯为恩可拿人，至英国，延入阿斯荜学院为律师，论公法始详，即虎哥（格劳秀斯——作者注）所取为程式也。哈兰摩斯谓争梯立斯详载公法旧式，可为考据之学；虎哥因之发明其义，可为性理之学。而虎哥书特精，为世所传颂。虎哥自谓著书多得披尔立色斯之助。而美清妥斯言尚有倍铿，律法精博，实三人合力为之。其后瑞典国主阿尔多法斯（为今瑞典国主之父，早闻其名）、阿敦斯密斯（创立理财学问，于英国最有名）、非歪尔、谱芬多敷、宾克舍、立布里斯、洼斯、费脱尔、马腾、铿得、斯多歪尔、斯多里数十家之书，多各主一端言之。大约第一篇明公法原始，第二篇汇举各家立言之旨。公法学问，亦略具于此矣。①

根据学者张建华将此段文字与英国国际法学家特威斯（屠威斯）1856年伦敦出版的著作《两篇介绍国家法学的演讲稿》

① （清）郭嵩焘：《伦敦与巴黎日记》，引自钟叔河编：《走向世界丛书Ⅳ》，岳麓书社2008年版，第675～676页。

（*Two Introductory Lectures on the Science of International Law*）进行
比对，张建华认为，郭嵩焘日记中的记载大体上是正确的，只是
由于使馆翻译英国人马格里国际法相关知识的欠缺，才导致了一
些常识性的错误。① 此外，通过接触，郭嵩焘还十分注意收集万
国公法会一些新近讨论可能对中国有益的相关主张和信息。例
如，他在光绪四年（1878 年）八月十四日记载莆里兰得告诉其
关于法兰克福年会的一些主张。文载：

> 莆里兰得自伦敦来见，言莆兰莆尔得公会曾建议三款，
> 意为中国言之。马叔眉竟不以告。问之，一为与亚细亚不同
> 教之国相接，当另立章程，其中小有变更，亦当与亚细亚诸
> 国会议，不宜专任欧洲之意为之；一、东方各口领事干预地
> 方公事，为必不宜；一、从前论公法交际宜持平者数家，当
> 使之尽意，条议其便利，以便推求。其所言亦皆列之新报，
> 马眉叔于此未免率意，不留心。②

在这段记载中，郭氏敏锐地发觉此次万国公法会提出应针对
非基督教国家另订国际法的主张，有利于亚洲诸国，而马建忠对
此却不留意，没有汇报，实属不该。

与此同时，郭嵩焘通过与万国公法会的接触还发现了 19 世
纪后半叶国际组织在国际交往中所凸显出的地位与作用这一新的
国际法现象，并把其作为西方富强之因。如他光绪四年（1878
年）四月三十日的出使日记中写道：

> 西洋考求政务，辄通各国言之，不分畛域。而其规模气
> 象之阔大，尤务冒天下而示之平。近年创立各会，孜孜考

---

① 参见张建华：《郭嵩焘与万国公法会》，载于《近代史研究》2003 年第 1 期。
② （清）郭嵩焘：《伦敦与巴黎日记》，引自钟叔河编：《走向世界丛书Ⅳ》，岳麓书
　社 2008 年版，第 724～725 页。

论。如所知者：会议刑罚监牢，本年聚于瑞典国斯德哥尔摩；会议信局章程，本年聚议于葡国立斯本。其会并创自近数年。岁一集议，数千里争往赴之。其议论并准刊刻。呈之各国政府与议绅会议。此西洋风气所以蒸蒸日上也。①

在国际公法会朋友的引导下，郭嵩焘还参观了"保护制造会"，即专利会，对国际知识产权保护制度有了最初的了解。他在光绪四年（1878 年）八月十六日的日记中写道：

> 莜里兰得邀往保护制造会。西洋以营造为本业，出一新式机器，得一营造方法，及所著书立说，则使独享其利，他人不得效仿窃取之。然各国律法各别，英国保至三十年，法国保至五十年，其他情形互有参差。而此国所保者不能保之彼国。是以近年来各国文学及讲求制造者相与立公会议之，万国公法亦议及此。莜里兰得所邀又专议此事者也。②

无独有偶，在此后不久，1883 年的《保护工业产权巴黎公约》（*Paris Convention for the Protection of Industrial Property*）在巴黎签订，开始对专利、商标等工业产权超出国界，进行国际保护。

不仅如此，在对英美国际法运用方面，郭嵩焘在英期间还利用 1874 年"中英镇江趸船案"与英国外交大臣进行交涉，并获胜利，③ 并推动了清廷涉及中外商务政策章程的规范化建设。④ 光绪二年（1876 年）他还上奏总理衙门在华人聚集的新加坡设

---

① （清）郭嵩焘：《伦敦与巴黎日记》，引自钟叔河编：《走向世界丛书Ⅳ》，岳麓书社 2008 年版，第 590 页。
② （清）郭嵩焘：《伦敦与巴黎日记》，引自钟叔河编：《走向世界丛书Ⅳ》，岳麓书社 2008 年版，第 725～726 页。
③ 参见张志勇：《赫德与晚清中英外交》，上海书店出版社 2012 年版，第 129～133 页。
④ 此案的详细过程及其郭嵩焘在其中所扮演的作用，详见刘晓莉：《晚清早期驻英公使研究（1894 年以前）》，河南人民出版社 2008 年版，第 115～128 页。

立领事获准，粤籍商人胡璇泽（1816～1880年）成为中国在外设置的首位领事官。①

（二）刘锡鸿、张德彝、黎庶昌对英美法的记载与介绍

尽管1876年12月1日与郭嵩焘一起出使英国的刘锡鸿（？～1891年）在是否学习西方问题上曾发表过"夷狄之道未可施诸中国"的观点，并始终与同行正使郭嵩焘有所龃龉，但在其撰写的出使日记《英轺私记》中，也能看到一些对于英国法政制度的介绍。

1877年2月8日刘锡鸿与郭嵩焘旁听了一场英国议会。他在《英轺私记》中详细记述了此次开会的缘由、入场仪式、议会陈设、议员服饰、君主的仪仗以及宣诵诏书的情形。他在叙述完"开会堂"情形后，对英国的议会这样评价道：

> 凡开会堂，官绅士庶各出所见，以议时政。辩论之久，常自昼达夜，自夜达旦，务适于理、当于事而后已。官政乖错，则舍之以从绅民，故其处事恒力据上游，不稍假人以践踏。而举办一切，莫不上下同心，以善成之。盖合众论以择其长，斯美无不备；顺众志以行其令，斯力无不殚也。②

此外，他对英国议会制度的运转和君主立宪制有如下记载：

> 下议院绅士，为英国最要之选，号令政事，每由此起，而后上议院核定之。亦有倡议自上，而交议于下者。然必下情胥协，乃可见诸施行。绅主之，官成之，国主肩其虚名

---

① 具体过程，详见李文杰：《中国近代外交官群体的形成（1861～1911）》，生活·读书·新知三联书店2017年版，第322页。

② （清）刘锡鸿：《英轺私记》，引自钟叔河编：《走向世界丛书Ⅶ》，岳麓书社2008年版，第83页。

而已。①

作为洋务运动时期"反洋务"的代表性人物,尽管刘锡鸿在很多时候对郭嵩焘的观点嗤之以鼻,但在如下一段文字中,还是客观承认了英国政制对君民一体、上下通达的情况。文载:

> 城乡镇埠,各举议院绅一二人,随时以民情达诸官。远商于外者,于伦敦立总商会,亦以议院绅主之,为上下枢纽。民之所欲,官或不以为便,则据事理相诘驳,必至众情胥洽,然后见诸施行:是谓无隔阂之情。②

刘锡鸿在与使馆翻译官马格里(Macartney Haliday,1833 ~ 1906 年)的对话中,马格里道出了中国之所以法度不行,民众不遵守法律的缘故,并指出中国不应仅仅学习英国的船炮,而且更应学习英国的法律。对此,刘锡鸿在其日记中也将马格里的观点全部记录下来。文载:

> 其故有三。中国法密而不果行,行之亦不一致,故人多幸免心。英则法简而必行之,历久不易。一也。中国待官吏宽,有罪未必皆获谴,获谴未必终废弃;故敢于干冒典刑,以为民倡。民视其所为,不服于心,遂藐官并以藐法。英则犯法之官,永不录用,亦不使有谋食之他途。故皆谨守其度以为治,民之畏官者以此。二也。中国官各有界限,百姓非所管辖,虽目睹其恶,亦隐忍以避嫌,故官势孤,而耳目难遍。英则犯法之民,凡官皆可斥,若以非职而置度外,则人转訾其惰。三也。今外洋欺诲中国,为自强计者,先宜整饬法度,使之必行,然后可及炮船。法度修明,人自敬畏,不

---

① (清)刘锡鸿:《英轺私记》,引自钟叔河编:《走向世界丛书Ⅶ》,岳麓书社 2008 年版,第 102 页。
② (清)刘锡鸿:《英轺私记》,引自钟叔河编:《走向世界丛书Ⅶ》,岳麓书社 2008 年版,第 110 页。

生觊觎心。若船炮，则虽多且良，终出洋人技艺之下，不足震慑其志，徒多费钱耳。①

此外，1876 年与郭嵩焘、刘锡鸿一起出使英国，担任翻译官的张德彝（1847～1918 年）著有《随使英俄记》（又称为《四述奇》）也对英国政治法律有所记述。但是，张德彝的记述大都与刘锡鸿的一致，据学者朱维铮考察，张德彝的《四述奇》抄袭了刘锡鸿的《英轺私记》。②

尽管张德彝的记述与前述刘锡鸿存在雷同之处，但在张德彝的《随使英俄记》中仍能发现一些其对英国法政独特的描述。例如，他曾对英国议会描写道：

> 记：英议政院即会堂，日豪骚拍拉蛮，分上下二院。上院称曰豪骚皮尔斯，内近支王公五、国人称大教师为阿赤比朔者二、公二十一、侯十九、伯一百一十四、子二十四、男二百四十九、国人称教师为比朔者二十四，以上皆英格兰所命官爵。加以苏格兰世爵一十四、爱尔兰世爵二十八，共计五百。下院称曰豪骚考门斯，内被举者，有英格兰五十三部、一百九十八城、三大书院之绅士四百八十九，苏格兰三十三部、二十二城、四大书院之绅士六十，爱尔兰三十二部、三十一城、一大书院之绅士一百零五，共计六百五十

---

① （清）刘锡鸿：《英轺私记》，引自钟叔河编：《走向世界丛书 Ⅶ》，岳麓书社 2008 年版，第 64～65 页。

② 参见（清）郭嵩焘等著：《郭嵩焘等使西记六种》，生活·读书·新知三联书店 1998 年版，导言，第 13～14 页。但是，潘光哲先生对此还有别的看法，他说道："仔细比对，实可发现双方的认识，大有差距，如双方对于'党'之'群进群退'现象的认识，即不相同；再举两者对于英国'议院'的观察为例……两相对比，张德彝的论说，增加英国国君若以议院之议为非，可以'饬下再议，若仍以前言为是，君主亦俯允所请。如君上辩驳得当，亦俯听从'的论点，又将刘锡鸿的结论'国主肩其虚名而已'，更易为'国君统之而已'。可见，张德彝虽然抄袭了刘锡鸿，还是自有其心得。"参见潘光哲：《晚清士人的西学阅读史（一八三三～一八九八）》，凤凰出版社 2019 年版，第 292～293 页。

四。苏、爱二地之议院绅额少于英者，以户口不多也。绅士由众公举，富者居多。

下院绅士为英国最要之选，号令政事，每由此出，再上院核定。亦有倡议自上院，而交议于下院者。然必下情胥协，然后奏闻君主，以见施行。否则饬下再议。若仍以前言为是，君主亦俯允所请。如君主辩驳的当，间亦听从。总之，凡事绅主之，官成之，国君统之而已。各城乡镇埠按地分立绅士一二人。利病之当兴除者，曲直之当申辩者，随时布闻下院而上陈之。

每年自开堂之日始，爵绅皆集伦敦，至七月乃散。未散之时，每日官绅士庶赴院商办一切，惟每礼拜六与礼拜日不往。各国公使及本城人民，愿往者听。堂虽静悄，有时一人建言，而居楼上者仍觉不甚了了。其各抒见以议时政，常至连宵达旦，务期适于理当于事而后已。官政乖错，则舍之以从绅民，因其处事力据上游，不使稍有偏曲，故举办一切，上下同心。盖合众论以择其长，斯美无不备；顺众志以行其令，斯力无不殚也。①

此外，他对英国“王在法下”以及司法审判制度也有所介绍。文载：

按英制，民间词讼隶于美尔。美尔或不能理，或理而不服，则控诸议政院以上闻，转交刑司审讯。刑司之权最大，虽国主以及爵显皆听之。故英彦有云：“君主不尊，律例为尊。”至其推鞫之法，如两造不到案，则各请律师六人代质，刑司坐于台上，律师分坐台下。台上诘驳，则台下检案卷起

---

① （清）张德彝：《随使英俄记》，引自钟叔河编：《走向世界丛书Ⅶ》，岳麓书社2008年版，第374～375页。

立辨答，并无跪审刑讯之事。通国计大律师六百，小律师一千二百，皆考试律学而拔陟之，盖恐愚民不能自达其情，故以律师代之也。律师代某人而胜，则胜者必酬以费，虽称明规，亦可见天下各国律例固贵，而货币为尤贵也。各刑司不常驻此地，随时往来于英格兰、苏格兰、爱尔兰三处城乡，就地讯案，免讼者之跋涉也。①

他对英国专利制度这样写道：

> 盖英人创制各物而独臻精巧者，实赖官助成之也。凡人见物不适于用，或适用而意犹未快者，则竭其心力，广其见闻，不惜工本，不避劳瘁，遍访寰区，历试诸法，以务求其当。或数年，或十数年，一旦有得，则以告诸保制公司（系专管人之创造新物者），英名柏定得敖非斯，验之果济于用，则给以文凭，共保若干年，禁止他人私募其式。其有奉明效仿者，皆纳赀于创造之人。又恐他国私募，于是遍告邻封，官为主持。凡有效仿而不纳赀者，则倍罚之。故一物既成，其利辄以亿兆计。否则几经研求，以发其秘，他人坐享其成，无所控诉，谁甘虚费财力以创造一物乎？如创造尚未卒业而有惴心者，可先赴保制公司，告以现创一物将成，恐人窃用其法，先纳数镑，请保若干月，限满持往考验。有用则给凭为据，无用则作为废弃。如实有用而官不以为然者，犹可赴控，断令国家认罚。故人有一得之技，虽朝廷亦不能以势相抑，故人皆勇于从事也。②

> 按英俗，凡人创造一物，不欲他人摹仿，则至保制公

---

① （清）张德彝：《随使英俄记》，引自钟叔河编：《走向世界丛书Ⅶ》，岳麓书社2008年版，第384页。
② （清）张德彝：《随使英俄记》，引自钟叔河编：《走向世界丛书Ⅶ》，岳麓书社2008年版，第424页。

司，言明某物，纳金令保年限，由五六年至二十年，不许他
人摹仿。设贫人造物，无力请保，无力自造，可告富者另
验。如效，则给价以买其法，百镑可获数千万镑之利。闻以
前信票印得数百一张，用时须一一剪之。后有人思得良法，
于二票之间以针刺孔，便于撕用。其法经官信局以百镑买
去，至今获利无算。①

对英国的刑罚制度这样记载道：

> 按英国立法最恕，无殊死刑，惟谋杀、叛逆者缢之；斗
> 杀拟流；误杀过失杀，责赔家口终身养赡银，或十年，或二
> 十年，各如尸身生前岁入之数，官为存寄，按岁支给其亲
> 属，亲属死，则馀银入官充公；其他各罪犯，只罚银与收禁
> 而已。收禁之限，核其罪之轻重，由司刑临时察例议定，自
> 数日数月以至十数年不等。疯病者禁锢终身。恒犯监规不改
> 者亦然，而衣食优给不减。虽有鞭挞之刑，第施于凶恶较
> 甚者。②

黎庶昌（1837~1897年），贵州遵义人，光绪二年（1876
年）曾随郭嵩焘出使英国，任参赞。《西洋杂志》一书收录了黎
庶昌旅欧期间所写杂记、游记和有关书简。③ 黎庶昌在所出使的
四国里，最为推崇英国，即"国政号令之所从出，人情之趋向，
亦以英国为最整齐。"④，因此，该书中有一些对英国政制的介
绍。文载：

---

① （清）张德彝：《随使英俄记》，引自钟叔河编：《走向世界丛书Ⅶ》，岳麓书社
2008年版，第507页。
② （清）张德彝：《随使英俄记》，引自钟叔河编：《走向世界丛书Ⅶ》，岳麓书社
2008年版，第437页。
③ 参见钟叔河：《一卷西洋风俗图》，引自钟叔河编：《走向世界丛书Ⅵ》，岳麓书
社2008年版，第365~385页。
④ （清）黎庶昌：《西洋杂志》，引自钟叔河编：《走向世界丛书Ⅵ》，岳麓书社
2008年版，第541~542页。

庶昌到此月余，往观会堂者一，往与公朝者二，默察该国君臣之间，礼貌未尝不尊，分际未尝不严。特其国政之权操自会堂，凡遇大事，必内外部与众辩论，众意所可，而后施行。故虽有君主之名，而实则民政之国。①

此外，他 1881 年在《与莫芷升书撮举泰西大要》一文中，曾对英国政制有所描写。是谓：

欧洲一土，富强者首推英、俄二霸，而俄人谲鸷，志在吞并；英则广土众民，稍知持盈保泰。人情法令，严肃整齐，自当以英为举首。各国风气大致无殊，凡事皆由上下议院商定，国主签押而行之。君民一体，颇与三代大同。然其国人显分朋党，此伸彼诎，绝以汉唐末流，而于政令要为无损。至与外人交涉，全视国势之强弱，以论事理之是非，外假公法与为维持，内怀狙诈以相贼害，又绝似乎春秋战国。今之遣使，纯是周郑交质故智，故其国既非苏、张之舌所能说，亦非陈、班之勇所可施计。彼所以夸示于我者，则街道也、宫室也、车马也、衣服也、土木也、游玩也、声色货利也，此犹有说以折之。至于轮船、火车、电报信局、自来水火、电气等公司之设，实辟天地未有之奇，而裨益于民生日用甚巨。虽有圣智，亦莫之能违矣。其人嗜利无厌。发若鸷鸟猛兽，然居官无贪墨，好善乐施，往往学馆、监牢、养老、恤孤之属，率由富绅捐集，争相推广，略无倦容，亦不为子孙计画，俨然物与民胞。而风俗则又郑卫桑间濮上之余也。每礼拜日，上下休息，举国嬉游，浩浩荡荡，实有一种王者气象。决狱无死刑，而人怀自励，几于道不拾遗。用兵

---

① （清）黎庶昌：《西洋杂志》，引自钟叔河编：《走向世界丛书Ⅵ》，岳麓书社 2008 年版，第 540 页。

服而后止，不残虐其百姓。蒙尝以为直是一部老墨二子境界，老墨知而言之，西人践而行之。鉴其治理，则又与孟子好勇好货好色诸篇意旨相合，吾真不得而名之矣。①

从中可见，黎庶昌的观点与公使郭嵩焘十分接近，尽管他仍将英国的政教风俗比附于中国古代，但字里行间已看出他对其的赞美之意。

（三）曾纪泽对英美法的记载与介绍

1878 年曾纪泽（1839～1890 年）被朝廷派充出使英、法，接替被撤职回国的郭嵩焘之职。曾纪泽在出使期间著有《出使英法俄日记》，其中对英国政治法律制度有所描写。

他在光绪五年（1879 年）四月二十二日《出使英法俄日记》中首先表明了对西学认可，并试图学习借鉴的态度。他指出：

中国为保守成法之国，本爵既为中国使臣，与兹会诸绅，气谊相孚，是以隔数万里而可以联结友谊也。本爵颇好留心西学，志欲使中国商民，仿效欧洲富国强兵之术，格物致知之学。②

尽管如此，曾纪泽对于西学却采取的是"西学中源"说，他在光绪五年（1879 年）二月廿三的出使日记中就认为西学涉及的政教、器物皆来自"上古之中华"。是谓：

余谓欧罗巴洲，昔时皆为野人，其有文学政术，大抵皆从亚细亚洲逐渐西来，是以风俗文物，与吾华上古之世为

---

① （清）黎庶昌：《与莫芷升书撮举泰西大要》，引自"台湾中央研究院近代史研究所"编：《近代中国对西方列强认识资料汇编》，第三辑第二分册，1986 年版，第 641 页。
② （清）曾纪泽：《出使英法俄日记》，引自钟叔河编：《走向世界丛书Ⅴ》，岳麓书社 2008 年版，第 218 页。

近。尝笑语法兰亭云，中国皇帝圣明者，史书不绝，至伯理
玺天德之有至德者，千古惟尧舜而已。此虽戏语，然亦可见
西人一切局面，吾中国于古皆曾有之，不为罕也。至于家常
日用之器物，无一不刻镂绘画，务求精美，则亦吾华尊、
罍、罘、盏、桵、禁、坫、洗之遗意也。或者谓火轮舟车、
奇巧机械，为亘古所无。不知机器之巧者，视财货之赢绌以
为盛衰。财货不足，则器皆苦窳，苦窳，则巧不如拙。中国
上古，殆亦有无数机器，财货渐绌，则人多偷懒而机括失
传。观今日之泰西，可以知上古之中华；观今日之中华，亦
可以知后世之泰西，必有废巧务拙，废精务朴之一日。盖地
产有数，不足以供宇宙万国之繁费，而由精而入粗者，势使
然也。①

同年五月十四日，曾纪泽还记载了他与万国公法会友土爱
师②的对话。在对话中，友土爱师提议中国应倡导东方诸国加入
万国公法会。曾氏在回答中不仅表明了中国对于万国公法的尊
重，而且谈及了他对于万国公法的理解。是谓：

余答以中国总理衙门将已将公法一书择要译出，凡遇交
涉西洋之事，亦常征诸公法以立言，但事须行之以渐，目下
断不能锱铢必合者。公法之始，根于刑律，公法之书，成于
律师。彼此刑律不齐，则意见不无小异。要之，公法不外
"情理"两字，诸事平心科断，自与公法不甚相悖。至于中
国之接待边徼小国朝贡之邦，则列圣深仁厚泽，乃有远过于
公法所载者，西洋人询诸安南、琉球、高丽、暹罗、缅甸之

① （清）曾纪泽：《出使英法俄日记》，引自钟叔河编：《走向世界丛书Ⅴ》，岳麓书
社 2008 年版，第 177～178 页。
② 这里的"土爱师"就是前述郭嵩焘所提万国公法会总办屠威斯。

人，自能知之。①

但从这段对话中可以看出，曾纪泽对于加入万国公法会还是有所保留，态度是矛盾的。一方面，他强调中国很尊重国际法，"凡遇交涉西洋之事，亦常征诸公法以立言"；但另一方面，他似乎仍没有完全对过去"朝贡体系"予以放弃，并用中国与周边国家的例子予以说明。

正是由于保有这种矛盾的态度，我们发现：与前述郭嵩焘出使日记中频繁记录万国公法会的信息相比，曾纪泽除了在此处记载外，其他各处似乎对其只字未提。对此，有论者认为：尽管后来曾纪泽在 1881 年利用英美国际法与俄国签订《中俄改定条约》，修改了崇厚（1826～1893 年）先前所签旧约，挽回了部分国家权益；但是，由于"他所处时代中国处理周边国家的朝贡体系尚未全面解体，他对包含律法在内的中国文化还持有信心"，故他不迷信、不加入公法，很少"提及公法对包含中国在内处于劣势的亚洲国家的适用性"。②

尽管曾纪泽内心深处仍对中国传统典章文物深信不疑，但其出使英国期间，也对英国一些法政制度给予正面的评价。如他在光绪四年（1788 年）十二月十九日日记中就对英国的专利制度极为赞许。文载：

> 西人思得良法，制一适用之物，国家许以独擅其利，若干年乃准分店学制。是以人人鼓励，研精覃思，趋之若鹜。③

光绪六年（1880 年）四月初五日记中认为西洋的红十字会

---

① （清）曾纪泽：《出使英法俄日记》，引自钟叔河编：《走向世界丛书Ⅴ》，岳麓书社 2008 年版，第 225～226 页。

② 参见张文涛：《公法抑或虚礼：试论曾纪泽的公法观》，载于《武陵学刊》2012 年第 4 期。

③ （清）曾纪泽：《出使英法俄日记》，引自钟叔河编：《走向世界丛书Ⅴ》，岳麓书社 2008 年版，第 151 页。

及其在战争中救死扶伤的公法规定就是"西洋之良法美意。"①
他在光绪十年（1884 年）十一月廿六日日记中，在评论西洋各
国巡捕时敏锐地指出，西方的巡捕在性质上与中国的兵不同，西
洋巡捕属于民众，而中国之兵则隶属于官，同时这也是西洋百姓
之所以遵守法纪的原因所在。是谓：

> 西洋各国，莫不讲求兵法。其练巡捕也，以练兵之步
> 武，整而齐之。我中国亦何尝不重武备，何尝不处处有兵？
> 但细加考校，则知中国之所谓兵者，仅如西洋巡捕之职役
> 耳。其所以异者，中国之兵隶于官，与西洋之兵同，而西洋
> 之巡捕则隶于民也。兵隶于官，则兵民之气不通，故往往有
> 兵以禁暴诘奸，而百姓藏奸匿盗以掣兵与官之肘者。巡捕隶
> 于民，百姓纠众集资，以养巡捕，以靖闾阎。人心有恃巡捕
> 以自卫之心，惟恐巡捕之无权，于是相互劝勉，相互儆戒，
> 不肯干犯法纪以挠巡捕之权。众志日坚，巡捕之权因之日
> 重，偶有三五凶顽之徒，虽欲干犯法纪，而其势力不得以
> 逞。是以无顽不敛，无凶不惩，无案不破，非国法使之然，
> 盖众志使之然也。是故法纪者，国家之所以治百姓也。法纪
> 之行与不行，其关键乃在百姓，而不在国家。②

尽管曾纪泽是晚清出洋公使中除伍廷芳以外，为数不多能较
为熟练使用英语的士大夫，③ 但他在学习英国法政制度的态度
上，显然与其前任郭嵩焘有着很大的差距。这一点可以在其出
使日记中得到明显的反映。他的《出使英法俄日记》除了笔者

---

① （清）曾纪泽：《出使英法俄日记》，引自钟叔河编：《走向世界丛书Ⅴ》，岳麓书
  社 2008 年版，第 329 页。
② （清）曾纪泽：《出使英法俄日记》，引自钟叔河编：《走向世界丛书Ⅴ》，岳麓书
  社 2008 年版，第 782 页。
③ 有论者将其称为"晚清第一个能通外语的'正使'"。参见胡代聪：《晚清时期的
  外交人物和外交思想》，世界知识出版社 2012 年版，第 123 ~ 125 页。

上述找到的几段表达外，其他内容基本与英美法无涉。同时，我们通过他在 1887 年 1 月用英文在英国伦敦《亚洲季刊》发表名为《中国先睡后醒论》一文，也可以基本把握其上述态度（后文详述）。

（四）薛福成对英美法的记载与介绍

1889 年 5 月 15 日，清廷任命还未到任的湖南按察使薛福成（1838～1894 年）为出使英、法、义、比国大臣，以接替刘瑞芬（1827～1892 年）之职务。在出使西洋的四年多时间里，他的《出使英法义比日记》《出使日记续刻》对英国政治法律制度不仅有所记述，而且有所考据，提出了较之前人更加进步的主张。因此，其日记后来评价很高。如康有为就说：游历日记"张记最详，薛记有考据，余皆鄙琐，然皆可类观也。"[1]

他通过对沿途香港、新加坡的观察，认为这些地方借英人经营商务，"辟荒岛为巨埠"，并由此修正了中国几千年来"重农抑商"的观点，认为商才是四民之纲。是谓：

> 夫商为中国四民之殿，而西人则恃商为创国、造家、开物、成务之命脉，迭著神奇之效者，何也？盖有商，则士可行其所学而学益精，农可通其所植而植益盛，工可售其所作而作益勤：是握四民之纲者，商也。此其理为从前四海之内所未知，六经之内所未讲；而外洋创此规模，实有可操之券，不能执中国"崇本抑末"之旧说以难之。[2]

并且，他用南洋暹罗、东洋日本的例子说明了"然则今之立

---

[1] （清）康有为：《桂学答问》，引自姜义华、张荣华编校：《康有为全集》，第二集，中国人民大学出版社 2007 年版，第 24 页。

[2] （清）薛福成：《出使英法义比四国日记》，引自钟叔河编：《走向世界丛书Ⅷ》，岳麓书社 2008 年版，第 82～83 页。

国，不能不讲求西法者，亦宇宙之大势使然也。"① 他曾用日本明治维新为例，向国人介绍日本经过向西方学习，逐渐走向富强的实例。是谓：

> 《传》云："或多难以固其国"，吾于今之日本见之。日本自魁柄下移，而平氏、源氏、北条氏、足利氏、织田氏、丰臣氏、德川氏迭起称霸，国主虚拥神器，逾七百年。咸丰、同治之间，德川氏之势日衰，而诸侯并起力争；英、法、俄、美兵船，环伺互逼。于是内讧外忧，纠结莫解。有二三豪杰者流，起而倡议，谓不合于一，不足以御外；不和于敌，不足以靖内。因尽废诸侯而退德川氏，以全国之权归之国主；陆续与诸国通商，步趋西法，名曰维新之政。三十年来，外交之道日益讲求，披隙导窾，措注得宜；工艺益兴，商务益旺，有蒸蒸日上之势。盖日本之地，小于中国不啻十倍；而风气之开，先于中国则不止十年，斯所以能转贫弱而渐基富强也。藉非多难以磨砺之，激励之，安能若是？是故国不在大小，而在人才之奋兴；才不限方隅，而惟识时务者斯谓之俊杰。吾于今之日本见之。②

出洋后薛福成十分注意比较中西之间的法律。他在光绪十八年（1892 年）十二月十六日的日记中就对西方各国的刑法这样记载道：

> 英法德各国刑律，皆本罗马。罗马古律极严。谤人者死，私刈田禾者死，故烧人物产者投诸火；犯窃者鞭责后充

① （清）薛福成：《出使英法义比四国日记》，引自钟叔河编：《走向世界丛书Ⅷ》，岳麓书社 2008 年版，第 231 页。
② （清）薛福成：《出使日记续刻》，引自钟叔河编：《走向世界丛书Ⅷ》，岳麓书社 2008 年版，第 386～387 页。

奴婢，奴婢犯窃加等投诸崖，遇窃盗格杀勿论，辱人者罚驴
三十五匹，折人牙齿者罚至三百匹。尤奇者，本夫不得擅杀
奸夫，惟奴仆奸主母则杀勿论；逆论之犯，取鸡犬蛇各一，
同置一囊而沉诸水；蛊毒杀人者罪同。嗣后旋改旋轻，除大
逆不孝、师巫邪术、奴仆作奸数等之外，概从宽恕。①

从中可知，薛福成尽管此时已经发现罗马刑罚很重，但是基
于中国的伦常观念，却对禁杀奸夫难以理解。

接着，薛福成还概述了英国法发展的历史。是谓：

英吉利本罗马属地，罗马既去，更用严刑。截胫剥肤，
挖目劓鼻，水溺火灼，种种凶残，民不堪命，然犯罪者益
众。西历一千七百五十年，法益苛而民益顽。议院乃议尽改
旧法，减省刑罚。罚锾监禁以外，至重不过缳首而已。又得
延状师申辩，无威吓逼勒之虞，无搒掠银铛之苦，虽犯罪不
得相屈辱；牢狱亦亢爽洁净，不致酿为疫疠，且设学堂、书
库、医院、庖厨于其中。复考核通国罪人之数，若少若多；
若尤多，究其获谴之故，察其为恶之由，以施惩戒。行之不
过五六十年，而顽梗潜消，民多知耻。其收效之捷有如
此者。②

这段文字反映了 18 世纪以来，英国法律改革中简省刑律、
革除酷刑、改良监狱等内容。对此，薛福成多有褒扬。

在介绍完西洋法律后，薛福成在次日日记中又具体比较了
中西法律的差异。他认为中西法律有相同的、相似的刑法罪
名。其中，相同的刑法罪名有：

① （清）薛福成：《出使英法义比四国日记》，引自钟叔河编：《走向世界丛书Ⅷ》，
岳麓书社 2008 年版，第 702 页。
② （清）薛福成：《出使英法义比四国日记》，引自钟叔河编：《走向世界丛书Ⅷ》，
岳麓书社 2008 年版，第 702 ~ 703 页。

断罪无专条，斗殴、上书陈言、官吏爱财、伪造印信、犯奸、发冢、赌博、屏去人服食、嫁娶违制。钱债、强盗、窃盗、费用受寄财产、得遗失物、强劫抢夺、恐吓取财、诈欺取财。①

相似的刑法罪名如表4-4所示。

表4-4　　　　　　　中西法律相似刑法罪名

西洋	中国
积累罪名	二罪俱发以重论
罪犯分第一二等	罪分首从
贩鬻掠卖奴婢	掠人卖买人
袒护唆讼捏控	教唆词讼
故杀谋杀误杀	人命故杀谋杀戏杀
令人服毒，危人性命	造蓄蛊毒杀人
抛弃遗失各物	得遗失物
白昼攻进人家取财	白昼抢夺
入室图宿	夜无故入人家
杀盗马牛畜产	盗马牛畜产
巫卜诈欺	术士妄言祸福
钱币诸条	私铸铜钱
放火诸条	放火故烧人屋

薛福成认为上述十三种类似的刑法罪名，"虽出入互见，而原其意大都不甚悬殊。所以扞格者，非法异也，刑异也"②。这即是说，中西法律之间刑法罪名差距不大，但刑罚差距却有很大

①② （清）薛福成：《出使英法义比四国日记》，引自钟叔河编：《走向世界丛书Ⅷ》，岳麓书社2008年版，第703页。

不同。究其原因，主要是因为：

> 法生于义。中律尚理，西律原情。尚理则恐失理，故不免用刑；原情则惟求通情，故不敢用刑。然理可遁饰，情难弥缝；故中律似严而宽，西律似宽而实严，亦各行其是而已。①

这里薛福成认为中国法之义是"理"，而西洋法之义则是"情"。由于中国法背后的"理"更多的是宇宙之原理，社会之准则，涉及根本，因而需要用"刑"来保障。而西洋法背后之"情"更多的是"人欲"，因而，在自由主义盛行的19世纪，很难用"刑"去限制。正是存在这样的差别，所以，中国法背后涉及宏大指向的"理"由于不甚具体，实践中常被掩饰，因此"似严实宽"；而西洋法背后的"情"由于涉及私人私有和权利，因而"似宽而实严"。

此外，出使期间薛福成还发现中西方对待谋逆罪和一般犯罪的态度也是存在不同的。对此，他在光绪十八年（1892年）正月二十九日中的出使日记中写道：

> 余观西洋人议论及其律例，大抵最重奸盗拐骗之罪。凡犯此者，虽平日密友，皆绝不与往来，恐被浼也；而惩治之法，虽不抵死，亦必与以终身监禁、苦工之罚。盖犹中国所谓私罪也。至于隐图弑逆篡夺，或谋为君主，或要结众心谋为大伯理玺天德，虽未成，发觉，亦只驱之禁之而已，不甚予以重辟；而舆论非惟不贬绝之，转有钦佩其为英雄者。盖犹中国所谓公罪也。夫大逆不道，不能不重其辟者，所以定一尊而禁邪谋也。故胜则为王，败则为寇，古今通义。今西

---

① （清）薛福成：《出使英法义比四国日记》，引自钟叔河编：《走向世界丛书Ⅷ》，岳麓书社2008年版，第703~704页。

> 人则于其败者，并不指为寇焉，人孰不思侥幸以希神器哉？
> 即如法前兵部尚书布朗热，谋为法国君主，事败出奔，而法
> 人之讴思者至今未衰，并不斥其觊觎之罪。①

究其原因，薛福成认为，这是西洋人"不知《春秋》大义
之故也。"②

这里需要强调的是，出使期间薛福成还对英国的议会、政党
等其他法政制度和万国公法有所议论，对于这些内容，笔者将其
放在后文一并说明。

（五）张荫桓对英美法的记载与介绍

张荫桓（1837～1900 年），字樵野，广东南海人。光绪十一
年（1885 年）经李鸿章保荐，张荫桓充任出使美国、日斯巴弥
亚（西班牙）和秘鲁三国大臣。《三洲日记》是张荫桓出使三国
期间所记，起于光绪十二年（1886 年）二月初八，止于光绪十
五年（1889 年）十一月十三日。

作为出洋公使，张荫桓一方面如同上述公使一样通过自己的
观察和记述，介绍了英美法，另一方面，面对愈演愈烈的"排华
法案"，需要履行公使职责，为华民争取权利。

就介绍英美法而言，张荫桓在光绪十二年（1886 年）三月
三十日的出使日记中对美国的政制组成进行了初步的介绍，并对
美国联邦最高法院及其独立司法权甚为关注。文载：

> 自递国书后，暇即循例拜客，如美外部、内部、户部、
> 兵部水师部、邮政部、律政部、按察司、陆师将军、水师提

---

① （清）薛福成：《出使英法义比四国日记》，引自钟叔河编：《走向世界丛书Ⅷ》，
岳麓书社 2008 年版，第 507 页。
② （清）薛福成：《出使英法义比四国日记》，引自钟叔河编：《走向世界丛书Ⅷ》，
岳麓书社 2008 年版，第 507～508 页。

督及上下议院议员、各国公使，到门投刺，或晤或否。美廷诸臣各附其党，咸随总统为去留，惟合众国按察司砣立不动，岁俸九千金，额设九员，堂有六员便可听断，权力极大。民主之国政由议院，而法司之权自若也。①

与此同时，他于同年五月初五的日记中还详细介绍了美国各联邦的具体组成，议员人数以及联邦中央和地方之间的关系问题。②

值得一提的是，在张荫桓光绪十二年（1886 年）十一月二十日的出使日记中，将时任驻华盛顿使馆翻译蔡锡勇③（1847～1898 年）翻译的《美国合邦盟约》（即美国 1787 年联邦宪法）全文摘录。文载：

> 美国合邦盟约（一译作律纲）我合众国人民意欲联合众邦，以益现固、昭公义、保安居、敦守卫，兴利除弊，爰及后裔，永享自由之福。特立盟约曰美国合邦盟约。
>
> 第一章论立法司（按合众国政治分三门：一曰行法司，总统是也；一曰立法司，国会是也；一曰定法司，律政院是也）。第一节第一款：众邦既合之后，所有立法之权应归合众国会，曰上议院、曰下议院。第二节论下议院绅士。第一款：下议院绅士由各邦庶民选举，每二年换，举之之法悉照各邦选举邦会各绅士之例（按各邦会亦分上、下两院，其绅士由民间投筹公举，举法各殊，有男女皆准投筹者，有不准

---

① （清）张荫桓：《三洲日记》，上册，引自钟叔河、曾德明、杨云辉主编：《走向世界丛书》，岳麓书社 2016 年版，第 31 页。
② 详见（清）张荫桓：《三洲日记》，上册，引自钟叔河、曾德明、杨云辉主编：《走向世界丛书》，岳麓书社 2016 年版，第 40～44 页。
③ 蔡锡勇，字毅若，福建龙溪人，少在广州同文馆专攻英语，1878 年任陈兰彬翻译，出使归国后长期在张之洞幕府从事洋务。需要说明的是，张荫桓在抵达驻美使馆后，发现了该译本。但他在日记中，错误地将"蔡锡勇"写成"蔡毅约"。参见胡其柱：《蔡锡勇〈美国合邦盟约〉译本考论》，载于《学术研究》2011 年第 3 期。另见李文杰：《中国近代外交官群体的形成（1861～1911）》，生活·读书·新知三联书店 2017 年版，第 311 页。

妇人投筹者，有二十一岁后皆准投筹者，有须读书识字始准投筹者）。第二款：各邦所举下议院绅士必须籍隶本邦，年在二十五岁以上，入籍美国已逾七年，方准充当。第三款：每邦所派下议院绅士人数及科派丁税之数俱按照各邦户口丁数比例而定。统计良民人数及他邦来此限年佣工之人加奴役人等五分之三，共得若干人，照数均派，烟甸土人不纳税者不入算。自国会初开后，三年之内务将民数查清，此后每十年间照例重修户口册一次，按民数每三万人选派下议院绅士一名，小邦不及三万人者准其选派绅士一名。未造户口册以前，纽罕什尔邦准派下议院绅士三名、麻沙朱色土邦八名、洛爱伦邦名、干捏底吉邦五名、鸟约邦六名、纽折尔西邦四名宾夕尔勒呢安邦八名、特尔拉华邦一名、马理兰邦六名、勿尔吉尼阿邦十名、北喀尔勒那邦五名、南喀尔勒那邦五名、若耳治邦三名（按合众国既立盟约，美洲各邦归附者渐多，原订按民数每三万人举绅士一名，觉绅士人数过多，碍难照行，嗣后民数限额屡有更张，近年则以十三万五百三十三人准派绅士一名，共得下议院绅士二百九十名）。第四款：各邦所派下议院绅士有因事出缺者，由该邦总督出示晓谕民间举员充补。第五款：下议院院长由该院绅士自选，司事属员亦由该院选派，纠参官吏惟下议院独有其权（下议院纠参，上议院审讯）。第三节论上议院绅耆。第一款：上议院绅耆每邦准派二名，由各邦会绅士选举，在任以六年为期，凡判事可否，各人得自摅己见。第二款：国会初次聚会即将各邦所举上议院绅耆约分为三排，第一排绅耆以第二年为满任，第二排绅耆以第四年为满任，第三排绅耆以第六年为满任，此后每二年选举一次，得新任人员三分之一（旧多新少，以资熟手）。如上议院绅者告退或因事出缺适值邦会停议之时，未能即行选员充补者，由该邦总督派员权理，俟下届该邦邦会聚议时再行遴员充补。第三款：凡充上议院绅者者必籍隶本邦年在三十岁以上，入籍美国已逾九年方准充当。第四款：上议院以副总统为院长，议事不道可否，若所议之事众绅者从违各半，则以院长允否为行止。第五款：上议院司事属员由众绅者选派，遇副总统他往或摄行正总统事，众绅者可择本院一人暂充院长。第六款：凡纠参官吏，悉由上议院审问，遇有此等事，众绅者必重行具誓，然后开审如总统被参提审，则以律政院正堂为院长，定案时必须在院人员三分之二意见相同方成信谳。第七款：官吏被参事迹属实，上议院只能革其官职永不叙用，不准再当合众国各项差事，至革职之后应如何审办定罪，由有司遵例办理。第四节论国会。第一款：选举国会绅士应于何时何处如何举法，悉由各邦会自定。国会亦可随时立法，以易其章程，惟举上议院绅者之处则不得更易（按选举上议院绅者，恒在各邦之议例院）。第二款：国会每年至少须聚会一次，以洋十二月内第一次礼拜一为期，或立例另易日期亦可。第五节论国会应行事宜。第一款：国会绅者得邀公举之据是否合例，由各该院绅者公同核验，每院人数过半即可议事。如人数不及半，可以连日停议或设法勒令旷职之员即行到院（按在院有十五员即可拘传不到之员）。第二款：上下议院各自定其办事章程，惩办不循规矩之员，如三分之二意见相同，可将本院某员罢黜。第三款每院须设一日报，将所议公事详载刊布，其机密事件不便刊布者，由院绅酌定。每议成一事，如在院人员五分之一请将曰可曰否者之名载于日报，应即载明

（按每议一事各员先行辩论，事理了亮之后，院长请定行否，愿行者同声曰可，不愿行者同声曰否，察声音之大小以定事之行否，间或曰可曰否声音相埒，未能立决，即须按名查问孰曰可孰曰否，逐一载于日报；又或曰可或曰否声音大小迥别已无疑义，而在院人员若有五分之一人数愿得曰可曰否者之名，俾举国共知某人主何说，则应将曰可曰否者之名载于日报）。第四款：当国会开议之期，除两院公允停议外，每院暂停不得逾三日，至停议必在上、下议院立定之处，不得前往别处聚会。第六节论国会绅耆应享利益与其所不得为者。第一款：国会绅耆应得俸薪照定例酌给若干，由合众国户部开支。该绅耆自赴院会议至议毕回家之时，除反叛、大恶、伤风败俗、死罪外，不得因案拘拿。其在议院内所辩论之公事不得于别处究诘。第二款：国会绅耆任内于合众国新设文职各缺，其薪俸较优于绅耆本任者，不准充当合众国现任职官，亦不得兼充国会绅士。第七节论立例事宜。第一款：凡议征收税课之例，应由下议院先议，议成之后，上议院或从或改，悉照寻常例稿办理。第二款：凡例稿经上、下议院议成之后，必呈总统核准，方谓之例。总统允准，即在例稿上画押；若不允准，应将不准之故批明，发回创议斯例之院（或始议于上议院，或始议于下议院）。该院即将总统驳词详载官报上重行置议，如众绅耆愿行者有三分之二，即将总统驳词转送至又一院重议，此院绅士若再有三分之二画诺，该例即为定例（无须总统批准）。凡重议之例，众绅耆孰曰可孰曰否必将姓名详载于官报。总统于国会呈例稿后，除礼拜日不计，及十日内若不将例稿发回，该例稿即作为定例与已经批准者无异。如因国会停议，无从发回者，不在此论。第三款：凡号令条议画诺之件，须由两院核准者，除议停歇日期不计外（国会停议日期由两院绅耆共同商定，无须总统批准）俱应照呈总统，听候核定，方得举行。如总统批驳，须由两院重议，仍须每院愿从人数有三分之二方为定例。办理悉与寻常例稿无异。第八节论国会之权。第一款：国会有权征收地了税课、出入口税、制造税，以清还国债、维持国是、昌裕国度，惟所征出入口税及制造税，须举国一律。第二款：国会有权为合众国揭散债款。第三款：国会有权酌立通商章程与外国贸易，或各邦互市、或与烟甸土人买卖。第四款：国会有权定立外国人人籍章程，及亏空债项规条，俱宜举国一律无异（按外国人来美至少须寄居五年方许入籍）。第五款：国会有权饬将钱币，定其轻重价值，酌定外国泉布相当价值，设立权衡丈尺。第六款：国会有权立例以惩办假冒钞票钱币等弊。第七款：国会有权设立邮务局与驿站。第八款：国会有权以鼓励格致技艺有用之学，凡著书之人，及始创新式器用之人，俱给予年限，使专其利，毋许他人翻刻仿造（按现例著作书籍准予二十八年限期，限内不准他人翻刻，始创新式器用者给予十四年限期，限内不准他人仿造）。第九款：国会有权设立审司衙门（巡按署及合众国按察司署），归律政院统属。第十款：国会有权立法惩办海洋盗犯及干犯公法之案。第十一款：国会有权宣渝交战，发给出疆强偿执照，定水陆地方捕拿敌人物业之章程（惠顿氏万国公法云：用力自行伸冤谓之强偿，如本国之民遭别国强暴冤抑即可发给强偿执照与受屈者，俾其自行捕拿抵偿）。第十二款：国会有权募养兵土，惟筹饷不得逾两万之需。第十三款：国会有权设立水师。第十四款：国会有权定立水陆二师军法。第十五款：国会有权调集民兵，以伸国法、平内乱、御外侮。第十六款：国会有权令各邦团练民兵，给予军装妥行训练，如经合众国调用则归国会节制。至于派官统领，按照国会所定纪律，如何训练，悉由各邦自行办理（按训练民兵由各邦自行派官者缘民兵本为各邦自卫而设，合众国偶有调用，非常事也。训练必遵国会所定纪律者，冀步伐止齐，举国一致也）。第十七款：国会有权立法管辖京畿地方。其地四方不过十洋里，某邦让出，经国会核收即为合众国都城。至合众国向某邦购买地段，既经该邦邦会允肯，其地用以建造炮台、军装局、军火局及一切公所地方，虽在各邦界内，仍归国会统辖管理（按盟约定后次年，马理兰邦让出波洵麦河东地一段，又明年，勿尔吉尼阿邦让出河西地一段，均经国会核收，截地方十洋里名日哥伦米阿郡，至一千八百年始建都于此，都城曰华盛顿）。第十八款：上文明载国会应有之权及合众国各部院官员遵盟约应有之权，由国会详审立例，使其权必行。第九节论合众国之权有限制第一款：招徕各国人多寡，悉听各邦自行酌量。国会于千八百零八年以前不得立法禁止，其招徕之人拟征收人税，每名不得逾十元（按立国之初，地广人稀，须工垦植，故暂准招工贩奴，拟征人税，所以示禁阻之意也）。第二款：提审票所以恤无辜，被押之人不得无故停发，遇内乱外侵，事势危急，有关大局之际自可停发（按提审票由被押者之亲属请领，由审司发给，定日提审以免久押受累）。第三款：越权定罪之例、追罪往事之例俱不准行（按越权定罪者谓不循例审办且无确实证据遽定人罪，追罪往事者谓犯法后始立苛例以重惩之）。第四款：征收丁税正税，必按户口册均派，法详上文

（见第一章第二节第三款）。第五款：合众国各邦货物出口不得征税。各海口贸易章程税则宜一律无异，不得有此优彼绌之别。船只载货赴某邦或由某邦开行，均听其任便往来，不得限定某邦某口为卸货纳税之区（按美属英之时不与欧洲各国贸易，凡船只载货物出口须赴英国口岸起卸，商民病之，故盟约特载此款以革其弊）。第六款：户部存款除遵例提用外，无许乱支，其遵例提用之款，务将进支数目、如何动支逐一载明随时呈报。第七款：合众国不设爵衔称号，其食俸任事官员非有国会允准不得受外国君主礼物、酬劳官职、称号。第十节论合众国各邦之权有限制。第一款国内各邦不得与外国立约联邦会盟，并不得发给出疆强偿执照，不得铸钱币、出钞票，除金银而外，不得制他物以偿债，并不准行越权定罪之例，及追罪往事之例，凡律法能致人失信而弃约据者不准行，爵衔亦不准用。第二款各邦非经国会允准不得征收出入口货税，如酌收规费以供本邦查验出产之用者，在所不禁，各邦所征出入口税实数俱归合众国户部动用。所有征收税课之例，如须改订，悉由国会核定，各邦非有国会允准，不得征收船钞于升平之日，不得豢养兵士建置战舰，并不得与邻邦或与外国订立条约擅启衅端。若外侮方侵，事变叵测，急不及待，应行从权者，不在此论。

第二章论行法司。第一节论正副总统。第一款：行法之权归于合众国正总统。总统以四年为满任，副总统亦然。举总统之法如下款。第二款：各邦按照邦会绅士所授之选派公举人若干员，其人数与各该邦所派上下议院绅者之数相等，现任国会绅者及合众国食俸任事之员不得派充公举人。第三款（按此款所载举总统旧法今已不行，改订新法如下）。续增美国合邦盟约第十二章第一款：各邦公举人在其本邦聚会，各出筹拟举正总统一人、副总统人，正副不得同籍本邦，至少须有外籍者一人。筹上书明选举某人为正总统，另一筹书明选举某人为副总统，于是将拟举为正总统者伊谁各得筹若干，拟举为副总统者伊谁各得筹若干，分列为二单，由公举人画押批明封固，送至合众国都城交上议院院长开拆（按此单须缮备三份，一份专差递交国会，一份交郎务局转递，一份封交本邦之合众国巡按司公署存案。如延至正月内第一次礼拜三此单犹未递至都城，则由院长遣员赴该邦巡按司公署查取存案之一份，送至都城以凭核计）。该院长届期即在国会众绅者之前将各邦送到名单当堂开拆，核算某人承举为总统，得筹最多而其数又逾于公举人总数之半者，其人即定为正总统；如得筹不及公举人总数之半，即取得筹最多者约之由下议院众绅士投等重举一人为总统。计筹之法，每邦无论所派下议院绅士多募，须同一筹，此事须得众邦三分之二绅士在坐方得开办，若绅士所举之人筹数逾于邦数之半，即以其人为总统。如下议院绅士于应举总统一事延至本年三月初四犹未举定，即以所举之副总统署正总统，其办法与正总统身故出缺或有故未能任事者同。第二款：其承举为副总统得筹最多而其数又逾于公举人总数之半者，其人即定为副总统；不及半则取得筹最多者二人由上议院绅者重举。此事须得本院绅者人数三分之二在坐方得开办，若所举之人筹数逾于众绅者人数之半者，即以其人为副总统（按上议院举副总统，每员准一筹，下议院举正总统，每邦只准一筹，办法各异）。第三款：凡不能胜正总统之任者，亦不得为副总统。第四款：各邦选举公举人日期及公举人投筹日期均由国会酌定，惟投筹日期须举国一律（按一千七百九十二年定例，公举人聚会投筹在十二月内第一次礼拜三，国会核计算数在二月内第一次礼拜三。又一千八百四十五年定例，各邦选举公举人在十一月内第一次礼拜后一日）。第五款：在美国生长之人或入籍美国在立盟约之前者，方准为总统，惟年纪不及三十五岁，入籍未及十四年者，仍不准。第六款：总统因事开缺，或身故或告退或有故未能任事，即以副总统为正总统；倘遇正副总统皆因事出缺，或身故或告退或有故未能任事，则由国会议立一员摄行总统事，以俟总统照常任事，或俟各邦另行公举。第七款：总统任内俸银不得卒加卒减，并不得受合众国及国内某邦酬款（按总统俸银前定每年二万五千元，至一千八百七十三年增至五万元，副总统俸银八千元）。第八款：总统受职必先具誓，其词曰："指天具誓，愿竭诚效忠以任合众国总统之职务，殚尽心力以保全合邦。"盟约第二节论总统之权。第一款：总统为合众国水陆二师统兵大元帅，各邦为合众国调用者亦归总统节制，各部该管事务总统可饬令该部大臣议奏。除官员被参不得宽宥外，凡有干犯合众国律法者，总统有权特赦其罪、或命暂行监候。第二款：总统商准上议院绅者可与外国立约，惟须上议院绅者有三分之二意见相同，方能定议。总统可点派头等公使、各等出使大臣、领事官、律政院审司及合众国日后遵例续设职官，均须上议院绅者公议允从而后定。至于各属司员，或由总统自行点派，或由律政院审司及各部大臣拣派，应由国会酌度情形立例议定。第三款：上议院停议之时，遇有合众国官员出缺，总统可以发照派人充补，其任事之期限至下届国会停议为止。第三节论总统职守。第一款：总统须将合众国各邦情形随时谕知国会，令将应行事宜公同商妥，遇有要事可调集两院或任调一院绅者会议，如两院于停议日期意见各殊，总统可酌量谕令停止至何日再行会议。至于接纳外国各等公使，皆总统之事，又须留心体察各定例是否实力举行，并给予合众国各职官莅任执照。第四节论总统被参。第一款：正副总统及合众国文职官员（谓各邦大臣律政院审司及巡按司等官，国会绅者为各邦所举者不在职官之列）如有谋叛大恶、授受贿赂、干名犯法等事被劾后，审明即行革退。

第三章论定法司。第一节论合众国法院。第一款：合众国司法之权归于律政院及国会，随后所设归律政院统属。诸法院、律政院审司及属下各法院审司如品行果端方，应令长莅斯职，在任时应得薪俸不得核减。第二节论审司之权。第一款：凡与合邦盟约律法及合众国所立和约有关涉之案，或有关于公使领事之案，海上战利管辖等案，与夫一切龃龉案件，合众国在局内者，或此邦与彼邦龃龉，或此邦与彼邦之民龃龉，或此邦之民与彼邦之民龃龉，或同为一邦之民凭二邦之权索地基而兴讼者，或此邦及此邦之民与外国及外国之民龃龉，以上各案件皆归合众国审司审断。第二款：凡有关于外国公使、驻扎使臣及领事官之案，与案情之牵涉于一邦者，律政院有径行审断之权。其馀前款所述各案件，律政院遇上控有复审之权，其有不准上控者，有须循定章者，悉由国会酌定。第三凡审问一切罪案，除官吏被劾外，须有陪审人员，又必在起事之邦审办；如起事不在各邦辖内，应于何处审办，由国会议定照行（按陪审人员以十二人为额，择民间之殷实诚朴者当之，遇审罪案，令陪审者到听审，审司执法判案仍须陪审十二人公议允行，方得定罪）。第三节论反版。第一款：兴兵谋反，或潜附敌人助之济之，斯为反。反叛之案须有见证二人，供词相同，或逆犯当堂自招，方得定罪。第二款：反逆如何治罪由国会议定，惟不得查抄家产、罚及子孙，反逆不处死者，不在此论（一千八百六十二年国会定例，反逆或处死、或监禁、或罚馈，由审司酌定，惟监禁不得少于五年，罚不得少于万元）。

第四章第一节论各邦例案。第一款：此邦于彼邦之律例契券及其审司讯判之据，当奉为信凭，应如何察验以杜假冒之处，由国会立例通饬遵行（一千七百九十年国会立例，各邦律例契券审司判词均以印押为凭）。第二节论庶民利益。第一款：此邦之民赴彼邦，其应享利益与彼邦之民所享之利益相同。第二款：此邦有反叛凶恶罪犯逃往彼邦，由此邦主政者（即总督）行文到彼邦查拿，应即将犯解交起事之邦惩办。第三款：学徒佣工遵此邦之例定有年限，如在限期内逃往彼邦，不得以章程互异遂为逃人解脱，如经原主查取应交还。第三节论新邦新疆。第一款：新邦愿入合众国者由国会核准，但不得于旧邦辖内别为一新邦，亦不得合二旧邦或数旧邦以为一新邦，更不得于数阳邦内割地凑合另为一新邦。如经各该邦会及国会核准者，不在此论。第二款：国会有权定立条例以掌管处置合众国新疆公业。至合众国与各邦各有应得之地，盟约各款不得作有碍于其应得之新道。管四者论护卫各邦。第一款：合众国愿保全各邦永行民主之政，各邦遇有外侵内乱，一经该邦邦会或总督报知（邦会停议即由总督）合众国，必妥为保护。

第五章论增订合邦盟约。国会绅耆如有三分之二欲将合邦盟约增订，或合众国各邦三分之二其邦会请国会将盟约增订者，由国会知照各邦派员会议如何增订。议成之后或由各邦邦会绅耆画押，或由会议各员画押，应由国会酌定，其画押须得众邦四分之三具名方称定议。议定之款即与原立合邦盟约无异，举国一体奉行，惟一千八百零八年以前如有删订，不得于第一章第一、第四两款稍有妨碍。各邦非出于自愿不得减少其应派上议院绅耆人数。

第六章第一款：未立盟约以前，所有拨借公债立定约章均系合众国肩承，办法悉与联邦时无异。第二款：合邦盟约及遵盟约而立之律例暨已立、续立之条约，俱视为合众国之上法。各邦审司执法办案，凡邦例与盟约不符者概不准行。第三款：国会邦会诸绅耆，及合众国与各邦行法定法之官，于受职之时须具誓卫护合邦盟约，至于奉教，无关于职守，无论所奉何教，合众国不得歧视。

第七章论盟约告成，众邦会议以上盟约如有九邦画押愿从者，即作为定议，由愿从之邦遵守奉行（按会议盟约之时美国共有十三邦，愿从者十一邦，一千七百八十七年九月十七日）。

合众国自主后第十二年，众邦同立合众国续增盟约十五章：第一章，民间立教奉教各行其是，国会不得立例禁阻，至于言论著述、安分聚会、负屈请伸等事皆得任便行之，国会毋得立例拘制。第二章，各邦应练民兵以资保护，民间置备随带军器不得禁阻。第三章，国家平定之时寓兵于民房，必由房主情愿，乱时亦然，兵士如何安插候立例定夺。第四章，民间身家房屋物产契券字据不得无故搜夺，如请搜检票，必须案出有因，又必具誓确实，指明应搜之处某人某物应行搜拿，方准发票。第五章，凡干名犯义重大罪案，须由陪审大员具呈（各邑择有名望者至少十二人至多二十三人为陪审大员，遇有罪案，先由陪审大员会议确查原告所禀情形属实，然后具呈有司审办）方能提犯到案审讯，水陆二军及民兵当国家有事之秋有犯前罪者，不在此论。罪犯既已办结，不得再拿惩办，并不得勒令犯人自供其罪（指用刑鞫讯）。除遵例办理外，不得杀害人之生命、拘制人之行藏、侵夺人之家产，如以私业取为公用，必须公平酬偿。第六章，犯罪之案，被告者须由犯事地方例定界限内之陪审人员公同妥速审问，将所控情由详告被告之人，准其当堂与证人对质。如被告者欲得某人为证，须即传令到案，并准其请律师到堂申理。第七章，遵例审判之案，凡银数逾二十元者，须由陪审人员断定，既定之后不得在合众国法院重审，其遵照通例所载有可以再行提审者，不在此论。第八章，取保不得多索，罚款不得过重，刑法不得太階。第九章，合邦盟约所载民间应有之权利，非谓所有权利，仅此而已，其寻常所有者，仍旧照行。第十章，凡盟约无载明特让合众国之权，及特禁各邦之权，准各邦与其居民仍旧照行。以上十章于一千七百九十一年十二月十五日增立。第十一章，无论本国列国之民，不得因例案争端兴讼控告合众国内之某一邦，合众国司法之权不得理及此等案。此章于一千七百九十八年正月初八日增立（按原立合邦盟约第三章第二节第一款载，此邦及此邦之民与外国及外国之民兴讼亦归审司审断，是无论本国外国之人皆得与国内之一邦兴讼，众邦以其有碍于体制，故增立此条，以删改之）。第十二章，译见前，此章于一千八百零三年增立。第十三章，第一款，合众国内及所辖地方不得蓄养奴仆，并不得迫人为奴役之工，罪犯定案后罚作奴役之工者，不在此论。第二款，国会有权妥定律例，以行前款之意。此章于一千八百六十五年增立。第十四章，第一款，凡在合众国内生长之人，及入籍于合众国，或其属地之人即为合众国之民，亦即为所住此邦之民，无论何邦不得立例减少合众国人民应享之权利，并不得违背例章杀害人之生命、拘制人之行藏、侵夺人之家产，凡属合众国辖内之人，皆须遵例一体保抑。第二款，下议院绅士人数系按照各邦民数多寡而定，烟甸土人不纳税者不入计。凡居民男丁年在二十一岁以上不入叛党又无犯法，若所居之邦不准其投筹选举公举人及下议院绅士暨本邦总督、审司、邦会诸人员，则该邦应派下议院绅士人数按照所不准举官之男丁人数比例核减（按何色人始准举官，系由各邦自定，合众国本不与闻，但释奴后，昔日之奴役作五分之三算，今皆齐民，南邦之民数顿增，其所派下议院绅士人数亦与之俱增，乃南邦每不准昔日之奴举官，故国会特增此款，意谓南邦绅士人数既因释黑奴而增，则黑奴应一律举官，如不准其举官，则派绅士人数应比例核减，欲各邦自择所从，以示限制也）。第三款，凡上下议院绅士及合众国职官暨各邦立法、行法、定法等官，于受职时业已具誓遵守合邦盟约，此项人员如有明归叛党或暗助之，以后不准再充国会绅士，并不准充公举人及合众国各邦文武职官，如国会两院绅者各有三分之二允准其人复充职官者，不在此论。第四款，合众国遵例揭借之公债及剿平乱党优恤粮借款暨募兵平乱，所给之鼓励银借款（入募者例给粮饷之外有先给鼓励银一款，所给不一律，其多少视募兵之难易而定）等项自应照还。至于乱党所欠之债为扶助反逆以攻合众国者,既释奴后,奴主亏累之款皆属不合法款项,合众国及各邦皆不认还。第五款,国会有权立例以行前款之意。此章于一千八百六十八年七月二十一日增立。第十五章,第一款,凡属合众国之民,皆准一律举官,不得以种类不同、皮色各异或因其昔日微贱为奴,遂不准其举官,或减少其举官之权(按第十四章第二款,用意在黑人可以一体举官,不在核减绅士人数,乃南人卒不愿黑人举官,国会恐黑人不能一律自主,故再增此款,欲举国二十一岁之男丁皆得一律举官也)。第二款,国会有权立例以存前款之意。此章于一千八百七十年三月二十日增立云云。①

这一译文应当是晚清以降中国人自己对美国 1787 年宪法及其十五条修正案最早和最为完整的翻译。它在完整度上好于 1837 年裨治文(Bridgman,1801～1861 年)的《美理哥合省国志略》,② 以及前述 1875 年林乐知在《列国岁计政要》中对美国宪法主要内容的翻译。同时,在时间上早于 1902 年上海文明书局章宗元翻译的单行本,③ 并与前述林乐知于 1881 年 6 月 4 日和 6 月 11 日在《万国公报》上分别对美国 1787 年宪法及其十五条修正案的介绍几乎同时。

据考,蔡锡勇在美期间翻译美国联邦宪法一事,曾于光绪七年(1881 年)被《西国近事汇编》报道:"中国驻美使署有随员蔡锡勇译成美国律法一书。该员在美三年,广交天文历学之士,时往公议堂及律师处留心考察,译成此书,详加注解。经钦

---

① (清)张荫桓:《三洲日记》,上册,引自钟叔河、曾德明、杨云辉主编:《走向世界丛书》,岳麓书社 2016 年版,第 111～126 页。
② 详见李栋:《鸦片战争前后英美法知识在中国的输入与影响》,中国政法大学出版社 2013 年版,第 87～92 页。
③ 关于章宗元翻译美国宪法单行本的情况,可见杨玉圣:《中国人的美国宪法观》,引自杨玉圣:《美国历史散论》,辽宁大学出版社 1994 年版,第 130～135 页。

使咨送总理衙门，想邀懋赏矣"。① 这即是说，总理衙门至少在 1881 年就存有美国 1787 年宪法全文及其十五条修正案，国内至少存在关于美国 1787 年宪法及其修正案的两个不同的翻译版本。②

后来《时务报》于光绪二十三年（1897 年）十月曾全文刊发过此译稿。至于蔡锡勇翻译美国宪法的原因，主要是受时任驻美公使陈兰彬之命。1880 年美国丹佛发生排华事件。陈兰彬根据中美《天津条约》要求惩办凶手，但遭到美国政府拒绝，原因是美国宪法高于对外条约，而宪法又禁止联邦政府干涉各州内政。受此说法刺激，陈兰彬遂命蔡锡勇翻译美国宪法，一探究竟。③

除了对于美国的政制格外关注以外，出使期间由于张荫桓还途径英国、法国和秘鲁，他对这三国政制也有所记载。如他在光绪十三年（1887 年）六月十三日的日记中对英国政制有如下记述：

英有宰相向管户部，近兼外部理财，交邻极重要，然随党迁除。君主无能进退，又设兵部、刑部、工部、藩部、民部、海部、内部、邮部，印度别设一部，略如藩部而专外。此庶官成有职司，要皆受成于各部，取决于议院。英之议院仍分上下，上议院多勋旧富人，下议院则民间公举，视城邑广狭、人民众寡而定所举之数，与美议院同，上议院则无定额，宰相可举庶官，入院爵绅无状，君主亦可黜之。建院之始君主逐日至，近则议院启闭时至，或有重大事亦至焉而已。上议院事简，下议院事繁，国之政令皆自下议院议之，

① 胡其柱：《蔡锡勇〈美国合邦盟约〉译本考论》，载于《学术研究》2011 年第 3 期。
② 关于美国 1787 年宪法及其修正案"林乐知版本"和"蔡锡勇版本"的具体不同，参见胡其柱：《蔡锡勇〈美国合邦盟约〉译本考论》，载于《学术研究》2011 年第 3 期。
③ 参见胡其柱：《蔡锡勇和他的〈美国合邦盟约〉》，载于《读书》2018 年第 10 期。

议成上于上议院，视已成事无大更驳，下议院则自朝至于日
昃，甚或卜夜。然掌院秩满，君主必予以世爵。大抵英之国
权仍归两党，附君主者曰保党，乐民政者曰公党，上议院多
爵绅，君党之气稍王，然两党迭主朝政，七年一易。君主立
其党魁以为相于是诸部院皆宰相所举，党易则举朝皆易，与
美之南北党同一机轴。①

在秘鲁期间，他发现美国政制对秘鲁影响很深。② 在法国期
间，他发现同为总统制的法国和美国，"而制度各殊"。③

此外，使美期间，张荫桓还对美国的法制有所关注。他在光
绪十二年（1886 年）年九月初七的日记中对美国的保险法律制
度进行了介绍。文载：

> 又西人保命险及保手足伤损险公司，美国最多，莫盛于
> 哈富，每公司有储本至四五千万元者，亦甚获利。窃谓手足
> 损伤保险岁输息于公司，一旦偶尔损伤，公司如其所保之数
> 偿之。彼佣工作苦之徒预虑残废无以自活，且不能赡妻子，
> 照章保险，不为无见。若保命险，既殁之后直为子孙计，不
> 仅作马牛而已，似非达观也。进斋谓保命险亦有益，保十
> 年、二十年、三十年，如期不死则公司将岁输之息加倍纳
> 还，西人保命险不尽为身后计。④

同时，他还于同年七月十三日在纽约听审了涉及华人的案

---

① （清）张荫桓：《三洲日记》，上册，引自钟叔河、曾德明、杨云辉主编：《走向
世界丛书》，岳麓书社 2016 年版，第 254 页。
② 参见（清）张荫桓：《三洲日记》，下册，引自钟叔河、曾德明、杨云辉主编：
《走向世界丛书》，岳麓书社 2016 年版，第 386～387 页。
③ 参见（清）张荫桓：《三洲日记》，下册，引自钟叔河、曾德明、杨云辉主编：
《走向世界丛书》，岳麓书社 2016 年版，第 546 页。
④ （清）张荫桓：《三洲日记》，上册，引自钟叔河、曾德明、杨云辉主编：《走向
世界丛书》，岳麓书社 2016 年版，第 90～91 页。

件，并对美国的律师制度有了一定的了解。①

除了介绍英美法之外，作为出洋公使的张荫桓不得不面对的是美国"排华法案"所引发的交涉问题。具体而言，就是其前任郑藻如（1824～1894 年）就光绪十年（1884 年）的"洛士丙冷案"所涉的赔偿、惩凶和修约等三大问题。在交涉过程中，张荫桓利用英美国际法与美方据理力争，终于美国国会与光绪十三年（1887 年）正月十八日通过了洛案的赔偿决议。对于这一结果，张荫桓感叹道：

> 科谓洛案既定，其的钦巴等案亦有词以要之。美例从无赔偿之事，洛案初办时甚无把握，因就外部详查中美既办旧案，证以公法报施之义，美乃无词推宕，今日告成，亦聊自慰。②

此外，虐华案经过努力，也于光绪十二年（1886 年）九月十一日获得宣判。③ 至于修约问题，经过张荫桓拉锯式的抗争，于光绪十四年（1888 年）二月初一拟定《中美新约》六款。④ 尽管该约后来由于中美双方都不满意，遂即搁置，直到 6 年后以此为蓝本达成《中美会订限禁来美华工保护寓美华人条款（六款）》。⑤

（六）崔国因对英美法的记载与介绍

崔国因（1831～1909 年），字惠人，号笃生，安徽太平县

① 参见（清）张荫桓：《三洲日记》，上册，引自钟叔河、曾德明、杨云辉主编：《走向世界丛书》，岳麓书社 2016 年版，第 66 页。
② （清）张荫桓：《三洲日记》，上册，引自钟叔河、曾德明、杨云辉主编：《走向世界丛书》，岳麓书社 2016 年版，第 161 页。
③ 参见（清）张荫桓：《三洲日记》，上册，引自钟叔河、曾德明、杨云辉主编：《走向世界丛书》，岳麓书社 2016 年版，第 92 页。
④ 参见（清）张荫桓：《三洲日记》，下册，引自钟叔河、曾德明、杨云辉主编：《走向世界丛书》，岳麓书社 2016 年版，第 341 页。
⑤ 详见鄢珉：《抗争与无奈——张荫桓出使三洲的得与失》，引自钟叔河、曾德明、杨云辉主编：《走向世界丛书》，岳麓书社 2016 年版，第 22～24 页。

人。光绪十五年（1889 年）三月接任张荫桓，出使美国、日斯巴尼亚（今西班牙）、秘鲁，光绪十九年（1893 年）任满归国，著有《出使美日秘国日记》。该日记起自光绪十五年（1889 年）九月初一，止于光绪十九年（1893 年）八月初四，前后历时 49 个月，共 1 447 篇，16 卷，46 万馀言。①

出洋前，崔国因的思想较同时代人有所不同，他甚至在光绪九年（1883 年）就上奏《奏为国体不立，后患方深，请鉴前车，速筹布置恭折》，请求变法自强，并提出"设议院""讲洋务""储人才""兴国利""练精兵""修铁路""精水师""增兵船""精制器""筑炮台""设武备院"等十一项自强之道。其中"设议院"是整个洋务运动时期为数不多，且明确提出设立议院的主张，远比这一时期只谈论议院具有"君民相通"功能的早期改良派，更为激进。因此，出洋后他对英美议会制度，持有特殊的关注度，其出使日记中有大量关于此的记载和评论。

初至美国，与前述出使英国的郭嵩焘、薛福成相类似的是，崔国因也对美国人的文化教育和"教化"问题进行了褒扬。他在光绪十五年（1889 年）九月十三日的日记中写道：

> 查：美国大书院有三百六十所，分布各省，读书其中者，六万九千馀人。小书院不可胜数。民间子女幼时无不读书，即黑人亦无不识字，可谓教养兼备矣。②

同年十一月初十，崔国因在拜谒过美国国会上院议长后，在日记中详细介绍了美国国会的章程，③ 如在该章程中他就记载了

---

① 有关崔国因生平介绍，详见李维琦：《〈出使美日秘国日记〉读后》，引自钟叔河、曾德明、杨云辉主编：《走向世界丛书》，岳麓书社 2016 年版，第 17 ~ 39 页。
② （清）崔国因：《出使美日秘国日记》，上册，引自钟叔河、曾德明、杨云辉主编：《走向世界丛书》，岳麓书社 2016 年版，第 12 页。
③ 详见（清）崔国因：《出使美日秘国日记》，上册，引自钟叔河、曾德明、杨云辉主编：《走向世界丛书》，岳麓书社 2016 年版，第 36 ~ 38 页。

国会上下院人数的具体组成。是谓：

> 查美国议院章程：上议院绅共八十八人，下议院绅共三
> 百三十二人。上议院绅（六年一任，每省准举多少不同）。
> 上议院绅每年俸五千元。上议院长即副总统，每年俸八千
> 元，下议院长每年俸八千元。①

通过初步对美国政制的认识，崔国因在同年十二月初七的日记中得出"美国议院权重"的结论。② 此外，崔国因还时常实地考察美国国会，如他在光绪十六年（1890 年）十月二十二日写道：

> 因居美国，两见开议院矣。将开议院之前十日，美外部
> 分送各国公使准入议绅凭据一张，可持之以入，一扩闻见，
> 意至美也。院式圆，空其中，环而坐，各有案，纸笔均备。
> 有所见，则书于纸，刊于报，示至共也。无酬应之烦，嚣杂
> 之习，拘束之劳。宽其礼数，而实事求是。华盛顿诚人
> 杰哉！③

这些实际的观察，进一步加深了他对于美国"议院制"的好感。这种好的评价在光绪十七年（1891 年）八月十六日表现得更为明显。文载：

> 美国之为治，可谓简矣；未尝无弊，而弊不至于甚者，
> 则上、下毫无隔阂之故也。④

在这段记述中，崔国因认为美国政制即便存在弊端，也可以

---

① （清）崔国因：《出使美日秘国日记》，上册，引自钟叔河、曾德明、杨云辉主
  编：《走向世界丛书》，岳麓书社 2016 年版，第 36 页。
② （清）崔国因：《出使美日秘国日记》，上册，引自钟叔河、曾德明、杨云辉主
  编：《走向世界丛书》，岳麓书社 2016 年版，第 50 页。
③ （清）崔国因：《出使美日秘国日记》，上册，引自钟叔河、曾德明、杨云辉主
  编：《走向世界丛书》，岳麓书社 2016 年版，第 202 页。
④ （清）崔国因：《出使美日秘国日记》，下册，引自钟叔河、曾德明、杨云辉主
  编：《走向世界丛书》，岳麓书社 2016 年版，第 384 页。

通过上下相通的议院得到缓解。他在同年十二月二十六日的出使日记中，不仅对美国三权分立政制进行了简略介绍，而且认为这一设计体现了传统中国"中庸"的精神。是谓：

> 因谨按：美国开国之律由华盛顿订定，政归三处：立例者，议院；行例者，总统；守例者，察院。议院有立例之权，则大事为议院主之，总统不过奉行焉耳。盖议绅、总统皆由民举，而总统仅二人，不及议绅之数百人者，但能公而不能私，为民而不为己也。故事之创者，必由议院决之，此美国之创制显庸也。①

其实早在光绪十六年（1890年）十二月三十日，崔国因就开始在日记中从"富""强""为民保利权"三大方面总结美国政制富强之因。文载：

> 美之入款，一年四百馀兆，量入为出，尚有美馀，其富于地球为第一。至于添钢厂，垦荒区，积现银，增税则，讲蚕桑，增邮政局，益火轮车，创太平洋之电线，立报施之约，此富之政也。查海口，设海防，筑炮台，制铁舰，验气炮，造出海水雷之艇，兴极速之船，试钢炮之用及无烟火药之利弊，此强之政也。至于立例以禁各国民人之赴美佣工，不容各国彩票之入境，此又自保利权，为民保利权之政也。②

尽管崔国因对美国议会称赞有加，但却对美国政党政制没有好感。他在光绪十六年（1890年）正月二十九日的日记中写道：

> 美国之地广而膏腴，民之中，农居半。美国向分三党：一曰南党，一曰北党，一曰工党。今年又立一党，名农党。

---

① （清）崔国因：《出使美日秘国日记》，下册，引自钟叔河、曾德明、杨云辉主编：《走向世界丛书》，岳麓书社2016年版，第436页。
② （清）崔国因：《出使美日秘国日记》，上册，引自钟叔河、曾德明、杨云辉主编：《走向世界丛书》，岳麓书社2016年版，第249页。

刻闻农党意欲为国家多造银钱纸币云。

因查美之南、北党，两不相下，前三十年曾交战矣。其举总统也，则南、北党各举一人，再由各省之民择定。故工党可南可北，袒南则南盛，袒北则北盛。而南、北两党莫不牢笼之，以为得总统、议绅之券，而工党气焰遂大矣。此农党者，殆欲于工党效颦乎？[1]

他在光绪十七年（1891 年）三月二十六日的日记中，甚至认为美国的"政党制"会对美国政制的基石——"议会"（实为"国会"——作者注）有所损害，并预言美国长此以往，未来30年内必有灾祸。文载：

因按：地球各国，美与英可谓极富。而美实不如英之强也；且不仅不如英、法、俄、德等国，并不如义、奥之强也。徒以与诸强国不共一洲，而与同洲者皆小国，美于是得为墨洲之大国，足以自雄矣。而开创之君华盛顿，又为间出之英雄。当日与英相持，而英人不能胜。百馀年来，遂无敢肆志于美者。美之君臣亦守华盛顿之规模，而兢兢以仁义为念，此其所以立国不摇也。今则昔比矣，其君臣有夜郎自大之意，其议院有俯视一切之心，其南北两党有莫能相下相为敌雠之怨。外交则睥睨一切，内治则畛域自私。揣美之大势，三十年内不有外侮，必有内忧。外侮则受挫于强梁，内忧则兴戎于两党。[2]

虽然崔国因对美国"政党制"并不认可，但是在总体上，美国在其笔下是一个经济发达、军事强大、政制良善的形象，其

---

[1] （清）崔国因：《出使美日秘国日记》，上册，引自钟叔河、曾德明、杨云辉主编：《走向世界丛书》，岳麓书社 2016 年版，第 87 页。
[2] （清）崔国因：《出使美日秘国日记》，上册，引自钟叔河、曾德明、杨云辉主编：《走向世界丛书》，岳麓书社 2016 年版，第 303～304 页。

中"为民保利权"已经涉及甲午之后维新派才提及的"民权"问题。他在光绪十八年（1892 年）五月初十的日记中再次提及了"民权"问题。这一次他对比了西洋各国的"议院"制度，认为西洋各国议院尽管存在不同形式，但主旨在于"民权"。文载：

> 伦敦来电，言英国下议院绅六年一换，其权大于上院。盖下议绅由民举，上议绅由世爵充。各部大臣之任事，必由下议绅允准也。今年系换班之期，谋此者极多云。
>
> 因谨按：欧、墨洲各国均议院而章程不同。美之议绅均由民举，不分上、下也。英之下议绅由民举，而上议绅则由世爵，然权归于下议院，则政仍民主之也。欧洲除法国、瑞典、瑞士外，政皆君主，而仍视议绅之从违，则民权仍重，即《洪范》"谋及庶人"，孟子"民为贵"之义也。①

但值得注意的是，这里崔国因却将西洋议会中所体现的"民权"等同于传统中国文化中的"民本"。

光绪十九年（1893 年）正月十九日，或许是因为对美国政制有了进一步的了解，崔国因对美国政制有了新的认识。他认为美国国会长治久安之根柢纲维。是谓：

> 总统之位如传舍，部臣之置如弈棋。而其国不乱者，则以立政之权归议院，守政之权归察院。议院之绅举自民，不由总统。察院必老成硕望，始充是职；受职以后，则终其身于位而不迁移。故其人皆无所希冀，亦无所阿附。此两院者，实美国之根柢纲维，其长治久安者此也。②

---

① （清）崔国因：《出使美日秘国日记》，下册，引自钟叔河、曾德明、杨云辉主编：《走向世界丛书》，岳麓书社 2016 年版，第 486 页。
② （清）崔国因：《出使美日秘国日记》，下册，引自钟叔河、曾德明、杨云辉主编：《走向世界丛书》，岳麓书社 2016 年版，第 616 页。

同年正月二十四日，他在介绍英国议院政制之后，对世界诸国政制进行了概括、分类。文载：

> 英国政事，下议院之权日重，上议院虽属有爵位之家，竟不能与争权。甚至群诋上议院，谓其不知民事而欲废弃云。

> 因按：地球各国有君主者，有民主者，有君民共主者。亚细亚洲，若中、若俄、若土耳其、若日本、若朝鲜，皆君主也。土耳其版图向跨三洲，而近年日削，在亚洲者已微。日本新政为君民共主，而究其权仍在于君。至于墨洲之国则皆民主。欧洲之瑞士、法兰西、亦为民主。若巴西、若檀香山，皆新政改为民主者。法则变革不常，自为德所挫后，复改为民主焉。若英、若德、若奥、若义、若和兰、若比利时、若瑞典、若挪威、若葡萄牙，皆君民共主者。大抵君民共主与民主之国，其大权皆在议院。惟君民共主者，君意与议院歧，可以散议院而令再议，民主之国则不能，此中又有分别矣。①

在这段文字中，崔国因明确将中国归为君主政体，同时他还注意到日本"新政"（明治维新——作者注）后已从君主政体转化为君民共主政体以及世界大部分国家皆为"大权皆在议院"的"君民共主"和"民主之国"的事实，因此，可以推测的是在其心目中存在"议院"的"君民共主"和"民主之国"才是合理的。对此，他在同年四月二十八日的出使日记中明确表达了此观点。文载：

> 合而论之，各国君政、民政虽异，而设议院则无异。惟

---

① （清）崔国因：《出使美日秘国日记》，下册，引自钟叔河、曾德明、杨云辉主编：《走向世界丛书》，岳麓书社2016年版，第618~619页。

亚洲之国向无议院。日本新设议院，章程未备，人情未习，颇有嚣张之气。其弊有甚于法。然议院之通下情，同众欲，虽小疵而实大醇也。①

为了进一步凸显"议院"的功能和意义，崔国因还用它解释了西洋税负重，但民无怨的现象。实际上崔国因出洋后，通过大量具体的数字表明了，美国等西洋各国税负的种类和总量远超中国，② 但民众不仅没有太多怨言，反而欣然接受。对于这一问题，崔国因认为，这恰是西洋存在"议院"之功。是谓：

> 因查欧洲各国税敛之重，中国数千年来所未见也；葡国所定税章之苛，又欧洲数十国中所未见也。其本国不乱者，何也？则议院之力也。议院通上、下之情，如极贫之家鬻子女、典衣服，并日以食而不怨者，其情通也。③

出洋后，崔国因除了关注美国的"议院"以外，由于作为驻美公使需要跟美国政府就排华问题展开交涉，④ 因而，通过在美聘请律师也了解了美国的法律制度，并对英美国际法产生了自己的思考。

对于美国的法律制度，他在光绪十六年（1890 年）三月二十日日记中就指明了美国人虽嗜利，但法制健全，并与议院、报馆相互配合，效果很好。文载：

---

① （清）崔国因：《出使美日秘国日记》，下册，引自钟叔河、曾德明、杨云辉主编：《走向世界丛书》，岳麓书社 2016 年版，第 685 页。
② 如崔国因在光绪十七年（1891 年）四月二十六日日记中写道："美国入款之多，较之中国已有五倍。其地不如中国之广也，其民不如中国之多也，其俗不如中国之勤俭也。"（清）崔国因：《出使美日秘国日记》，上册，引自钟叔河、曾德明、杨云辉主编：《走向世界丛书》，岳麓书社 2016 年版，第 325 页。
③ （清）崔国因：《出使美日秘国日记》，下册，引自钟叔河、曾德明、杨云辉主编：《走向世界丛书》，岳麓书社 2016 年版，第 685～686 页。
④ 崔国因使美期间与美方就排华法案进行的交涉细节，详见李维琦：《〈出使美日秘国日记〉读后》，引自钟叔河、曾德明、杨云辉主编：《走向世界丛书》，岳麓书社 2016 年版，第 24～28 页。

尧、舜之世，共、骥有党，殛杀有刑。道虽有长消，类不能尽绝也。外国上下嗜利，而不至常斁法者，则议院、报馆立法之善也。议院通上下之情，报馆发幽隐之愿，而小人之忌惮常存矣。华盛顿无盗窃，至夜不闭户，则巡捕之力也。[①]

使美期间，由于崔国因长期与美国司法机关打交道，这使他能够近距离观察美国法制的运行状况。如他在光绪十六年（1890年）八月十四日日记中，不仅对美国法官的充任情况有所介绍，还对美国法官独立裁判称赞有加。是谓：

因查美国察院（法院——作者注）审司之员，其人必向为律师，素端品行，又年过五旬，方准充当。充当之后，如无过失，则终其身。此等人大抵不侮鳏寡，不畏强御。素有直名者。其俸与各部长同，故亦不求迁调。而惟各行其志。凡所讯断，一秉至公，犹有古道存焉。[②]

同时，通过观察，他还发现美国很多政客皆律师出身，并认为律师对于一国政制之重要意义。如在光绪十九年（1893年）元月二十一日日记中写道：

因按：新总统基利芬，即四年前之总统。自光绪十四年退位，遂充律师。光绪十七年，曾至华盛顿为人驳例，而不得直。此次退位之总统哈利顺，亦系律师。退位后充书院大教习。前任外部长科士达，以律师而充外部。卸任后仍充律师，赴英、法办秘林海峡案。今外部长又以律师而任是职。美国之重律师如此，以其熟于国家掌故，并谙交涉之事。[③]

---

① （清）崔国因：《出使美日秘国日记》，上册，引自钟叔河、曾德明、杨云辉主编：《走向世界丛书》，岳麓书社 2016 年版，第 117 页。
② （清）崔国因：《出使美日秘国日记》，上册，引自钟叔河、曾德明、杨云辉主编：《走向世界丛书》，岳麓书社 2016 年版，第 172 页。
③ （清）崔国因：《出使美日秘国日记》，下册，引自钟叔河、曾德明、杨云辉主编：《走向世界丛书》，岳麓书社 2016 年版，第 617 页。

此外，崔国因在日记中还对美国的公司制度，[1] 知识产权法律制度进行了介绍。[2]

就英美国际法知识而言，崔国因通过美国创制苛禁华人的新例（排华法案——作者注），也认为国际公法不足为凭，国家自强与否才是更为重要的。对此，他在光绪十七年（1891年）三月初四日记中写道：

> 孙武子云："勇怯，势也；强弱，形也。"泰西各国以强弱分勇怯。我强于人则勇，我弱于人则怯。《万国公法》如中国律例，头头是道，不足凭也。故理足而无势，则理不能伸；势强而无理，则所争者虽胜，而为人所嫉。今地球各国，其强者，大抵皆恃势而蔑理；其弱者，大抵皆有理而无势。惟两强相遇，则有理者可以求伸；以弱遇强，虽有理而无益也。此谋国者之所以贵自强也。[3]

关于这段英美国际法观念，他在光绪十八年（1892年）八月二十三日和同年十一月二十九日的出使日记又有大致相同的表述。[4] 同时，他根据美国政党政制的实际，分析了美国排华法案之所以难以取消的原因，即美国工党操控美国国会的投票。如果想要改变，他认为需按照美国政制的实际运用，让华人在国会中获得更多的投票席位。是谓：

> 因谨按：华人之勤俭耐劳，各厂主人无不乐用。土人之恨之者，为夺其生计耳。议院绅士为民所举，焉有不徇其所

---

[1] 详见（清）崔国因：《出使美日秘国日记》，上册，引自钟叔河、曾德明、杨云辉主编：《走向世界丛书》，岳麓书社2016年版，第240页。

[2] 详见（清）崔国因：《出使美日秘国日记》，上册，引自钟叔河、曾德明、杨云辉主编：《走向世界丛书》，岳麓书社2016年版，第323页。

[3] （清）崔国因：《出使美日秘国日记》，上册，引自钟叔河、曾德明、杨云辉主编：《走向世界丛书》，岳麓书社2016年版，第288页。

[4] 详见（清）崔国因：《出使美日秘国日记》，下册，引自钟叔河、曾德明、杨云辉主编：《走向世界丛书》，岳麓书社2016年版，第540页，第583页。

欲者？详观美国上下之势，欲其删除禁工之例，断必不能。
若使华人能操投筹保举之权，其势当与土人相敌。虽不求其
弛禁，而禁自弛矣。①

应该说，崔国因的这一分析不同于同时代其他士大夫义愤填
膺式的表达，其中多了份客观和理性。而这一切源于他对于美国
法政知识的深入了解和把握。

三、海外游历使对英美法的记载与介绍

除去前述的外交使团和驻外使臣及其使馆人员对于英美法的
介绍，实际上1887年清廷曾组织、选拔、派遣了12名游历使同
时分赴五大洲20多个国家游历考察，而其中一些人也专门考察
记述过英美法。对于这一群体，不仅过去法史学界无人提及，而
且在中西交流史上也被称作"一段被埋没的历史"。② 实际上
"1887年清政府派遣海外游历使之举，可以称得上是19世纪80
年代中国人走向世界的一次盛举。"③

根据王晓秋教授的研究，1887年清廷此举实源于1885年御
史谢祖源的一份奏疏。在这份题名为《时局多艰，请广收奇杰之
士游历外洋》的奏疏中，他指出同治年间出使人员素质不高，主
张要从科举正途出身的士大夫中挑选出使人员。后朝廷认可此奏

---

① （清）崔国因：《出使美日秘国日记》，上册，引自钟叔河、曾德明、杨云辉主
  编：《走向世界丛书》，岳麓书社2016年版，第344页。
② 如《清史稿》中既没有1887年该事件的任何记载，也无这12位游历使任何一位
  的传记。而学术界对于这一群体的关注与研究首推北京大学王晓秋教授。详见王
  晓秋、杨纪国：《晚清中国人走向世界的一次盛举——一八八七年海外游历使研
  究》，辽宁师范大学出版社2004年版。
③ 王晓秋、杨纪国：《晚清中国人走向世界的一次盛举——一八八七年海外游历使研
  究》，辽宁师范大学出版社2004年版，第2页。

疏，强调"是以欲周知中外之情，势必自游历始"；认为海外游历的目标是"察敌情、通洋律，谙制造测绘之要，习水师陆战之法，讲求税务、界务、茶商、牧矿诸事宜"。① 于是，总理衙门于光绪十三年（1887年）四月二十六日特别拟定《出洋游历章程》14条，并于同年闰四月二十一至二十二日在京师同文馆内由出使归来的曾纪泽举行了两场不同于传统科举，只涉及边防、史地、外交、洋务等方面的策论考试。② 最后，光绪于该年九月十二日钦点了12名海外游历使（见表4-5），分赴海外游历，往返以两年为限。③

表4-5 　　　　　　光绪钦点的十二名海外游历使

姓名	籍贯、出身	职务	年龄	游历地点
傅云龙	浙江进士	兵部候补郎中	46	日本、美国、加拿大、秘鲁、古巴、巴西
缪祐孙	江苏进士	户部学习主事	33	俄罗斯
顾厚焜	江苏进士	刑部学习主事	44	日本、美国、加拿大、秘鲁、古巴、巴西
刘启彤	江苏进士	兵部学习主事	33	英国、印度、法国、法属国
程绍祖	江西监生	兵部候补主事	38	德国、奥地利、荷兰、比利时、丹麦

① （清）奕劻等：《议覆谢祖源奏请练习洋务人才疏》，引自"台湾中央研究院近代史研究所"编：《近代中国对西方列强认识资料汇编》，第三辑第一分册，1986年版，第220~221页。
② 具体章程内容及其考试过程，详见王晓秋、杨纪国：《晚清中国人走向世界的一次盛举——一八八七年海外游历使研究》，辽宁师范大学出版社2004年版，第24~38页。
③ 详见王晓秋、杨纪国：《晚清中国人走向世界的一次盛举——一八八七年海外游历使研究》，辽宁师范大学出版社2004年版，第38~42页。

续表

姓名	籍贯、出身	职务	年龄	游历地点
李秉瑞	广西进士	礼部学习主事	32	德国、奥地利、荷兰、比利时、丹麦
李瀛瑞	山东进士	刑部候补主事	40	英国、印度、法国、法属国
孔昭乾	江苏进士	刑部候补主事	31	英国、印度、法国、法属国
陈爔唐	江苏进士	工部学习主事	31	英国、印度、法国、法属国
洪勋	浙江进士	户部学习主事	32	西班牙、葡萄牙、意大利、瑞典、挪威
徐宗培	顺天监生	户部候补员外郎	32	西班牙、葡萄牙、意大利、瑞典、挪威
金鹏	广西进士	户部学习主事	33	俄罗斯

由于这 12 名海外游历使只有傅云龙、顾厚焜、刘启彤、李瀛瑞、孔昭乾和陈爔唐 6 人出使美国或英国，而其中顾厚焜后来的调研报告只涉及地理兵要，① 李瀛瑞撰写的《欧西风土记》无处查找，孔昭乾精神病发作在英服毒自杀，② 陈爔唐所著《游编四册》无从查找。因而，这里笔者只着重介绍游历美国的傅云龙及其所著的《游历美利加图经》《游历美利加图经余纪》和游历英国刘启彤所写的《英法政概》。

① 顾厚焜后来撰写了《美利坚合众国地理兵要》《巴西政治考》《巴西国地理兵要》。
② 由于孔昭乾在英暴毙，其游历笔记并未出版，只是由同僚整理后呈报给总理衙门。据考，北大图书馆善本部所藏孔昭乾遗作《英政备考》，虽分上下两卷，但实际内容只涉及英国的书院、属地和矿业等内容，关涉本主题的"英政"还没有来得及记述。参见王晓秋、杨纪国：《晚清中国人走向世界的一次盛举——一八八七年海外游历使研究》，辽宁师范大学出版社 2004 年版，第 218 页。

（一）傅云龙对英美法的记载与介绍

傅云龙（1840～1901年），字懋元，浙江德清人，出洋归国后历任北洋机器局会办、海军衙门总办，神机营机器局总办等职。光绪十三年（1887年）以出洋游历官考试第一名的成绩，成为海外游历使于该年七月十五日北京启程，至光绪十五年（1889年）十月二十八日回京消差，先后游历日本、美国、加拿大、秘鲁、古巴、巴西六国，纂辑了《游历各国图经》86卷、《游历图经余纪》15卷和纪游诗等。其中涉及英美法知识的主要在32卷的《游历美利加图经》之中。①

傅云龙前后三度游历美国，在美共停留220余天。由于他抱怨中国之前几乎没有记美国事的专书，因此，他在"自叙"中立志要书写一本详细介绍美国的考察报告。② 傅云龙有关美国法政方面的介绍与记载主要集中在"地理志""风俗志"和"政事志"中。

首先，傅云龙在"疆域原始"部分，用详细的文字介绍了自哥伦布抵达美洲至美国1776年建国的历史沿革，并通过按语纠正了之前《瀛寰志略》《海国图志》等书的错漏。③ 接着，在"美利加国纪"部分，介绍了自华盛顿（1789年任第一任总统）到海里孙（即哈里逊，1889～1893年任美国第29届总统）美国总统的基本情况。文载：

美利加为民主合众国，称厥总统曰伯理玺田特，今书伯

---

① 傅云龙相关情况介绍，详见鄢珉：《一位晚清游历使眼中的美洲印象》，引自钟叔河、曾德明、杨云辉主编：《走向世界丛书》，岳麓书社2016年版，第17～28页。
② 参见（清）傅云龙：《游历美利加图经·自叙》，下册，朝华出版社2019年版，第1153～1166页。
③ （清）傅云龙：《游历美利加图经》，上册，朝华出版社2019年版，第45～59页。

理玺天德，旧译相沿已久也。四年一任，再举则邦部土著，年须三十五以上，或入籍已阅十四年，其居科伦布亚者，非先移居，不得预焉。是以籍若居，难可从略。以西纪十一月弟一休息二日为举期。明年三月四日，受事例也，它故则任无定期，厥俗书名则辄先姓氏如所谓：卓尔治·华盛顿。是近见译书，或单称，或并举，非舛即漏。爰画一之华盛顿六十七岁十月。此见俗计岁，数以足月为率也，余则略月。第一任在乾隆五十二年，即西一千七百八十七年计，至今光绪十五年，凡一百有三，创继二十三人，再任者六，历任二十有九。①

其次，他在"礼俗"部分，介绍了美国的婚姻家庭法律制度。如"男子二十一而取，女子十七岁而嫁"法定婚龄，以及禁止童婚的"无髫龄结离之例"，还有"父母不主其事，非男合女意"婚姻缔结原则等规定。② 在"杂事"部分，傅云龙还介绍了美国除政务之外，很多民事事务都由社会自治组织通过自我治理。文载：

美利加合众国，实齐民之国也。国事罔非民事，特恐自筹之，自理之，久必滋纷且歧。于是乎，有国会有帮会，即伯理玺天德亦为民事设也。至于今有定之事，属官无定之事，不必属之官名，为补政事之不足，实为行民事之有余也。官恤民会，诸端举彰，彰者述杂事。③

这些民间自治组织，即傅云龙笔下的"民会"具体包括：

民会大较一十有二，曰义学会，贫无以学者资之，其会

① （清）傅云龙：《游历美利加图经》，上册，朝华出版社 2019 年版，第 322 页。
② （清）傅云龙：《游历美利加图经》，上册，朝华出版社 2019 年版，第 340 页。
③ （清）傅云龙：《游历美利加图经》，下册，朝华出版社 2019 年版，第 1051 页。

鸠金立塾，有男有女，大小学备，然惟邦自为计；曰戒酒
会，美利加无食鸦片烟者，淡巴菇男食女否而酒，则男女皆
饮之，且日日饮之，于是会中立簿，有愿戒者书厥名姓，不
造、不买，不饮；曰养老院，独且赤贫者藉此觅生活焉，男
妇罔有间。曰抚孤会，犹之中国育婴室堂也；曰恤残院，跛
者哑者无目者类此，虽邦有公院而民且立会助之；曰怜疯
院，癫者得所则易愈，于是衣之食之；曰化罪会，美利加监
犯居处，饮食不为不漱，而民犹以为歉立会，济其未逮，而
课以工；曰防恶会，凡忌才者、造言者、怠事者，饮酒若癫
者，入会而欲其悛；曰劝和会，专司排难解纷，他邦之人，
异国之事，亦调停不一，吝而乡邻有关者无论已；曰周急
会，苦工食力不足则入，所获赀于此会，就本而支子金焉；
曰防后会，凡人生自愿一二十年或三十年岁入，所余银若干
于会，厥后子孙，支用以时，欲其免困也；曰保险会，平居
之物产，舟车之取携，报数入银，无事则坐食其功，有事则
立偿其损，且有保生齿之修短者矣，与水火例同，防后保险
有分有合。

　　美利加人有范者，孀也，以银五十万助养老抚育孤怜疾
之会，又有纪者，鳏也无子，以产十倍于范助抚孤会，所抚
己无处二千人矣，又有皮伯底者，好施助会之资，多此
类也。[①]

　　除了上述涉及民事法律的内容外，傅云龙在"官制"部分，
还比较详细地介绍了美国的刑事司法制度。他首先介绍了美国司
法的双轨制。文载：

[①]（清）傅云龙：《游历美利加图经》，下册，朝华出版社 2019 年版，第 1051 ~
1053 页。

　　凡联邦理讼事之官，设自合众国者，厥等有三。一曰苏勃林，译言大审院也，官九人，内择其一为院长。凡犯国法判之。年以西十二月之第一休息日会鞫一次。官不必咸集，然非四人不能鞫也。二曰萨吉，译言道审院也。联邦之地画为九道，一道一院。每院约理四五邦部有差。各以大审院之一官为长，一年鞫讼二次。如道中有犯国法者，则判之有枉，则诉之大审院，非当院长不鞫也。三曰州审院，联邦之地分五十州，每州官一，或理半邦或理一邦。其州中犯国法者则归其官判之。一年鞫讼四次，有枉亦上诉焉。三者皆国官也，若谙法罔有差则终身任之，其犯邦法者则联邦自有问官理之，未升邦之部则由国会遣官以治其事。①

　　联邦有审院，其官选自其邦之固斐诺尔（邦首领），而必谋之，议士院曰可，乃任其等。凡三，曰上审院，官六，择一为长，邦之命案鞫之；曰中审院，官十，分治庶事，若财产，若争角则理之；曰下审院，邑各一人，理责与产之涉讼者，部不自设官，而印甸之审官分三等。②

　　接着，傅云龙发现美国刑罚中并无斩刑，且各州法律与联邦中央法律存在不同。是谓：

　　美利加刑无斩枭，而民重犯法。无他，无瘠民也。不然古巴岛相去未为大远也，何置攫若彼？或曰，合众国之邑亦自有例也，而云龙不谓其然。尝闻之彼都人士，曰，凡未成邦之部，其事皆国会遣官理之，然则邑岂重于部耶？况邑长选自邦之固斐诺尔，即下审院官意者，小事得自主之我行我法，未可知也。邦有邦律，行于一邦而要之于国律无碍，是

---

① （清）傅云龙：《游历美利加图经》，下册，朝华出版社 2019 年版，第 1005 页。
② （清）傅云龙：《游历美利加图经》，下册，朝华出版社 2019 年版，第 1007 页。

其行之联邦无异言者。总之不离乎国律，近是其法本约而入国问禁，亦略观大意，云尔述。①

就具体刑事司法内容而言，傅云龙用如下简短的一段文字概述了美国的刑罚、律师制度、陪审制度以及刑事程序法的相关内容。文载：

> 刑律大较有三，一曰绞，二曰监禁，三曰罚赎。凡大逆不道，海盗，强劫，横污妇女，戕民焚市，则绞，如律立国以来，犯者盖寡；次之焚掠所不能无，或绞，或永监禁，出狱无期；又次或伪造金银，或窃诈为非，或嗜酒斗狠，大率监禁在六月以上。其余漏税负责诸犯，则罚锾，轻重有差。

> 凡审官而外，别有法师，是通律学得凭而辅官理讼者也。有议长，有公民，皆正直有声。选自众，而分班备审，上班曰议长，主议事之行否，下班曰公民，司听讼之曲直，并有额少，亦十二诉者诉之。法师书状出传单，拘被诉者至议长，议可审与否。上之官，官中坐公民陪听。诉者或与公民不合，许指名更易。迨两造词具，法师毕诘，被诉情实，作证复确，官遂语公民曰，犯某法，当议如律。公民退，就所见拟罪陈之意，同则断，否则再审。再拟录其事以为后程。

> 凡罪未定，不得凌辱。听鞫不恶。

> 凡上下犯律，厥罪惟均。户口田土，各有其法。②

此外，在"文学志"部分，傅云龙介绍了"法学"与文学、格致学、医学、教士学一起被美国认为是五大科目，其中法学"分四类，曰刑名，曰通商，曰纪纲，曰公法学。"③

---

① （清）傅云龙：《游历美利加图经》，下册，朝华出版社2019年版，第1007页。
② （清）傅云龙：《游历美利加图经》，下册，朝华出版社2019年版，第1008页。
③ （清）傅云龙：《游历美利加图经》，下册，朝华出版社2019年版，第1063页。

最后，在傅云龙的考察报告中，记述的最多且最为详尽的当属涉及美国政制的内容。在"国事志"中的"合众国制"中，他首先用如下一段文字概述了美国的政制，即上下无隔阂的民主政体以及立法、行政、司法三权分立的政治原则：

> 美利加合众国一民主之国也，与君主之制异厥。制以公议为法以齐民为政，以上下无隔阂为权利。

> 乾隆四十一年，畔英自立为国，十三邦各遴一二议者会于勿尔治尼亚（Virginia，弗吉尼亚——作者注）邦之费纳的费牙，创议厥政。华盛顿解兵归里后，十三邦寝不相下。乾隆四十九年，议制七条而异口同腾未有所决。有富兰林者设归一议而或且非之，纽约人布阿美利顿、勿尔治尼亚人马德逊又从而为之说，至五十一年，议阅三载矣。而合众国之议乃定，一曰：立法之权国会事业；一曰：行法之权伯理玺天德是也；一曰：定法之权（亦曰执法）律政官是也。明年华盛顿任伯理玺天德，行法之权于是乎始。虽然三法增减罔非立自国会，国会之权不其重欤？遂合众国制。①

接着，傅云龙通过转译美国1787年联邦宪法的内容，从"立法之权""行法之权""定法之权"三个方面阐述了其民"永享权利"方式。文载：

> 译合众国制意谓：民欲联邦如一，兴利除害，爰及后裔永享权利。厥法有三：

> 立法之权第一。论议院曰联邦立法权归合众国国会上下两议院。

> 论下议院绅士。一曰下议院绅士选自邦庶，两年一更易，依邦会举绅例（按：各邦自有邦会分上下院，绅士由民

---

① （清）傅云龙：《游历美利加图经》，下册，朝华出版社2019年版，第985页。

投筹公举，举法各异。或男女投筹，或妇女不与，或二一岁，后皆许投筹，或非读书识字不与）；二曰：凡举下议院绅士必籍隶本邦，年在二五以上，入籍美利加已逾七年；三曰：凡邦派下议院人数，科丁税数皆视其邦户口之数比例而定。综计良民及来自他邦限年之佣，许加奴数五之三。凡若干人依数，均派印甸土人不纳税者不计。国会开后三年之内审核民数，此后每至十年，辄依例一核户口之册，民数三万得选为下议院绅士，一小邦不及三万亦许选一，未造户口册以前许派下议院绅士者：纽罕布西耳三，马沙朱色士八，洛答埃伦一，干捏底嘎夺五，纽约六，纽折尔西四，宾夕佛尼亚八，特纳挖一，玛理兰六，勿尔治尼亚十，诺司喀尔勒那五，叟司喀尔勒那五，若耳治亚三（按：合众国依民数举绅士之例民数日增则所举过多，屡有更张，近年以十三万五百三十三人，许派绅士一凡下议院二百九十二）；四曰：下议院绅士或缺，由其邦督谕民举补；五曰：议长以下皆其院绅士自选之，纠参官吏独有其权（下议院纠参上议院审讯）。

　　论上议院绅耆。一曰联邦各选上议院绅耆二，选政操自邦会绅士，六年为期。判事可否得抒己见；二曰国会初开，即分所举绅耆为三班。一班以第二年满任，二班以第四年满任，三班以第六年满任，此后二年一选，得新选三之一（旧多新少，用资熟手），如有黜者因事者适值邦会停时，未克即选，即由其邦总会派权理人下届会议遴补；三曰：凡充上议院绅耆必籍本邦年在三十岁以上，入籍美利加已逾九年；四曰：上议院以副伯理玺天德为院长议事不自可否？如众议院从违各半，则以院长之可否为行之？五曰：上议院司事之属由绅耆自派遇副伯理玺天德，他往或摄行伯理玺天德事绅者，可自选本院一人前如伯理玺天德被参提审则以律政院长为院长，必在院绅耆三分之二意见相同方称信谳；七日官吏被纠得实，上议院只克褫职不许复为合众国叙用，如何治罪责在有司。

论国会。一曰：选国会绅士何时何地用何法，皆由邦会绅士自定，然国会亦得酌法更章，惟举上议院绅耆者之处不得改易（按：举上议院绅耆恒在个邦议例院）；二曰：国会至少年会一次，以西十二月内为期（期第一个礼拜一或另议期）。

论国会事宜。一曰国会绅耆得邀公举之据是否合例，由其院绅耆公核，每院人数过半即可。议事如不及半则停或促其未至者（按：到院有十五人，即得传其不至者）；二曰：上下议院得自定章惩不循矩者，意同三之二即如章黜；三曰：院各设一日报刊布所议，其机密事不便利报者，由院绅酌定。每议一事，如在院设人员五之一原将可否之？载于日报，应即载明（按：议一声各先辩论至明晰后，院长请定行否，可曰否，皆同声，以同声大小定事，行止如可否，声垿即按即按可否之名载日报，若在院人有五之一，原将可否名俾举国共知主某说亦载日报）；四曰：当国会开议之期即遇，公允暂停不得逾三日，不得别会他处。

论国会绅耆应享利益与其所不得为者。一曰国会绅耆例得俸薪，支自合众国户部。绅耆议毕，言归畔逆及败俗，而外不得因事拘执。在院所议，不得他处究诘；二曰国会绅耆任内于合众国新设文职，薪俸较优于绅耆本任者，不许移充，而合众国现任职官亦不得兼充国会绅士。

论立例事宜。一曰凡议征收税课之例，应由下议院先议，上议院或从或改，办如常例；二曰凡例稿经上下议院议成，必呈伯理玺天德核准，方谓之例准。即就例稿画押，否则批明发回创立斯例之院（始议或上院或下院）。其院将驳词详载官报复议，如绅耆愿行居三之二，即将驳词送又一院重议，若愿行亦居三之二，画诺即为定则。凡重议可否，姓名详载官报，伯理玺天德于国会呈例稿，仅十日限，除休息日若逾十日稿未发回，即作为定例，与已批准无异。如因国会停议无从发回，不在此论；三曰凡号令条议，画诺须由两院核准者，除停议日（国会停由两院绅耆公定，无须由伯理玺天德批准）应依例呈伯理玺天德听候核定，方得举行。如伯理玺天德批驳，由两院重议，仍须每院愿从人数居三之二，方为定例。

论国会权。一曰国会有权征收地丁税，课出入口税、制造税以还国债，维国是裕。国度惟所征出入口税及制造税须举国无异；二曰国会得为合众国接借债款；三曰国会有权立通商章程与外国贸易、或各邦互市、或与印甸土人买卖；四曰国会定外国人入籍章程、亏空债项条规，事归一律（按：外国人须寄五年，方许入籍）；五曰国会饬铸钱币，定轻重价直，定外国泉布相当价直，立权衡丈尺；六曰国会立例惩假冒钞票钱币；七曰国会立邮局驿站；八曰国会鼓励格致技艺有用之学，凡著书之人、创新式器用之人，给予年限，使厥专利，毋许他人，作伪侵权（按：现例，著作书籍给予二十八年限期，限内不许他人翻刻。创新式器给十四年限，不许仿造）；九曰国会有权设立审司衙门（巡按署及合众国按察使署）归律政院统属；十曰国会立法惩治海盗与夫干犯公法之案；十一曰国会宣谕交战，发给出疆强制执照、定水陆、捕缉敌人、物业章程（惠顿氏万国公法，用力自行申冤，谓之强偿。本国民遭别国强暴冤屈，可给强偿执照，与受冤屈者俾其自捕抵偿）；十二曰国会募养兵士，惟筹饷不得逾两年之需要；十三曰设立水师；十四曰立水陆二师军法；十五曰有调集民兵权，以申国法，平内御外；十六曰国会权得令各邦民兵，给予军装。训练如经合众国调用，则归国会节制。至于派官统领，按照国会所定纪律。如何训练，各邦自理（训练民兵由各邦自行派官者，缘民兵本为各邦自卫而设，合众国偶有调用，非常事也，训练必遵国会所定纪律者，冀举国一致也）；十七曰立法管辖畿地，其地四方，不过十英里，由邦让出，经国会核收，即为合众国都。至合众国向某邦之买地，既经邦会允许，其地用以造炮台军装军火诸局，难居邦界，国会辖之（按：盟约定后，次年玛理兰邦让出婆多麦河东地一段。又明年，忽尔治尼亚邦让河西一段，国会核收截地十英里，名科伦布亚，一千八百年建都曰华盛顿）；十八曰以上国会应有之权，及合众国部院官遵盟约应有之权，由国会详审立例，使权必行。

论合众国权有限制。一曰招徕外国人多寡悉听各邦自酌，国会于一千八百有八年（当嘉庆十三年）以前不得立法禁止，凡征别国人税一人勿逾十圆（按：立国初地广人稀，须工肯植，暂许招工贩，奴拟征人税，示禁阻意也）；二曰提审票所以恤无辜被押之人，不得无故停发，遇内乱外侵入，事势危急有关大局，可停（按：提审票由被押者之亲属请领，由审司发给，逐日提审以免久押受累）；三曰越权定罪之例，追罪往事之例，皆禁之（按：越权定罪谓不循例审办，且无确定实证据遽定人罪。追定往事谓犯法后始立苛例罪之）；四曰征丁税必按户口册均派；五曰各邦货物出口，勿征税。其海口贸章税则不得此优彼绌，船货至某邦或由某邦开行，均听其便，不得限定某邦某口为纳税之区（按：美利加属英时不得逾欧洲各国贸易，凡是船载货出口须赴英国口岸起卸，商民病之，此革厥弊端）；六曰户部存款提用，如例勿许滥支，支数及如何动用，逐一呈报；七曰合众国不设爵衔称号，其食俸任事官，非国会允之，不得受外国君主礼物酬劳官职称号。

论合众国各邦权有限制。一曰国内各邦不得与外国立约，联邦会盟不得发给出疆强制执照。不得铸钱币出钞票，除金银外，不得制他物偿债。不许越权定罪、追罪往事，凡法勿使人失信而弃约，勿用爵衔称号；二曰各邦非经国会之允，不得征收出入口货税，如抽规费以供本邦，验出产之用者，在所不禁。各邦所征出入口税，实数归合众国户部，动用所有征收税课例，如须更易，悉由国会核定。各邦非有国会之允，勿征船钞，平日勿蓄士兵置战舰，勿与邻邦外国订立条约，擅启衅端，若外侮方急，从权者不在此例。

行法之权第二。论正副伯理玺天德。一曰行政法权归合众国伯理玺天德，四年满任，副亦如之；二曰各邦依邦会绅士所授法选公举之人，其数与邦举上下议院绅者之数相等。凡公举人亦曰国选官，即代邦众公选伯理玺天德者也。任国会绅者及合众国食俸任事之员不得充公举人。先是立举伯理玺天德法为第三条，今已不行，有继增盟约十二。一曰公举人在本邦聚会出筹，拟举伯理玺天德一副一正，正副不得同籍，本邦至少须有外籍者一筹，上书明选举某人正，另筹书副，于是将举正某副某，得筹各若干，列为二单，公举人画押批明封固，于十二月送至合众国都，交上议院（按：单三分一使交国会，一交自邮务局，一封存本邦之合众国巡按司。如延至正月内第一个礼拜，三封犹未到，则由首相遣员赴邦巡按司取存案一分至都）。届期院长在国会绅耆前开拆各邦举单，核计某举正得筹最多，其数又逾公举人总数之半，即定为伯理玺天德。如得筹不及公举人总数之半，即以得筹最多者三，由下议院投筹重举一人为伯理玺天德，计筹之法每邦无论所派下议院绅士多寡，同出一筹，此事必到院绅士得联邦三分之二，方得开办。若绅士所举之人筹数逾于邦数之半，即以其人为伯理玺天德。如下议院绅士于应举伯理玺天德一事延至本年三月四日未定，即以所举之副署之。其法与正故或未克任事者同。二日举副得筹最多，其数又逾于公举人总数之半，其人即定为副伯理玺天德，不及半则取得筹多者二人，由上议院绅耆重举，此事必到院绅耆居三之二，方得开办。若所举之人筹数逾于众绅耆人数之半者，即以其人为副伯理玺天德（按：上议院举副伯理玺天德每员一筹，议院举正，每邦只准一筹，举法各异）。三曰凡不克胜伯理玺天德任者，亦不得副。四日各邦选举公举人日期及公举人投筹日期，均由国会酌定，惟投筹日期，举国一律（按：乾隆五十七年，即千七百九十二年定例，公举人聚会投筹在十二月内第一礼拜三，国会计筹在二月内第一礼拜三。又道光二十五年，即千八百四十年定例，各邦选举公举人在十一月内第一礼拜一后一日）。五日美利加生长之人或入籍在立盟约前，方得为伯理玺天德。其岁不及三十五，入籍未十四年者禁。六日伯理玺天德或故或退或未克任事，即以副为正，如副又如之，则国会议立一人，摄行其事，或复或再举如例。七曰伯理玺天德任内俸银勿卒加卒减，勿受合众国即联邦筹款（按：伯理玺天德俸银初定每年二万五千圆，同治十二年，即千八百七十三年，增至五万圆，副俸年支八千圆）。八曰伯理玺天德受职，先具誓词，意谓指天具誓。予小子输诚昭告，而今而后，君临联邦，恪供要职，原立盟约，永守无失。论伯理玺天德之权。一曰伯理玺天德为合众国水陆二军将将之长，各邦民兵为合众国调用者，亦归节制。各邦事物，可饬部臣议议奏，除官员被参不宥，外凡有干犯合众国律法者，伯理玺天德有特赦权或命暂行监候；二曰伯理玺天德可与外国立约，惟须上议院绅耆三之一意见相同，方克定议。伯理玺天德可派头等公使、各等出使大臣、领事馆、律政院审司及合众国遵例续设职官，乃须上议院绅耆公议允从乃定。至于属官，或由伯理玺天德自用，或有律政院审司，及各部重臣拣派应由国会度情立例；三曰上议院停议时，遇合众国官缺，伯理玺天德派人暂补，其任事期以下届国会停议为限。论伯理玺天德职守。曰：伯理玺天德遇大要事，可调集两院或任调一院绅耆会议，如两院停议日期意见不同，伯理玺天德可酌量谕令停至何日再会。至于外交各国公使，皆其专责，然须体例有无，阴连合众国职官莅任各予执照。论伯理玺天德被参。曰：正副伯理玺天德及合众国文官（各部大臣律政院审司及巡按司等官、国会绅耆为各邦所举者不在职官之列）如有谋叛、大恶、授受贿赂干名犯义，诸事被谈，审即褫职。

定法之权（即执法）第三。论合众国法院。一曰合众国司法权归律政院（一译上法院）及国会，随后所设归政院统属。诸法院律政院审司及下属各法院审司，如品行端方即令久于其任，薪俸勿减。论审司权。一曰：凡合邦盟约律法及合众国所立和约有关涉及事，或关公使领事之事、海上战利管辖与夫龃龉诸端合众国在局内者，或此邦与彼邦龃龉，或此邦与彼邦之民龃龉，或此邦民与彼邦之民龃龉，或同为一邦之民凭二邦之权以索地基而兴讼者，或此邦及此邦民与外国民龃龉，皆归合众国。审司审断。二曰：凡有关于外国公使驻扎使臣领事之案，或牵涉一邦者，律政院有权径行审断之权，其余前款所述各案件律政院遇上控有复审之权。其有禁止上控循定章者，悉有国会酌定；三曰：凡审问一切罪案，除官吏被劾外，须有陪审人员，又必在起事之邦审办。如不在邦辖，应于何处由国会议行（按：陪审以十二员为额，择民间殷实诚朴者，当之遇审罪案，令陪审者到堂听审，审司执法判案仍须陪审者公议方定）。①

在介绍完立法权、行政权与司法权后，傅云龙又以"论反叛""论各邦例案""论庶民利益""论联邦新疆""论护卫各邦""论增订盟约权""论国债"和"论盟约告成"等几个方面，继续介绍美国宪法的内容。文载：

论反叛。一曰：兴兵谋反或潜附敌人须有见证二人，供词相同或自招方克定罪；二曰：反逆如何治罪由国会议定，惟不得抄家产、罚及子孙，反逆不处死者不在此例（按：同治元年即千八百六十二年，国会定例：反逆或处死、或监禁、罚锾审司酌定，惟监禁不得少于五年，罚锾不得少于万元）。

论各邦例案。一曰：此邦与彼邦之律例、契券及其审司讯判之，据当奉为信凭，如何察验以杜假冒，由国会立例饬

---

① （清）傅云龙：《游历美利加图经》，下册，朝华出版社2019年版，第985~996页。

行（按：乾隆五十五年即千七百九十年国会立例：各邦律例契券审司判词均以印押为凭）。论庶民利益。一曰：此邦民赴彼邦，其应享利益与彼邦同；二曰：叛逆逃亡彼邦，由此邦主政（即总督），行文到彼应即将犯交犯事之邦惩治；三曰：学徒佣工遵此邦例定有年限，如在年限内逃往彼邦，不得以章程互异为之解脱，如经原主问取应即交还。论联邦新疆。一曰新邦愿入合众国者，国会核准，但不得于旧邦辖内别为一邦，亦不得合二旧邦或数邦以为一新邦，更不得割数旧邦地另为一新邦。如经邦会国会特准，不在此例。二曰国会有权定立条约以掌管处置合众国新疆，公掌至合众国与各邦有应得地，盟约各款不得作用有碍于其应得之额解说。论护卫各邦。一曰合众国愿保存各邦永行民主之政，各邦外侵内乱一经邦会或邦总督报闻（邦会停议则由总督报知），合众国护之。论增订盟约权。国会绅耆如有三之二欲增盟约，或各邦有三之二其邦会请国会将盟约增订者，由国会知照各邦派员会议如何增订。议成，邦会绅耆画押或会议各员画押，应由国会酌定其画押，须得众邦四之三具名方为定议，议定之款与原立各邦盟约无异，举国奉行。惟一千八百八年（按：此年为嘉庆十三年）以前如有删订不得于第一章第九节之一四两条稍有妨碍，各邦非出于自愿，不减少其应派上议院人数。论国债。一曰未立盟约以前，所借公债立约，均肩自合众国法，与联邦无异；二曰合邦盟约及遵盟约而立之律例，暨已立续立之条约俱视为合众国之上法，各邦审司执法办案，凡邦例与盟约不符者，不准行；三曰国会邦会绅耆及合众国与联邦行法定法之官，受职时具誓卫护联邦盟约，至于奉教无关职守，无论何教不得歧视。论盟约告成。众邦会议以上盟约，如有九邦尽押愿从者，即作为定议，由愿从之邦遵行（按：会议盟约时，凡十三邦愿从者十一邦），此一千七百九十九年（嘉庆四年）约也。①

最后，傅云龙还在考察报告中把美国 1787 年联邦宪法的十五条修正案也进行了介绍。是谓：

续增盟约十五。一曰：民间教士，国会不阻，至于言论、著述、负屈请申，皆听，勿为立例拘制；二曰：邦练民兵，保民也，置军器不禁；三曰：平时寓兵于民，而兵居视室主之愿否，乱时亦然，兵士安插如例；四曰：凡民身家屋产契券不得无故搜夺，否则誓实指明应搜之处某人某物；五曰：凡干名犯义，由陪审官代呈（各邑择名望者至少十二多则廿三为陪审大员，遇有罪案，先由陪审大员会议确察原告情形属实，然后具呈有司审判），乃得提犯鞫之。水路二军及民兵当有事秋有犯前罪者，不在此例。罪结不得再缉，亦不得刑讯勒供，治一如例，勿害生命，勿制行藏，勿夺家产，如以私业充公，必须公平酬偿；六曰：被告者由犯事地方例定界限内之陪审官同鞫，将所控情由详告被告人，许其当堂与证人对质，如被告者欲得某人为证，须即传案，并许律师申理；七曰遵例判案，凡银数逾二十圆者，由陪审人断定以后，勿在合众国法院重审，其通例许再审者，不在此例；八曰取保勿索、罚款勿重、刑法勿酷；九曰盟约所载民间应有权利，非谓所有权利，仅此而已。寻常所有者，一如厥旧；十曰凡盟约中无载，特让合众国之权及特禁各邦之权，准各邦与居民仍旧。以上十条增于一千七百九十一年十二月十五日（乾隆五十六年）；十一曰无论本国外国人，不

_____

① （清）傅云龙：《游历美利加图经》，下册，朝华出版社 2019 年版，第 996～998 页。

得因例案争端兴讼控告合众国之某一邦，合众国司法之权不得理此等案，增于一千七百九十八年正月八日（嘉庆三年，按：前立盟约云，此邦之民与外国及外国之人，皆得与国内之一邦兴讼，众邦以其有碍与体制，故增此例条删改之），十二已改；十三日国内不得豢养奴仆，不得迫人为奴役之工，罪犯定案后罚工，不在此例。国会定例，以行此意，此增于一千八百六十五年（同治四年）；十四日合众国生长之人及入籍或在联邦，即为所住邦之民，不得立例减其应享权利，并不得违例杀害人之生命，拘制人之行藏，侵夺人之家产。下议院绅士系按邦民多寡定制，印甸土人不纳税者不计，凡居民男丁，年在廿一岁以上，即非叛党又无犯法，若所居邦不许投筹选举公举之人，选下议院之绅士及本邦总督审司。邦会诸人，则其邦应派下议院绅士，人数即照不许举官之男丁数，比例核减（按：何人始准举官，系由各邦自定，合众国本不预闻。自释奴后，昔奴作五之三算者，今皆齐民。南邦民数顿增，所派下议院绅士人数亦俱增。乃南邦不准昔日奴举官，故国会增此例，意谓南邦绅士既因释放黑奴而增，则黑奴应准举官，否则绅应此例核减，欲各邦自择所从，以示限制）。上下议院绅士、合众国职官、各邦立法行法定法等官，于受职时已誓守盟约，如明归叛党或暗助之，以后勿在充国会绅士及公举人与夫合众国之文武，如国会两院绅者各三之二愿其人复官员者，不在此例。合众国遵例揭借公债，若平乱之饷粮，若募兵之奖赏（入募者，例给粮饷之外，有先给鼓励银一款，所给不一，律其多少，视募兵之难易），其应还者也。乱党之债，暨释奴后，奴主亏累之款，合众国及各邦皆无还理，此例增于千八百六十八年七月廿一日（同治七年）；十五日合众国及各邦皆得与举，不得以种类不同，皮色有异，或者与夫昔日微贱为奴，遂减其举官之权（按：十四章意在黑人可一体举官，不在核减绅士人数，乃南邦不愿黑人举官，国会恐黑人，不能一律自立，故再增此条，欲举国二十一岁之男丁皆得举官），此增于一千八百七十年三月三十日（同治九年），凡所增例，皆立自国会云。①

通读上述傅云龙介绍美国政制所用的美国宪法的内容，笔者发现，该内容与前述张荫桓光绪十二年（1886年）十一月二十日的出使日记中转引时任驻华盛顿使馆翻译蔡锡勇翻译的《美国合邦盟约》完全一致。可能的情况是，要么傅云龙游历美国期间读过时任驻美公使张荫桓的日记，要么其在驻美使馆读过之前蔡锡勇留在使馆的译本。笔者认为，后者的可能性较大。这意味着，在1902年上海文明书局出版章宗元翻译的美国宪法单行本之前，在国内至少可以从林乐知《万国公报》、张荫桓《三洲日记》以及傅云龙《游历美利加图经》三个地方阅读到完整版的美国1787年宪法及其前十五条修正案。

总而言之，傅云龙的《游历美利加图经》是洋务运动时期关于美国最为全面和详细的报告，② 其内容远超之前的《瀛寰志略》《海国图志》以及其他出使、游历人员的相关记述。

（二）刘启彤对英美法的记载与介绍

刘启彤（1855~1898年），字丹廷，江苏宝应人，光绪八年

---

① （清）傅云龙：《游历美利加图经》，下册，朝华出版社2019年版，第998~1000页。
② 例如，傅云龙还在《游历美利加图经》"艺文"部分，详细汇编罗列了涉及美国方方面面的书籍。参见（清）傅云龙：《游历美利加图经》，下册，朝华出版社2019年版，第1118~1151页。

(1882年)中举人,后入津海关道周馥(1837~1821年)幕。1887年,刘启彤考取出洋游历使,与李瀛瑞、孔昭乾、陈燨唐一起派往英国、法国及其殖民地印度等国游历。由于同行人之中,刘启彤最懂洋务,众皆奉其为导师。[1] 其作《英法政概》对英国、法国及其殖民地介绍最为详尽,其中的《英政概》和《英藩政概》对专门介绍英国及其殖民地法政情况的著作,极具史料价值。

《英政概》共分"国君篇""议院篇""大臣篇""百官篇"和"法制篇"五个部分。

刘启彤在"国君篇"中,首先介绍了英国"君称王不称帝,以与民共主也"的君民共主政体。接着,又细述了英国王位继承的制度。文载:

> 君统世及传子传孙皆立长;无长,立幼以次。及无子孙,则传弟;无弟,则立近支。古无传女者,自威廉第三定传女之制,凡君无子孙则传女,女可传其子孙。今之维克多里亚以侄女继统,又法之变者。君未及十八岁而立太妃听政,或择大臣之贤者辅政,君有疾亦如之。君老而疾则太子权朝。[2]

然后,刘启彤又介绍了英国君主立宪后,国王在财政和权力行使方面的一些限制,如在财政限制方面,他指出:

> 君禄岁有常制,即位之初议院定之。今君之禄岁金钱六万,宫中之用岁三十有八万有五千,婚嫁之用则至其时议

---

[1] 关于刘启彤的生平考略,详见王晓秋、杨纪国:《晚清中国人走向世界的一次盛举——一八八七年海外游历使研究》,辽宁师范大学出版社2004年版,第179~181页。

[2] (清)刘启彤:《英政概》,引自王锡祺编:《小方壶斋舆地丛钞》,第十一帙,上海着易堂1891年版,第1页。

之。君有地，其则视如民产今则立为公产以别之。①

在权力行使方面，他指出，英王权力已从国王转向议会，权力不仅大幅缩减，而且受到诸多限制，所剩之权多为一些涉及礼仪方面的事项。是谓：

> 君所治之事有二，一曰议院之事，二曰大臣之事。大臣之事皆循成法，无可否；其有可否者，议院主之。议院之制，君必日临，无故不建议，司监察而已。其后废日临之制，惟启院、止院之日则临议院。有新政，君俞之将告于众，则临；有战事布告于众，则临。其有倦勤者则使列爵之尊者代之。

> 议建于下，君无大权。惟议院之启闭，君得而命之；议院之爵绅，君得而黜之；所议之典章，君得而俞啡之。启闭有时不可得而踰也。爵绅有党，一曰公党，一曰保党，七年一易迭主朝政。宰相而下皆从其党以定，非其时而易则视其党之盛衰。公党盛保党衰，保党虽主政不得行其志则必退，保党盛亦如之。君若恶公党易以保党，公党不相容则不崇朝，而易如不易也。典章从乎众，众之所欲有俞无啡也。每岁仲春乃启院，君或至或不至皆有诏使上公告于众，曰："若者为用兵之事，若者为藩服之事，若者为交邻之事，若者为宫廷之事，其集众议唯善之是从"。君有私用将征财，君察大臣之罪将按治，民人之有祈请者将许之，敌国有衅将主战，战而复和将立约，皆下诸议院议之而后行。百官爵禄授自君，陆军水师统于君，列邦之使臣、藩属之疆臣皆命之于君，而举之自下也。罪人当治君治之，赦则君赦之，而谳

---

① （清）刘启彤：《英政概》，引自王锡祺编：《小方壶斋舆地丛钞》，第十一帙，上海着易堂1891年版，第1页。

之自下也。刑赏不专，政不独断，权轻事简，有若守府而已。①

在介绍完英国国君的权力后，刘启彤详细介绍了英国的议院制度。首先，他用简短的文字介绍了英国议院的历史。文载：

> 先是八百年，英之世爵或以战功分封，或以大臣积封，聚而议政，谓之议院，君亲主之。其后分而为二：凡世爵之大者、富者辅君治事，谓之上议院；其小者、贫者则为下议院。南宋度宗元年（1265 年——作者注）始令京外城邑公举贤能入下议院议事，而上议院之权自是渐替。②

接着，他又详细介绍了英国议会上下议院的具体组成和充任规则。文载：

> 上议院之人无常额，多寡之数因时增损，今则五百十有六人；王六人，大教师（大主教——作者注）二人，公二十一人，侯十九人，伯一百十七人，子二十六人，教师二十四人，男二百五十七人，苏格兰世爵十六人（每七年随其院之爵首以易），阿尔兰世爵二十八人（任之终其身）。世爵古有专职，今止存其名。君封爵无定数，多寡唯命。爵皆世袭子孙，皆立长，唯女不袭。君若封女爵使女袭爵，皆唯命，惟不能入议院。上议院之谳狱者，皆以律师之贤者封爵充之，爵止封其身，不世袭。政府大臣必有世爵数人，故上议院中皆有政府之人。宰相得举，百官之有才能者，使入上议院。

> 下议院之人皆民举，举之数视地之大小、民人之众寡以定其人。昔众而今寡，商贾日稀，则废其举人之例，或减其

---

①② （清）刘启彤：《英政概》，引自王锡祺编：《小方壶斋舆地丛钞》，第十一帙，上海着易堂 1891 年版，第 1 页。

数；其人昔寡而今众，商贾日兴，则增其举人之数，或自无
而有。举而有不公则废其地，使不得举。今所举者凡六百五
十二人。英格伦与维而司（英格兰与威尔士——作者注）
分五十二部，举一百八十七人；大邑一百九十有七，举二百
九十五人；有国学之邑三，举五人。苏格兰分三十二部，举
三十二年人；大邑二十二，举二十六人；有国学之邑四，举
二人。阿尔兰（爱尔兰——作者注）分三十二部，举六十
四人；大邑三十有三，举三十九人；有国学之邑一，举
二人。①

同时，刘启彤还发现议会上下两院各自地位和职责也是存在
不同的。申言之：

> 上议院世爵多世袭，有生以后无贤愚皆得入，故其人多
> 守旧，无故不建议，亦不知所议。下议院所议事上诸上议
> 院，允者十之八，否者十之二焉。其事简，每日议事之
> 时短。

> 下议院部为政令之所出，其事繁，每日议事之时长……
> 事繁之日，日议者再晨自午至申，暮自酉至子丑之交，议绅
> 必日日至院。若无大事则不至者听，至者不及四十人则止
> 议；有大事召集众绅，先期示于外，有不至者必罚，至而不
> 议者听。议院之人欲居于远方，必有故必告而后行。若世爵
> 则可致书以议事。②

然后，刘启彤还十分全面、准确地描述了英国上下两院具体
的议事规则和程序。是谓：

---

① （清）刘启彤：《英政概》，引自王锡祺编：《小方壶斋舆地丛钞》，第十一帙，上海着易堂1891年版，第1页。
② （清）刘启彤：《英政概》，引自王锡祺编：《小方壶斋舆地丛钞》，第十一帙，上海着易堂1891年版，第1~2页。

下议院之首曰"司批克"（Speaker——作者注），众绅举之，君允之，乃授是职。居中不言，察众论之是。非有群起而争者，则定其先言后言之序，先言者毕后者乃得言，使无争扰。议不决则使分左右袒视其众寡以定，众寡之数同则审其是非以断。院之事皆主之，院之人皆得而约束之，其权重，其人必公、必正、必明，于事理必娴于典制。秩满之日皆锡以爵岁俸金钱五千。其次曰"副司批克"，岁俸金钱千有二百，其次为宣读记载之人，其次则副之者，其次则副者之副，皆坐于司批克前。前有案置文牍，凡众所议外人所报事，每日皆刊示于众。

凡诏书至上议院，则上公宣之，下议院则赍诏使宣之。议院启事以笺，皆躬进。合启则上议爵首进之，分启则爵首、绅首分进之。议院之人无早暮皆得见君，上议院之人独见，下议院之人则旅见。凡下议院坐次：国之宰相、大臣及官之党皆居司批克之右，其与官异党者则居左，其有不党者名之曰"音敌盆"（Independ——作者注）等则居前横坐。上议院之世爵、外国人之使臣入而听议者，皆坐于楼上；报馆之人不妄报，许其入而听焉，且与之坐；有密事则禁之。凡建议者司批克呼之进，及欲有所辨者，皆必免冠而兴言。已始冠而坐，若违礼蔑法，则有若金瓜武士者执而治之。[①]

议有三等，一曰官议，二曰私议，三曰民议。官议者事由官起，则官之在下议院者陈之，凡传教、通商、征税、理财之事皆官先议之，议成然后告诸下议院。议之事重大者则不待议而即告，告必以牒授宣读。记载之人受牒者读其目以

---

① （清）刘启彤：《英政概》，引自王锡祺编：《小方壶斋舆地丛钞》，第十一帙，上海着易堂1891年版，第2页。

告于众，众无所否至日宣讲，即於其日议定之。私议者或官
或绅一人创之，必条析其事具牒以进，牒必有同院者二人署
名于后。牒进议院不受则不得议，受之则择日读之。初读既
毕，越日复请众允之读则再读。再读则议，议之日众起问
难，逐节详审，芟存损益，各从其宜，或专选人以考察之。
众意有不同则集众以定行止，然者曰然，否者曰否，视其声
之多寡以定；声不可辨则令众人皆出，分左右二门而入，然
者由右，否者由左，使人察之视每门多寡之数以定其事。行
则序于简，以俟三读，三读既毕则下院之议成，进于上议
院，上议院韪之则请于君签诺而颁行。若欲有所变易则反诸
下议院，下议院曰然则易之。以上如不可易，则复进于上议
院，且告以故，上议院执不可行，则罢之，或两院公选数人
以定之。民议必联名合辞以请，或请兴一利或请革一弊，恒
列名至数千议，上必使人问之，问之而实然后察之，察之而
实然后议之。①

其后，刘启彤介绍了英国"议会主权原则"最为重要的内
容，"议院之权"。他认为，英国"议会主权"具体是由"议政
之权""自主之权"和"治人之权"三部分组成。文载：

议院之权有三，一曰议政之权，凡机务之行止法律之因
革、财用之损益皆自下议院议之。即成，请于上议院，上议
院有所不可则罢之。上议院请于君，君有所不可则罢之，君
可罢之而不可改之。上议院可使改之而不得自改君所交议。
上议院所交议者苟不便于民，皆得而违之。兵非议不兴，财
非议不用，刑非议不行，政非议不举，农工商贾之事非议不

---

① （清）刘启彤：《英政概》，引自王锡祺编：《小方壶斋舆地丛钞》，第十一帙，上
海着易堂1891年版，第2～3页。

成。上议院能自定律，惟不得立税则。二曰自主之权，议院之人论人之过，不问其论之是非，皆不得控告，惟言有詈辱则治之。讼不作证、不充助谳之人，自入院之先四十日至出院之后四十日皆如之。三曰治人之权，凡在院之人，有事未议而先泄于人者，召之议事而不至者，阻挠国之大事者，登新报著私书以诋毁议院者，诬人以罪者，贿赂坏法者皆执而治之；其有行止不端、妄言妄作者，同院之人皆得而逐之；院外之人干犯院禁肆行谤讪者，议院得而执治其罪。凡议院之人有所犯将按治，必先议而后审。谳狱之人皆上议院选之，谳之于维司敏斯德鹤尔，狱成则上议院定其罪，教师皆避之。国有作乱之人亦执而讯之于上议院，百官之有罪者亦如之。①

最后，刘启彤还关注到了与英国议院制度休戚相关的选举制度。是谓：

> 凡下议院议绅满七年，或未满而死，或有过而黜，或升于上议院，皆必举以补其缺。有缺则下议院之首告诸总审事院，使一人主其事，至其地布告，于众举之先一日。无贵贱贫富，皆得荐贤以备举荐之，以书书其姓名居处，必有一人同署，又有举人之人八，列名其后。然后上于有司，举人之人皆如其应举之数以举之，其专举一人者听，不得举逾其数，不得以一人兼二名，有重名者则并除之。道光壬辰年（1832 年）及同治丁卯年（1867 年），英制：凡各邑举人之人必一年之先居于其地，所赁之屋必岁直金钱十枚以上，必有所业；各部举人之人必居其地年二十一上，必有田庐久赁

---

① （清）刘启彤：《英政概》，引自王锡祺编：《小方壶斋舆地丛钞》，第十一帙，上海着易堂 1891 年版，第 2 页。

之屋，岁直至少之数必金钱一二枚。赁六十年者，必岁直金钱五枚；赁二十年者，必岁直金钱五十；或于一年之先始居其地，必有田庐，岁直金钱十二枚以上。岁一报名其地之官为之登册，至秋则各部巡察之官使人考其登下之数，未登者补之，不当登着除之，有所更者更之。有国学之邑，则必考而登第及赏予功名者始得举人。公举之制屡议更张，有议而未成者三：一、使各邑与各部之制概归一律；二、男子年二十一年以上，不论有无家产，皆得举人；三、妇女举人与男子同。万民争举以遂其私，故其议莫之能从也。举之日，凡得举人者，皆书其名与所举者之名投入瓯中，不得先告于人。有官以监之。众皆投毕乃启瓯视举之，多者为中选。有不能书则官问其所欲举，书而投之，皆毕于一日。公举之地，或学校，或公会之所，亦有专建一区者。有国学之邑不用瓯举者，以所告其地之官，官为之封告。有司其有贿举或威胁者，轻则罚之，重则拘而禁之；知而不以告或为之纳贿者，若在应举之列，亦除其名。其地屡举不公则废其举人之制。凡应举者，必英籍二十年以上，其家产多寡不论。惟世爵不举，刑官不举，教师不举，职官之有禄者不举，为国营造者不举，逋负报贫者不举，曾因罪入狱者不举。议院异以有禄之职，虽公举中选，亦不得入院，必舍之而重举。[①]

值得注意的是，与同一时期出使官员因为议院能够帮助"君民上下相通"，而欣赏议院制，却因政党制类似传统中国朋党，而否定政党制不同的是，刘启彤对于英国的两党制的介绍是相对客观公允的。文载：

---

① （清）刘启彤：《英政概》，引自王锡祺编：《小方壶斋舆地丛钞》，第十一帙，上海着易堂 1891 年版，第 3 页。

百事之兴废决于众论之从违，从者众则其事行，违者众则其事止。舍一人而就数百人，合数百人而若二人，法非不善也。然而建议者无不欲其意之行，欲其意之行则必使从之者众，欲从之者众则必肆其标榜牢笼之术，以致之于平日而其蔽，遂流而为党。英国议院之有二党由来旧矣，一党昔名"维格"（Whig，辉格——作者注），今名"立不耳"（Liberal，自由党——作者注），译言"公党"是也；一党昔名"拖利"（Tory，托利党——作者注），今名"康色日别甫"（Conservative——作者注），译言"保党"是也。保党袒官主守法，公党袒民主均权。又有调停中立者，名曰"来的格耳司"或左或右，然袒公党之时多。下议院两党之势均，上议院多保党。两党迭主朝政，七年一易，易之日君立其中之有名望者以为相，相举其所知之能者以为诸曹之长。故党易则举朝大臣与之俱易，官不协于众则不俟七年而易。一黜一陟皆两党阴持之，君无权焉。[1]

与此同时，刘启彤已认识到政党制、议会制以及政府之间的内在关系，并顺及介绍了英国的内阁官制。是谓：

政在议院，故举朝大臣皆由两党推举。入两议院议政，有密迩于君者，谓之政府，其人十有八：一曰宰相兼户部大臣，二曰刑部大臣，三曰总管大臣，四曰掌玺大臣，五曰度支大臣，六曰内部大臣，七曰外部大臣，九曰印度部大臣，十曰兵部大臣，十一曰工部大臣，十二曰兰卡司德理事大臣，十三曰海部大臣，十四曰商部大臣，十五曰民部大臣，十六曰邮政大臣，十七曰阿尔兰参赞大臣，十八曰副总管大

---

[1] （清）刘启彤：《英政概》，引自王锡祺编：《小方壶斋舆地丛钞》，第十一帙，上海着易堂 1891 年版，第 2～3 页。

臣。宰相一人随党更易，皆其党之魁，众望所归。主荐授举朝大臣，大臣有过唯宰相是问。若其党畔之，或众大臣不从其言，则辞退；与一人有不合，则其人自退，大臣辞退则宰相举贤以代。宰相辞退则并其党易之。故宰相非不协于众，虽君莫之能易也；不协于众，虽君莫之能留也。户部为宰相专职，有冢宰制国用之意，亦有兼摄他部者，如今之沙侯兼管外部是也。①

刘启彤在介绍官制中的刑部时，对英国政府的刑部大臣有所介绍。是谓：

刑部大臣英名"劳得禅喜罗"（Lord Chancellor，大法官——作者注），"禅喜罗"者治理之谓也，为众理事官之长，各部巡察官皆其所举，位在上议院，与政府诸大臣立新律、修旧章授诸议院议而行之，凡法律之奉诏颁行者，主用玺官名甚古，今则事简而责轻，岁奉金钱一万。②

此外，刘启彤还十分全面地介绍了英国的司法制度，其中涉及英国各级法院组成和陪审制。文载：

狱讼官分二等，一曰上审事院，一曰下审事院。理狱讼之大者，官制纷繁，或曰君主审事院，或曰寻常审事处，或曰户部审事处，或曰户婚审事处，或曰海部审事处，或曰上议院审事处，皆刑曹官主之，各草官辅之。其由国君特选，专谳一狱者，则曰"审事大臣"；由刑部大臣选使助谳者，则曰"加派审事官"；其鞫讯罪人者则曰"鞫囚处"，皆上审事院各官轮流值鞫，若刑部大臣、若府尹、若府丞则月一至

---

① （清）刘启彤：《英政概》，引自王锡祺编：《小方壶斋舆地丛钞》，第十一帙，上海着易堂1891年版，第3页。

② （清）刘启彤：《英政概》，引自王锡祺编：《小方壶斋舆地丛钞》，第十一帙，上海着易堂1891年版，第4页。

焉。又有巡审之官，英格伦及维尔斯析为八处，每处官二人，律师数人，周视各邑，治其狱讼。岁或再或三至，至或以二月，或以七月，或以十二月。又有钦命审事官二人，一曰听讼，一曰鞫囚，巡审之人未至，则此二人治之。有时案犯重大，不及久待，则转遣大臣就而鞫之。下审事院所辖，曰各邑审事署，曰季审处，曰月审处，曰巡捕审事处。各邑审事署分五十九邑，邑辖村镇，村镇之大者则有一审事署，小者则附于近处，每邑至多者十六署，五十九邑共有五百二十一署。昔日专理钱财词讼，为商贾所请立为之追逋，今事加繁，上审事院讼费重，民多苦之，故各邑词讼听其就近请理。季审处兼理钱财命盗，居邑中之，大镇岁至少审四次。听断之官秩视知县，刑部大臣选授，皆本籍人，必有财产，岁息金钱百枚以上，每邑一人。又有审事官二人助之，皆律师之著名者，有时加多不止二人。小事则自理，大事则俟巡审官鞫之。季审处兼议事，各乡村之长皆得入内聚议，凡一邑财用、选补、微费及修造监狱、疯院、街道之事，皆俟议院之命而行；若捐赈贫民、禁止作践、阻塞道途之事，则皆得以自主。月审处必有审事官二人，季审之官如知县者亦与焉，每七日一审，无十二公正人为之判断。断罪至监禁两月，罚至金钱二十而止。大者则审录大概，申送巡审、季审各处。巡捕审事处之权，与月审处相等。

公断之法始于罗马，所以平两造之争，而防官断之偏也。英语曰"纠类"（Jury，陪审团——作者注），今昔相承，皆用十二人。凡治狱讼，官廉得其情则使公断人判曲直，有罪者定其罪，众意不齐则从其多者，曲直各半则再鞫。人有三等，一曰大事公断人，二曰上等公断人，三曰平民公断人。断大事者必有恒产，久居其邑，季审之时审断囚犯。上等者皆富商大贾，读书识字，用以断钱财之事。平民公断人年必六十以下，二十一以上，必有地产，岁息金钱十枚以上；或纳屋税过金钱三十者。其不充公断人者九：一曰世爵，二曰听讼之官，三曰律师，四曰狱官，五曰教师，六曰兵官，七曰医士，八曰税官，九曰下议院议绅。选之而不至者，罚选充之人。两造欲有所易，许易之，或素有仇隙，或行有不善，皆必有左证，始许之。若审叛逆则许其无故而易，至三十五人而止；命盗重犯则许易至二十人。①

刘启彤在《英政概》的最后还介绍了英国的法律。他首先介绍英国的刑罚分为如下七种：

刑罚凡七等。一曰绞，凡谋反、叛逆、海盗、谋杀人命诸重犯皆论绞，惟叛逆者，国君可使论斩，或凌迟处死，或先绞后斩。皆决于狱中，不刑于市，定罪二十一日处决。二曰禁锢终身，必有苦工令之操作。视其所能受与其罪之轻重、犯之次数，少则作工五年，多则终身，勤者可以减其禁锢之期。期满流之远方，既流之后居何处、操何业，必以时报于巡捕。不报或报而不实，则执之还而禁锢三日。禁锢加苦工期不越二年，就地禁锢，不解伦敦及各部省会。苦工又分几等，至苦者踏轮之类，以其无所取值也。其在禁滋事者则独禁锢之于暗室。三曰鞭扑，治凶儿殴者，近时不恒用，惟童子犯罪偶用之。四曰禁锢不作工时之久暂视罪之轻重以定。五曰罚学，童子犯罪则别有

---

① （清）刘启彤：《英政概》，引自王锡祺编：《小方壶斋舆地丛钞》，第十一帙，上海着易堂 1891 年版，第 5～6 页。

学堂拘禁之，使之读书改过。六曰罚镪，多寡有差。①

接着，他又介绍了英国的五种法律。是谓：

> 英国律例约分五种：一曰古律，多出罗马，英君威廉第一尝修改之，刑部、户部、海部至今沿用。二曰议院订定之律。三曰大臣公定之律。四曰因事而成之例，旧律所无酌理而定，日后因之遂成例。五曰外国流传之例。②

由于刘启彤认为英国"律例至繁"，因而，约而言之，又可分为六门，即家产、券约、婚嫁、过失、故犯和税收。其中的"家产"，即财产法的内容，介绍如下：

> 一曰家产。家产有二，田地屋宇之属谓之实产，金银珠宝之属谓之浮产。产业相传以其人遗属为定，属与何人必书皮券延中证为之书押，或报官立案。无遗属者，实产则父传子，无子则传女，无女则返诸其父或祖或伯叔，暨至亲尊长。传子则按长幼以分差等，女则均分。浮产则以三之一传其妻，以三之二传其子女；无妻则皆传其子女，有妻无子女则传其半，于其妻分半。于至近亲属人死，官选其亲族一人为之经理，先其丧葬之费，偿补之用有余，则遵遗属以授其人，无遗属则遵定例以行。其有以家产充善举或输入教堂者，必生前一年立据，必有中证人二，报官立案，以股票于人必六月前立据。输产于国学，如教克斯福德堪布立址等处，不在善举教堂之例。后又推而广之，凡白立地斯博物院、格林尼址医院亦与国学同。③

"券约"，即契约法的内容，这样写道：

> 二曰券约，凡租地、租物、租物、购货、运货、合股、

---

① ② ③ （清）刘启彤：《英政概》，引自王锡祺编：《小方壶斋舆地丛钞》，第十一帙，上海着易堂1891年版，第7页。

保险皆立约，俗谓之合同。合股则二人，或不止二人，各出
赀本，公同贸易。纠股至七人以上谓之公司，报官核准，然
后纠股。有股之人互相纠察，以防诈伪。股本可以转售。有
以股本亏尽为止者，谓之有限公司；有股本亏尽，不敷之款
照股摊偿者，谓之无限公司。保险则凭其人之言欲保何险，
保以若干之数，按数给息，遇险则如其保之数以偿。凡身
险、火险、船险、冰雹险及诸险事皆依此例。购货之例必先
给半价，或四分之一，或已收货一分，其合同方足为据。租
地、租屋则必立契，不遵合同之言则控诸官，官为追偿，不
足则监禁。其先事预防之例有二：一扣货作抵，俟其依约而
行然，后给还；一变产偿还，如知其人不能依约而行，则令
其将家产报官变价分偿，后日再作他业不偿旧债。偿债之券
或拨抵或缓期，皆同行。①

"婚嫁"，即家庭法的内容，介绍如下：

> 三曰婚嫁，男十四、女十二以上始得立婚约，立约之后
不得改嫁。同异姓皆得婚，惟五服之内不结婚。妻死不得娶
妻之妹与妻姊妹之女。男女皆不过二十一岁，自主婚嫁不告
父母者，例所不禁；若男女有一人未过二十岁，必责其告父
母，未告者父母不给家产。将婚先二十一日悬帖于教堂门
外，以婚期告于众；不悬帖必以婚约示教师，教师允之乃行
婚礼；否则赴婚嫁官署报名登册。娶有在教堂者，有在婚嫁
官署者。违例婚嫁，教师及襄礼者皆有罚。婚嫁之后夫妇反
目则控告于官，或断令析居，或离异。离异则男可重婚，女
可再嫁。若男女私立离异之据，亦必报立案。男死其家产归

---

① （清）刘启彤：《英政概》，引自王锡祺编：《小方壶斋舆地丛钞》，第十一帙，上
海着易堂 1891 年版，第 7～8 页。

于妻三之一，无论再或否，皆终身为业。女死生有子女，则其已产归于男。同治庚午年新例，许女立遗书分其产于人。光绪壬午年改订律例，许已嫁之女以其已产与人，与未嫁同。男女年未二十一，皆从其父母之命，年二十以上则自主。年十四以下，饮食、居处、疾病、医药皆父母理之，违者禁锢六月。幼有笃疾不能作事，必养之终其身；幼孙无父母者，其祖必养之，违者则有罚。父在主于父，母不为之主；七岁之内则主于母；子长而母愿主者，听至年二十有一，或未及岁而婚嫁，始听其自主。父将死，必有遗书则一人为之抚孤，无人抚之则由户部官择一人为之、治理之、教之、养之，一如其父。①

在介绍完英国法律之后，刘启彤还提及了威尔士、苏格兰和爱尔兰分别于 1536 年、1707 年和 1801 年并入英国的情况。是谓：

> 维尔司并于英始于英君亨雷第八之时（1536 年），初仍旧制，后从英律。苏格兰并于英始于前明，至康熙丁亥年（1707 年）立约，之后始撤其地之议院，律例仍从其旧，上下议院可议而改之。阿尔兰并于英始于英君亨雷第一之时，至嘉庆辛酉年（1801 年）立约之后，始定入英国版图，律例仍从其旧。三岛户口十年一考载其登下之数。②

刘启彤除了通过《英政概》，非常全面的介绍了英国法政情况，还通过《英藩政概》对英国与殖民地关系以及加拿大、澳大利亚、南非、印度等英属殖民地的法政情况，进行了系统的介绍。

---

①② （清）刘启彤：《英政概》，引自王锡祺编：《小方壶斋舆地丛钞》，第十一帙，上海着易堂 1891 年版，第 8 页。

刘启彤首先在总体上介绍了英属殖民地的整体情况。文载：

> 英人自明季始立藩。二百年来蚕食之地遍于五洲，约八百六十万英里，大于其本国三岛六十六倍。所辖人民六倍于其本国。其得地之法有五：一曰吞居，二曰战夺，三曰开垦，四曰通商，五曰遣犯。①

接着，他又介绍了英国对殖民地管理机构设置及其变化的相关情况。他写道：

> 乾隆戊子年（西历一千七百六十八年）始设藩部大臣辖于内部。辛酉年（西历一千八百一年）移归藩部与兵部兼理之。咸丰四年（西历一千八百五十四年）始专立藩部，独理其事。越四年，又立印度部专制印度之事。藩部分四司：一曰西印度，二曰北美洲，三曰阿非利加及地中海，四曰东方各属地。国王又选一大臣，专治国王属地商务财用之事，又有堪纳达（加拿大——作者注）办事大臣，又有新南维而司（新南威尔士——作者注）、维克多里亚、坤司兰（昆士兰——作者注）、南奥洲、挞司马尼亚、新细兰（新西兰——作者注）、开勃各处办事大臣，皆居伦敦。②

而后，刘启彤又具体介绍了英国对殖民地三种管理模式，即国王属地、半自主属地和自主属地。文载：

> 属地分三等，一曰国王属地，政由君出，官归英辖；二曰半自主属地，地有议院，政议自下，国君但操行止之权，而官仍辖于英；三曰自主属地，地有议院，政议自下，国君但操行止之权，官不辖于英，惟督抚由英简授。国王属地由战夺及他国所予者，督抚以下各官皆归国君黜陟，其由屯居

①② （清）刘启彤：《英藩政概》，引自王锡祺编：《小方壶斋舆地丛钞》，第十一帙，上海着易堂1891年版，第1页。

而得者，各官皆国君循例设立，如：锡兰、墨离奢司、香港、雷邦、特立尼达达、肥吉、森庐舍、载梅克、司突来突色得门次、舍离阿里盏、冈比亚、达尔可司突、达过斯、格兰乃得、福格伦群岛、亨杜来斯、森文生突、土巴哥皆国王属地；半自主属地官由君授，议员由民举，其地为巴哈马、巴贝多司、贝缪达、贝的斯构奈、离勿群岛、毛尔泰、那答尔西奥洲；自主属地，百官或由督抚选授，或由众人推举，督抚择而用之，如堪纳达、好望角、牛芬兰、新南维而司、维克多里亚、坤司兰、挞司马尼亚、南奥洲、牛锡兰皆是。①

同时，刘启彤注意到很多殖民地的政制设置都移植了宗主国的议院制。对此，他说道：

> 属地议院亦分上下，上议院官主之，是谓议员；下议院商主之，是谓议绅，议员由官授，议绅由民举。有建两院者，有止一院者，各处不同。议员、议绅无故不得擅离其地，逾半年，若督抚允之，得请假至十八月，过此则必奏国王。议院欲立新法，议成请于督抚，允则得行，不允则不得行。督抚所允行者，即以允行之日为始；若俟国君签准，则以奉旨之日为始，法制有未协，藩部可奉国君之命，谕令停议；而未定者，督抚欲有所改，则令议院改之。②

此外，他还从军事、财政、税收等方面介绍了各殖民地与宗主国之关系，并详细地介绍了堪纳达（加拿大）、奥斯大利亚洲（澳洲，包括澳大利亚和新西兰）、南阿非利加（南非）、印度以及太平洋和大西洋诸多岛屿。

这些介绍说明，刘启彤已经注意到自工业革命以来，英国国

---

①②　（清）刘启彤：《英藩政概》，引自王锡祺编：《小方壶斋舆地丛钞》，第十一帙，上海着易堂 1891 年版，第 1 页。

势日盛，在全球不断进行殖民扩张，形成"日不落帝国"的客观事实。第一次以一个中国人的视角对英属殖民地进行全面介绍，实属难得。

总之，与前述赴美游历使傅云龙相类似的是，刘启彤的考察报告虽然不像郭嵩焘、曾纪泽、薛福成等驻外公使出使日记那般，对英美法政制度有很多评论性的文字，但是，朴实、客观而详尽的描述似乎已经表明了他们的立场。

四、其他出国游历人员对英美法的记载与介绍

（一）李圭对英美法的记载与介绍

李圭（1842～1903 年）作为中国工商业的代表曾于 1876 年到美国费城参加为纪念美国建国一百年而举办的世界博览会，并作《环游地球新录》，记述观感。①

在卷一"美会纪略"中，李圭在开篇就用简短的文字概述了美国建国的历史，并同意美国将百年迅速发展归功于"政治之善"的观点。文载：

> 当华盛顿开国时，为省仅十有三，人民亦稀少。今则拓地日广，共有三十九省，人数多至四千万。此虽由外来入籍者众，而能者骤增若此，亦正以见我国政治之善也。②

接着，李圭在赞叹泰西精良科技、文化展品时，还对美国的

---

① 关于李圭的生平述略及环游介绍见，钟叔河：《李圭的环游地球》，引自钟叔河编：《走向世界丛书Ⅵ》，岳麓书社 2008 年版，第 169～186 页。
② （清）李圭：《环游地球新录》，引自钟叔河编：《走向世界丛书Ⅵ》，岳麓书社 2008 年版，第 200 页。

知识产权制度及其历史有所介绍。是谓：

> 美例：凡民间独出心思，造成一器，世不经见者，先制小样，送官查明。实有用处，或酬以多金，或奖以功牌；并给予文凭，限若干年许其专利，他人不得摹仿影射，其小样藏府库。闻美国近来每年求给文凭者，多至五六千人。年复一年，有增无减。无怪其机巧之件，层出不穷。且不独机器也。即著一新书，成一秒药，亦莫不然。按此例为英国创始，各国踵行之，今已二百馀年矣。①

他在"女工院"观看时，还通过友人了解到英美男女平等，妇女能够参政议政的情况，并对中国妇女地位低下提出了批评。文载：

> 泰西风俗，男女并重，女学亦同于男。故妇女颇能建大议，行大事。今年五月间，出一新报，有女子倡言："我国居官者皆男子，近欲公举伯理玺天德，想必又为男子，何以我妇女不能在列，同受选举，是大非公道事也。"前闻英国亦有妇女欲进议政院同参国事，语颇创闻，于彼亦似有理。②

李圭除了参观世博会外，还对英美的国家机构和市政设施有所考察。如他在美国费城就参观考察了监狱，并对美国刑罚的人道主义精神及其意义有所褒扬和分析。文载：

> 要在不轻视民命之意，必畅布洽浃，无少隔阂。彼其悔罪迁善之心，自必油然而生焉。③

在美国首都华盛顿，李圭还造访了白宫和国会，并对美国宪

---

① （清）李圭：《环游地球新录》，引自钟叔河编：《走向世界丛书Ⅵ》，岳麓书社2008年版，第235~236页。
② （清）李圭：《环游地球新录》，引自钟叔河编：《走向世界丛书Ⅵ》，岳麓书社2008年版，第237页。
③ （清）李圭：《环游地球新录》，引自钟叔河编：《走向世界丛书Ⅵ》，岳麓书社2008年版，第247页。

制有所介绍。是谓：

> 楼左为上议院，右为下议院。每年由副伯理玺天德，会同各督抚，选举官绅二百人居上院；再由民间自选才识出众者四百人居下院，参议国政。如会盟、征伐、通商、筹饷、出纳、选举诸端，众议佥同，然后送入政事殿，请伯理玺天德画押施行。每半年居院，半年散归。凡议政时，必准新报馆派人在院记载，亦设有坐位、纸张、笔墨焉。其各省政事，各督抚主之，伯理玺天德不预闻。

> 美官格君告圭曰：美国一省即一国，乃合众国而为国，各有事权。督抚以下各官，皆民间选举，四年一任。原可毋庸另举一伯理玺天德。惟遇与他国会盟等事，国分既多，权难归一，因于督抚中公举一人掌之，亦四年一任。任满，众皆曰贤，再任四年。退位后，依然与齐民齿也（此制创自开国祖华盛顿）。当在位日，遇事倘国人不欲行，固不能强之使行；而国人欲建一议，改一例，伯理玺天德可遏止之，众亦无如何。①

在纽约期间，李圭还参观了美国的刑事法庭，对美国的司法的庭审制度有所观察和体悟。是谓：

> 公堂审案处，内有监房，分男、女、幼童三等，各约五六间。此为先一日巡捕拿获，此日解送者。公堂深广五六丈。上起台高三尺，若暖阁。设公案，坐讯官三人，各具笔纸，随问随录供。旁一桌坐三四人，为新报馆记事者。案前立一人，为传审吏。左设一椅，坐原告或证人。其犯人皆立案左短栏外。案上左角，置教书一本。犯人由巡捕带上堂，

---

① （清）李圭：《环游地球新录》，引自钟叔河编：《走向世界丛书Ⅵ》，岳麓书社2008年版，第247页。

先取书置口边，吻略动，仍置原处，此即对书立誓无虚言之意，台下设长桌长椅五六张，坐二三十人，皆状师、证人。堂下绅民，可数百人，任其观听。讯官由绅民公举。每日必有数十案。讯后或即释放；或罚锾保释放；或定罪后，转送衙门核夺；或未了结，则分别暂押监房，次日再讯。此制与驻沪会审堂同。闻纽城共有六处，各分地段，规制井然。

西国词讼，无论巨细，许绅民荟集观听，并许新报馆人至公堂记载，咸使闻知。若是，岂复有诸弊？即欲高下其手，亦有所不能矣。然一处日有数十案，弗乃多事耶，必也使相安于无事乎？西国盍深思之。其对书立誓，直是无畏之甚。①
结束了美国的旅程，李圭在回程还造访了英国。在伦敦，李圭描述了英国国会。文载：

议政院西临颠迷士河……内分上下二议院。上院深九十七尺，广四十五尺，为贵官、爵绅议政之所。上首起平台，高二尺，若暖阁，中设镂花镀金大座，为君主位。旁一座较小，坐地亦稍低，为太子位……台下设大案二，备录谕旨及所议条例。两行设椅多张，议政者坐之。君主每临院，以一时半为则，必回宫，定制也。

下院深六十五尺，广四十五尺，为庶民中之有学术者公议之所。中一座主议者坐之，两行亦多设椅桌，分四层坐数百人左右。有楼甚明敞，许众民登楼听议。各新报馆记事人，亦在楼静听记录……按议政院之制，西国皆然。所以通上下，俾事行无格阂也。有大政则开院集议，平时尽可游

----

① （清）李圭：《环游地球新录》，引自钟叔河编：《走向世界丛书Ⅵ》，岳麓书社2008年版，第272页。

览。虽尊如君座，亦任人周视弗禁。①

尽管李圭的文字更多是以游记的形式表达，但其中不乏对于英美法的介绍和认知。《环球地里新录》一书在洋务运动中期影响很大。据钟叔河先生考，李鸿章在为该书书写序后，上书总署，给资印行三千部。一时间，想求新知的士大夫争相购买，坊间也相率翻版。郭嵩焘在使英期间，便翻阅此书，记入日记。康有为也是在读了这本书和其他一些介绍世界形势的书后，才开始走上向西方寻求真理的道路。②

（二）祁兆熙对英美法的记载与介绍

同治十年（1871 年）七月十九日，曾国藩、李鸿章奏请国家资遣子弟出洋肄业获准。清廷计划从 1872 年起，选派幼童分四批逐年赴美，十五年学成回国。祁兆熙（？～1891 年）便是第三批护送幼童出洋的官员。③《游美洲日记》是祁兆熙护送幼童赴美期间撰写的日记，时间从同治十三年（1874 年）八月初九至同年十二月初一。

祁兆熙首先在同治十三年（1874 年）九月十三日日记的按语中转引了美国传教士袆理哲（Richard Quanterman，1819 ～ 1895 年）1848 年出版，1856 年再版的《地球说略》中对于美国的整体介绍。文载：

> 按《地球说略》：美国在亚美理加之中……初，中国人见其船挂花旗，遂呼"花旗国"……有华盛顿者，少有大

---

① （清）李圭：《环游地球新录》，引自钟叔河编：《走向世界丛书 VI》，岳麓书社 2008 年版，第 272 页。
② 参见钟叔河：《李圭的环游地球》，引自钟叔河编：《走向世界丛书 VI》，岳麓书社 2008 年版，第 172 页。
③ 祁兆熙的生平，详见钟叔河："1872 ～ 1881 年间的留美幼童"，引自钟叔河编：《走向世界丛书 II》，岳麓书社 2008 年版，第 187 ～ 210 页。

志，雄略过人，国人推为将帅，与英决战，连战八年，英不能胜，于是国人立之为主，即号其京城曰华盛顿，时一千七百六十六年也。……国无王，有众统领，任牧民之责，其任四年为满。国之律法、制度效他国之智能者至京城会议，从众也。统领之职不世及，亦不拘资格，择有德者为之。前统领将满任，每省推数人名至京城，以所推者书其姓名投柜中。毕，启视，以推多者为继焉。①

同时，祁兆熙通过了解美国的法律，还主张应当翻译、比较中西法律，并将其分发各地官员和百姓，指引处理交涉事务。是谓：

> 中国律例与泰西例及万国公法，使好手翻译，参互考证。将彼之条款，引证我之律例，集成全部，分发十八省。地方官遇交涉事务，亦能理论。并通商口岸，摘紧要者，糊褙张挂于海关辕门，使军民人等尽知之，不为无补于事。②

总之，祁兆熙护送幼童赴美期间观察到了美国的一些法政情况，但是纵观其日记，他对于清廷的建议主要是放在介绍美国教育以及学习美国科技等方面。

（三）蔡钧、邹代钧和张祖翼对英美法的记载与介绍

蔡钧，字和甫，燕山人，曾任苏松太道，1881 年奉驻美公使郑藻如之命随使美、日、秘三国，后留日斯巴尼亚（西班牙）都城任参赞。③ 由于蔡钧对于英美法的介绍主要是在途经美国期

---

① （清）祁兆熙：《游美洲日记》，引自钟叔河编：《走向世界丛书Ⅱ》，岳麓书社 2008 年版，第 225 页。
② （清）祁兆熙：《游美洲日记》，引自钟叔河编：《走向世界丛书Ⅱ》，岳麓书社 2008 年版，第 265 页。
③ 有关蔡钧的生平，详见穆易：《与西班牙外事交往的早期记录》，引自钟叔河、曾德明、杨云辉主编：《走向世界丛书》，岳麓书社 2016 年版，第 17～23 页。

间，因而，笔者这里不将其放在"驻外使臣"部分介绍。蔡钧
出使期间的日记《出洋琐记》和专为出使人员撰写的《出使须
知》均于 1885 年由王韬校印出版。

"驻美三月"，由于蔡钧出色的外语能力，美国议院中的部
分议员通过与他的交流，改变了一些对于排华问题的看法。
文载：

> 即如美都院绅中，有毕君、摩君者，前日屡议禁止华佣
> 者也。自与钧交，相处渐久，然后两君皆知禁止华佣之
> 非是。①

不仅如此，他在其出使日记《出洋琐记》中还有零星关于
英美法的记载。如他在介绍各国风俗部分，就介绍了美国的婚姻
法律制度。文载：

> 儿女婚嫁，十五岁以前，父母主之。十六岁以后，任其
> 自择，惟门第资财亦必相当乃始可行。巨富之家，男女皆得
> 同分产业。长子得赀由一倍至数倍者均有之，弟妹毋得争竞
> 焉。大抵分析财产，多由父生时预定，将数目详书于纸，延
> 律师名其后，缄封固密，藏于律师处，虽子女不及知也。父
> 死，始由律师启示，或多或寡，儿女谨受之，无异辞。此风
> 美国亦如是。②

同时，对西洋的议院制度也有概括。是谓：

> 凡吏治之善否，国政之利弊，荐举人才，榷收税饷以及
> 会盟、聘问、征伐、和战之事，皆于上下议院集众公议。③

尽管蔡钧的出使日记中对西洋诸政有一定的褒扬，但是，从

---

① （清）蔡钧：《出洋琐记》，引自钟叔河、曾德明、杨云辉主编：《走向世界丛
书》，岳麓书社 2016 年版，第 18 页。
②③（清）蔡钧：《出洋琐记》，引自钟叔河、曾德明、杨云辉主编：《走向世界丛
书》，岳麓书社 2016 年版，第 20 页。

总体上看，他认为西洋诸政一方面与中国上古时期相类似，另一方面却在三纲五伦方面逊色于中国。文载：

> 泰西列国风土民情与我国上古之时微有同者，惟三纲五伦似与中华略异耳。中华尊君而卑臣，贵阳而抑阴，敬老而慈幼；西国则君民共治也，男女并嗣也，尚少状而轻耄耋。①

需要注意的是，蔡钧的日记尽管多涉及西班牙，但是除了《出洋琐记》外，他在出使期间还撰写了一部专门涉及出使西洋需要注意的专书——《出使须知》。曾国荃（1824～1890年）在为该书作的序和王韬为该书作的跋中，对此书评价甚高。如王韬云：

> 凡随使节以渡重瀛，备皇华而专应对，折冲乎樽俎，焜耀于敦槃，周旋晋接夫宴享朝会之间，以克副此使才之选，而无虞乎陨越者，必以是书为先路之导，识涂之马焉。②

该书从七大方面，总结了出洋使臣应具备的能力和需要工作的具体事项。③

此外，出使归国后，蔡钧恰遇中法战争，于是，结合出洋所见、所想，他连上四份奏疏，为朝廷出谋划策。其中，一些内容显然涉及其对于英美法的理解。例如，他在《代呈奏疏》中建议皇上"广开言路，壅蔽全除"，定能打赢战争。④ 接着，他在《敬陈管见四条》分富强、强兵、治中、驭外四大方面，管陈致胜之策，其中在"治中"部分，提及"通民情"。是谓：

---

① （清）蔡钧：《出洋琐记》，引自钟叔河、曾德明、杨云辉主编：《走向世界丛书》，岳麓书社2016年版，第20页。
② （清）蔡钧：《出使须知》，引自钟叔河、曾德明、杨云辉主编：《走向世界丛书》，岳麓书社2016年版，第98页。
③ 详见（清）蔡钧：《出使须知》，引自钟叔河、曾德明、杨云辉主编：《走向世界丛书》，岳麓书社2016年版，第61～99页。
④ （清）蔡钧：《出洋琐记》，引自钟叔河、曾德明、杨云辉主编：《走向世界丛书》，岳麓书社2016年版，第45页。

一曰通民情。通上下之志，达彼此之情，无以贵贱殊，无以远近隔，务令一邑之民如家人父子。民心既得，然后民力可用，可使制梃以挞坚甲利兵矣。①

在"驭外"部分，蔡钧还主张聘请外国律师，尤其是英国律师处理交涉案件；同时，主张认真对待国际公法，恪守与外国签订的和约。②

邹代钧（1854～1908 年），字甄白，湖南新化人，出生舆地学世家，其祖父邹汉勋曾为魏源《海国图志》绘制列国地图。由于自幼熟读舆地之书，深谙测绘之学，海禁大开后，邹代钧欲探明外国地理，于是，请托曾国荃介绍其随时任驻英公使刘瑞芬一起赴英。③《西征纪程》就是邹代钧游历考察所作日记。

难能可贵的是，作为纯粹的地理舆地学家，邹代钧在记述出洋沿途地理之外，还对英国的法政制度有所描写。例如，他在光绪十二年（1886 年）三月二十五日日记的按语中，先是细述了英国自罗马帝国行省时代到光绪三年（1877 年）殖民印度为止的历史。④ 接着，他又十分详尽地介绍了英国"君民共主"的政制及其议院制度。文载：

盖西方列国凡三端，一为君权专重之国，如俄罗斯土耳其，不设议院，政由君出者是也；一为民权专重之国，如米利坚、法兰西、瑞士及南北亚美利加各小国，无君位，仅设首领，以听命于议院者是也；一为君民共主之国，如英吉

---

① （清）蔡钧：《出洋琐记》，引自钟叔河、曾德明、杨云辉主编：《走向世界丛书》，岳麓书社 2016 年版，第 51 页。
② 参见（清）蔡钧：《出洋琐记》，引自钟叔河、曾德明、杨云辉主编：《走向世界丛书》，岳麓书社 2016 年版，第 53～55 页。
③ 关于邹代钧生平介绍，详见鄢珉：《一个地理学者的观察》，引自钟叔河、曾德明、杨云辉主编：《走向世界丛书》，岳麓书社 2016 年版，第 17～26 页。
④ （清）邹代钧：《西征纪程》，引自钟叔河、曾德明、杨云辉主编：《走向世界丛书》，岳麓书社 2016 年版，第 164～166 页。

利、德意志及欧洲各邦，有君位，有议院，遇事民议之而君断之者是也。

英之议院凡二，上院为爵绅议政之所，入院之爵凡六等，如吾华之有王、公、侯、伯、子、男。袭爵未及岁者与爵绅之妻为命妇者均得入院听议，但不发议辩论耳。又有耶稣教督二人，副教督二十四人，例入上院。爵绅均例入，非选授，无定额。今院绅计五百四十人。下院为民绅议政之所，绅由民择才德过人者举充，选法亦取额于民数多寡。今院绅计六百七十人（英伦举四百六十五人，威尔士举三十人，苏格兰举七十二人，阿尔兰举一百三人）。其民旧分二党，曰保党，意在保自己利权，近于为我；曰公党，意在与人同利，近于兼爱。

近以阿尔兰之华实上腴多为英伦豪右所有，岁租尽入英伦。阿民均服田为佃户，终岁勤苦，不蒙其利，故往往思乱。于是有为阿岛自置议院之说，上之议院者公党魁格剌丁欲允其请，保党固持不可，公党之徒亦多不以其魁为然，而又不愿自附于保党，乃别立一党，曰合党（言英、阿当合，不可分为二也）。故今下院凡三党。

下院之权过于上院，以上院皆蒙世业，下院出于乡选故耳。凡法制禁令、财赋出入、用人行政，王与两院主之，执政依行而已。两院所议上之于王，王弗从，亦不能行。王所欲行或不利于民，两院即不纳税，所谓君民共主者是也。①

同时，他还介绍了英国税收法定的原则，并指出英国"国王要靠议会生活"的特点，王权受税收影响极大的情况。文载：

---

① （清）邹代钧：《西征纪程》，引自钟叔河、曾德明、杨云辉主编：《走向世界丛书》，岳麓书社 2016 年版，第 166~167 页。

所征无定额，每岁终，各官之长（如兵部、海部之类）综列来岁所出，达于户部，户部总其数，转送两院，两院核所出无滥，始量所出多少定税……故其国之君臣，惟日夜谋所以富民，民荷富矣。国用不虞其乏，而户部实岁无馀财，君亦食岁俸。俸有馀，或置产，则为其君之私藏。国有军事必预征饷于民，民应征则行，否则君有用兵之权，无等饷之实，战事非君所能擅。①

此外，邹代钧还在此部分，概括介绍了英国的司法制度，同时还向国人介绍了英国"王在法下"的传统。是谓：

律法皆两院所定，刑官性据之论断。刑官之属，各分曹理事，以听命于其长。其曹颇多，如户口、婚姻、土田、商务之类，各掌其曹，各习其律，不相为谋也。听讼之法，两造各有明律者一人，名曰讼师，刑官一人中坐，佐二人左右坐，绅者十二人左右旁坐。绅者不必知律，由刑官礼聘，但先列十二人之名质之，两造均可，然后聘也。先由两造之讼师互诘两造，刑官从而断之。佐与绅者皆曰平允，即论定。绅者所见或异，则从多者。刑官之属不能平直，则诉之上议院，以论定之。盖泰西通例：刑官非国王所得而臣，以国王有罪，刑官得而论之。而英吉利刑官苟博通诸律，为长者，其王则赐爵以臣之。故刑官之长必为爵绅，而上控者必至上院也。②

最后，针对当时国内认为英国社会风气不端的说法，邹代钧用如下一段文字不仅表明英人风俗坚忍耐劳，而且男女之间也非轻浮逾荡。文载：

---

①② （清）邹代钧：《西征纪程》，引自钟叔河、曾德明、杨云辉主编：《走向世界丛书》，岳麓书社 2016 年版，第 168 页。

风俗坚忍耐劳，守法度，以逾荡为耻。静镇无嚣杂之气，五都之市，秋云汗雨，未尝闻人声。男女并重，故知民及女均出应宾友，亦未闻因此致淫乱。盖其法禁淫乱，不禁应宾友也。①

与前述出使日记、游记、报告不同的是，张祖翼（1849～1917年）对于英美法的介绍是通过诗歌完成的。张祖翼，字逖先，安徽桐城人，于1883年至1884年在英国游历一年多时间，1884年写作《伦敦竹枝词》百首。②

其中有几首是涉及英国法政情况的。例如，在如下一首诗中，张祖翼不仅介绍了英国议会政制，国王无权，而且还涉及英国政党政制。文载：

国政全凭议院施，君王行事不便宜。

党分公保相攻击，绝似纷争蜀洛时。

国有大政，由议院上之女主画诺，主曰不便，可再议，主不能独创一议也。院有二党，曰公堂，曰保党，各不相下。此党执政则尚书宰相、部院大臣，皆此党人为之。进则群进，退则群退，君主不得而融陟之也。③

在下面一首诗中，张祖翼介绍了英国婚姻自主的规定。是谓：

十八娇娃赴会忙，谈心偏觅少年郎。

自家原有终身计，何必高堂作主张。

男女婚嫁，皆于茶会、跳舞会中自择之。或有门户资财不相称者，虽两情相投，年未满二十，父母犹得而主之；若

① （清）邹代钧：《西征纪程》，引自钟叔河、曾德明、杨云辉主编：《走向世界丛书》，岳麓书社2016年版，第169页。
② 关于张祖翼的生平，详见穆易：《诗人笔下的异域风情》，引自钟叔河、曾德明、杨云辉主编：《走向世界丛书》，岳麓书社2016年版，第17～26页。
③ （清）张祖翼：《伦敦竹枝词》，引自钟叔河、曾德明、杨云辉主编：《走向世界丛书》，岳麓书社2016年版，第5页。

逾二十，则各人皆有自主之权，父母不得过问矣。①

同时，他又通过如下一首诗，表明英国法律中并不禁止"无夫奸"问题，男女姘居合法。诗云：

三十年前未娶时，任将花柳觅娇姿。

一从赋得夭桃后，再踏章台便犯规。

男子三十始娶，女子二十而嫁。男子未娶以前，或冶游，或姘聚，皆不在禁。亦有资财不丰不能娶者，即姘妇以终身。若不相能，中道而散。若名正言顺者，既娶之后，再有外遇，妻得赴诉公庭而兴讼焉。②

婚姻实行"一夫一妻"制。文载：

唱随本自重天伦，岂许床头恩爱分。

若使小星歌彼，定将面首置多人。

英人无贵贱，皆不得纳妾。③

综上，可以看到，洋务运动时期由于诸多因素的影响，清廷逐渐加强了和西方的交往，按照"万国公法"规则进入"条约体系"中来。于是，清廷内部一些传统士大夫基于外交的需要，走出国门，了解世界。上述诸士大夫尽管在对待西方法政知识的态度上有所不同，但都通过自己的观察了解、认识并介绍了许多英美法，而这些先行者所做的努力构成了我们认知、评价这一时期英美法在中国传播的重要基础。

---

① （清）张祖翼：《伦敦竹枝词》，引自钟叔河、曾德明、杨云辉主编：《走向世界丛书》，岳麓书社 2016 年版，第 7～8 页。
② （清）张祖翼：《伦敦竹枝词》，引自钟叔河、曾德明、杨云辉主编：《走向世界丛书》，岳麓书社 2016 年版，第 8 页。
③ （清）张祖翼：《伦敦竹枝词》，引自钟叔河、曾德明、杨云辉主编：《走向世界丛书》，岳麓书社 2016 年版，第 11 页。

第五章
民间知识精英对
英美法的理解和讨论

整个洋务运动时期英美法不仅影响了清廷内部部分士大夫，而且也影响到许多朝堂之外的知识精英。例如，潘光哲先生通过详细的比对发现郑观应、汤震、唐常才等朝野士大夫的很多涉及西学的表达中都可以在前述《万国公法》《列国岁计政要》《出使日记》等书籍中找到依据。① 这些人尽管不是很多，但极其典型。

他们不仅通过阅读、游历、求学甚至参与，接受了英美法，而且通过自己的理解和表达，用自己的作品影响了英美法在中国的历史进程。这些人当中比较典型和重要的当属王韬（1828～1897 年）、郑观应（1841～1923 年）以及何启（1859～1914年）、胡礼垣（1847～1916 年）等人。

一、王韬对英美法的理解与讨论

王韬一生颇具传奇。对此，学者朱维铮这样评价道：

> 生于江南，长在上海，青年时饱受西式教养，中年后避地香港英国，自三十四岁至六十二岁，人生最宝贵的而立至耳顺的年华，都在域外度过。由域外看域内，眼光不同，对中国的未来估计当然也不同。当时独具此双眼者，就是王韬。②

的确，作为中国近代第一批以译述西书为业的知识精英代表，王韬不仅长期接受西学，而且通过大量文字向国人介绍西

---

① 参见潘光哲：《晚清士人的西学阅读史（一八三三～一八九八）》，凤凰出版社2019 年版，第 225～309 页。
② （清）王韬：《弢园文新编》，引自钱钟书主编：《中国近代学术名著》，生活·读书·新知三联书店 1998 年版，导言，第 2～3 页。

方，并结合中国当时之情景，指责时政，臧否人物。

王韬西学之背景大致可分为如下三个阶段：（1）上海墨海书馆时期（1849～1862 年）；（2）流亡海外时期（1862～1874 年）；（3）重回故土时期（1874～1897 年）。①

（一）墨海书馆时期（1849～1862 年）的初步认识

上海墨海书馆时期是王韬对西学初步接受的阶段。1849 年秋，由于父亲过世，家庭经济状况出了问题，他在英人麦都思（Walter Henry Medhurst, 1796～1857 年）的邀请下，进入新教伦敦会办的"墨海书馆"担任中文编辑。由于工作上的原因，他经常与西人麦都思、美魏茶（William Charles Milne, 1815～1863 年）、合信（Benjamin Hobson, 1816～1873 年）、雒魏林（Willian Lockhart, 1811～1896 年）、伟烈亚力（Alexander Wylie, 1815～1887 年）、慕维廉、麦华陀（Walter Henry Medhurst, 1823～1885 年）、艾约瑟（Joseph Edlins, 1832～1905 年）以及英国驻华公使威妥玛（Thomas Francis Wade, 1818～1895 年）等人交往。据美国学者柯文考，王韬于 1854 年 8 月 26 日在上海"受洗"。② 促使王韬皈依基督的原因，很大程度上是因为他在墨海书馆一开始所从事的重新汉译《圣经》的工作。1850 年 7 月他协助以麦都思为首的"翻译《新约》圣经委员会"，完成了《新约全书》"官话"的翻译工作。接着，1853 年又完成了《旧约全

---

① 关于王韬的生平述略可参见［美］柯文：《在传统与现代之间：王韬与晚清改革》，雷颐、罗检秋译，江苏人民出版社 2006 年版；张志春编著：《王韬年谱》，河北教育出版社 1994 年版；王立群：《中国早期口岸知识分子形成的文化特征——王韬研究》，北京大学出版社 2009 年版。

② ［美］柯文：《在传统与现代之间：王韬与晚清改革》，雷颐、罗检秋译，江苏人民出版社 2006 年版，第 13～14 页。

书》的翻译工作。① 对于王韬在翻译《圣经》过程中所起的作用，柯文的研究这样写道：

> 这一定本的文学特色实际上很可能要归于王韬的技巧。据伟烈亚力说，这一翻译可在"相当程度上被视为（麦都思）的产物"，而在这一工程完成的八九个月之前，王韬就开始成为麦都思的"中文教师"，这使他有足够的时间起码在风格上产生影响。王韬的雇主对他的高度赞赏，可作为王韬对此作出贡献的间接证据。对于王韬，他们感到如获至宝。他们在 1854 年写道："他是有超群能力的人。如果他继续当前这种精神探索，从文字的角度看他将对我们大有裨益。"翌年王韬被委派负责为该会修定所有的中文赞美诗，并"使其具有一种让最优秀的诗界天才听起来也不反感的形式。"②

除了翻译《圣经》，王韬在墨海书馆还翻译了一系列其他类型的西学书籍，如《格致新学提纲》《华英通商事略》《重学浅说》《光学图说》和《西国天学源流》等五种；与此同时，他在与西人合作翻译的同时，还编成了《西学原始考》《西学图说》以及《泰西著述考》等三部著作；另外，从 1853 年起，王韬还

---

① 1847 年 6 月，上海传教大会商议重译马礼逊、米怜所译《圣经》，因其中多广东下层俚语。委员会由俾治文为首，麦都思、施敦力（J. Stronach，1810 - ?）、美魏茶组成。除俾治文外，其余皆为伦敦会士，故翻译工作实际由麦都思裁决，俾治文的建议很少被采纳。同年，麦都思作为法人申请到第二号租地道契，即"墨海书馆"。转引自王韬：《弢园文新编》，引自钱钟书主编：《中国近代学术名著》，生活·读书·新知三联书店 1998 年版，导言"注五"，第 19 页。亦可见王立群：《中国早期口岸知识分子形成的文化特征——王韬研究》，北京大学出版社 2009 年版，第 43～46 页。
② ［美］柯文：《在传统与现代之间：王韬与晚清改革》，雷颐、罗检秋译，江苏人民出版社 2006 年版，第 15 页。

参与了综合性科学刊物《中西通书》的翻译和编定工作。① 此外，王韬在墨海书馆工作期间，每天通过阅读报纸以及同上海领事的交流，还接触到大量西方的信息，这构成了他对于西学的最初认知。②

需要注意的是，尽管这一时期王韬接触了西学并长期与英人交往，但是基于一些根深蒂固的传统观念，他还是认为中国的道德文章是西人无法比拟的，西人只是在轮船、火炮方面强于中国。他在 1859 年写给友人周腾虎（字弢甫，1816～1862 年）的信中就批评了口岸华人三种流行的观点：

（1）外贸的增长带来大量关税，因而于中国有利；（2）中国将以采用西方先进技术而富强，这些技术包括坚船利炮、铁路纺织及农业机械；（3）中国学者掌握像天文、数学、地质、生物、水文和医学等西学，将有实际的益处。③ 王韬首先认为，与西人通商"即大害之所在"。文载：

西人素工心计，最为桀黠。其窥伺滨海诸处，虽非利吾土地，而揣其意，几欲尽天下之利而有之。故商于印度，而印度之王仅拥虚位……本朝以宽大之仁，许其至粤东贸易，乃旋以焚烟之举，逞其贪毒矣。宣宗成皇帝轸念民生，礼崇柔远，特允所求，曲畀五口。是宜若何感激？乃又以睚眦小故，称兵畿辅，而索内地通商矣。推其贪鹜之性，几无所厌足……海疆门户，断不可与人，以自失其屏蔽也。果尔、西

---

① 有关这一时期王韬所翻译、编定的书籍内容介绍，参见王立群：《中国早期口岸知识分子形成的文化特征——王韬研究》，北京大学出版社 2009 年版，第 47～50 页。
② 有关此类活动的细节在王韬日记中有大量记载，参见王立群：《中国早期口岸知识分子形成的文化特征——王韬研究》，北京大学出版社 2009 年版，第 59～68 页。
③ ［美］柯文：《在传统与现代之间：王韬与晚清改革》，雷颐、罗检秋译，江苏人民出版社 2006 年版，第 17 页。

班牙、英、法、米利坚接踵东来，而祸逐烈于今日矣。今者滨海岛壤，江汉腹地，尽设埠头，险隘之区，已与我共。猝有变故，不能控制，此诚心腹之大患也。①

在王韬看来，西方的威胁并非只有军事，西人对中国风俗教化的影响更为危险。对此，王韬以"洪杨之乱"举例。文载：

洪杨巨魁，以左道惑众，其始亦出于粤东教会中，（单行小字：洪逆之师罗孝全，米利坚人）借其说以欺人，流毒几遍天下，此其好异酿乱之明证也。②

尽管王韬此时受雇于英人，但他基于复杂的情感，③ 实际对西人并无好感。对此，他说道：

《传》曰："非我族类，其心必异。"西人隆准深目，思深而虑远。其性外刚狠而内阴鸷。待我华民甚薄。佣其家者，驾驭之如犬马，奔走疲困，毫不加以痛惜。见我文士，亦蔑视傲睨而不为礼。④

因而，他无不担心地说道："吾恐日复一日，华风将浸成西俗，此实名教之大坏也。"⑤

其次，对于西方的先进技术，他认为这些虽然精妙，但不适

---

① ② （清）王韬：《弢园文新编·与周弢甫征君》，引自钱钟书主编：《中国近代学术名著》，生活·读书·新知三联书店 1998 年版，第 189 页。

③ 根据王立群的研究，她认为墨海书馆时期的王韬一方面接受了西学知识，另一方面也对西人西学猛烈抨击，尤其是在面对旧时朋友时。究其原因，大致有三："第一是在和西方人合作的过程中他没有任何自主权，必须听从他们的安排，二者之间关系并不完全平等；第二个原因是从事这样的工作与他经天纬地的远大理想相比差距太大，有很强的失落感；第三个原因是他依旧有很强的'华夷尊卑'的观念，为自己不得不为夷人工作感到非常耻辱。"参见王立群：《中国早期口岸知识分子形成的文化特征——王韬研究》，北京大学出版社 2009 年版，第 71 页。

④ （清）王韬：《弢园文新编·与周弢甫征君》，引自钱钟书主编：《中国近代学术名著》，生活·读书·新知三联书店 1998 年版，第 189~190 页。

⑤ （清）王韬：《弢园文新编·与周弢甫征君》，引自钱钟书主编：《中国近代学术名著》，生活·读书·新知三联书店 1998 年版，第 190 页。

合于中国，故而"我中国决不能行"。①

至于"火器""轮船"以及"语言"，王韬认为这三项可以学习，但学习的原因实出无奈。文载：

> 此三者皆吾所取法也。然用之亦出于甚不得已耳。即用其法以制其人，壮我兵威，锄彼骄气，明其定律，破彼饰词，苟非西人远至中国，又何需此？岂非所益者小，而所损者大耶！②

总之，这时的王韬仍然坚持中国在西人"器械造作"方面不必妄自菲薄，因为中国在"治本之源"方面仍是优良的。对此，他说道：

> 形而上者中国也，以道胜；形而下者西人也，以器胜。如徒颂美西人而贬己所守，未窥为治之本原者也。③

正是在"形而上"方面的自信，王韬甚至指出了西方尤其是英国的法政有三大缺陷：（1）"政教一体"；（2）"男女并嗣"；（3）"君民同治"。文载：

> 而西国所行者，皆凿破其天，近于杂霸之术，非纯王之政。其立法大谬者有三，曰政教一体也，男女并嗣也，君民同治也。商贾之富皆归于上，而国债动以千万计。讼则有律师，互教两造，上下其手，曲直皆其所主。男女相悦而昏，女则见金夫不有躬，而无财之女终身无娶之者。尚势而慕利，贵壮而贱老。藉口于只一天主而君臣之分疏，只一大父而父子之情薄。陋俗如此，何足为美？④

---

① （清）王韬：《弢园文新编·与周弢甫征君》，引自钱钟书主编：《中国近代学术名著》，生活·读书·新知三联书店1998年版，第191~192页。
② （清）王韬：《弢园文新编·与周弢甫征君》，引自钱钟书主编：《中国近代学术名著》，生活·读书·新知三联书店1998年版，第193~194页。
③④ （清）王韬：《弢园文新编·与周弢甫征君》，引自钱钟书主编：《中国近代学术名著》，生活·读书·新知三联书店1998年版，第194页。

基于这些缺陷，王韬认为目前中国的窘境只是"力"有不足，但"德"依然具有优势。对此，他以历史上戎狄以"力"欺凌中华，后反被中华以"德"化之的事例进行论证，并作出英人也将步其后尘的结论。他认为中国当务之急所要做的只是："一则静听其然，以待天心之厌乱，一则励精图治，以俟人事之振兴。"①

尽管从这封信中，我们可以清晰地看出此时的王韬仍然未从根本上将西人以及西方文化看成一种足以同中国相抗衡、相媲美的文明存在，仍然真心认为传统中国的政教制度是至优的，并坚信"今日之英，骄盈极矣。然盈必覆，骄必败，天道然也。"②但是，从另一方面看，此时的王韬较之朝野上下之人有了一些不同的认识。例如，他在1859年写给江苏巡抚徐有壬的信中，就对当时朝野上下所惊恐的是否应允许外国派驻驻京公使问题，有着不同的见解。文载：

> 况乎所请驻京一节，在我国为骇闻，在彼邦乃常事。欧洲以行商为国本，凡通商之国，互遣公使，驻居其都，所以总制其事，权归于一，原非有窥伺之心。③

他在写给徐有壬的第二封信中直接点明中国积弱的原因，即"武功不振"和"内患未宁"。对此，他认为，中国应主动"自强"，甚至可以学习他们的强盛之术。是谓：

> 天下无常强久盛之国。而其始之臻乎盛强者，必有术在。我盍用其所长，夺其所恃，我诚与彼同，彼自不敢与我

---

① ② （清）王韬：《弢园文新编·与周弢甫征君》，引自钱钟书主编：《中国近代学术名著》，生活·读书·新知三联书店1998年版，第195页。

③ （清）王韬：《弢园文新编·上徐中丞第一书》，引自钱钟书主编：《中国近代学术名著》，生活·读书·新知三联书店1998年版，第202页。

比权量力矣。此即所谓"侍之"之道也。①

(二) 流亡海外时期 (1862～1874 年) 的不同变化

在流亡海外时期，王韬进一步加深了对于西学的了解。1862
年王韬以"黄畹"之名"禀帖"太平天国，探讨进攻上海的具
体问题，遭到清廷通缉。② 同年 10 月 5 日，在墨海书馆麦都思儿
子——英国驻上海总领事麦华陀和伦敦会传教士慕维廉的帮助
下，王韬乘坐英国怡和洋行"鲁纳"号邮轮逃离上海，于 11 日
抵达香港，开始了流亡海外的日子。抵港后，王韬在英国伦敦会
的帮助下，进入英华书院（The Anglo－Chinese College）仍旧从
事翻译工作。在香港与王韬合作翻译的是英国著名汉学家理雅各
（James Legge，1815～1897 年）。从 1863 年至 1873 年，王韬与这位
英国汉学家共同翻译了《中国经典》（*Chinese Classics*）中的《尚
书》《诗经》《左传》《礼记》等作品。在此过程中，理雅各对王
韬评价极高，在写于 1865 年 7 月 12 日的《中国经典》第 3 卷的前
言中，理雅各这样说道：

> 译者亦不能不感激而承认苏州学者王韬之贡献。余所遇
> 之中国学者，殆以彼为最博通中国典籍矣。彼于 1862 年岁
> 暮抵港，于吾潜心研究所集之巨量藏书，特加赞赏，不时取
> 用。并以满怀热忱，进行工作，随处为余解释或论辩。彼不

---

① （清）王韬：《弢园文新编·上徐中丞第二书》，引自钱钟书主编：《中国近代学
术名著》，生活·读书·新知三联书店 1998 年版，第 202 页。
② 关于王韬是否署名"黄畹"以《上逢天义刘大人禀》禀帖太平天国，学界已有
定论。经罗尔纲先生考，上书的黄畹就是王韬。参见罗尔纲："上太平军书的黄
畹考"，引自《国学季刊》1934 年，卷 4，第 2 期，第 124～128 页。转引自
［美］柯文：《在传统与现代之间：王韬与晚清改革》，雷颐、罗检秋译，江苏人
民出版社 2006 年版，第 31～37 页。

特助余工作，且于工作辛劳之际，并为余带来乐趣也。①

到达香港后，王韬的世界观也逐渐出现了一些变化。前述墨海书馆时期，我们看到他对于西方大体采取的是负面的态度，在其眼中除去坚船火炮和语言外，学习西方对于中国而言，并没有太大的益处。而这些观点，在 1865 年前后已经发生了些许变化。这些变化直接体现在 1865 年其代友人黄胜撰写的《代上苏巡抚李宫保书》中。

在这封写给李鸿章的信中，王韬首先批评了鸦片战争后国人不能正视西方的虚骄之气，明确提出应因势利导，充分利用西方之利，师其所长。是谓：

况乎西人来此，群效其智力才能，悉出其奇技良法，以媚我中国。奈我中国二十余年来，上下恬安，视若无事，动徇古昔，不知变通。薄视之者以为不人类若，而畏之者甚至如虎。由是西人之事毫不加意，反至受其所损，不能获其所益；习其所短，不能师其所长……夫天下之为吾害者，何不可为吾利？毒蛇猛蝎立能杀人，而医师以之去大风，攻剧疡。虞西人之为害，而遽作深闭固拒之计，是见噎而废食也。故善为治者，不患西人之日横，而特患中国之自域。天下聚数十西国于一中国，非欲弱中国，以磨砺我中国英雄智奇之士。②

为了促使中国改变对于西方的态度，王韬还用近邻日本为例，介绍日本学习西方后的变化。文载：

日本与米部通商仅七八年耳，而于枪炮舟车机器诸事，

---

① *The Chinese Classics*，Ⅲ，Ⅷ. 转引自王立群：《中国早期口岸知识分子形成的文化特征——王韬研究》，北京大学出版社 2009 年版，第 103 页。
② （清）王韬：《弢园文新编·代上苏巡李宫保书》，引自钱钟书主编：《中国近代学术名著》，生活·读书·新知三联书店 1998 年版，第 242 页。

皆能构制，精心揣合，不下西人；巍巍上国，堂堂天朝，岂反不如东瀛一岛国哉！①

尽管此时王韬的主张仍带有很强的民族主义的色彩，以"握利权""树国威"为目标，② 学习西方的内容还未涉及法政方面，只是除弊兴利，主张学习西方轮船、枪炮、田器织具、历算格致、语言文字以及重视商业等内容，仍在魏源当年提出的"师夷长技以制夷"的框架内"打圈圈"。但是，这些主张显然已经超越了其在上海墨海书馆时期的观念。对此，柯文说道：

> 到 1865 年，王韬在上海和香港这类西化的城市已居住了 16 年，并一直与西方传教士密切共事，影响是明显的。他远远站在他的大多数同代人之前，认识到西方挑战在中国是史无前例的，因此应采用史无前例的应战之法。更有意义的是，我们发现王韬在 60 年代中期开始了由一种文化世界观过渡到民族世界观的艰难历程。在这封上李鸿章书中，他强调，"握利权""树国威"，并清醒地认识到必须与西方国家进行商品竞争。这标志着他对中国的世界位置观念发生了急剧的变化。而他到西方的出游，将使这种转变走得更远。③

1867 年理雅各因身体原因暂回英国，但很快发现《易经》的翻译工作无法离开王韬，便去信邀请王韬赴英协助翻译。于是，在 1867 年至 1870 年间，王韬有幸游历欧洲，感同身受地接触西方。1867 年 12 月 15 日，王韬乘轮船离开香港，途径新加坡、槟榔屿、锡兰、亚丁、埃及的苏伊士、亚历山大和开罗、法

---

① （清）王韬：《弢园文新编·代上苏巡李宫保书》，引自钱钟书主编：《中国近代学术名著》，生活·读书·新知三联书店 1998 年版，第 242 页。
② 参见（清）王韬：《弢园文新编·代上苏巡李宫保书》，引自钱钟书主编：《中国近代学术名著》，生活·读书·新知三联书店 1998 年版，第 246 ~ 249 页。
③ ［美］柯文：《在传统与现代之间：王韬与晚清改革》，雷颐、罗检秋译，江苏人民出版社 2006 年版，第 44 页。

国的马赛和巴黎以及英国的伦敦、牛津、爱丁堡、阿伯丁和格拉斯哥，驻足游览过法国的罗浮宫和公共图书馆，以及英国的大英博物馆、圣保罗大教堂，甚至受邀在牛津大学毕业班发表演讲。① 这近两年的旅欧见闻和感受，王韬都将其记录在《漫游随录》中。② 通过阅读该游记可以明显地看出，王韬此时对西方的观念发生了一定的变化。

在牛津大学演讲期间，曾有听众问儒学之道和泰西基督教有何区别，王韬借用宋儒陆九渊"东海西海，心同理同"的话，表达了世界大同的观点。是谓：

> 孔子之道，人道也，有人斯有道。人类一日不灭，则其道一日不变。泰西人士论道必溯源于天，然传之者，必归本于人。非先尽乎人事，亦不能求天降福，是则仍系乎人而异；由他日而观其合，则异而同。前圣不云乎：东方有圣人焉；此心同，此理同也。西方有圣人焉；此心同，此理同也。请一言以决之曰：其道大同。③

游历英国前，王韬始终认为中国的政教风俗是优良甚至是无可比拟的，英国人只是强于坚船利炮。但是通过在英的切身观察，使他不得不承认，英国在政教风俗方面也不落后于中国。

---

① 该发言内容为："昔英女主以利沙伯遣人至粤，而东方之贸易以开；继有英官斯当东者始效华言，于是接踵来华者，始能通中国语言文字。夫中国在亚境之东方，英国处欧洲之西鄙，地之相去也七万余里。三百年前，英人无至中国者；三十年前，中国人无至英土者。今者，越重瀛若江河，视中原如堂奥；无他，以两国相和，故得至此。惟愿嗣后益敦辑睦；共乐邕熙。尔众子弟读书国塾，肄业成均；其已得考授秀士、孝廉，列于前茅者，皆出类拔萃之资，年少而志盛，学博而文复，皆将来有用之才也。他日出而用世，上则翼辅王家，下则流传圣道，必能有益于中国，是所厚望焉。"参见（清）王韬：《漫游随录》，引自钟叔河编：《走向世界丛书Ⅵ》，岳麓书社2008年版，第97页。
② 参见（清）王韬：《漫游随录》，引自钟叔河编：《走向世界丛书Ⅵ》，岳麓书社2008年版，第9~166页。
③ （清）王韬：《漫游随录》，引自钟叔河编：《走向世界丛书Ⅵ》，岳麓书社2008年版，第97~98页。

文载：

> 英国风俗淳厚，物产蕃庶。豪富之家，费广用奢；而贫寒之户，勤工力作。日竞新奇巧异之艺，地少惰怠游堕之民。尤可美者，人知逊让，心多悫诚。国中士庶往来，常少斗争欺侮之事。异域客民族居其地者，从无受欺被诈，恒见亲爱，绝少猜嫌。无论中土，外邦之风俗尚有如此者，吾见亦罕矣。①

甚至在爱丁堡游历时，他还将英国的"礼义教化"视为英国富强的重要原因。是谓：

> 盖其国以礼义为教，而不专恃甲兵；以仁信为基，而不先尚诈力；以教化德泽为本，而不徒讲富强。欧洲诸邦皆能如是，固足以持久而不敝也。即如英土，虽偏在北隅，而无敌国外患者已千余年矣，谓非其著效之一端哉！余亦就实事言之，勿徒作颂美西人观可也。②

正是对英国政教风俗的"刮目相看"，王韬旅英期间特别留意了英国的法政制度。他参观过英国的议院。文载：

> 有集议院，垣墙高峻，栋宇宽宏，窗牖雕镂工细，屋顶藻绘鲜华，错采涂金，倍增矞丽。国中遇有大政重务，宰辅公侯、荐绅士庶，群集而建议于斯，参酌可否，剖析是非，实重地也。然闲暇之日，门庭肃清，亦许人进而游览焉。③

他还找到了英国为何能"制造一切器物"的原因，即国家保护创造人的知识产权制度。是谓：

---

① （清）王韬：《漫游随录》，引自钟叔河编：《走向世界丛书Ⅵ》，岳麓书社2008年版，第107页。
② （清）王韬：《漫游随录》，引自钟叔河编：《走向世界丛书Ⅵ》，岳麓书社2008年版，第127页。
③ （清）王韬：《漫游随录》，引自钟叔河编：《走向世界丛书Ⅵ》，岳麓书社2008年版，第111~112页。

按英俗，凡人创造一物不欲他人摹仿，即至保制公司，言明某物，纳金令保，年限由五六年至二十年。他人如有摹仿者，例所弗许。违例，准其控官而罚锾焉。设贫人创物，无力请保而乏资自造者，可告富人令验；如效，则给价以求其法，往往有一二倍之价而获利至千百倍者。原其制物也，竭心思，广见闻，不惜工本，不避劳瘁，不计时日，遍访寰区，历试诸法，以务求其当，而报之官。如官验之果济于用，则给以文凭，共保若干年，禁止他人私摹其式。其有奉明仿效者，则纳资于创造之人。又恐他国私摹，于是遍告邻封，官为主持。凡有仿效而不纳资者，则倍其罚。故一物既成，其利几以亿兆计。否则几经研求，以发其秘，他人坐享其成，无所控诉，谁甘虚费财力以创造一物乎？未卒业而有惝心者，亦可报闻。如器有实用，而官不以为然，及禁人私摹，而官反阴用之者，皆可讼诸刑司。人有一得之技，虽朝廷不能以势相抑，故人勇于从事也。①

在苏格兰游历期间，王韬还认真观察了英国的教育制度，并对其教育内容的广博性、实用性给出了积极的评价：

按英例，各省书院皆于夏间给假之时会齐考试，甄别高下，品评甲乙。列于优等者，例有赏赉，如银牌、银表、笔纸、书籍，各种均值重价，以示鼓励。顾所考非止一材一艺已有，历算、兵法、天文、地理、书画、音乐，又有专习各国之语言文字者。如此，庶非囿于一隅者可比。故英国学问之士，俱有实际；其所习武备、文艺，均可实见诸措施；坐而言者，可以起而行也。②

---

①② （清）王韬：《漫游随录》，引自钟叔河编：《走向世界丛书Ⅵ》，岳麓书社 2008 年版，第 115 页。

在伦敦期间，王韬还对英国的监狱赞叹不已。是谓：

> 碧福有新建狱房，甫尔落成，狱吏延余往观。狱囚按时
> 操作，无有懈容。织成毯罽，彩色陆离，异常华焕。出售于
> 外，有值金钱数十镑者。居舍既洁净，食物亦精美。狱囚获
> 住此中，真福地哉。七日一次，有牧师来宣讲，悉心化导
> 之。狱吏出所照屋宇为赠。[①]

当然，基于认识和知识水平的问题，王韬对英国一些法政制
度也有一些不太正确的认知，如他在爱丁堡时就拿英国的刑事审
判比附中国。文载：

> 都中衙署林立，余曾入而观其审事鞫狱，刑官特令人延
> 余上坐。既毕一二案牍，乃辞而出。盖其谳事也，与众佥
> 同，一循中国古法，叹为醇风之未远焉。[②]

但从这段表述中可以看出，至少此时在王韬心中英国的法政
制度并没有成为一种绝对的学习标准，超越于乃至凌驾于中国
之上。

尽管这段旅欧的经历使王韬的思想产生了一些变化，但这种
变化并不强烈。不过，这段切身的观察对他重新回到香港后所从
事的新工作具有一定意义。对此，柯文说道：

> 正如现在作某一地区研究的研究生要以"在这一地区"
> 生活一两年进行训练一样，王韬在欧洲的经历使他对欧洲的
> 生活和文化现实有了具体的感受。在 19 世纪 70 年代和 80
> 年代，别人也会和王韬一起为采用铁路、现代工业等等辩
> 护。但与他们不同的是，王韬本人实际乘坐过火车并参观过

---

① （清）王韬：《漫游随录》，引自钟叔河编：《走向世界丛书Ⅵ》，岳麓书社 2008
年版，第 149 页。
② （清）王韬：《漫游随录》，引自钟叔河编：《走向世界丛书Ⅵ》，岳麓书社 2008
年版，第 128 页。

范围极广的各种不同工厂。随着王韬越来越下力向中国人写作介绍西方，这种直接的切身实感使他优于同时的其他"西化论者"。①

（三）重回故土时期（1874～1897 年）的表达运用

1872 年理雅各退休回国任牛津大学首任汉学教授，王韬结束了"佣书"生涯。1873 年王韬与友人黄胜（1827～1902 年），在其他友人的帮助下，以 1 万墨西哥鹰洋合资买下了英华书局的印刷设备和字型，改名为"中华印务总局"，② 并于 1874 年 2 月 4 日在香港创办了近代中国人独立创办的第一份日报——《循环日报》。由此，王韬走向了介绍西学、评论西学、运用西学的道路。

之所以选择办报，除了经济和不想再受制于洋人等原因外，一个重要的原因就是，此时的王韬通过游历英法，已经认识到报纸是缩小君民隔阂的最佳手段。其实早在 1862 年，王韬返回家乡照顾病重母亲时，就作《臆谭》一文，表达了中国传统政治症结在于君民之间裂缝不断扩大，"民视君阍如九重之远矣"的观点，并向往三代时那种"君与民近，民间病痒得以上达，而臣下多怀得以告诸君"的状态。③ 因此，报纸是践行王韬理想的一种方式。对此，柯文也评价道："对于像王韬这种未能以传统方式追求权力和影响的中国人来说，报纸成了一种自我实现的

---

① ［美］柯文：《在传统与现代之间：王韬与晚清改革》，雷颐、罗检秋译，江苏人民出版社 2006 年版，第 48 页。
② 参见［美］柯文：《在传统与现代之间：王韬与晚清改革》，雷颐、罗检秋译，江苏人民出版社 2006 年版，第 51 页。
③ （清）王韬：《弢园文录外编》，上海书店出版社 2002 年版，第 310 页。

新途径。"①

由于王韬利用报刊发表时政评论产生的巨大影响，1884 年在李鸿章的大力斡旋下，王韬时隔 20 多年，再回上海，任《申报》编纂主任。1885 年王韬在沪创办木活字印书馆"弢园书局"。同年，王韬接受唐廷枢、傅兰雅、丹文等诸位董事的联合聘请，执掌"格致书院"，并长期担任《万国公报》特约撰稿人。总之，重回上海后的王韬被国人视为"魁儒硕彦"，对西学略有所知以及希望了解西学的人都对他推崇有加。据朱维铮先生考，这一时期有三件事情可以代表他的时代地位和社会影响：

> 一八七九年春，在上海，郑观应携《易言》（《盛世危言》前本）来，求序于王韬；1895 年，英商汉璧礼回国，捐银六百两，委托广学会以《何为当今中国变当务之急》为题，征文全国，王韬任评委主任，给了康有为末奖；1893 年，经郑观应（一说陆皓东）介绍，孙中山得以拜见王韬。王韬亲笔为孙修改了《上李鸿章书》，推荐到《万国公报》发表。②

总之，重回香港创办报刊后，王韬开始系统总结自己关于西方尤其是英美的看法，并结合中国具体的国情，编辑文章。他的这些观点、思考和主张，基本都收录在他于 1883 年自编的以政论为主要内容的《弢园文录外编》中。该文集文章主要是从《循环日报》和其多年积稿汇编而成，因过分追求体系和结构，没有具体标明每篇文章的发表时间，因而很难从时间上把握其思想的细微变化。尽管如此，这些文章基本可以代表王韬从 1874

---

① ［美］柯文：《在传统与现代之间：王韬与晚清改革》，雷颐、罗检秋译，江苏人民出版社 2006 年版，第 53 页。
② （清）王韬：《弢园文新编》，引自钱钟书主编：《中国近代学术名著》，生活·读书·新知三联书店 1998 年版，导言，第 8 页。

年直至其去世前的整体思想。

首先，面对西方文化的冲击，究其一生，我们发现王韬对于中国传统儒家文化的至上性始终是坚信的。这最为明显地表现在他在《弢园文录外编》卷 1《原道》篇中。如他在该篇开篇就提到：

> 天下之道，一而已矣，夫岂有二哉？道者，人人所以立命，人外无道，道外无人，故曰：圣人，人伦之至也。盖以伦圣而非以圣圣也。于以可见，道不外乎人伦。苟舍人伦言道，皆其歧趋而异途者也，不得谓之正道也。①

在王韬眼中，"三代之治"即是"文明之天下"。②

其次，在王韬眼中"三代以下"的历史是一个逐渐衰退的过程，最为集中地表现在"不通下情"。对此，他在《重民·下》中说道：

> 三代以上，君与民近而世治；三代以下，君与民日远而治道遂不如古若。至于尊君卑臣，则自秦制始，于是堂廉高深，舆情隔阂，民之视君如仰天然，九阍之远，谁得而叩之？虽疾痛惨怛，不得而知也；虽哀号呼吁，不得而闻也。灾歉频仍，赈施诏下，或蠲免租税，或拨帑抚恤，官府徒视为具文，吏胥又从而侵蚀，其得以实惠均沾者，十不逮一。天高听远，果孰得而告之？即使一二台谏，风闻言事，而各省督抚或徇情袒庇，回护模棱，卒至含糊了事而已。君既端拱于朝，尊无二上，而趋承之百执事出而莅民，亦无不尊，辄自以为朝廷之命官，尔曹当奉令承教，一或不遵，即可置之死地，尔其奈我何？惟知耗民财，殚民力，敲膏吸髓，无

---

① （清）王韬：《弢园文录外编》，上海书店出版社 2002 年版，第 1 页。
② （清）王韬：《弢园文录外编》，上海书店出版社 2002 年版，第 9 页。

所不至，囊橐既饱，飞而扬去，其能实心为民者，无有也。
夫设官本以治民，今则徒以殃民，不知立官以卫民，徒知剥
民以奉官，其能心乎为民，而使之各得其所、各顺其情者，
千百中或一二而已。呜呼！彼不知民虽至卑而不可犯也，民
虽至愚而不可诳也。①

　　再次，为了改变这一君民不通的状态，回复"三代之治"，
特殊的西学背景与海外游历经历使王韬没有像之前的黄宗羲
（1610～1695 年）、顾炎武（1613～1682 年）一样，将药方定在
"原君""原臣""重教化"等传统手段；相反，他引入了西方的
议会政治，尤其是对英国法政的观察。一方面，他在《重民·
下》介绍了西方三种主要政制制度，并肯定了君主与民众分权的
"君民共主"的英国式的政制。文载：

　　　　泰西之立国有三：一曰君主之国，一曰民主之国，一曰
　　君民共主之国。如俄、如奥、如普、如土等，则为君主之
　　国，其称尊号曰恩伯腊，即中国之所谓帝也。如法、如瑞、
　　如美等，则为民主之国，其称尊号曰伯理玺天德，即中国之
　　所谓统领也。如英、如意、如西、如葡、如嗹，等，则为君
　　民共主之国，其称尊号曰京，即中国之所谓王也。顾虽称帝、
　　称王、称统领，而其大小强弱尊卑则不系于是，惟其国政令
　　有所不同而已。一人主治于上而百执事万姓奔走于下，令出
　　而必行，言出而莫违，此君主也。国家有事，下之议院，众
　　以为可行则行，不可则止，统领但总其大成而已，此民主
　　也。朝廷有兵刑礼乐赏罚诸大政，必集众于上下议院，君可
　　而民否，不能行，民可而君否，亦不能行也，必君民意见相
　　同，而后可颁之于远近，此君民共主也。论者谓，君为主，

───────────
① （清）王韬：《弢园文录外编》，上海书店出版社 2002 年版，第 19 页。

则必尧、舜之君在上，而后可久安长治；民为主，则法制多
纷更，心志难专壹，究其极，不无流弊。惟君民共治，上下
相通，民隐得以上达，君惠亦得以下逮，都俞吁咈，犹有中
国三代以上之遗意焉。①

这种政制之所以被推崇，主要是因为它很好地解决了王韬一
直所关注的"不通下情"的问题。因此，王韬在其很多的文章
中一再提及了这一点。如他在《法国志略》中也提到：

国会之设惟其有公而无私，故民无不服也。欧洲诸国类
无不如是……如是则上下相安，君臣共治，用克垂之于久
远，而不至于苛虐殃民，贪暴失重。盖上下两院议员悉由公
举，其进身之始非出乎公正则不能得。若一旦举事不当，大
拂乎舆情，不洽于群议，则众人得而推择之，亦的而黜陟
之。彼即欲不恤人言亦必有所顾忌不敢也。中国三代以上，
其立法命意，未尝不如是。每读欧史至此，辄不禁罘然于
黄、农、虞、夏之世，而窃叹其去古犹远。②

同时，我们亦可发现，王韬之所以推崇西方，是因为"三代
之治"在西方社会中已经实现。而其中体现得最为完美的当属英
国。对此，他说道：

泰西诸国，以英为巨擘，而英国政治之美，实为泰西诸
国所闻风向慕，则以君民上下互相联络之效也。夫尧、舜为
君，尚赖有禹、皋陶、益、稷、契为助，而天下乃治。今合
一国之人心以共为治，则是非曲直之公，昭然无所蒙蔽，其
措施安有不善者哉？窃以为治国之道，此则犹近于古也。③

①（清）王韬：《弢园文录外编》，上海书店出版社2002年版，第18~19页。
②（清）王韬：《法国志略》卷16，转引自［美］柯文：《在传统与现代之间：王
韬与晚清改革》，雷颐、罗检秋译，江苏人民出版社2006年版，第141页。
③（清）王韬：《弢园文录外编》，上海书店出版社2002年版，第20页。

　　为此，王韬专作《纪英国政治》一篇，从剖析英国富强之因入手，富有洞见地得出英国立国之基并不在于时人所说的"坚船利炮"，而在于法政制度。文载：

　　　　英国僻在海外，屹然三岛，峙于欧洲西北，形势之雄为欧洲诸国冠。其甲兵精强，财赋富饶，物产繁庶，诸国莫敢与之颉颃。自言其国中久享升平，无敌国外患者已千余年。近年以来，持盈保泰，慎于用兵，非甚不得已，必不妄兴师旅，与他国之穷兵黩武者，盖大有间矣。顾论者徒夸张其水师之练习，营务之整顿，火器之精良，铁甲战舰之纵横无敌，为足见其强；工作之众盛，煤铁之充足，商贾之转输负贩及于远近，为足见其富，遂以为立国之基在此，不知此乃其富强之末而非其富强之本也。

　　　　英国之所恃者，在上下之情通，君民之分亲，本固邦宁，虽久不变。观其国中平日间政治，实有三代以上之遗意焉。官吏则行荐举之法，必平日之有声望品诣者，方得擢为民上，若非闾里称其素行，乡党钦其隆名，则不得举，而又必准舍寡从众之例，以示无私。如官吏擅作威福，行一不义，杀一无辜，则必为通国之所不许，非独不能保其爵禄而已也。故官之待民，从不敢严刑苛罚，暴敛横征，苞苴公行，簠簋不饬，朘万民之脂膏，饱一己之囊橐。其民亦奉公守法，令甲高悬，无敢或犯。其犯法者，但赴案录供，如得其情，则定罪系狱，从无敲扑笞杖、血肉狼藉之惨。其在狱也，供以衣食，无使饥寒，教以工作，无使嬉惰，七日间有教师为之劝导，使之悔悟自新，狱吏亦从无苛待之者，狱制之善，三代以来所未有也。国中所定死罪，岁不过二三人，刑止于绞而从无枭示，叛逆重罪，止及一身，父子、兄弟、妻孥皆不相累。民间因事涉讼，不费一钱，从未有因讼事株连，而倾家失业，旷日废时者，虽贱至隶役，亦不敢受贿也。

国家有大事则集议于上下议院，必众论佥同，然后举行。如有军旅之政，则必遍询于国中，众欲战则战，众欲止则止，故兵非妄动，而众心成城也。

国君所用，岁有常经，不敢玉食万方也。所居宫室概从朴素，不尚纷华，从未有别馆离宫，迤逦数十里也。国君止立一后，自后以外，不置妃嫔，从未有后宫佳丽三千之众也。

所征田赋之外，商税为重。其所抽虽若繁琐，而每岁量出以为入，一切善堂经费以及桥梁道路，悉皆拨自官库，藉以养民而便民，故取诸民而民不怨，奉诸君而君无私焉。

国中之鳏寡孤独、废疾老弱，无不有养。凡入一境，其地方官必来告曰，若者为何堂，若者为何院，其中一切供给无不周备。盲聋残缺者，亦能使之各事其事，罔有一夫之失所。呜呼！其待民可谓厚矣。

无论郡邑乡镇，教堂林立，七日一诣，雍容敬礼，无敢懈者，自能革其非心而消其恶念，教化之行，渐渍然也。凡此不独施之于国中，亦施之于属地，其视属地之民，无区畛域也。印度民饥，道殣相望，英民恻然悯之，布施金钱者无数，故虽荒歉而无害。印度地大物博，种植鸦片，贩运各处，几疑为英人之外府，得以坐收其利，不知印度一岁之所出，适足以供一岁之度支，而有时或有不足，则必辇金钱数十万以济之，以此乃足以服印度民人之心，而不侵不叛。

由此观之，英不独长于治兵，亦长于治民，其政治之美，骎骎乎可与中国上古比隆焉。其以富强雄视诸国，不亦宜哉!①

这一观点的得出，不仅修正了之前王韬对于西方的看法，而且已经开始摆脱"器物层面"，走向从"制度层面"认识西方的新阶段。

此外，王韬还对西方的"人民主权"、立宪思想以及司法制度有所关注。王韬通过成书于19世纪70年代的《法国志略》，②不仅深化了对英美政制的了解，甚至还在中国近代史上第一次介绍了"制国宪定君民权"的观点。由于王韬写作该书的材料主要来自日本人冈千仞的《法兰西志》、冈本监辅的《万国史记》以及江南制造局的《西国近事汇编》，因而书中转述了大量日本学者的观点。如他在记述法国卡佩（Capetians）王朝时就转述了日本学者冈千仞的观点：

> 异史氏曰：余观路易护民权及脾立谕国人有自由权利喟然叹曰，欧洲各国所以日趋于强盛者，其在斯欤！……岂非以自由心性出于天而非他人所能限定之故哉？欧洲各国有见于此，故分之权限，设之法制，使人人享自由之权利莫之妨害。……人人得自由，如此故虽世有污隆时有治乱，世道人心日愈振作……盖欧洲各国法律尚有三代之遗风，不务其名而求其实。

> 所有法律皆成于国会所定，故其为法以护人民权利为主。人民权利日愈增加，而国家元气日愈充厚矣！上下之情通，君民之交固，国家有大事千万人心为一心。近世欧洲列

---

① （清）王韬：《弢园文录外编》，上海书店出版社2002年版，第89~90页。
② 根据王韬在"《法国图说》序"中的说法，该书是1870年其返港后，应丁日昌之约，扩充《地球图说》的内容而成，共14章，其中6章为原书内容，后8章为王韬所作全新内容。参见（清）王韬：《弢园文录外编》，上海书店出版社2002年版，第188~190页。

国雄视宇内，职是之由。呜呼！世之论政体得失者，宜鉴于此也。①

在评价 1789 年法国大革命时，王韬转引了一位日本学者的观点，即防止革命的关键不在于寻找一位德才兼备的君王，而在于创制一部能够限制君王权力的宪法。文载：

> 余读波旁氏纪至路易十四日：政府即我，我即政府也。喟然曰，路易十六之殃，其在斯乎？……

> ……语曰：一言可以丧邦，如路易斯言抑亦殆矣。路易既以斯言激众怒，故其致颠覆也。国人皆曰政府即人民，人民即政府也。报复之理势，不得不至此者也。……盖人君之所以不敢挟其威虐其民者，以国宪限其权也。国民之所以不敢负其力凌其君者，以国限定其分也。路易既不准挟其威虐其民，则为之民者亦何难负其力凌其君乎哉？故欲其国之永安久治，以制国宪定君民权限为第一义也。②

需要说明的是，尽管王韬后文的评论时并不赞成此观点，但这一观点远远早于维新变法时期的康梁等人。

在该书的最后，王韬还对西方的司法制度有所概括。是谓：

> 西律之最善者，在于设立证人，两造是非，必待证人以决之。又必重议金同。案情至于万无可疑，然后定谳。……故从无仇家诬陷以致冤不能明。

> 徒流而外，无劓刖剕墨贯耳刖足诸刑，但有监禁而已。罪志己身，父子兄弟从不相及，即至叛逆大恶，其人但加显戮而已，妻孥不问也。亲戚邻里绝无株连波及之累。犯罪者

---

① （清）王韬：《法国志略》卷 3，转引自［美］柯文：《在传统与现代之间：王韬与晚清改革》，雷颐、罗检秋译，江苏人民出版社 2006 年版，第 80 页。

② （清）王韬：《法国志略》卷 5，转引自［美］柯文：《在传统与现代之间：王韬与晚清改革》，雷颐、罗检秋译，江苏人民出版社 2006 年版，第 82 页。

没则己焉，无所谓身后之刑，故于中国之夷三族及开棺戮尸皆相戒以为残忍。此则犹有古昔之遗风，圣王之盛德欤！

……牢狱之制法极周详，刑无苛酷，待狱囚务极宽厚，日给饮食，岁给衣履，皆得温饱，无虞冻馁。茅檐蓬屋之家有不逮焉。时有穷氓之流为乞丐者，故犯偷窃求入狱中反得安坐而食也。……在狱亦课以工作，视其所能，使之制造各物，或延艺匠教导，俾有一材一技之长，则出狱之后不至流为废民。狱中所制，售之闤闠，或即以此供狱费一，不至于饱食而嬉一，心有所注，不至为非。诚良法美意也。狱官必择诚谨者充其职。如有无端虐囚者立即斥去，……如狱囚真心悔过，狱官见其诚，即可代禀于有司，赦之早出狴犴，不必届所罚之期也。

每值礼拜日，牧师或神父入狱讲道，使狱囚咸集环坐，静听以化其顽梗之心，消其桀骜之气，……以视中国之牢狱，相去奚啻天渊矣！此则犹有三代以上之流风善政欤。[1]

最后，这一时期的王韬还对英美的国际法有所思考和运用。他在很多评论文章中就表达了对国际法和国际条约的不信任。例如，王韬在《驳日人言取琉球有十证》这一批评西方列强在琉球问题上不为公理说话的文章中，就表达了对国际法的不信任。文载：

呜呼！海外万国，星罗棋布，各谋其利，大制小，强凌弱，夺人之国，戕人之君，无处无之，虽有公法，徒为具文。[2]

---

[1] （清）王韬：《法国志略》卷17，转引自［美］柯文：《在传统与现代之间：王韬与晚清改革》，雷颐、罗检秋译，江苏人民出版社2006年版，第84页。

[2] （清）王韬：《弢园文录外编》，上海书店出版社2002年版，第127页。

同时，他还深刻地认识到国际法得以实施的关键在于一国背后的"利"与"强"，否则国际法在本质上是不可靠的。是谓：

> 试观《万国公法》一书，乃泰西之所以联与国，结邻邦，俾众咸遵其约束者，然俄邀诸国公议行阵交战之事，而英不赴，俄卒无如之何。此盖国强则公法我得而废之，亦得而兴之；国弱则我欲用公法，而公法不为我用。
>
> 呜呼！处今之世，两言足以蔽之：一曰利，一曰强。①

当然，他并不排斥中国应主动使用英美国家法来捍卫国家主权。例如，他在《宜索归澳门议》中就极力主张总理衙门应与葡萄牙政府谈判，收回对澳门的管辖权。② 他在《除额外权利》一文中呼吁，用国际法知识与列强据理力争，收回领事裁判权。王韬也是第一位主张收回领事裁判权的中国人。是谓：

> 夫我之欲争额外权利者，不必以甲兵，不必以威力，惟在折冲于坛坫之间，雍容于敦槃之会而已。事之成否不必计也，而要在执持西律以与之反复辩论，所谓以其矛陷其盾也。向者英使阿利国以入内地贸易为请，总理衙门亦以去额外权利为请，其事遂不果行。夫额外权利不行于欧洲，而独行于土耳其、日本与我中国，如是则贩售中土之西商，以至传道之士、旅处之官，苟或有事，我国悉无权治之。此我国官民在所必争，乃发自忠君爱国之忱，而激而出之者也。故通商内地则可不争，而额外权利则必屡争而不一争，此所谓争其所当争也，公也、直也。③

王韬生活的同治、光绪年代，既没有之前道光、咸丰时期的

---

① （清）王韬：《弢园文录外编》，上海书店出版社 2002 年版，第 27 页。
② （清）王韬：《弢园文录外编》，上海书店出版社 2002 年版，第 175～176 页。
③ （清）王韬：《弢园文录外编》，上海书店出版社 2002 年版，第 73～74 页。

封闭与无措，也没有甲午海战之后的惶恐与激进。然而，面对西人与西学的影响，王韬必然要面对"中西古今"的拷问。究其一生，可以发现，他的思想"变"的是对于西方尤其是本文所重点关涉的英美法政的认知过程；"不变"的是，他作为一个深受儒学影响的传统读书人对于中国传统文化的坚信。

从整体上讲，他对于西方以及英国的思考仍然在儒家"循环论"和"衰退观"的框架下进行。就前者而言，他始终认为历史如同季节变化一般是循环往复的，中国之所以战败只是暂时的，以英法为代表的西方也不可能永远强盛下去，即"或谓有国家者，弱即强之机，强即弱之渐，此乃循环之道也"①，法国在普法战争中的失败就是明证。为此，他还为其所办报纸定名为《循环日报》。就后者而论，王韬认为，中国历史上的三代之治是一个完美的时代，历史的发展就是一个衰退的过程。更为重要的是，在王韬的逻辑世界中，"循环论"和"衰退观"不是矛盾的，而是统一的，即衰退是因为偏离了三代之治的目标，而循环的方向就是否极泰来，从衰退的现在回复到之前的三代。这种儒家式的思维框架决定了中国古老的道德哲学仍是评价一切的标准，世界的未来也远未超出中国先贤的设计。因此，从这个意义上讲，王韬此时的认识尽管时有闪光之处，但依旧未超出既有的思维框架，甚至出现了许多不能自圆其说，相互矛盾的地方。

西方尤其是英国政制的优良只是再一次确认"三代之治"的正确性和实现的可能性，以及秦以后"衰退观"的发生，最终他寄希望通过"循环观"回复到他理想中的"三代之治"。尽管在其过程中，王韬的思考、讨论和主张已经超出了此一时期"朴素排外主义"的范畴，以一种"心灵开放的民族主义"态度

① （清）王韬：《弢园文录外编》，上海书店出版社 2002 年版，第 169 页。

和立场，① 加入了同时期其他人所不曾掌握的"世界性的元素"，甚至还隐含了最终实现世界"大同"的宏愿。文载：

> 今日欧洲诸国日臻强盛，智慧之士造火轮舟车以通同洲、异洲诸国，东西两半球足迹几无不遍，穷岛异民几无不至，合一之机将兆于此。夫民既由分而合，则道亦将由异而同。形而上者曰道，形而下者曰器。道不能即通，则先假器以通之，火轮舟车皆所以载道而行者也。东方有圣人焉，此心同此理同也；西方有圣人焉，此心同此理同也。盖人心之所向即天理之所示，必有人焉，融会贯通而使之同。故泰西诸国今日所挟以凌侮我中国者，皆后世圣人有作，所取以混同万国之法物也。此其理，中庸之圣人早已烛照而券操之，其言曰："天下车同轨，书同文，行同伦。"而即继之曰："天之所覆，地之所载，日月所照，霜露所坠，舟车所至，人力所通，凡有血气者莫不尊亲，此之谓大同。②

他通过对比中西，极力主张要主动了解西方。是谓：

> 泰西诸国，通商中土四十余年，其人士之东来者，类多讲求中国之语言文字，即其未解方言者，亦无不于中土之情形了如指掌，或利或弊，言之无不确凿有据。而中国人士，无论于泰西之国政民情、山川风土，茫乎未有所闻，即舆图之向背、道里之远近，亦多有未明者。此固无足深怪，独不解其于中国之事，如河漕、兵刑、财赋诸大端，亦问之而谢未遑焉。何则？时文累之也。即有淹博之士，亦惟涉猎群圣贤之经籍，上下三千年之史册而已。故吾尝谓，中国之士博

---

① ［美］柯文：《在传统与现代之间：王韬与晚清改革》，雷颐、罗检秋译，江苏人民出版社 2006 年版，第 48～49 页。
② （清）王韬：《弢园文录外编》，上海书店出版社 2002 年版，第 2 页。

古而不知今，西国之士通今而不知古。然士之欲用于世者，要以通今为先。①

但究其本质而论，他的这些说法和主张仍未超越"体用观"。② 儒学的价值在此时仍被王韬认为是"万古不变之常经"，只是儒家影响下的中国不应是羸弱不堪的，需要借助西方的"用"富强起来。

从这个意义上讲，王韬接受英美法，经过思考，之于洋务运动时期的中国，最大的理论贡献在于，他在一定程度上调和了学习西方和儒学中国之间的矛盾，并试图了解西方、正视西方、分析西方，这为后来盛行一时的"中体西用"观打下基础。当然遗憾且必然的是，王韬没能超越时空的限制，往前更进一步。

二、郑观应对英美法的理解与讨论

与王韬相似的是，郑观应也主要生活在"同光时代"。郑观应从小家境小康，受到传统儒学教育，后科举不利，赴上海经商，接触西学，亦是这一时期民间知识精英的代表性人物。郑观应 17 岁先从叔父，后随英国人傅兰雅（John Fryer，1839 ~ 1928 年）学习英文。在 1860 年后的很多年，于英国人开办的宝顺洋行和太古洋行担任买办。洋行的职业生涯使他接触到西方知识，尤其是英美的法政知识。对此，郑观应说他在傅兰雅所办学校学习英

---

① （清）王韬：《弢园文录外编》，上海书店出版社 2002 年版，第 68 页。
② 当然，美国学者柯文认为王韬在涉及科举考试方面的观点，已经"远远地超出了当时仍流行的'体用'模式，达到了新颖的境界。"参见［美］柯文：《在传统与现代之间：王韬与晚清改革》，雷颐、罗检秋译，江苏人民出版社 2006 年版，第 107 ~ 108 页。

文时，就"究心泰西政治、实业之学"了。① 同时，教会的书籍对郑观应的思想也有一定的影响。对此，美国学者柯文说道：

> 郑观应比大部分买办受过更好地教育，具有更好地知识素养。他贪婪地阅读有关改革的教会作品，因而渗透在其论著中的人道主义情感很可能具有宗教根源。②

此外，有学者研究称同时代的王韬也对郑观应的思想产生了影响，构成了其知识的重要来源。③

这一时期郑观应对于英美法政的认知和讨论主要收录在《盛世危言》一书中。对此，郑观应在该书序言中说道：

> 应与中外达人杰士游，三十年于兹矣。每于酒酣耳热之余侧闻伟论，且闻欧洲明儒各种著述，及各日报所论安内攘外之道，怅触于怀，随时笔记，参以管见，历年既久，积若干篇。④

需要说明的是，该书大致有三个版本，分别是 1894 年的 5 卷本的 87 篇，1895 年 14 卷本的 200 篇以及 1900 年 8 卷本的 200 篇。为了照顾本书所涉时期主题，所选用文章主要集中在 1894 年之前，以 1894 年 5 卷本的 87 篇文章为主。

（一）郑观应对英国"君民共主，议院上下一心"的推崇

在 1892 年《盛世危言》初刊的自序中，郑观应在"求变"的思路下，开始关注西方政教人文，即所谓"学西文，涉重洋，

---

① 参见夏东元：《郑观应》，广东人民出版社 1995 年版，第 7 页。
② ［美］柯文：《在传统与现代之间：王韬与晚清改革》，雷颐、罗检秋译，江苏人民出版社 2006 年版，第 160 页。
③ 参见萧永宏：《王韬与郑观应交往论略——兼及王韬对郑观应思想之影响》，载于《江苏社会科学》2016 年第 5 期。
④ （清）郑观应：《盛世危言》，辛俊玲评注，华夏出版社 2002 年版，第 11 页。

日与彼都人士交涉，察其习尚，访其政教，考其风俗利病、得失盛衰之由"，并明确认识到西方"其治乱之源，富强之本，不尽在船坚炮利，而在议院上下一心，教养有法。"①

与前述王韬一致的是，这一时期的郑观应也极力提倡英美的"君民共主"。不同的是，郑观应明确提出了实现英美"君民共主"的具体方式——设议院。为此，郑观应在《盛世危言》初刊中专设"议院"篇予以论述。其在该篇首先论说了议院的意义、作用和组成。文载：

　　盖闻立国之本，在乎得众；得众之要，在乎见情。故夫子谓人情者，圣人之田，言理道所由生也。此其说谁能行之，其惟泰西之议院。议院者，公议政事之院也。集众思，广众益，用人行政一秉至公，法诚良，意诚美矣。无议院，则君民之间势多隔阂，志必乖违。力以权分，权分而力弱，虽立乎万国公法之中，必仍至于不公不法，环起而陵篾之。故欲借公法以维大局，必先设议院以固民心。

　　泰西各国咸设议院，每有举错，询谋佥同，民以为不便者不必行，民以为不可者不得强，朝野上下，同德同心，此所以交际邻封，有我薄人，无人薄我。人第见其士马之强壮，船炮之坚利，器用之新奇，用以雄视宇内；不知其折冲御侮，合众志以成城，致治固有本也。考议政院各国微有不同，大约不离乎分上下院者近是。上院以国之宗室、勋戚及各部大臣任之，取其近于君也。下院以绅耆、士商才优望重者充之，取其近于民也。选举之法，惟从公众。遇有国事，先令下院议定，达之上院；上院议定，奏闻国君，以决从违。如意见参差，则两院重议，务臻妥协而后从之。凡军国

————————
① （清）郑观应：《盛世危言》，辛俊玲评注，华夏出版社2002年版，第10页。

大政，君秉其权；转饷度支，民肩其任。无论筹费若干，议院定之，庶民从之，纵征赋过重，民无怨咨，以为当共仔肩襄办军务。设无议院，民志能如是乎？①

接着，郑观应对西方各国议院进行了比较，认为英国议院最优，值得中国学习。是谓：

> 然博采旁参，美国议院则民权过重，因其本民主也。法国议院不免叫嚣之风，其人习气使然。斟酌损益适中经久者，则莫如英、德两国议院之制。英之上议院，人无定额，多寡之数因时损益，盖官不必备，惟其贤也。其员皆以王公侯伯子男及大教师与苏格兰世爵为之，每七年逐渐更易，世爵则任之终身。下议院议员则皆由民间公举，举员之数，视地之大小、民之多寡。举而不公，亦可废其例，停其举，以示薄罚。下议院为政令之所出，其事最繁，员亦较多，大约以四五百人为率。惟礼拜日得告休沐，余日悉开院议事。大暑前后则散院避暑于乡间，立冬或立春则再开院。议员无论早暮，皆得见君主：上议院人员独见，下议院人员旅见。议院坐次，宰相大臣等同心者居院长之右，不同心者居左，中立者则居前横坐。各国公使人听者，皆坐楼上。德之规制大概亦同。盖有议院揽庶政之纲领，而后君相、臣民之气通，上下堂廉之隔去，举国之心志如一，百端皆有条不紊，为其君者恭己南面而已。故自有议院，而昏暴之君无所施其虐，跋扈之臣无所擅其权，大小官司无所卸其责，草野小民无所积其怨，故断不至数代而亡，一朝而灭也。②

---

① （清）郑观应：《盛世危言·议院上》，辛俊玲评注，华夏出版社 2002 年版，第 22 页。
② （清）郑观应：《盛世危言·议院上》，辛俊玲评注，华夏出版社 2002 年版，第 22~23 页。

更为重要的是，郑观应在此以英国议院为例，明确提出了应在中国设立议院的主张。在这一点上，他不仅超越了王韬，也远远超越了同时代的其他人。文载：

> 即英国而论，蕞尔三岛，地不足当中国数省之大，民不足当中国数省之繁，而土宇日辟，威行四海，卓然为欧西首国者，岂有他哉？议院兴而民志合，民气强耳。中国户口不下四万万，果能设立议院，联络众情，如身使臂，如臂使指，合四万万之众如一人，虽以并吞四海无难也。①

> 故欲行公法，莫要于张国势；欲张国势，莫要于得民心；欲得民心，莫要于通下情；欲通下情，莫要于设议院。中华而自安卑弱，不欲富国强兵，为天下之望国也，则亦已耳；苟欲安内攘外，君国子民持公法以永保太平之局，其必自设立议院始矣！②

同时，郑观应还区分了英美的议院制与传统中国"议郎""台谏""御史"等制度的不同。是谓：

> 或曰：汉之议郎，唐宋以来之台谏、御史，非即今西国之议员乎？不知爵禄锡诸君上，则未必能尽知人之明；品第出于高门，则不能悉通斯民之隐；而素行不可考，智愚、贤否不能一律，则营私植党，沽名罔利之弊生焉。何若议院官绅均匀，普遍举自民间，则草茅之疾苦周知，彼此之偏私悉泯，其通情而不郁，其意公而无私，诸利皆兴，而诸弊皆去乎？③

这即是说英美议院在如下几个方面与传统中国近似议院的制

---

① （清）郑观应：《盛世危言·议院上》，辛俊玲评注，华夏出版社 2002 年版，第 23 页。
②③ （清）郑观应：《盛世危言·议院上》，辛俊玲评注，华夏出版社 2002 年版，第 24 页。

度存在不同：第一，英美议员是经过民间普遍选举产生的，而中国古代则"品第出于高门"；第二，前者出于公意，而无私，后者则常常营私植党，沽名罔利；第三，前者听命于君，而后者听命于民；第四，前者因举自民间而通民情，而后者则出于高门，不能悉通斯民之隐。应该说，这一表达明确否定了洋务运动时期那种认为英美议院制，中国古已有之的观点，并且对于英美议院制度把握准确。

（二）郑观应对英美国际法的认知和理解

鉴于洋务运动时期英美国际法大量传入中国的事实，郑观应撰写了大量有关英美国际法的文章，用自己的理解，回应着"公法时代"提出的问题。在这些文章中最为重要的应该是"公法"篇。在该篇中，郑观应对英美国际公法的起源、性质、特征等问题做出了自己的回答。这一方面体现了上述官办机构译介的英美国际法在洋务运动后期已经获得了传播的效果；另一方面，表明中国人在逐渐接受这套知识体系的同时，也在用自己的方式对它进行着思考。

首先，在英美国际法的起源问题上，郑观应否定了中国是国际公法发源地的说法，认为历史上的中国"封建"或"郡县"只是中央和地方的"统属"关系，而非国际法意义下的国与国，并明确承认中国只是万国之一。文载：

> 公法者，万国之大和约也……其（中国——作者注）虽变而莫之或易者，概不得专礼乐征伐之权也。然均有相维相系之势，而统属天下则一也。统属于天子一，故内外之辨，夷夏之防，亦不能不一。其名曰有天下，实未尽天覆地

载者全有之，夫固天下之一国耳。知此乃可与言公法。①

这一说法等于否定了丁韪良在1881年《中国古世公法论略》中，为劝说中国接受国际法，而附会中国古代存在国际法某些原则的观点。②

其次，就国际公法的主体、调整对象以及效力依据而言，郑氏认为平等意义上的国与国才是国际公法上的主体，而国际公法所要调整的应是"通使""通商""合盟"以及"合会"等问题，国际公法的效力来源于人类理性的"性法"。是谓：

> 公法者，彼此自视其国为万国之一，可相维系而不能相统属者也。可相维系者何？合法性、例法言之谓。夫语言文字、政教风俗固难强同，而是非好恶之公不甚相远，故有通使之法，有通商之法，有合盟、合会之法。俗有殊尚，非法不联……良以性法中决无可以夺人与甘为人夺之理，故有均势之法，有互相保护之法。③

值得注意的是，郑观应此处提及的"性法"（自然法——作者注），显然是直接借用了丁韪良在《万国公法》中的概念。

再次，就国际公法的拘束力问题而言，郑观应认为，国际公法的实现一方面要靠"自愿遵守"；另一方面，也要靠各国的舆论压力，以及集体的强制措施。文载：

> 《尔雅·释训》云：法，常也，可常守也。《释名》曰：法，逼也，逼之使有所限也。列邦雄长，各君其国，各子其民，不有常法以范围之，其何以大小相维，永敦辑睦？彼遵

①③　（清）郑观应：《盛世危言·公法》，辛俊玲评注，华夏出版社2002年版，第59页。
②　关于丁韪良的《中国古世公法论略》及其所提出的"附会论"的讨论，详见田涛：《国际法输入与晚清中国》，济南出版社2001年版，第77～83页；另见〔日〕佐藤慎一：《近代中国的知识分子与文明》，刘岳兵译，江苏人民出版社2011年版，第49～57页。

此例以待我，亦望我守此例以待彼也。且以天下之公好恶为衡，而事之曲直登诸日报，载之史鉴，以褒贬为荣辱，亦拥护公法之干城。①

……有渝此盟，各国同声其罪。视其悔祸之迟速，援赔偿兵费例，罚镪以分劳各国。若必怙恶不悛，然后共灭其国，存其祀，疆理其地，择贤者以嗣统焉。庶公法可以盛行，而和局亦可持久矣。②

当然，郑观应也清醒地认识到：国际公法虽对国与国之间的交往具有一定约束力，但真正决定性的因素仍是国家的强弱，即所谓"弱国无外交"；中国若想提升国际地位，只依靠国际公法是远远不够的，还需要综合国力的提升。是谓：

虽然，公法一书久共遵守，乃仍有不可尽守者。盖国之强弱相等，则籍公法相维持；若太强太弱，公法未必能行也……然则公法固可恃而不可恃者也。且公法所论，本亦游移两可……由是观之，公法仍凭虚理，强者可执其法以绳人，弱者必不免隐忍受屈也。是故有国者，惟有发愤自强，方可得公法之益。倘积弱不振，虽有百公法何补哉？噫！③

当然，必须认识到这里郑观应的认识从表面上看，与洋务运动时期其他朝野知识分子似乎差不太多，都认识到万国公法的实现有赖于国与国之间"力的均衡"。这说明前述提及的不平等条约的存在，或多或少会有损晚清中国人对于万国公法的信任感，在这一点上，郑观应也概莫能外。但是，与他们不同的是，郑观

---

① （清）郑观应：《盛世危言·公法》，辛俊玲评注，华夏出版社2002年版，第59页。
② （清）郑观应：《盛世危言·公法》，辛俊玲评注，华夏出版社2002年版，第60页。
③ （清）郑观应：《盛世危言·公法》，辛俊玲评注，华夏出版社2002年版，第60～61页。

应还认识到如果国与国之间满足了"力的均衡",那么,万国公法还是有效的,所以他在最后才强调说:"是故有国者,惟有发愤自强,方可得公法之益。倘积弱不振,虽有百公法何补哉?"对此,日本学者这样评价郑观应对于国际公法的洞见。是谓:

> 这里,即使存在着对万国公法的不信任感,但是不存在视万国公法为完全无意义的东西,而滑向信奉无原则的"力"的倾向。自强之必要是为了改变不平等的国际关系,万国公法明确地给自强的目的划定了界限。①

最后,就国际公法的基本原则而言,郑观应提出了"主权互不侵犯原则"和"平等互利原则"。对于前一原则,他指出:"夫各国之权利,无论为君主,为民主,为君民共主,皆其所自有,他人不得侵夺。"② 他还坚持在此原则基础上修改不平等条约,使其符合中国利益。是谓:

> 其不专为通商者,则遣使会同各国使臣,将中国律例合万国公法两两比较,同者彼此通行,异者各行其是,无庸越俎代谋。其介在异同之间者,则参稽互考,折衷至当。③

对于后一原则,郑氏严厉指出英国、美国在工商、贸易以及税收等方面都违反此国际公法原则,并建议"某约不便吾民,某税不合吾例,约期满时,应即停止重议",④ 捍卫国家主权。

此外,郑观应在涉及外交与领事关系法方面也有较为完备的认知。他在"通使"一篇就从国际公法的角度,较为详细地阐述了公使和领事在国际公法上的作用、职能以及规则。就设置公

---

① 〔日〕佐藤慎一:《近代中国的知识分子与文明》,刘岳兵译,江苏人民出版社2011年版,第36页。
② (清)郑观应:《盛世危言·公法》,辛俊玲评注,华夏出版社2002年版,第59页。
③④ (清)郑观应:《盛世危言·公法》,辛俊玲评注,华夏出版社2002年版,第60页。

使、领事的必要性而言，他认为中西之间签订条约并不足以保证国际公法之实现，还需设置公使、领事等外交人员具体处理相关事宜。他说道：

> 今中国与外洋各国通商立约，和谊日敦，设无使臣联络声气，则彼此之情终虞隔阂，虽有和约？何足恃？虽有公法，何足凭哉？①

至于公使和领事的区别，郑观应也有明确的区分："故泰西公例，凡通商各国，必有公使以总其纲，有领事以分其任。"②

就外交、领事人员的职责而言，郑观应大致总结为三大方面：第一，在国际公法范围内保护本国国民合法权益，即：

> 洋人每肆欺凌，无由伸理，乃仿西例，于各国设公使，于华民寄居之埠设领事。遇事往来照会，按公法以审其是非，援和约以判其曲直，保吾民，御外侮，维和局，伸国权，使臣之所系，不綦重欤！③

第二，代表本国与接受国办理谈判、交涉事宜，即"所驻之国，其官吏有应接见者，固宜交相拜访，询悉情形。"④ 第三，应了解所派驻国的方方面面国情，并及时报告，即：

> 使臣者，国家之耳目也，所驻之国，必知该国之情形。凡陆兵之数，水师之数，库款之所入所出，交涉之何亲何疏，商工船械如何精细讲求。⑤

> 自使臣以下各官，无论出洋久暂，务将所办各事，以及地方风土人情、国政、商务、工艺、土产，随笔登记，回国

---

① ② ③ ⑤ （清）郑观应：《盛世危言·通使》，辛俊玲评注，华夏出版社 2002 年版，第 186 页。
④ （清）郑观应：《盛世危言·通使》，辛俊玲评注，华夏出版社 2002 年版，第 189 页。

进呈，择要刊刻，以示天下。①

就外交人才的选任问题，郑观应结合自己对于英美国际法的认知，提出了自己的建议。其认为在当时"中国非常之变局"的情况下，"犹不亟讲外交之道，遴公使之才"是极其不正确的，并认为外交人才"非有老成练达、精明强干之才，难以胜任公使、领事之任""使臣、参赞、领事，识其国言语文字、律例，遇事可立谈，情意必然相孚。"② 同时，他还建议上述外交人员应通过专业化考试进行选任，并设计了晋级、考核规则。文载：

> 似宜明定章程，毋得滥徇情面，援引私亲，必须以公法、条约、英法语言文字，及各国舆图、史记、政教、风俗，考其才识之偏全，以定去取。就所取中明分甲乙，以定参赞、随员、领事之等差，不足以旁加辟举，有余则储候续调。倘出洋多次，办事勤劳，允符人望者，即可由翻译、随员荐升领事，参赞备历各国，荐升公使。如有始勤终惰，或沾染洋习，措置乖方者，上则由公使特参，下则许同僚公揭，咨明总署，覆核得实，奏请除名。夫予以可进之阶，则群才思奋；课以难宽之罚，则不肖怀刑。③

值得注意且难能可贵的是，郑观应在交涉问题上除了有上述具体的主张外，还在"交涉"篇极富洞见地认识到中国应准备专才，比较中西法律之异同，进行"比较法研究"，制定《中西交涉则例》；并以日本为例，在中国近代法律史上最早且系统性

---

① （清）郑观应：《盛世危言·通使》，辛俊玲评注，华夏出版社 2002 年版，第189 页。
② （清）郑观应：《盛世危言·通使》，辛俊玲评注，华夏出版社 2002 年版，第187 ~ 188 页。
③ （清）郑观应：《盛世危言·通使》，辛俊玲评注，华夏出版社 2002 年版，第188 ~ 189 页。

地提出"废除治外法权"的主张及具体的举措。文载：

> 然则洋务交涉之事，竟无善法以处之耶？曰：何为其然也！是宜先储善办交涉之才，次定专办交涉之法。取才之法，必察其人品诣端正，大节无亏（吸鸦片、好赌博、重财惜命者不宜用）熟史书，谙政体，洞悉中外律例，而又经出洋，周知彼国文字、政教、风俗，著论确有见地，存心公正，无抑中扬西之习，并无我中彼西之见者，则根柢既真，措施自当。南、北洋特辟一洋务馆以收储之。然后集群策群力，兼延西国著名状师，遍考中西律例及条约公法诸书，据理持平，定为《中西交涉则例》一书。盖中西律例迥然不同：中国有斩罪，有仗罪，西国无此例；西国有罚镪罪，罚作苦工罪，中国亦无此例。西例听讼有公堂费，不论原告、被告，案定后责由曲者出费，直者不需分文，中国亦无此例也。中国办理命案，误伤从轻，故杀从重；乃西人于故杀，亦有从轻者。……此皆办理者不知西律，未能与争耳。是以西律诸书亟宜考订，择其通行者照会各国，商同外部，彼此盖印颁行，勒为通商交涉则例。凡有交涉案件，须委深通西律之员审办。合于律例者，立即办结，不必羁延，上下推诿，致滋口实，转启罚赔开埠之端；其不合乎律例者，彼公使、领事纵百计恃强要挟，官可罢，头可断，铁案终不可移。彼虽狡悍，其奈我何？且以西例治西人，则彼无可规避；以西例治华人，则我亦免偏枯。每届年终，将交涉各案如何起衅，如何定谳，删繁就简，勒为全编，分送各国使臣及彼外部公览；兼发各省刑司，相互考证，庶枉直是非无能遁饰，洋人无故纵，中国亦少冤民矣！虽然，知之匪艰，行之维艰。近各省偶有要案，疆吏据理而争，彼辄唆其公使与

总署为难，甚或百端恫喝。故必当轴者洞知外事，上下一心，操纵刚柔，曲中窾要，始克收政道刑齐之实效耳。

溯日本初与泰西通商，西人以其刑罚严酷，凡有词讼，仍由驻日西官质讯科断。强邻压主，与中国同受其欺。乃近年日人深悟其非，统革积习，更定刑章，仿行西例，遂改由日官审判，彼此均无枉纵，而邦交亦由此日亲，竟于光绪二十五年收回租界。噫！亚细亚洲以中国为最大，二十三行省不如日本三岛，可耻孰甚！苟能毅然改图，一切与之更始，于治军、经武、行政、理财、通商、惠工诸大政破除成见，舍旧谋新，设议院以通上下之情，执公法以制西人之狡，定则例以持讼狱之平，力矫不慎不公之弊，以服其心。①

（三）郑观应对英美司法制度的认知和理解

由于洋务运动时期在中国传播法律知识的主要是英国人和美国人，因此这一时期的郑观应对于英美司法制度也有所了解。郑观应结合中国的实际，对刑罚制度、陪审制度、律师制度以及监狱制度等法律制度，进行过思考。

首先，就刑罚制度而言，郑观应认为中国过于严苛，这不仅被西人所斥责，而且与中国固有法相背离，同时也是中国丧失"治外法权"的重要原因。是谓：

夫西国之法，犹能法古人明慎之心，苟能参酌而行之，实可以恤刑狱而致太平。中国三代以上立法尚宽，所设不过五刑。读《吕刑》一篇，虽在衰世，犹有哀矜恻怛之意。自后一坏于暴秦，再坏于炎汉。有罪动至夷三族。武健严酷

---

① （清）郑观应：《盛世危言·交涉上》，辛俊玲评注，华夏出版社 2002 年版，第 64～65 页。

之吏相继而起,大失古人清问之意。使不返本寻源,何以服外人之心志,而追盛世之休风耶?西人每论中国用刑残忍,不若外国宽严有制,故不得不舍中而言外,取外而酌中。(泰西有《律学大同》一书,为欧、美二洲各国素所遵行,近数十年来又概从轻减,所以各有不同。日本维新后刑律大旨改宗于法,而参以英、德,凡重刑九:曰死刑,以铳杀之;曰无期流刑;曰有期流刑;曰无期徒刑;曰有期徒刑;曰重惩役,入狱做苦工,极少九年,极多十一年;曰轻惩役,但服役而已,极少六年,极多八年;曰重禁狱,不做苦工,极少九年,极多十一年;曰轻禁狱,收禁而已,极少六年,极多八年。轻刑二:曰重禁锢,收入狱中做工五年以下之谓也;曰轻禁锢,但收禁十一日以上,而不做工之谓也。加刑六:曰削去权柄;曰削去官位;曰停止权柄;曰禁止治产;曰监视收禁,以后再以人管束之之谓也;曰充公入官。此外尚有罚刑,自数十元至数元不等。惟我国尚守成法,有重无轻,故西人谓各国刑罚之惨,无有过于中国者。如不改革,与外国一律,则终不得列于教化之邦,为守礼之国,不能入万国公法,凡寓华西人不允归我国管理云。)①

因此,本着收回治外法权和契合中国古法的目的,理应废除酷刑,并改革刑罚。文载:

国朝初起东方,制刑宽简,大辟之外,惟有鞭笞。及世祖抚有中原,命大臣定律。当时议纂诸臣学识浅陋,未能仰体皇仁,因仍故明惨法。遂至粘决之上有凌迟、斩决之次有绞。凌迟极刑,非唐、虞、三代所有,岂宜行于盛世?绞之

---

① (清)郑观应:《盛世危言·律法》,辛俊玲评注,华夏出版社 2002 年版,第213 页。

苦闻甚于斩，则名轻而实加重矣。闻西国决犯有击脑、闭气诸法。击脑者，用枪正对其脑，弹击可以立毙。闭气者，闭之小室，令新养气不得入，可以渐毙。皆远异斩、绞之惨。今宜除凌迟律，犯此者改为斩决。除绞律，犯此者改用西国击脑、闭气法决之。并除父母、兄弟、妻子连坐律，以仰体列圣仁慈之隐，继其未及改定之志。则三代后未有之仁政，自我朝开之，亿万年不拔之基在是矣。至今法审犯，必取其招供为凭，致问官动用非刑逼招，痛昏之下，何求不得？若已确知其情，又焉用招？宜除取招供例，无论轻重案件，但令问官详查细审，求情定罪。除笞、杖、枷及责掌、责嘴之件外，其余一切刑具，及各衙门自制私刑，着悉行烧毁，示永不复用。内外掌刑官，及非掌刑官，敢有私藏旧刑具，或私制新刑具者，斩立决。此亦除惨之一大端也！①

其次，鉴于中国刑罚的严苛，郑观应不仅对此持否定态度，明确指出刑讯的危害性，而且提出"案既未定，何遽用刑"②这一英美"正当法律程序"的观点，并建议引进英美陪审制度和律师制度。对此，郑观应说道：

外国不信问官而设陪审，秉正人员佐官判案，不容犯人之狡展以抗公评，而于是真情出矣。且问官之怀私者无论矣，即使其居心有如白水，自问可对青天，而旁人犹不无可议，以其独断独行，不询于众也，况健讼之流诪张为幻，狱成之后，虽问官亦不无自疑。则何如询谋佥同、舆情允洽之为愈也？

———————————

① （清）郑观应：《盛世危言·律法》，辛俊玲评注，华夏出版社2002年版，第217页。
② （清）郑观应：《盛世危言·律法》，辛俊玲评注，华夏出版社2002年版，第214页。

今宜令各省、府、县选立秉公人员，或数十人，或数百人，每遇重案，轮班赴署。少者数人，多者十余人，与审官听讯两造之供词，以及律师之辩驳。审毕，审官以其案之情节申论明白，令陪员判其是非曲直，视陪员可否之人数多寡，以定从违。孟子曰："左右皆曰贤，未可也；诸大夫皆曰贤，未可也；国人皆曰贤，然后察之；见贤焉，然后用之。"即西国公举议员之意也。"左右皆曰可杀，勿听；诸大夫皆曰可杀，勿听；国人皆曰可杀，然后察之；见可杀焉，然后杀之。"即西国陪员议判之意也。若夫人非险狠，则公堂对质每多嗫嚅；人若奸顽，则虽三尺当前，犹能诡辩。使无律师以代伸委曲，则审官每为所愚。中国之问官，司审既于律法非所素娴，而所用之刑名幕友，又于律学不轻传授。生死系其只字，枉直视其片词。稍有依违，则官司之前程难保；若无贿赂，则在讼之受屈必多。（律之深文，例之繁重，皆胥吏所以便于上下其手也。非破其趋避之巧及舞弄之奸不可！案值百变，申详之成格牢不可破，以罪就律例，非按律例以定罪犯也。故谓律必改简明，例必废成格。）则何如明张其词，按律辩论之为得也。中国亦宜以状师办案，代为剖析，使狱囚之冤情得以上达。①

最后，为了实现"上古之世民风敦朴，浑浑噩噩，夜不闭户，路不拾遗"的状态，郑观应还以美国纽约巡捕制度为例，提出"各处所设巡捕，实于地方大有裨益"的主张，并大致介绍了美国刑事案件庭审的状况。是谓：

美国纽约巡捕房共三十五处，二千三百人。每处九十二

① （清）郑观应：《盛世危言·律法》，辛俊玲评注，华夏出版社2002年版，第214～215页。

人，分二班，内副总巡四人。时交子正换班之际，总巡点名，排班而出，各人须将夜间见闻，次早报告登簿。见数人正获犯至，或饮酒滋事，或小窃，总巡询姓名、住址，另登一册，收入班房，分别男女。四壁皆石，门为铁栏。本日获到六十人，内有幼年妇女七八人，貌美衣华，共处一室对泣。询为赤身演戏，坏人心术，故在拿办之例。次早解赴公堂，罚锾具结而释。公堂审案处，亦有监房，分男、女、幼童三等，以处巡捕获解者。

公堂有台高三尺，有暖阁设公案，坐问官三人，各具纸笔，随问随录。旁一桌坐三四人，为报馆记事者。案前立一人为传审吏。左设一椅，坐原告或证人，犯人立栅外，案上左角置教书一本。犯人先取书置口边吻稍动，仍置原处。此即设誓无虚言之意。台下长桌椅五六张，坐二三十人，皆讼师、证人。堂下绅民数百人，任其观听。问官由绅民公举。每日必有数十案，或释放，或罚锾取保，或定罪后转送各衙门核定，或未了结，分别暂押监房，次日再讯。纽约城共有六处，规制井然。按泰西刑律，应讯之案多由刑官会同陪审十二人公同定谳，盖集思广益，不令刑曹独擅其权也。惜陪审者向于百姓中除职官、教习及卑贱、罪废外，自二十一岁至七十岁皆得书名拈阄，案牍向未练习，识见未尽通明，遇事秉命于刑曹，不能有所匡救耳。[①]

此外，就监狱制度而言，郑观应也主张"参用西法以推广之"，并提议针对案件属性，将罪犯分类关押。[②]

---

① （清）郑观应：《盛世危言·巡捕》，辛俊玲评注，华夏出版社2002年版，第219～221页。
② （清）郑观应：《盛世危言·狱囚》，辛俊玲评注，华夏出版社2002年版，第219～221页。

（四） 郑观应对英美商经法律制度的认知和理解

整个洋务运动时期，当国人将主要精力放在吸收、理解英美政制、国际法和司法制度的时候，郑观应非常敏锐地对英美商经法律制度予以了关注，并在《盛世危言》中专作"商务""商战""税则""银行""保险"以及"恤贫"等篇，值得注意。

首先，郑观应在"商务"和"商战"等篇，主张在中国设立商事机构，并制定商律。其认为"商务者，国家之元气也；通商者，舒畅其血脉者"，它对于一个国家的发展至关重要，而中国的实际是"今官商隔阂，情意不通。官不谙商情，商惮与官接"，究其原因在于"固由官制过于尊严，实亦国家立法之未善"。因此，他建议：

> 今朝廷欲振兴商务，各督抚大臣果能上体宸衷，下体商情，莫若奏请朝廷增设商部，以熟识商务、曾环游地球、兼通中西言语文字之大臣总司其事，并准各直省创设商务总局。总局设于省会，分局即令各处行商择地自设。①

为了进一步说明"商务"的重要性，郑氏还以英国为例，说明其国强与商务之间的关系，并力主中国在刑律之外，以英国为例，"速定商律"，设立"商贾公司"。文载：

> 由官设立办国事者谓之局，由绅商设立为商贾事者谓之公司。无论绅商设立商贾公司，必须悉照其国家颁发官商所定商贾公司条例而行。公司总办由股董公举，各司事由总办所定。若非熟识商务，不谙其中利病，股份虽多，官秩虽大，亦不准滥厕其列。如有希冀，必为众所讥。

---

① （清）郑观应：《盛世危言·商务一》，辛俊玲评注，华夏出版社 2002 年版，第 304~306 页。

今中国禀请大宪开办之公司，虽商民集股，亦谓之局。其总办稍有牵涉官事者，即由大宪之札饬，不问其胜任与否，只求品级较高，大宪合意即可充当……公司得有盈余，地方官莫不索其报效，越俎代谋。其小公司之总理，虽非大宪札委，亦皆侵蚀舞弊。股商畏其势，因无商律，不敢上控。是以数十年来获利者鲜，亏累者多也。今欲整顿商务，必须仿照西例，速定商律。余曾购译各国水陆商政比例、通议，香港商贾公司条例（各国皆有商贾条例。其属埠各例，由官商公定。香港条例甚繁，计供一百五十八块。兹将英领事哲美森所译简明公司条例，附刊本论五篇之后，以备当道采择施行。惟东西国例：公司虽官助厚资而成，亦无官督商办之例），情盛杏荪卿奏议，并咨取各国商律（中国只有刑律，无民律、商律、报律、航海诸律，故商民讼事律多未载，地方官与胥吏随意判断，商民负屈甚多。国家非有商律，如篇中所论，商务必不能旺），择其善者编定若干条，颁行天下。凡创商贾公司，必须具禀，列明股董何人，股本若干，所办何事，呈请地方官注册。如不注册，有事官不准理，庶几上下交警，官吏不敢剥削，商伙不敢舞弊。公司所用之人，无论大小皆须熟悉利弊，方准采用，当道不得滥荐，举从前积弊一律扫除。更开学堂以启商智商，减厘税以恤商艰，设银行以输商力（西例凡集股创设公司，譬如股银十万两，提存银行五万。既经注册登报，公司办货贩运他处，即将提单及成本清单向银行押七八成，买两个三个月汇票，货到埠期内沽出，将银交银行，取提单出货。转输易，故贩运多。中国亟宜劝谕银行仿照办理，裨益不少），派领事以卫商权，建博物馆、赛珍会以为考究之所。凡物产工艺不如人者，商务大臣通饬地方官及商务局，随时随地极力讲求，务探精意，分条剖析，普告众商。或有多财善贾，能延聘奇才异能之工师创立公司；或制造机器，或矿务，或轮船，或电报，岁获厚利，报效国家千两之上者；或著书阐发中外商务之利弊；或捐资倡办商务学堂，是皆养育人材，启迪来兹，其功不惟贸迁有无，平物价，济急需，而大有益于国计民生，商务大臣宜酌量奏请朝廷，给予匾额或宝星，以示鼓励。诚若此，则商贾中人材辈出，将见国无游民，地无弃物，商务自日有起色矣！①

为此，郑观应在《盛世危言》中还附译了英国驻上海总领事哲美森编辑的《英国颁行公司定例》，向国人推介英国公司法。文载：

公司分为二等：一曰有限公司，一曰无限公司。所谓有限公司者，凡执有股份票之人，遇公司当亏欠累累之际，除每股预定额付若干外，便可脱然无累，此非寻常贸易比也。英例：凡作寻常贸易者，若系与人朋开，即属公司之流亚。惟不幸而至于亏欠，资本荡尽之不足，债主仍可向各股东催索，直俟一无蒂欠而后已。故假如有甲、乙、丙三人各出资本，三份平分股开一行店，迨折阅而罄其所有，尚不敷还债之数，其时甲、乙二人家产业已尽绝，无可著追，丙则尚有余资，别图生计。各债主可核明尾找索丙独立清偿，丙亦无可推诿，照账均应核付。此所谓无限公司也。其创立大公司者，虽不能相提并论，然向亦有无限之一种。近来则大半皆有限公司矣。后开之定例，系为有限公司而设，撮其大要，

---

① （清）郑观应：《盛世危言·商务二》，辛俊玲评注，华夏出版社2002年版，第311~312页。

厥有四端：一曰创立公司暨禀官注册之例，二曰科收股票资本暨与股人名分之例，三曰总理公司事务之例，四曰公司歇业之例。所有节目并胪于后。

一曰创立公司暨禀官注册也。查公司当创议开办之始，签名于合同者，极少须有七人。其合同内必注明公司名目，暨开办公司之缘起，又必预估资本，共需若干万，分为若干股，每股共值若干两，且必每股限定若干数，以杜歇业时之争论。其议立合同之人，仍须各认若干股。合同既定，而后又须立公司章程一册，所报明者共有九事：股分票作何填给，一也；科收资本之法暨同时全收，或随时续收，二也；转售股票之法，三也；与股者值应付若干资本之时不能付清，准总理人注销其股票，别行填售，四也；与股人聚议定期，五也；与股人当聚议之期，皆得自举其意，以定从违，六也；推举总理暨总理之权，以办公司事务，七也；结账并分利等事，八也；专人查账，九也。此项章程暨应立合同，各有定式。凡在华开设公司者，皆当实力奉行，迨至订立合同，立定章程，创议人亦已签名画诺，然后禀请官署，注册立案，由官给发执照，准其开设，于是公司之大局立矣。其创议之人，自必即充公司之总理，俟届与股者聚议之期，或可别举新人换充总理，然后可图更换也。至于公司合同既已注入官册之后，不能任意变更，惟资本不敷，则可议加，股分之或大或小，则可议改而已。其定买股分票者，于业已注入官册之合同、章程两项，当时必共恪遵，虽签字者不过创议之数人，而与亲自签字毫无区别。公司开办后，倘章程中实有窒碍难行之处，亦准与股人任意商改。其商改之法，与股人宜先行声明：今应核议公司章程第几条之某事，请有股者于何日聚会。届期人集，彼此酌议。倘有股人四分之三以为应改，即行改定可也。再者，公司所立之合同及其章程，必有印成之专本，凡欲索观者，不问其有无股分，即行给予一册，任凭阅视。

二曰科收股票资本暨与股人之名分也。凡创设公司之人与初买股分之人，俱视为有本来之名分。查照英例：每立一合同，其总公司必立一记事清册。应记者共有四事：与股人之姓名，一也；人共有若干股，每股已付若干金，二也；初次禀官注册之年月日，三也；某人股分于某日退出，四也。四事既备细注明，又有添注新股人之例，但必须其人交出买受某人之真凭实据，始可以其姓名列入清册耳。此项清册或有欲观者，只酌给钞胥之小费，无论摘钞一节，通钞全册，均无不可。欲知谁人并无股分在内，某人计有若干股，悉以此册为凭。凡人姓名既列此册，注明股数于其下。公司分利之时，必须照股分给；公司若有亏欠，亦必按股填付，直到限额既满而止。惟股票已转售于人，注销姓名而别换新户者，公司中或盈或亏，始与之不相干涉。又若有实系与股，而清册应列之姓名，或偶然歧误，或竟致遗漏，则准其人先行禀请到官，由官查明实系歧漏，然后饬令该公司分别改正补入。再，前本与股之人既而售去股票，其买股之新主亦已列入清册，然距过户之期未满一年，公司若有所亏，以致闭歇，罄其所有尚不足以偿债，则如上文所云，例应追足股票限定之额内银两。倘彼与股新主别无余资以弥补，仍可向老股找补；必事在一年以外，始可与之无涉。然无论老股、新股，公司亏欠而令找补，断不能逾于定额之外。譬如每股计银一百两，大都照例以百两为限。此百两之股，其先已付七十两，若亏欠而索找补，至多亦不过三十两而止。倘尚不敷还债，债主亦无可如何矣。

　　三曰总理公司事务也。公司应如何办理，大半于创始时先行议定。其章程虽略有不同，而与股者共操论事之权，则多不甚差别。总理人不能以众人之资本任意独断独行也。其贸易之较小者，股东或不过四五人，各股东固皆可稽考生意出入之事，毋庸订立细章。若创立大公司，与股者多至一二千人，而无妥定之章程，与股人受亏何限？故大公司之总理，至少必选定七人，其人必各执有公司股票，至少以十股或二十股为额。此外与股之人每年至少必聚会一次，又有六阅月而即聚一次者。当共聚之时，总理人必将本公司一年或六阅月中所办之事，悉行当众报明，或盈或亏，毫无讳饰。于是有股者会议分利等事，悉照寻常章程办理。此项寻常章程，即照后开式样。公司初立时，大半皆先核定，但凡众会之际，皆可择便酌改。其酌改之法，则需各举其意而计之，以为是者若干意，以为否者若干意，彼此冲算。如有四分之三以为应改，即行照改。其与股人之不能亲到者，亦可托人代理，但章程亦不能陡改，必须与股人毕集之际，先行声明应改某条之故，及众议以为当改矣，犹不遽改；再迟一月，再聚与股人一次而再议之，若仍谓为当改者居四分之三，然后改之。且改此章程时，不但报明与股人而已也，又必禀报官署，注明清册，以昭郑重。其有欲索阅新章者，俱无所靳。与股人若欲留存改定之底本，亦必给予一分，略收刻印之费而已。万一与股人以公司办理不甚妥洽，则于聚会时，当众商定，派人查报；即非聚会届期，凡与股者有五分之一联名禀诉于管理商务之官，亦可由官派人查核。倘查明总理人实有舞弊之处，即可按例办理。

四曰公司歇业也。歇业有二法：一为与股人不喜此业，自行解散。一为生意不佳，禀官派人主张，售出存货分偿债主。查二法之中，大半系与股人自行解散而罢。或公司本有年限，以满期而遂停止。亦有因亏欠太多，无从转运，与股人自愿停歇者。停歇之意既定，至少须派一人经售存货，特充还债之用。是时总理人毫无权柄，必将公司一切事务交与代为了局之人。该了局人亦须速将一切存货售变得钱，钱既入手，则先提出了局人应得之薪水，次还零星小债，如房租及伙友辛工之类，一无欠缺。然后将应还各债赶紧清还。倘还清后，尚有余资，则尽数摊还于与股诸人。如其不敷抵偿，则须查明与股人之股价，是否照额付足。其付足者，惟有债主按成认亏，无从向与股人著追。其未付足者，譬如额定每股本银一百两，照例本应付足，但竟有止付过二十两者，有股人即应每股续付公司银八十两，以符原额而备还债。其往往有缘此争论处，谓某应付，某不应付也。然大抵当公司停歇之时，清册所记与股人之姓名，即为应付之凭证。若册有错误，尚可请官署查明更正。其册上实系有名者，必应照股付银，摊还债主，与自欠各种帐项之必须清还者，毫无歧异。惟与股人不免有实系赤贫，无从找补者，则当令身家殷实之与股人合而补其缺，直至限数全满始已。至代为了局之人，固不能意为轩轾，或催令速付，或姑与稽延，然分应我付之与股人，断不能借故推诿。又公司停歇时，假如某甲股票业已售于某乙，而清册尚未过户者，该了局人仍当照册向甲找补，亦仍须如数垫付，然后自行向乙，索还乙亦不能图赖。盖乙之买股原图获利，利既改归于乙，亏自不能仍责诸甲也。又若初议停歇，而与股人未必皆愿，不免纷纭无主。然按照定例，倘有一债主或一与股人倡议令该公司停歇，即可独自禀官。俟官查明该公司果系不能办事，必即行谕令停歇。又为之派人代办卖货分银，并一切了局之事，与公司自愿停歇者无异，别无敢于拦阻之人。

　　按英国颁行公司定例甚善，我国宜亟通饬仿行，以杜奸商舞弊也。①

该附译后也曾于 1895 年刊载于《万国公报》上，② 是清末修律前英国公司法在中国近代最完整的版本。

其次，在"税则"篇和"银行"篇，郑氏还较为系统地向国人介绍了英美的税收和银行法律制度。对于前者，郑观应通过对泰西税收法律制度的阅读，认为中国与西方各国在涉外税收问题上存在不平等，并提出改进主张。③ 此外，他还在文后附译了《泰西征税论略》一文，其中涉及包括"税收法定原则"在内的很多英美税收法律的规定。④ 对于后者，郑观应认为"银行之盛衰，隐关国本""夫洋务之兴，莫要于商务；商务之本，莫切于银行"，而中国传统的银号、钱庄与英国的银行相比在功能方面差距很大。因此，郑观应提议仿照英国，建立现代银行制度。⑤ 为此，他还在"银行"篇后附上了《英国国家总银行考》一文，

---

① （清）郑观应：《盛世危言·附译：英驻沪总领事哲美森辑〈英国颁行公司定例〉》，辛俊玲评注，华夏出版社 2002 年版，第 323～327 页。
② 参见［英］哲美森：《英国颁行公司定例》，［英］李提摩太译，引自《万国公报》，第 79 册，1895 年 8 月，第 15392 页。
③ 参见（清）郑观应：《盛世危言·税则》，辛俊玲评注，华夏出版社 2002 年版，第 244～249 页。
④ （清）郑观应：《盛世危言·附译：〈泰西征税论略〉》，辛俊玲评注，华夏出版社 2002 年版，第 249～252 页。
⑤ （清）郑观应：《盛世危言·银行》，辛俊玲评注，华夏出版社 2002 年版，第 260～266 页。

概述了英国银行法律制度。①

最后，郑观应还在"保险"篇和"恤贫"篇介绍了英美的保险法律制度和慈善法律制度，并附上《泰西善堂及英国济赈人数》一文。②

总之，较之洋务运动时期的其他一些知识精英，郑观应对于英美法的阅读、理解和表达无疑是最全面的。其内容不仅涉及这一时代其他人物重点言说的宪法学知识和国际法学知识，而且还涉及英美的司法制度和商经法律。由于郑观应的《盛世危言》在甲午战争之后影响很大，光绪皇帝不仅自己阅看，而且还命令总理衙门印发 2 000 部给大臣看，因此，书中涉及的英美法知识很大程度上影响了朝野上下。笔者认为：清末修律十年，清廷的许多改革举措，都可以在此书中找到印记。

尽管郑观应在接受英美法的深度、广度和系统性上明显高出同时代的其他人，但是应该看到的是，其整体观念仍在儒家传统的范围内，指导他思想的很大程度上还是时代的惯常说法"中本西末"以及"西学中源"说。其论证的大体脉络和前述王韬并无太大差异。如他在《盛世危言》初刊自序和"道器"篇中就说道：

> 中，体也，所谓不易者，圣之经也；时中，用也，所谓变易者，圣之权也。无体何以立？无用何以行？无经何以安常？无权何以应变？③

> 然尧、舜、禹、汤、文、武、周、孔之道，为万世不易

---

① （清）郑观应：《盛世危言·附：〈英国国家总银行考〉》，辛俊玲评注，华夏出版社 2002 年版，第 266～269 页。

② （清）郑观应：《盛世危言·附论：〈泰西善堂及英国济赈人数〉》，辛俊玲评注，华夏出版社 2002 年版，第 576～581 页。

③ （清）郑观应：《盛世危言》，辛俊玲评注，华夏出版社 2002 年版，第 10 页。

之大经、大本，篇中所谓法可为而道不可变者。惟愿我师彼
法，必须守经固本；彼师我道，亦知王者法天。①

自《大学》亡《格致》一篇，《周礼》阙《考工》一
册，古人名物、象数之学，流徙而入于泰西，其工艺之精，
遂远非中国所及。②

而这种观念实际上在当时基本上是一种毋庸置疑的共识。
《庸书》的作者，这一时期改良派另一代表性人物陈炽（？～
1900年），在1893年为《盛世危言》所作序中也说道：

良法美意，无一非古制之转徙迁流，而仅存于西域者。
故尊中国而薄外夷，可也；尊中国之今人，而薄中国之古
人，不可也。以西法为西法，辞而辟之可也；知西法固中国
之古法，鄙而弃之不可也。执人而语之曰，尔秦人也，所行
秦法也，无不怫然怒语人曰，尔古人也，所行者古之道也，
无不色然喜。今日日思复古，而于古意之尚存于西者，转深
闭固拒，畏而恶之……我恶西人，我思古道，礼失求野，择
善而从，以渐复我虞、夏、商、周之盛轨，揆情审势，旦暮
之间耳。故曰：西人之通中国也，天为之也，天与我以复古
之机，维新之治，大一统之端倪也。③

因此，可以肯定的是，西学中的英美法只是中国达至"三代
之治"的媒介，学习它们的目的也只是为了"返璞归真"，固守
或者实现中国固有之常经。尽管一种观点认为，"中体西用"
"西学中源"或"以古证新"只是郑观应等人的一种"传播策

---

① （清）郑观应：《盛世危言·道器》，辛俊玲评注，华夏出版社2002年版，第
20页。
② （清）郑观应：《盛世危言·道器》，辛俊玲评注，华夏出版社2002年版，第
18页。
③ （清）郑观应：《盛世危言》，辛俊玲评注，华夏出版社2002年版，第7～8页。

略",① 但究其本质它仍是"守旧"。其与洋务运动时期保守派最大的不同在于，后者墨守陈规，只知道一味守旧，而不顾客观之变化，而郑观应等人则知今晓古，通过西学"布新"，实现目标。

三、何启、胡礼垣对英美法的理解与讨论

何启原名何神启，字迪之，号沃生，祖籍广东，生于香港。由于其父何福堂早年皈依基督教，并长期在香港担任英国伦敦传教会福音堂牧师，与英国汉学家理雅各长期从事东西文化互译工作，因此，从小接受西式教育。1872 年，13 岁的何启赴英留学，先入苏格兰根特郡（Kent）马格特（Margat）的巴尔美学校（Palmer House School）继续中学教育。1875 年 9 月考入苏格兰阿伯丁大学（University of Aberdeeen）修读医学，4 年后何启顺利毕业，获得内科学士及外科硕士学位，后他又经过伦敦圣汤玛士医院（St. Thomas's Hospital）严格的临床实习，遂成为正式的西医，同年，何启又被吸纳为英国皇家外科学院的会员（Royal College of Surgeons of England）。然而，立志学医的何启在伦敦圣汤玛士医院期间，认识了艾丽斯·沃尔肯（Alice Walkden），继而弃医习法。艾丽斯出身贵族，其父约翰·沃尔肯（John Walkden）是英国议会下院议员，在艾丽斯的劝说下，何启于 1879 年 4 月 29 日进入英国四大律师公会之一的林肯律师会馆（Lincoln's Inn）学习法律，经过 3 年学习，何启于 1882 年 1 月 25 日从林肯律师会馆毕业，获得律师资格，成为中国近代史上第二位获得此

---

① 参见王人博：《中国近代的宪政思潮》，法律出版社 2003 年版，第 50～52 页。

资格的中国人。^① 同年，23 岁的何启与 30 岁的艾丽斯也喜结连理。这段宝贵的留英习法经历，使何启成为当时中国为数不多的真正懂得英美法的人。据考，何启当时取得了英国衡平法及地产和个人财产法的高级学者名衔，^② 而且这些知识也成为日后其针砭时弊，呼吁中国政制改革的思想理论基础。1882 年回港后，何启一面行医，创办香港西医书院（Hong Kong College of Medicine for Chinese），一面执业律师，参与香港地方政务，如卫生局委员（1886 ~ 1896 年）和议政局议员（1890 ~ 1914 年）等。

由于在英国顶级学府留学的经历，加之在香港的从政经历，何启对于中国政制的思考与他人相比，有着不一样的视角和体悟。这些具体表现在 1900 年何启与胡礼垣（1847 ~ 1916 年）的文集《新政真诠》一书中。该书共分 9 篇文章，分别是：初编《曾论书后》（1887 年）、二编《新政论议》（1895 年）、三编《新政始基》（1898 年）、四编《康说书后》（1898 年）和《新政安行》（1898 年）、五编《劝学篇书后》（1899 年）、六编《新政变通》（1899 年），以及《前总序》（1899 年）和《后总序》（1900 年）。洋务运动期间，涉及本主题的主要是写于 1887 年夏天的《曾论书后》，^③ 以及 1885 年两人合作翻译、鉴定完成

---

① 何启的姐夫伍廷芳（1842 ~ 1922 年）曾于 1877 年 3 月从林肯律师会馆毕业，获得出庭律师资格。

② 杜丽红、肖后良：《评介》，引自（清）何启、胡礼垣：《新政真诠（一）》，广西师范大学出版社 2015 年版，第 1 页。

③ 关于何启、胡礼垣在《新政真诠》写作中的序位和贡献问题，学界一般认为，该文集先由何启用英文写出，然后胡礼垣将其翻译为汉语，并进行润色，申言之，胡礼垣仅是《新政真诠》的翻译，文集的作者实是何启。实际上，通过阅读该文集何启与胡礼垣的文字叙说可以发现，实际的情况应该是：何启在《曾论书后》一文的撰写中起到了主要的作用，其余各篇主要是两人在相互协商中写成，典型的如《新政论议》一文，甚至到了后期，胡礼垣在其中扮演的作用更大，如完整阐释该文集思想的《前总序》和《后总序》就是胡礼垣独自撰写完成的。参见张礼恒：《何启、胡礼垣评传》，南京大学出版社 2005 年版，第 144 页。

的《英例全书》。

据考，《曾论书后》原名《书曾袭侯〈中国先睡后醒论〉》，该文是何启针对 1887 年 1 月清驻英法俄大使曾纪泽在英国伦敦《亚洲季刊》发表名为《中国先睡后醒论》而作。曾纪泽的文章一经发表，影响很大，法文版、德文版以及中国租界的西方报纸，争相转载。先是于同年 2 月 8 日被香港最早的西文报纸《德臣西报》（China Mail）全文转载，4 月何启以"华士"为名，用英文写成《中国之睡与醒——与曾侯商榷》（China the Sleep and the Awaking A Replay to Marquis Tseng）发表在《德臣西报》上。"后来因曾纪泽之文有'译登华文日报'的打算，何启'仍以示予友胡君礼垣'，由胡礼垣于同年六七月间加以翻译、阐发、更名为《曾论书后》。"① 因此，曾纪泽与何启的文章应当是晚清时期中国最早关于中国政制如何展开的论战，同时也代表着国内主张改良的开明士大夫与民间先进知识分子的不同观点。

曾纪泽在《先睡后醒论》一文中以洋务运动时期盛行的"循环论"为依据，首先批评了中国自道光以后的"败亡论"，即"中国古昔之盛与，近今之衰，判若霄壤，遂疑中国精力业已销铄殆尽，将近末造，难支他国争胜之势"。② 曾氏认为，"不过似人酣睡，固非垂毙也"③。至于过去"酣睡"原因，曾氏概括大致有三：一是庚申圆明园之火前"以为功业成就，无待图维，故垂拱无为，默想炽昌之盛轨"；二是"诸边藩文教，均不如中国之懿美，时生倾慕。遂使中国，日有侈心，自以为金瓯永固，

---

① 张礼恒：《何启、胡礼垣评传》，南京大学出版社 2005 年版，第 66 页。
② （清）曾纪泽：《中国先睡后醒论》，引自（清）何启、胡礼垣：《新政真诠（一）》，广西师范大学出版社 2015 年版，第 182 页。
③ （清）曾纪泽：《中国先睡后醒论》，引自（清）何启、胡礼垣：《新政真诠（一）》，广西师范大学出版社 2015 年版，第 183 页。

无待舍旧而谋新"；三是"其他强大之国，远隔重洋，相去辽阔，彼中兴亡得失，和战攻守，漠然不知，以致中国绝无留意于海外诸国之事者"。①

然而，经过两次鸦片战争，曾氏认为"中国忽然醒悟""含忍优容，以为后图"，并坚信"中国能顺受其颠沛，而从中渐复其元气"，主张"整饬军制""坚固炮台"和"精利器械"，试图通过优先发展军事实现富强。② 更为重要的是，在曾氏看来，军事的发展是一国"国是"的前提，优先于内政，犹如房屋，只有修葺好门窗，才好"清理内务"。文载：

> 盖国势既强，则筹度国是，肃整纲纪，始为有益。譬如居室，先须缮完垣墉，修固门键，无穿窬之虞，然后可以清理内务。③

这里需要特别指出的是，尽管此时的曾纪泽在政制主张上仍未超越"器物"，远不及前述同僚郭嵩焘，但其对英美国际法的了解和掌握还是值得肯定的。在《先睡后醒论》一文的最后，曾氏在"外攘夷狄"方面主张："一、善处寄居外国之华民。一、申明中国统属藩国之权。一、重修和约，以合堂堂中国之国体。"④

对于曾纪泽的文章，何启在《曾论书后》一文给予了系统地回应。何启在整体上认为曾文所提观点"本末先后未免混淆，效验工夫漫无次序……恐才虽高，而不能行其志；意虽美，而不能底厥成，殆亦在官言官，就事论事，姑为是权奇之说，而非作

---

① （清）曾纪泽：《中国先睡后醒论》，引自（清）何启、胡礼垣：《新政真诠（一）》，广西师范大学出版社2015年版，第183页。
② （清）曾纪泽：《中国先睡后醒论》，引自（清）何启、胡礼垣：《新政真诠（一）》，广西师范大学出版社2015年版，第184~185页。
③ （清）曾纪泽：《中国先睡后醒论》，引自（清）何启、胡礼垣：《新政真诠（一）》，广西师范大学出版社2015年版，第190页。
④ （清）曾纪泽：《中国先睡后醒论》，引自（清）何启、胡礼垣：《新政真诠（一）》，广西师范大学出版社2015年版，第190~192页。

探源之论。"①

首先，何启认为曾侯提出的"中国已梦醒"的观点不能成立，中国仍处于"酣睡"状态，曾侯所谓的"奋发举行"在他眼中只是"酣睡之人或被魇而梦里张拳或托大而梦中伸脚耳。"②

其次，何启不太同意曾氏主张"国事"优先和"内政"的观点，认为"内政"是一国之基础，"必先有哲匠为之经营工师为之规画，使基址永固，然后大厦可成。"③ 在何启看来，此内政之基址就是"公平之政令而已"。是谓：

> 然则公与平者，即国之基址也。公者无私之谓也。平者无偏之谓也。公则明，明则以庶民之心为心，而君民无二心矣。平则顺，顺则以庶民之事为事，而君民无二事矣。措置妥帖，聚志成城，此其所以植万年有道之基，享百世无穷之业也。④

而此时中国的实际情况在何启看来却与之相反，他说道：

> 今者中国政则有私而无公也，令则有偏而无平也。庶民如子，而君上薄之，不啻如贱也。官吏如虎，而君上纵之，不啻如鹰犬也。基已削矣，址已危矣，而欲建层台起峚楼，吾不知其可也。人之为人也，必理直然后可以气壮。国之为国也，必内修，然后可以外攘。夫中国之政令在所应改者。⑤

于是，何启批评了曾氏"先使外侮集绝方可内修国政"的论调，认为它既不符合中国传统孔孟圣人之真谛，也罔顾客观之

---

① （清）何启：《曾论书后》，引自（清）何启、胡礼垣：《新政真诠（一）》，广西师范大学出版社 2015 年版，第 133 页。
② （清）何启：《曾论书后》，引自（清）何启、胡礼垣：《新政真诠（一）》，广西师范大学出版社 2015 年版，第 136～137 页。
③④ （清）何启：《曾论书后》，引自（清）何启、胡礼垣：《新政真诠（一）》，广西师范大学出版社 2015 年版，第 138 页。
⑤ （清）何启：《曾论书后》，引自（清）何启、胡礼垣：《新政真诠（一）》，广西师范大学出版社 2015 年版，第 138～139 页。

实情。因此，在他看来此论调对中国而言，不仅无益，反而有害。

复次，何启认为中国的国政从理论上讲属于"君主之国"，然而，无论内政，还是外交，作为"自主之国"的中国都出现了诸多问题。因此，何启主张"为中国计者应自察其所以致辱之由"。① 至于"致辱之由"，何启认为，什么"陆军之建设，战船之添置，炮台之新筑，枪炮之精巨"，皆"事之小者耳，不足为中国忧也。中国真忧之所在乃政令之不修，而风气之颓靡也。"② 或许是习法出身的缘故，何启为说明此点，竟以"治外法权"为例，予以论证。文载：

> 夫中国之君，自主之君也。以其权，主一国也。权主一国，则除各国公使诸员以外，凡人之在其疆宇内者，皆归其管辖也。今外国人之在中国者，果受中国之君管辖乎？其犯事者，国在中国衙门审断乎？其有罪者，果经中国官员科罚乎？纵或有之，果能执中国之法以审之乎？果能用中国之刑以判之乎？我未曾之闻也。中国屡以此为言，而外国决乎其不肯是，大违君主之权也。此吾所谓拂戾者也。拂戾之来，其安在侯必曰：在中国无威猛军兵，无坚刚铁舰也。吾则曰：在中国无平情律例，无公当法司耳。
>
> 夫公平者，国之大本也。国之有公平，犹人身之有脊骨，脏腑之有气血也。人无脊骨，则耳目手足虽具，而起立无能。人无血气，则肌肤筋骨虽全，而活动不得。国无公平，则虽猛士如云，谋士如雨，勇夫如海，铁甲如山，亦不

---

① （清）何启：《曾论书后》，引自（清）何启、胡礼垣：《新政真诠（一）》，广西师范大学出版社2015年版，第155页。
② （清）何启：《曾论书后》，引自（清）何启、胡礼垣：《新政真诠（一）》，广西师范大学出版社2015年版，第156页。

能服人心，而昭聚信。

今者中国之律例，其有平乎？无也。罪案未定，遽用刑威，何平之有？供证无罪，辄罹笞杖，何平之有？毙于杖下，意气杀人，何平之有？瘐死狱中，有告无诉，何平之有？凌迟枭首，死外行凶，何平之有？今者中国之法司，其有公乎？无也。缙绅名帖，可逮无辜，何公之有？苞苴载道，上下皆同，何公之有？情面枉法，贫者无辞，何公之有？胥吏勒索，富室倾家，何公之有？坚牢刻酷，不得为人，何公之有？其不平，不公也。如是，即中国人尚欲高举远扬，避水火而寻衽席，而谓外国人肯明知故犯，投罗网而入樊笼哉。吾料欧洲诸国，其朝廷苟非丧心病狂，盲聋否塞，必不忍以其商民赤子，付诸威福，任意之华官。吾故曰：其决不肯从者，以中国无公平之故也。此由政令不修，因而风俗颓靡也。执此不悟，纵使中国兵威强于今日数十倍，亦不能尊纪纲于与国等，使权于列邦。盖攻心之具在政，而不在刑，畏志之方，尚德而不尚力也。①

在这段论述中，何启充分利用所学英美法，认为中国虽为主权国家，但却丧失治外法权，究其原因，表面上看是因为中国无坚船利炮，实是因为当时的中国内政不修，律例不平，司法不公。这一认识，虽非公允之论，但一定程度上道出了列强基于中国法律传统的担忧与评价。

再次，何启反对曾纪泽所秉持的"循环论"，即认为只要中国觉醒了，就会进步实现大治，一治一乱，迭换循生乃是规律，否极自会泰来。相反，何启指出，世情已经大变，中国所处之环

---

① （清）何启：《曾论书后》，引自（清）何启、胡礼垣：《新政真诠（一）》，广西师范大学出版社 2015 年版，第 156～158 页。

境已非用旧观念可以推演，当政者必须充分认识到这一点。是谓：

> 古之时文明未启，闭关自守者，各君其国，各子其民。其仁智之君勤于修省，而国治。其昏庸之主薄于德行，而国乱。乱之极，即为治之端，治之极，亦为乱之始，故一治一乱，迭换循生。今之世，礼教昌明，群雄角力者，势均力敌，并驾齐驱，其公议所归者，治则勃然，其公议所排者，乱则立见。乱之生有确然难救之象，治之本亦有显然难拔之形，故永治永乱分途异适。故执古以论今，其情虽同，其事则异也。居今以稽古，其势既变，其法亦殊也。①

更为重要的是，何启认为，如果要避免"循环论"，打破一治一乱的怪圈，必须"立国以民"，以民之感受来衡量君王的政绩，政令之良善。他说道：

> 夫国之所以自立者，非君之能自立也，民立之也。国之所以能兴者，非君之能自兴也，民兴之也。然则，为君者其职在于保民，使民为之立国也，其事在于利民，使民为之兴国也。其职其事在朝廷，无不自以为既尽其心，既殚其力者，然其所尽之心，所殚之力，有益无益，有功无功，惟小民知之最真而最当，以其身受之而躬见之。之故也，是以为君有寝馈廑忧，宵衣旰食者矣，而民不见其功也。若是者，其臣下之不忠乎？然为臣亦有夙夜在公而不忘恭敬者矣，而民不见其效也。若是者，其民庶之难治乎？而民不若是其顽也，民虽寡学，而断不可欺民，纵愚蒙而善能知感，然则其

---

① （清）何启：《曾论书后》，引自（清）何启、胡礼垣：《新政真诠（一）》，广西师范大学出版社 2015 年版，第 163 ~ 164 页。

中必有故矣。为国者将欲深明此故①

……

夫一政一令在立之者，无不自以为公，自以为平，而公否平否，当以民之信否，质之乃得其至公至平。②

最后，何启主张一种渐进式的改良主义，以公正为基，以民信为本，先内治后外治，徐图展开。文载：

一国所以称盛者，非徒多战舰炮台也。以战舰炮台，国皆能置故也。侯欲治外，请自治内始；侯欲治内，请自得民始；侯欲得民，请自得民之心始。民心不可见，见之于信耳，此一定不易之程途也。而行之者，则曰公与平。国有公平，然后得民信；先得民信，然后得民心；先得民心，然后得民力；先得民力，然后可以养民和；可以养民和，然后可以平外患；外患非可遽平也，仍以民和卜之耳，此循序渐进之功效也。③

在文章的最后，何启期待的是"君民相维，上下一德，更张不变，咸与维新，庶可有益于民生，无负于斯世"④ 的目标。

尽管学界普遍认为何启、胡礼垣的合作始于1887年《书曾袭侯〈中国先睡后醒论〉》一文撰写、翻译之后，但是，有论者认为1885年两人合作完成的《英例全书》才是真正起点。⑤ 对此，两人在1898年合作完成的《康说书后》一文有明确说明：

① （清）何启：《曾论书后》，引自（清）何启、胡礼垣：《新政真诠（一）》，广西师范大学出版社2015年版，第165～166页。
② （清）何启：《曾论书后》，引自（清）何启、胡礼垣：《新政真诠（一）》，广西师范大学出版社2015年版，第172页。
③④ （清）何启：《曾论书后》，引自（清）何启、胡礼垣：《新政真诠（一）》，广西师范大学出版社2015年版，第176～177页。
⑤ 冷霞：《近代英国法律知识的大众传播及其中国影响——以〈人人自为律师〉的译介为例》，载于《华东政法大学学报》2018年第6期。

"光绪十一年（1885 年）鄙人曾将英例全书译印。"① 需要说明的是，《英例全书》实际上是胡礼垣翻译英国人亨利·科尔曼·福克德 1879 年出版的《人人自为律师：普通法与衡平法原则手册》（*Every Man's Own Lawyer：A Handy Book of the Principles of the Law and Equity*，该书首版约为 1862 年）一书。由于该书是 17 ~ 19 世纪以来英国兴起的法律自助书籍，在当时英国流行很广，被书商标榜为"英国的完整法典"（*English Complete Code*），其内容"大致沿袭了从程序到实体、从私法到公法的路径，但其中又穿插了许多新型的部门法内容，例如，知识产权法、食品药品安全法、动物保护法、职业规制法、劳动仲裁法、税法、出生死亡登记等。与此同时，该书援引制定法的比例大大增加，已超越判例法成为主体内容。"②

该书的译者是胡礼垣，何启则是鉴定人。至于胡礼垣为何选择翻译此书，有论者推测道：

当何启于 1882 年返港，胡礼垣向他谈起自己的翻译计划并请教译本的选择时，何启很可能想起了他于 1879 年初所购之《人人自为律师》，并以之相赠。对于并无法律专业背景的胡礼垣而言，《人人自为律师》这样的通俗读本无疑是更为合适的选择。尤其是在中国近代法律用语体系尚未定型的时代，英国法的翻译本身就是一项极为巨大的挑战，语言通俗平实、体系简明的《人人自为律师》显然可以稍稍降低这一挑战的难度。而且胡礼垣所面向的读者群体，主要是"华民旅居英埠者"，其翻译主要是作为"生意家之指

---

① （清）何启：《康说书后》，引自（清）何启、胡礼垣：《新政真诠（二）》，广西师范大学出版社 2015 年版，第 426 页。
② 冷霞：《近代英国法律知识的大众传播及其中国影响——以〈人人自为律师〉的译介为例》，载于《华东政法大学学报》2018 年第 6 期。

南，讲洋务之津逮""非为律学之用"，因此也"仅欲明其
旨要耳"。这一目标显然也与《人人自为律师》读本极为
契合。①

《英例全书》又名《西例便览》，② 全书除"序"和"例言"
外，共分 5 卷。胡礼垣光绪十一年（1885 年）8 月的"自序"
中，他表达了翻译此书"意在息争端，观国政也。"③

在"例言"中，胡礼垣从十九个方面，对该书进行了说明。
在第一个方面，他认为"旅居英埠"的华民因"言语不通，例
法不晓，未免为人所愚，挑唆致讼，废时，失事，破耗多端"。
因此，他试图翻译此书，让华民"遇其事，则查阅本例而后
行"，"不致悔于事后。"④ 可见，胡礼垣翻译此书的直接目的就
是为了让香港民众知悉英国法。

在第二个和第三个方面，胡礼垣指明之所以选择翻译上述
提及的《人人自为律师》一书，主要是因为他认识到英国法
"浩如烟海，微特译者，不能岁其事，即阅者，亦将厌其烦"，
所以，只能选择"有关日用交际者，撮其要，而备其名，删其
烦，而就其简"，⑤ 英国的大众类法律读物《人人自为律师》。
此外，胡礼垣也解释了为何要将《人人自为律师》翻译为《西
例便览》，而非《西律便览》。因为在他看来"律与例原自不
同。律者，一定不易也。"而例在他心中，亦即清代对律例之
间关系的观念，是可以变的，即所谓的"以例破律"。由于他

---

① 冷霞：《近代英国法律知识的大众传播及其中国影响——以〈人人自为律师〉的
译介为例》，载于《华东政法大学学报》2018 年第 6 期。
② 据学者冷霞考证，1887 年由粤东友石斋排印的《英例全书》与 1901 年秀州沈炳
儒署名的《西律便览》实为一书。笔者下文所用版本，即《西律便览》。
③ （清）胡礼垣：《自序》，引自（清）胡礼垣翻译，（清）何启鉴定：《西律
便览》。
④⑤ （清）胡礼垣：《例言》，引自（清）胡礼垣翻译，（清）何启鉴定：《西律便
览》，第 1 页。

发现，"西例每年皆有商订，其可者仍之，其否者改之"，况且英国的"例"数量极多，即"是书所集之例，有六七百年来改之。无可改者所引之书，则二百十五种"。① 因此，他认为"是言律固可统夫例而言，例亦可统夫律也。此书名之曰西例，盖统律而言之也。"② 同时，他还提到了英国法官的判决构成了其重要法源——判例法，并将中国固有法当中的"成案"等同视之。文载：

> 故律学诸家，以及审官记载，各抒己见，辨晰无遗……而成案之质证、故牍之钩稽，已不下数千宗矣。③

"例言"第四至第十一部分，则是对该书翻译过程中涉及年代、单位、名称等问题做出的一些说明。比较重要的是第十二部分、第十三部分和第十四部分。

胡礼垣在第十二部分概括介绍了英国"选举议员例"。文载：

> 选举议员一例为英国最大典章。议员即民间之委员也。由县而府，由府而国。而事之利弊，民之利恶，胥藉委员以达之。为委员者，将出其所学，以济民之困，而养民之和。凡军国大政其权虽决于君上，而度支转饷其权实操于庶民。是君民相维，上下一德，皆此例之为之也。顾其侧重于举之之人，则尤为有理。盖必于在举者免其资格，然后能野无遗贤也。而于举之者，严立限制，然后能杜绝虚声也。举必谨之于先，情必从乎其众，斯法之善，殆无间然。④

通过介绍议员，实际上指明了在胡礼垣心中"君民相维，上

---

① ② ③ （清）胡礼垣：《例言》，引自（清）胡礼垣翻译，（清）何启鉴定：《西律便览》，第 1 页。
④ （清）胡礼垣：《例言》，引自（清）胡礼垣翻译，（清）何启鉴定：《西律便览》，第 2 页。

下一德"这般英国式君民共主制是良善的典型。

他在第十三部分还通过"枉押释放一例"向国人介绍了英国法的"无罪推定原则",以及保障人权自由的刑事司法理念。是谓:

> 枉押释放一例,亦英国例之最著者也。此例未立之前,凡倚恃官符,武断乡曲者,多以诬枉入人于罪。幽囚图圄,禁锢终身。原告一日不肯到堂,则被告一日不得出狱也。此例之设,盖以为人之有身,人得自囚之,是夺其自主之权也。西人视自主之权为最重。果非罪有应得,则不能拘押无辜。其律曰:刑部总司或各审司,若明知其情而不给枉押释放之票,则各罚银五百镑以畀受屈者。云云合观全书,罪及官府之例,无有若是之严者,以此知其视自主之权为最重也。①

在第十四部分,胡礼垣还介绍了"陪审员判断一例"。文载:

> 陪审判断一例,亦英例之最善者也。盖听讼之法,持己以无私,不若示民以无私也。执己之偏见,不若集人之众见也。持己以无私,则心虽无私,而人犹有不信。执己之偏见,则见难不偏,而人犹有所疑。若以陪员主判,则是示人以无私而集人之聚见矣。案情之遁饰,供词之变幻,纵不能尽泯然,而服民心,畏民志,无过于此矣。②

此外,胡礼垣第十六部分还对有一段对于中国法与英国法关系的说明。是谓:

> 或谓中国之例既美且详,何必英例予之译之,得毋阿其

---

① ② (清)胡礼垣:《例言》,引自(清)胡礼垣翻译,(清)何启鉴定:《西律便览》,第2页。

所好，予将应之曰：否。否中国之例固宜玩索，外国之例亦不可不知。且学者当辨其事之先后缓急，如在中国则宜守中国之例；如在外国则宜守外国之例。此书为居英境之华民而作也。书内各例善者固多，而亦有为尽善者。此犹外国之人视中国之例也。然予之译此，但欲阅者，知其例而已，非评骘其善与不善也。至其最要之典，如议员、陪审等例为欧美各国所最重者，则特为表出，以当刍荛之献耳。①

尽管此时胡礼垣并没有在价值层面评论中国法与英国法孰优孰劣，而是采取一种功用主义目的对待之，即"为居英境之华民而作"；然而，胡礼垣在字里行间还是表达了对英国法中议员和陪审制的好感。之所以如此，是因为这两个制度都意在汇集庶民的力量，即"直道在民"的精神。关于此主旨，胡礼垣在该书"自序"中，有过明确的表达。是谓：

　　若夫直道在民，则陪员主判，慎矜庶狱，贫户平究公项度支，则闾阎自主，乡举里选则微贱能言。明乎此而知，同民好恶者，则雷厉风行之本也。因事制宜者，即富强功利之源也，而政有不可观者哉？②

"直道在民"不仅构成了胡礼垣此时对于英国法优点的集中概括，而且也为其后其与何启在《新政真诠》中所倡导的"民权"思想做出了铺垫。

至于《西律便览》所涉及具体内容，由于篇幅关系，笔者无法一一罗列，具体详见表 5-1：

---

① （清）胡礼垣：《例言》，引自（清）胡礼垣翻译，（清）何启鉴定：《西律便览》，第 3 页。
② （清）胡礼垣：《自序》，引自（清）胡礼垣翻译，（清）何启鉴定：《西律便览》。

表 5-1　　　　　　　　　　《西律便览》具体内容

卷一	
衙门审司	上司衙门、上控衙门、上衙补例、上司衙权、律法公论、审期不拘、上司分署、署设察员、署设副员、铁路委员、内阁军机、设特主管、罪案总署、教会衙门、军署条规、巡署会署
上衙告法	传票规矩、到案规矩、禀词债单、禀限十页、禀单不呈、贮银作保、册县上控、案件审处、审期先白、审司独断、副员审法、审员审法、翻案规矩、上司衙费、上控规矩、衙门开闭、告发期限、状师辨案、状师追赃、费用估价、缴还单契、状师过恶、冒名状师、诚谕不一、迫使作证、上衙证人、证不能到、证人费用、为犯供证、文件证据、罚印捐款
陪审判断	陪员资格、陪员近例、陪员陪审、审时暂歇、免作陪员、客籍罪案、殴吓陪审、赂使枉判、笼络陪员、陪员无责、陪员判罪、审时猝病、存疑待决、误判控票
府署权衡	上衙讼费、罪案衙费、府署讼事、债案驳法、被告不到、到案认欠、酒债勿追、府署陪员、府判上控
府署公论	遗财发落、陪员证人、财产钜款、案应审处
判债缴收	债判再册、转票已发、欠债系狱、有钱不还、捉拿逃债、领换封票、查封物件　行查封法、交割财利、权封物业、封收债项、债可封者、债不可封、封票拿究、藐视公堂
逃法逸犯	
枉押释放	出狱作证
请勅权禀	诘究权禀、王命权票
租主租客	论年租赁、随意租赁、满期租客、公项应纳、不肯出屋、不告而去、再批担保、租主允迁、分租纳税、何为批约、批约七年、限嗣批业、会党同人、地业相关、佃户常规、屋宇被焚、烟通著火、主客修理、毁屋坏物、客自建物、转租分租、家私并赁、寓客之权、瘟疫房舍、

续表

卷一	
请勅权禀	水桶泄水、保护寓客、立誓词式、寓客可迁、寓客失窃、停租关照、不须关照、业主照札、租客照札、分租照札、屋物租约、分租租约、房屋批约、批赁田庄、以租除税、寓所租约、树木应归、实物可迁、护房材木、迁移机器、事业机具、租项纳期、租纳上期、封物准租、倍收租项、租债保单、献出租钱、献租不受、献租后辨、向租后账、着令出屋、承办查封、夫妻查封、租债代收、租客报穷、原处查封、用计私迁、各自分赁、封租常法、应否查封、实物不封、用物器具、事业所关、五谷植物、事业家具、查封牲口、在店财物、物抄在案、查封禽兽、查封时候、查封至再、封后告赈、查封入屋、谁合查封、封物报单、封物卖期、二人估价、租客赎封、拯夺封物、枉被查封、封法不合、查封过当、租债应缴、租债鸣官、认业主契

卷二	
久假之权	得用路权、失用路权、阻行路权、用水道权、地下井泉、污浊水泉、阻塞水道、河土主人、公地利权、公地牧权、公地病畜、掘草皮权、权字正解、风俗成权、以权策名、窗门光气、嘈响震动、藩篱渠壁、树枝碍路、果树外垂、根侵邻地、檐逼邻家、拾遗穗者
买卖物业	地契来历、拍卖出价、拍卖行骗、拍卖限价、拍卖贮银、买家背约、妇卖物业、买主干系、卖单签名、物业错开、价钱不公、卖家欺瞒、约立照行、错误骗诈、按亩计价、买家疏忽、来历不清、权利不全、卖地树木、合伴联卖、联买物业、物业买卖、收租起息、物业交割、物业同批、买卖后业
卖业约式	批业卖约、永业卖约
追地复业	久居成业、用计踞复、典业驱取、驱逐案出、复业证据、租缺止批、府署复业、县署复业
采地批业	
典卖物业	赎典保债、联名典受、买典业者、典业断赎、赎典业权、典业可赎、典受之权、典业租钱、典受批业、典受禄权、典债利息、贮契作典、典质浮业
入册转业	地契册法、册页转法、当官誓明、请誓券法

续表

卷二	
嘱书法式	限制远业、书后买业、志气见沮、嘱书依例、流民遗业、证业外国、嘱书缴消、嘱书写法、业遗一人、物业分遗、业遗诸子、遗批业式、遗授金表、遗印书权、遗授贷息、改换权理、改授遗财、签名见证、兵役水手、水师嘱书、掳兵遗嘱、武弁无书、文武官禄、嘱书作法、嘱书争辩、订死后赠
承办管业	管业还债、还债先后、收银立单、遗浮实业、加遗之业、既受遗财、罢遗之财、追告遗财、业遗孽子
权理财业	谁可权理、权理承办、买托卖业、钱财混贮、酬金有限、托财所获、权理报穷、实业权理
证明嘱书	预藏嘱书
查阅嘱书	
孚业无书	遗腹子女、生时垫遗
业嗣嗣业	何为例嗣、何为正嗣、何为权嗣、实业无书、限嗣遗业、嗣批得为、统嗣批法、批业材木
实业轻重	暂主之业、实业联名、浮业联名
分别客籍	客籍妇孺
舍业布施	乱命有禁、舍地建学、朝堂葬地、书楼艺苑、园囿书院
教门规制	教门农商、教门封禄、授禄之权、渎圣业罪、互换禄食、资籍废坏、埋葬规矩、埋葬函式
十一税项	十一大小、租代十一、批客逃租、追收积欠、赎免十一、县邑朝堂
贫户平冤	贫家请命、刑部贫案、贫家离异
孤孀薄业	
工地值理	

续表

	卷二
佃猎禽兽	骑射越界、佃猎狐兔、戒猎告白、违言干犯、猎物应归、猎案立判、疑地无禁、残猎有罚、禁杀取期、售买猎物、买取猎物、领照者罪、批客杀猎、走兽免类、免领牌照、黑夜杀猎、机猎毒猎、租赁猎权、委人杀兔、委札定式、逐杀狡兔、猎围网兔、委人狩猎、获枪犬权、守者夺猎、捕役守猎、黑夜窃猎、杀取麋鹿、贩猎牌照、佃猎执照、猎照可免、枪铳牌照、雀非猎物、捕雀设伏、沙锥野雉、杀猎禁日、租客余禽、逐猎锥雉、滋息野鸟、不告姓名、禁期改缓、例内鸟名、鸿鹄谁主、鸿鹄表记、窃鸿鹄案、偷窃鹄卵
河海渔业	捕鱼不法、钓鱼不法、业杀文鱼、捕鱼禁限、卖鱼禁限、杀卖禁限、出口禁限、河鱼例则、渔业干预、标者应得、江海渔业、蚝蟹龙虾、禁耗取卖、捞耗有罪、火药捕鱼
内外医药	医册权利、内利追费、医生籍据、外科卖药、医士接生、制药卖药、卖毒药者、属埠医册、牙科医生、牙科册例、入册规银
义兵约束	过路税免
	卷三
歇店常规	赔偿店客、客居病房、保护店主、车马犬等、店主索债、留物卖法、赁马厩主、沽酒牌照、酒徒可执、童买烈酒、客店赌博、酒债小数、酿酒税饷、公宴之场
买卖马匹	何为良马、何谓不良、马有毛病、买卖马匹、保马单式、拟卖先试、货马有禁、卖马标价、租赁车马、伤人谁咎、借用车马、马途受惊、镶甲伤马、教驹负载、六畜瘟疾
防制牛犬	畜犬牌照、蓄养猛犬、犬伤牛羊、蓄养凶牛、枪轰猛火、凶犬失路、犬有癫名
独刊之权	独印期限、违独刊权、犯权偿款、国志杂录、客人著作、作者印者、刊行外国、翻译戏文、书送书楼、排印雕刻、绘书影画、作伪罹罚、招牌记号、赏牌凭照、保护初制、先以示人
独造之权	请独造权、注法不妥、请权迟缓、权照展期、以权转授、违独造权

续表

卷三	
选举议员	议员家资、举才新制、府举资格、府举业主、府举居客、府屋同居、邑举资格、入册常规、何为居屋、何为寓屋、寓客函式、邑寓资格、举逾一名、典业举权、碍举旧制、库员举权、举权削夺、府册旧制、不须再册、驳止举权、局城邑地、催收公项、公项不纳、投票举才、假托人名、贿赂作奸、审查陋习、纳税作贿、举者途费、举场费用、邑举陋习
毁谤告发	毁以淫行、何为毁谤、隐语讪谤、暗字讪谤、意存陷害、评论著作、地方时事、日报谢过、毁谤官吏、毁及职业、兴谤有因、覆述谣言、放言之权、毁谤公罪、以毁勒贿、假毁倾害、谤言察实、谤言申辩、罪言速究、谤案讼费、以言倡乱、淫书淫画、谤言传布、奚落戏剧
夫妇干系	婚前债项、妇获财业、妇人积财、嫁时受遗、保命私财、妇人佣钱、养儿债项、妇人衾物、妇债干系、夫妇同居、夫妇异居、外妇赊账、妇主物业、妇典嗣业、妇立嘱书、妇人私财
寡妇赡资	采地赡资
夫妇离异	离异案情、妇求离异、判后改婚、赦遇宥罪、明知故纵、串奸欺官、析居案情、折婚案情、敦伦案情、收理子女、婚姻遗产、妇人讼费、悬案以待、从新再审、控上议院、离异讼费、奸夫偿款、出妇口粮、口粮增减、口粮给期、出妇获财、以殴折居
婚姻遗产	幼稚婚单、自立婚单、限制婚姻
托孤寄命	孤子联婚
主仆应为	雇用工役、职役论年、主死仆去、家中贱役、西实女师、仆役干系、革除仆役、辞仆无理、备仆衣服、干仆被害、咳仆背主、为仆任咎、主人干系、偿仆意外、禾机防闯、童稚戏剧、雇人为非、表仆行状、毁仆品行、女师行状、假以荐牍、以货酬工、织袜工钱、工师研钱、优人剧约
挑诱为奸	收留浪妇
工师徒弟	师徒之约、得罪于徒、童稚工约、工价争执、调停息讼

续表

卷三	
农队佃丁	队首牌照
机局规条	
事业埋行	埋行无碍、埋行入册、册行物业
朋友会赏	
汇理章程	
积财银行	会党汇理、入汇理法、限制干系、汇理贷项、汇理□规、会规入册、管库人员、贮项无书、每年报单、违令有罚、贮贷逾限
商务船舶	查阅船册、抄录船册、商船例则、船上药饵、水手患病、舵工财约、工钱恩俸、水手不行、不堪驾驶、船东应为、停止危船、载客洋船、外国船载、水手工钱、舟师工钱、驳带疏忽、驳带撞船、修船债目、租船合约、起货日期、货脚货载、提货凭单、载运谷类、舱面货物、盘艇起货
破船货物	破船物辨、弃物无主、海上弃船
卷四	
股份买卖	股份资籍、担保入册、先期赌价、买卖记单、经纪无牌、股份交易、领取股份、退回股份、买股倒盘、交易时日
股份科本	股东凭据、册股过业、函请股份、股份节略、招股节略
股份公司	有限无限、同人股单、查册规矩、同人干系、经官歇业、自愿收盘、有限公司、转为有限、银纸干系、银行察数、盈余积项、公司废除、公司骗诈、欠项干系、银行股份、自买股份、值理营私、漕河公司、船澳口岸、汇理单约、会主单约、商贾煤局
生意合伴	匿名合伴、合伴干系、分沾利益、合伴退股、合伴者死、合伴存财、不算合伴、联批合业
各种银单	汇单欠单、却单不应、延期收银、代名立单、迫还单项、货价工金、汇欠还银、汇单方便、宽限还期、银行放假、汇单即交、应后改期、银票改字、银票挂号、银票不应、银入客数、凭票交银、银票销号、伪票支银、疑票支银、单票后期、股份凭单、索债欠还、献纳税项、先还后辩、把持强占、银交衙门

续表

卷四	
合同单约	事业常规、异邦财业、浅约之债、三字欠单、约单作证、计月期法、立约者死、防骗诈法、书信为约、邮寄价银、买卖货约、价钱未给、价钱已给、订期赊卖、债项起息、截货准价、途中截回、寄卖货物、家私租买、工作酬金、建屋等工、工作微悮、改造加费、醉酒立约、威迫立约、卖官鬻爵、以债转还、顶受生意
担保货物	订明担保、卖家担保、货物来历、担保货质、不遵保规、货样不符、斤两货色、诳言瞒隐、诳有骗罪、诳以殷实
保债保事	担保宜实、收发保单、保单印信、担保单式
代理立约	代约干系、商贾代理、代理营私、代理用钱、屋业府钱、代租干系、租船用钱、联名债累、立约不法、负托弄权、约止事业、立约私和、轻罪私和、立约买讼、毁失契单、赌赛财约、预立嗣约、立约收养、幼稚欠约、幼约重订、幼稚所约、强约可废、幼稚股约、得业还债、癫人立约、约为婚姻、里居父母、婚帖假名、假行婚礼、婚在外国、亲属为婚、悔婚弃约、骗诈成婚、瞒婚败约、媒妁取钱
异国人约	产业约契
墟市明场	贼赃盗马、银纸失窃、窃物取回
失主获主	获得窖金
揩留物件	物被乾没
卑酒草料	酒草无记、外来酒草
交托货物	愿受所托、负戴受托、贮托朋友、托法不同、仓栈料理、铁路货仓、受托牛羊、据物取酬、据物取财
运载取酬	载客干系、到步失时、车客行李、行李贴号、吸食烟处、铁路货畜、陆路运载、运载牲口、货物接载、留货索费、搬运家私、脚费公平、铁路驳运、险货运贮、异常险物、海运不测、脚费常规
客车干系	疏忽任咎
权书代理	
欠约保单	担保职事、保约单式

续表

卷四	
借贷利息	
科出保项	
卖约保单	权书代质、罪人产业
保险总论	
海面保险	买保卖保、敌人保险、前后失事、何为特保、何为通保、保险之数、赌险保单、保险之期、重复保险
人命保险	自杀单废、无能置议、保单作按、保险贮款、公司兼营、公司数目、公司察数、公司联络、清单假伪
火烛保险	
报穷等事	禀檄报穷、立权理人、权理应为、审训权理、债项还法、报穷租债、派报穷款、报穷事结、报穷免究、未能免究、考察数目、控制报穷、司祝禀禄、文武职员、上下议员、摊还债项、调停债项、欠债骗罪、欠债逃走

卷五	
干犯之罪	强人人家、拆卸伤人、牲口越界、篱敝不葺、铁路藩篱、羊逸其牢、铁路亡畜、病畜越界、猎犬越界
横逆之罪	诬罪枉禁、诬告无辜、险物致动
烟火毒物	屋内煤灯、火水油等、船载火水、贮连火水、火水牌照、硝油等物、谷种有毒、物种欺伪、著毒之肉
防碍之事	秽渠渗漏、秽人清泉、污浊河流、窝娼碍众、窝娼告法、嘈声臭气、机器响动、为邻喧扰、深夜喧扰、聚众喧扰、张宴喧扰、弹鸽骚扰、机陷猫犬
会城屋宇	
以法补救	致命追偿、事主追偿、火车暗号、公断偿款、疏忽误伤、火星烧物、街道车马、碍路致伤、险物过路、铁路卡口、矿穴筑围、杂事疏误、窨围井穴、疏忽之辨

卷五	
赌博赛胜	赛马之场、赌赛骗局、博弈贷财、买票等博、赌馆碑俗、街巷聚赌、打球赌博、打球饮酒
官绅权职	官绅资格、县官绅权、翻越案牍、官绅报穷
四季会审	县绅会审
辖内权衡	析分辖地、会长集议、票决可否、请稽人数、稽查人数、集议展期
教会住持	免充住持、不举住持、举不合法、住持发誓、住持不职、修葺藩篱、住持数目、朝堂派捐、朝堂坐位、坐位准予、典卖坐位、墓碣规银、洗礼规银、收葬流尸、设救火具
道路规制	私路归公、定为公路、公路险阻、旧路改新、公路树木、枝碍公路、伐树木期、公路阔度、平治道路、侵越公路、路上碍众、磨窑碍路、车马疾驰、脚车疾走、畜逸公路、门闸侵路、车路规矩、以车撞阻、牧师路税、公路权职、运物坏路、废弃公路、辖内公路、公路卡口
城邑捕役	
缉捕权职	拘捕之罪
特设捕役	可为特捕、特捕不法、特捕旷职、特捕权职、殴拒特捕、特捕俸禄、特捕军器
买卖称尺	假伪不公、称尺证验
监官职任	公项查簿、查封公项、抗纳上控、穷民籍贯、定籍贯法
罢改墟场	改易墟期
小儿种痘	
乳婴入册	乳婴免究
科纳税项	居屋科税、雇役科税、狩猎科税、功牌科税、车马科税
安全孽子	为母责任、孽子教养、追讼疑父、母供符合、判出养资、给费判销、教会费用、追偿费用、孽子案控、后父责任

续表

卷五	
除秽安民	歇店常寓、使水足用、食物药物、炕者磨者、面头轻重、炕局宜洁、睡近炕炉、作事有禁
当铺当法	每年牌饷、当铺应为、当物毁坏、当票失窃、当项息费、赎当收单、当物卖法、当物者罪、当主之罪、布帛衣料、当主失慎
印字者罪	
残虐禽兽	触斗禽兽、试炼伤生、恶毒药物
火药枪铳	零卖火药、掷放烟火、枪身试验
烟通扫工	
私设癫院	屋无牌照、虐待癫人
主死报册	报生册事、报册延误、遗婴报册、报册规银、孳子生册、册名加改、报死册事、死于道路、报死字样、验尸陪员、埋葬事款、船上生死、报册假伪
水局火局	
卖煤炭法	
过街弹唱	
小贩人等	小贩领照、小贩给照、执照注册、小贩执照、执照批照、就地上控、小贩应为
内河船户	儿女入学
酒徒静空	
应募异国	装遣战船
诸罪总论	重罪轻罪、谋反大逆、反贼办法、逆罪办法、逆罪首从、故杀误杀、比武等事、搠门挑打、激使搦斗、角力取赏、伤折肢体、殴打斗殴、殴打告法、殴案讼费、殴拒官差、鼓噪骚扰、宣读禁令、所毁物业、关闭店门、偷窃罪辨、偷窃植物、偷狗之罪、杀鸽取鸽、狩猎狐狸、

续表

	卷五
诸罪总论	偷窃约契、嘱书附帖、保单汇单、邮筒书信、偷窃器料、穿窬夜盗、阑夜可疑、收接贼赃、铅铜船物、犯圣之罪、陷笼机铳、夺留妇人、拐带闺女、盗孩或物、淫秽等事、露体洗澡、强奸办法、奸辱幼女、海岸河防、假立银单、报册假伪、伪造关防、销号银单、伤杀牛羊、伤杀禽畜、闷药迷人、国之通宝、水火故害、置掷火药、毁伤酒草、毁坏机器、铁路置险、管账亏空、私用公财、亏窃之辨、罪案私和、还贼取赏、船旗船灯、锚漂锚绳、船只搁浅、行骗财物、买认行骗、防火之罪、服役失火、以字恐吓、以讼恐吓、以言恐吓、纠党勒工、何谓扰阻、抢劫勒喉、毁窃树木、受托行骗、吏胥勒索、走私货物、兵家物料、给照出狱
案件供证	耳闻之言、夫妻相证、罪状自招、临死遗供、前经释放

必须强调的是，1885 年胡礼垣翻译，何启鉴定的《英例全书》应当是整个洋务运动时期对于英国法介绍最为全面、最为具体和最为深入的作品。该书的译介内容不仅涉及英国的刑事法、财产法、侵权法、公司法、保险法、海商法、知识产权法以及司法制度，而且涉及相关英国法的对译也在另外一个角度为我们展示了胡礼垣、何启两人对于英国法的理解和认知。

四、钟天纬对英美法的理解和讨论

著名史学家陈旭麓曾言：

思潮是思想史中的峰峦，在近代思想史的推进中最常见。它的形成，不是出于几个人的构思，而是先从远处传来潮音，然后是拍天巨涛向堤岸迎面冲来，有首先听到潮音而呐喊的先驱，也有迎上潮去一显身手的弄潮儿。因此，我们不但要注目于一些公认的先进思想家，而且要放眼于那些在浪潮中敢于弄潮并不太知名的人们。①

的确，与前述王韬、郑观应、何启和胡礼垣这些洋务运动时期的思想巨匠相比，钟天纬（1840～1900年）无论在名气上和地位上，都无法与他们相比。然而，这种反差并不妨碍其思想的独特性和敏锐性。这里笔者之所以将这个近代思想史上不太引人注意的"小人物"拿出，主要是因为钟天纬对于西学以及涉及本主题的英美法，有着不同于其他人的理解和认知，而这些一起构成了洋务运动时期民间知识精英对于英美法理解的全部内容。

钟天纬，字鹤笙，江苏松江华亭县亭林（今上海金山区）人，少年时虽因战乱失学，但却因岳父李花卿的缘故，于1872年入附设于江南制造局的上海广方言馆学习。② 据学者薛毓良考，钟天纬在广方言馆的英文教师是美国人林乐知，经学老师是经学大师俞曲园（1821～1907年）。③ 毕业后，由于受到洋务人士徐建寅（字仲虎，1845～1901年）的赏识，在其推荐下赴德担任驻德大臣李凤苞（1834～1887年）儿子的家庭教师。于是，1880年4月，钟天纬随同美国人金楷理（Carl T. Kreyer），途经中国香港、新加坡，过印度洋，穿苏伊士运河，抵法国马赛，后坐火车到巴黎，转车比利时，最终抵达德国柏林。

钟天纬沿途著有日记《随轺载笔》，但并未流传。钟天纬在不到两年的旅欧过程中，接触了西方，开阔了眼界。1881年8

① 陈旭麓：《〈中国近代民主思想史〉序言》，引自熊月之：《中国近代民主思想史》，上海社会科学院出版社2002年版，第2页。
② 广方言馆最初拟名是"上海外国语言文字学馆"，后在冯桂芬所拟试办章程中，正式定名"学习外国语言文字同文馆"，简称"上海同文馆"。1867年改名"上海广方言馆"。1869年，江海关道涂宗瀛禀报通商大臣，将其移入江南制造局，与局内所设翻译馆归并一处，参见陈正清：《广方言馆全案》，上海古籍出版社1989年版。
③ 参见薛毓良：《钟天纬传》，上海社会科学院出版社2011年版，第24～25页。

月 15 日，钟天纬因病归国，应上海制造局总理李兴锐之请，聘入江南制造局翻译馆，与英国人傅兰雅等人一起翻译西书。钟天纬翻译的西学之书主要有：《铸钱工艺》《工程致富》《船坞论略》《考工纪要》《行船免撞章程》《英国水师考》《美国水师考》《英文初级读本》等。① 此外，钟天纬从 1882 年起，连续三年单独编辑了 12 卷《西学近事汇编》，向国人介绍西方近期大事。

1884 年，钟天纬向时任格致书院山长王韬建议："仿书院之制，兴文课，以提倡多士，广开声气。请地方大臣以格致命题，一岁四次，春秋两季为南北洋大臣特课。"② 后王韬接受建议，设立每年春夏秋冬四次考课，春秋增加两次特课。格致书院课艺从 1886 年起，前后 9 年共进行过 36 次季课，10 次特课，共 46 次，近两千人获奖。据考，钟天纬共参加课艺 14 次，共获奖 22 次（有时一次课艺化名王佐才、李培禧、商霖、朱震甲、李光龙等提交数篇，③ 并同时获奖，其中获前三名有 13 次），获奖论文 30 篇（有时一次课艺有二问、三问），其中大部分文章被收录在王韬编辑的《格致书院课艺》中。④ 钟天纬的才华和对西学的掌握，在这些文章中得到淋漓尽致的展现。由于得到盛宣怀（1844～1916 年）的赏识，从 1888 年起至甲午战争前，钟天纬一直协助盛宣怀、张之洞等人操办洋务。

由于长期与美国人林乐知、傅兰雅等人相接触，并从事翻译

① 参见《钟天纬著、编、译、校书目简介》，引自薛毓良、刘晖桢编校：《钟天纬集》，上海交通大学出版社 2018 年版，第 582～584 页。
② 《钟鹤笙征君年谱》，引自薛毓良、刘晖桢编校：《钟天纬集》，上海交通大学出版社 2018 年版，第 214 页。
③ 关于钟天纬化名得奖的详细情况参见薛毓良：《钟天纬传》，上海社会科学院出版社 2011 年版，第 55～56 页。
④ 具体参与课艺详情，参见《钟天纬"格致书院课艺"一览表》，引自薛毓良、刘晖桢编校：《钟天纬集》，上海交通大学出版社 2018 年版，第 382～384 页。

西学的工作，加之有在西方游历的切身经历，这些促使钟天纬在洋务运动时期对西方法政知识尤其是英美法有着不同于其他人的理解。

首先，就中学西学关系而言，洋务运动时期朝野士大夫皆将"西学中源"说奉为圭臬，然而，钟天纬却对此有着不同的认识。他在《格致说》① 一文中，明确指出："格致之学，中西不同"。② 就中西格致之学之间的差异，他概括道：

> 自形而上者言之，则中国先儒阐发已无余蕴；自形而下者言之，则泰西新理方且日出不穷。盖中国重道而轻艺，故其格致专以义理为重；西国重艺而轻道，故其格致偏于物理为多。此中西之所由分也。然其实，言道而艺未尝不赅其中，言艺而道亦究莫能外，其源流固无不合也。自汉以来，中国讲格致者，如郑康成、孔颖达诸儒，不止数十家，其中纯驳不一，而要皆以义理为主，从无兼涉今之西学者。然无心之暗合，亦往往而有之，其说理精深，颇非西儒所能及。然由今观之，犹西国古时希腊诸大儒，其源流固不难偻指数也。③

从其表达可见，钟天纬认为中西格致之学各有路径和方向，一个"专以义理"，一个"偏于物理"。此一表述已与这一时期"西学中源"有所区别。关于此点，他在《中西格致源流论》④ 一文中也有类似表达。是谓：

---

① 钟天纬收录在《刖足集》中的《格致说》，选自其 1889 年参加格致书院春季特科所做文章，参见薛毓良、刘晖桢编校：《钟天纬集》，上海交通大学出版社 2018 年版，第 344～345 页。
②③ （清）钟天纬：《刖足集外篇·格致说》，引自薛毓良、刘晖桢编校：《钟天纬集》，上海交通大学出版社 2018 年版，第 137 页。
④ 钟天纬收录在《刖足集》中的《中西格致源流论》，选自其 1889 年参加格致书院春季特科以"浙江定海厅附生王佐才"所做文章，参见薛毓良、刘晖桢编校：《钟天纬集》，上海交通大学出版社 2018 年版，第 337～339 页。

　　中国格致之学，始见于《大学》一书。说是谓，自经
秦火，其微言奥旨渐失其传，故朱子补《传》一章，发明
程子之意，实非汉儒所能及。然所释者，乃义理之格致，而
非物理之格致也。①

　　更为重要的是，在钟天纬看来，西方格致之学自有其源流和
结构体系。就结构体系而论，他概括道：

　　考西国理学，初创自希腊，分有三类：一曰格致理学，
乃明征天地万物形质之理；一曰性理学，乃明征人一身备有
伦常之理；一曰论辨理学，乃明征人以言别是非之理。②

　　这便是说，西学结构主要由"格致理学""性理学"和"论
辨理学"构成，分别阐明世界万物之规律、人性之尊崇逻辑以及
人事之是非对错，如用现在的学科分类比附之，大体上可认为是
"自然科学""人文科学"和"社会科学"三大类。

　　就西学的源流来说，他通过列举亚里士多德、培根、达尔文
以及斯宾塞等人，阐述了西学自成体系的脉络。文载：

　　其初创此学者，后人即以其名名其学。而阿卢士托
德尔（亚里士多德——作者注），实为格致学之巨擘焉。阿
君希腊人，生于耶稣前三百八十四年，初与名士巴雷陀（柏
拉图——作者注）共学者二十年，后到雅典设塾行教者十三
年，至六十三岁，疾终于楷雪斯地方。生平着书一百四十六
种，惜大半散佚。现存十九种，各国大书院无不什袭珍藏。
另有十六种，则世人疑为后人所伪托，然亦为根据格致之
说。晚年十三载所著之书，囊括一生所考之事，语皆精粹，

---

① （清）钟天纬：《刖足集外篇·中西格致源流论》，引自薛毓良、刘晖桢编校：
《钟天纬集》，上海交通大学出版社2018年版，第130页。
② （清）钟天纬：《刖足集外篇·格致说》，引自薛毓良、刘晖桢编校：《钟天纬
集》，上海交通大学出版社2018年版，第137页。

不涉惝恍之谈，人皆信为实录。综其平生，无一种学问不为思虑所到，可谓格致之大家、西学之始祖已。

越二千零三年，始有英人贝根（培根——作者注）出而尽变其说。贝根，英之伦敦人，父母俱有大名，叔为英相。贝根年十三入太学肆业，厌弃旧学，即有超然独立之概。其后久历宦途，因案削职，乃专心于格致之学。所著大小书数十种，内有一卷论新器，尤格致家所奉为圭臬。其学之大旨，以格致各事，必须有实在凭据者为根基，因而穷极其理，不可先悬一理为的，而考证物性以实之。以是凡目中所见世上各物，皆欲格其理而致其知。所著诸书，原原本本，具有根柢，儒士见之，宛如漆室一灯，因之声名大著。

迨一千八百零九年而达文（达尔文——作者注）生焉。达文为英之塞罗斯玻里人，祖为医生，父为格致家。幼入公塾，聪慧绝伦，及长入苏格兰壹丁培格大书院读书。得入选，后随英国兵船环游地球，测量绘画，并考究动植各物舆地等事，返至英国，凡天下所有格致博物等会，无不邀请主盟，屡得金牌等奖赏。一千八百五十九年，特著一书，论万物分种类之根源，并论万物强存弱灭之理。其大旨谓，凡植物、动物之种类，时有变迁，并非缔造至今一成不变。其动物、植物之不合宜者，渐渐渐灭；其合宜者得以永存。此为天道自然之理。但其说与耶稣之旨相反，故各国儒士均不服其言。初时辩驳蜂起，今则佩服者渐多，而格致学从此大为改变。此亦可谓千秋崛起之人也。

至于施本思，名赫白德（赫伯特·斯宾塞——作者注），生于英国豆倍地方，小于达文者十一年，生平所著之书，多推论达文所述之理，使人知生活之理、灵魂之理。其书流传颇广，其大旨将人学而确可知者与确不可知者，晰分为二。其所谓可知者，皆万物外见之粗质；而万物之精微，则确有不可知者在也。夫万物精微，本亦一物，而无形无体之可见，及其化成万物，皆已昭著于人之耳目，故格致家得诸见闻而测知之。至若圣教中之所言上帝，格致学之所论原质，虽非人人思力所能知能测，而要皆实有，更无疑义。且万物化成，既皆原于此无形可测之一物，则此一物为本，而万物为末，明矣。施本思所论，大率如此。近人译有《肄业要览》一卷，即其初着之书也。

此四家者，实为泰西格致之大宗，其派衍源流，犹我中国汉儒、宋儒之别，将来新理日出，正不患无继起之人也。[①]

这段阐述从事实层面纠正了洋务运动时期盛行的"西学中源"说，且文中所介绍的"进化论"早于后来严复在甲午战后的翻译。至于那些中西格致之学趋同的地方，亦即"西学中源"说得以成立的基础，在钟天纬看来，这只是"偶然之迹"，相反，"中西不合者乃趋向之歧义"。而造成这一结果的原因，在钟天纬看来是西人变通、务实、革新的结果，实是一种思维所致，而中国裹足不前则是因为"墨守成法"。文载：

然而，中西相合者系偶然之迹，中西不合者乃趋向之歧。此其故，由于中国每尊古而薄今，视古人为不可及，往往墨守成法而不知变通；西人喜新厌故，视学问为后来居上，往往求胜于前人而务求实际。此中西格致之所由分也。[②]

[①] （清）钟天纬：《刖足集外篇·格致说》，引自薛毓良、刘晖桢编校：《钟天纬集》，上海交通大学出版社 2018 年版，第 137~138 页。
[②] （清）钟天纬：《刖足集外篇·中西格致源流论》，引自薛毓良、刘晖桢编校：《钟天纬集》，上海交通大学出版社 2018 年版，第 131 页。

这一说法就从根本上与"西学中源"说划清了界限，实属难得。

其次，就中学西学性质而论，既然"西学中源"说不足为据，那么，"中本西末"在钟天纬看来也是存在问题的。钟天纬在 1880 年撰写的《综论时势》一文中，批判这一时期"中本西末"的观点，认为应从学习西方"大本大原处着手"。是谓：

> 于此而欲谋挽回补救之方，原自有在，特不从大本大原处着手，而仅就外面张皇，不揣本而齐末。则如遣使、肄业、练兵、制器、开矿等事，非不竭力经营，仍治标非治本，则不过小小补苴，终无救于存亡之大计。①

这不仅是说西方之学不仅不是"末"，而且表明西方之学是"大本大原"。既然这个"大本大原"不是同时代其他士人所讲的"三代圣贤之学"，那么，又是什么呢？

对此，钟天纬在 1880 年从德国返回前写给李鸿章幕僚程禧芝的书信中，将其总结为"君民上下一心"和"民权"。对于前者，他说道："西人之国富兵强，船坚炮利，原不足畏，惟其上下一心，事事本诸人情，政治皆合舆论，为不可及。此正中西治乱兴亡所关。"② 对于这一观点，实际上洋务运动时期的很多人都在关注"君民一体"的问题，倒不奇怪，只不过钟天纬论说此点的时间早于同时期的其他先进。

与此同时，值得注意的是，钟天纬对于如何在中国实现"君民一体"，还有具体的设计。他在 1886 年格致书院秋季课艺《中国近日讲求富强之术当以何者为先论》的答卷中，以"王佐才"

---

① （清）钟天纬：《刖足集内篇·综论时势》，引自薛毓良、刘晖桢编校：《钟天纬集》，上海交通大学出版社 2018 年版，第 21 页。
② （清）钟天纬：《刖足集内篇·与程禧芝书》，引自薛毓良、刘晖桢编校：《钟天纬集》，上海交通大学出版社 2018 年版，第 39 页。

之名，这样写道：

> 中国每有大事，交内阁六部九卿及各直省将军督抚议
> 奏，至国初及近来，均有议政王大臣之设，不可谓非外国公
> 议堂之意也。前科臣何金铸奏请变通内阁会议章程，诚以廷
> 臣之建白，有不逮闾阎之自谋，举国之从违，实足觇天下之
> 公论。是以泰西各国近来均设公议院者，此也。若竟如外国
> 之制，按人民生齿之数保举议员，每岁开堂会议，此刻势尚
> 未逮。欲变法以渐，则莫如改内阁为公议院，而以王大臣领
> 之，凡部科皆属焉。再举地方之绅士，或公车之举人，考其
> 事理明白、议论宏通者，每州县考取一二人留京，各驻于州
> 县之会馆，有事即集于总会馆。如各处地方利弊，民生疾
> 苦，亦准其据实上陈；即有势豪不法，官吏贪婪，为害闾阎
> 者，亦许该员参劾。如此则民隐纤悉上闻，舆情委屈得达，
> 而上下无壅隔之弊矣。夫民隐通而国不兴者，未之有也。特
> 患挟私攻讦或琐屑妄言，然公论自在，究不能颠倒黑白，以
> 曲作直也。如有虚妄，则许受冤人申诉而按律惩之。倘偏僻
> 小邑，绅举不多，则准其借保邻近之绅士举人，每届会试年
> 再行更换。将来欲仿西国议院，直一转移事耳。①

对于后者"民权"，钟天纬在这封书信里，通过"君与民之
间关系""父母与子女之间关系"以及"夫与妻之间关系"，三
个维度，对个人"自主之权"进行了说明，字里行间充斥着对
中国固有"三纲"的批判。文载：

> 君臣之分虽严，而小民皆有自主之权。其言曰，"君者，
> 民之所拥戴，而非天之所授权"，所以代兆民办事，而非强

---

① （清）钟天纬：《中国近日讲求富强之术当以何者为先论》，引自薛毓良、刘晖桢
编校：《钟天纬集》，上海交通大学出版社 2018 年版，第 279 页。

以辖我也；生杀予夺，皆当惟民是依，而不得自恣其威福，是以亿兆议定律法，授君遵办，所以限制君权，使之受辖于律法也；如有非法自恣者，兆民拒之，不得谓之叛逆。此人伦之变一也。父母抚育子女，年至二十二岁不复膳养，听其谋生，自食其力，所得资则由其自擅；嗣后父子各室，岁时问遗，遂如朋友往来，惟死则始以遗产授之；若子女幼时，父母不教以工艺恒业者有罚。是以人人奋勉自立，不敢游惰好闲，以为禽能飞、兽能走，皆自行觅食，此系天之定理。此人伦之变二也。男女婚配，皆先自约定，而后禀命于父母；夫妻无异合伙，各私其产业，不相通融，苟不相投，即下堂求去；妻有自主之权，不服役于夫，如夫有凌虐嫖赌为非之事，控之于官，即断离异；男女相悦，即为婚姻之始，例所不禁，并无奸淫之案牍，妒奸谋杀之案更所罕闻，奸生子女官为收养，毙之者与杀人同。是以贫家男女，皆终身不愿婚娶，而生齿仍繁。既无男女之嫌，是以女之操作贸易更多于男，较中国民人多一倍之用。此人伦之变三也……中西政教风俗异趋，其关键全判于此。①

　　钟天纬不同于同时代其他人物的是，当其他先进囿于传统的视域，在不约而同关注"君民一体"的时候，他却看到"君民一体"背后的基石——"民权"。而对这一问题的发现，几乎早了维新变法时康、梁等人二十多年。当然，钟天纬也意识到这样的思想"皆骇世绝俗之谈"，并希望程禧芝"存诸心而勿形诸口"，以免招致灾祸。是谓：

　　　　执事试取我中国三代之风观之，孰同孰异，当必有所去

① （清）钟天纬：《刖足集内篇·与程禧芝书》，引自薛毓良、刘晖桢编校：《钟天纬集》，上海交通大学出版社 2018 年版，第 39 页。

取矣！此皆骇世绝俗之谈，而事皆确凿。在出洋诸公，往往
不肯言之，愿阁下存诸心而勿形诸口，可也？①

按照钟天纬的说法，此种看法并非其独持，"出洋诸公，往
往不肯言之"，因而，可以推测，洋务运动时期一部分朝野士大
夫已经意识到"民权"问题，但碍于政治压力，往往只谈"君
民一体"，而避谈"民权"。

最后，就具体西学之根本而论，钟天纬不仅认识到西学之
"大本大原"在于"君民一体"和"民权"，而且认识到沟通君
与民之间，实现"君民一体"与"民权"融合的关键在于法律。
对此，他以"王佐才"之名，在1886年秋季课艺答卷中说道：

> 人见泰西政教修明，民生熙皞，国势日增富强，无不归
> 功于君民共政。而不知其枢纽实操诸律法，乃能公道常伸，
> 有以维持于不敝。此则西制之善也。盖泰西通例，国之律法
> 最尊，而君次之，君亦受辖于律法之下，但能奉法而行，不
> 能威权自恣。而国之律法，则本亿兆公议所定；君之威权，
> 即本亿兆公助而成。是以君权虽有所限制，而反能常保尊
> 荣；民情得以自伸，不致受困于虐政。则不必袭揖让之虚
> 文，而阴已得官天下之实际。此则国势强弱、民生休戚之大
> 关键也。②

这段不长的表述，实为洋务运动时期为数不多对西方启蒙运
动以来法政知识的准确论说。他不仅关注了"君民共治"这一
西方法政之现象，而且更进一步解释了其背后的法理，即基于
"民权"而形成的律法不仅是君权之合法性来源，而且更是律法

---

① （清）钟天纬：《刖足集内篇·与程禧芝书》，引自薛毓良、刘晖桢编校：《钟天
　纬集》，上海交通大学出版社2018年版，第39～40页。
② （清）钟天纬：《中国近日讲求富强之术当以何者为先论》，引自薛毓良、刘晖桢
　编校：《钟天纬集》，上海交通大学出版社2018年版，第279～280页。

尊于君王的深层次原因。这一"人民主权""王在法下"的论说已经超越了同时期的其他知识精英。正是基于这样超前的认识，钟天纬富有建设性地指出，要在中国实现"公议"，必须建立律师制度为民众主张权利，否则富强难以达至。是谓：

> 中国欲参公议，必先自重律法始；欲重律法，必先崇奉国家大律师始。盖大律师者，国家执法之人，即皋陶之士也。其余保护律法者，尚有讼师及巡捕两端。有讼师为民伸诉，则曲直一秉大公，而民无冤狱；有巡捕以代保甲，则奸宄无所托足，而路不拾遗。乃中国之讼师，则每多颠倒黑白，而捕役则每多讹诈善良。民虽有理而夺于官权，直道难容而清议易屈，安能合五百兆之心为一心，合五百兆之力为一力乎？其去富强也，明矣！①

此外，钟天纬还对英美国家法有自己独到的认识。他在上海格式书院 1889 年春季特课课艺的答卷中，以《据公法以立国论》和《公法不足恃论》两篇文章，通过回答基于美国"排华法案"所提出的问题，② 表达了他对于英美国家法的理解和认知。钟天纬首先通过具体援引洋务运动时期所译介的《万国公法》《公法会通》以及《交涉公法论》等英美国际法，认为美国的排华行径"显违公法，即自背约章"。③ 接着，钟天纬指出，所谓英美国际法虽被西人"称为性理之书"，但这并不足以约束大国欺凌小国。文载：

---

① （清）钟天纬：《中国近日讲求富强之术当以何者为先论》，引自薛毓良、刘晖桢编校：《钟天纬集》，上海交通大学出版社 2018 年版，第 280 页。
② 上海格致书院 1889 年春季特课课艺题目为："各国立约通商，本以彼此人民来往营生起见，设今有一国，议欲禁止有约之国人民来往，其理与公法相背否？能详考博征以明之欤"参见薛毓良、刘晖桢编校：《钟天纬集》，上海交通大学出版社 2018 年版，第 346 页。
③ （清）钟天纬：《刖足集外篇·据公法以立国论》，引自薛毓良、刘晖桢编校：《钟天纬集》，上海交通大学出版社 2018 年版，第 139～140 页。

> 我观泰西今日之局，小国援《公法》未必能却强邻，大国藉《公法》转足以挟制小国。则所谓《万国公法》者，不过为大侵小、强陵若藉手之资而已，岂非有公是［公］非之议论哉！……所谓《公法》者，本视国之强弱为断，而并非以理之曲直为断也。①

五、其他民间知识分子对英美法的理解与讨论

这一时期除了上述几位民间知识分子对英美法有所理解和讨论外，还有其他一些比较重要的知识分子也值得关注。

（一）马建忠

马建忠（1845～1899 年），字眉叔，江苏丹徒人。咸丰二年（1852 年）随兄马相伯入上海徐汇公学学习，潜心于希腊、拉丁、法兰西文字及数量等学。光绪二年（1876 年），马建忠以郎中资格派赴驻法使馆，曾迭任郭嵩焘、曾纪泽随员。值得注意的是，旅欧期间，马建忠曾就读法国政治学院，攻读国际法等学，光绪五年（1879 年）获博士学位，回国入幕李鸿章。

令人感到奇怪的是，在法国政治学院求学期间，马建忠于光绪三年（1877 年）夏，曾给李鸿章上书，批评西方的议院制度。文载：

> 窃念忠此次来欧，一载有余，初到之时，以为欧洲各国富强，专在制造、兵纪之严。及披其律例，考其文事，而知

---

① （清）钟天纬：《刖足集外篇·公法不足恃论》，引自薛毓良、刘晖桢编校：《钟天纬集》，上海交通大学出版社 2018 年版，第 141 页。

其蹈富者以护商会为本，求强者以得民心为要。护商会而赋税可加，则盖藏自足；得民心则忠爱倍切，而敌忾可期。他如学校建而智士日多，议院立而下情可达。其制造军旅水师诸大端，皆其末焉者也。于是以为各国之政，尽善尽美矣。及入政治院听讲，又与其士大夫反覆质证，而后知尽信书则不如无书之论为不谬也。英之有君主，又有上下议院，似乎政皆出此矣。不知君主徒事签押，上下议院徒托空谈，而政柄操之首相与二三枢密大臣。遇有难事，则以议院为借口。美之监国，由民自举，似乎公而无私矣。乃每逢选举之时，贿赂公行。更一监国，则更一番人物，凡所官者皆其党羽，欲望其治得乎？法为民主之国，似乎入官者不由世族矣。不知互为朋比，除智能杰出之士，如点耶诸君，苟非族类而欲得一优差，补一美缺，忧忧乎其难之。诸如此类，不胜枚举。忠自维于各国政事，虽未能窥其底蕴，而已得其梗概，思汇为一编，名曰闻政，取其不徒得之口诵，兼其耳闻，以为进益也。西人以利为先，首曰开财源，二曰厚民生，三曰裕国用，四曰端吏治，五曰广言路，六曰严考试，七曰讲军政，而终之以联邦交焉。现已稍有所集，但自恨少无所学，涉猎不广，每有辞不达意之苦。然忠惟自录其所闻，以上无负中堂栽培之意，下无忘西学根本之论，敢云立说也哉？[1]

从中可见，马建忠原本以为西方议院政制"尽善尽美矣"，然而，通过在巴黎大学的学习以及和西人的交流，他改变了看法，得出了相反的结论。他以英国议会为例，认为英国议会上下

---

[1]　（清）马建忠：《上李伯相书言身观各国政事之心得》，引自"台湾中央研究院近代史研究所"编：《近代中国对西方列强认识资料汇编》，第三辑第二分册，1986年版，第643～654页。

议院"徒托空谈",权力却被少数内阁枢密大臣所操控。美国议院也是流弊丛生。民主选举看似公正,但实践中却被各党派所操持,且贿赂公行。

当然,既然求学于西方,马建忠对西方的政制历史的流变把握可以说是深入的,他在光绪四年(1878 年)夏《巴黎复友人书言欧洲邦国之交》一文中,就从古希腊罗马讲到了近现代,其中特别提到了"东罗马至儒斯定王大修律例"(优士丁尼安制定《国法大全》——作者注)和"玛基亚范肋"(马基雅维利——作者注)的国家主权说,1789 年的法国大革命以及 1648 年的"范斯法尼之会"(威斯特伐利亚和约——作者注),并建议朝廷应"考其国制国律""援公法证往事",通过了解西人法律,运用国际法进行国际交往。[①]

此外,我们通过 1877 年夏他与李鸿章的通信,揣摩出他在法国政治学院求学的内容以及对西方法学知识可能掌握的程度。他在给《上李伯相言出洋工课书》中写道:

> 五月下旬,乃政治学院考期,对策八条:第一问为:"万国公法都凡八百页,历来各国交涉兴兵疑案存焉。"第二问为:"各类条约,论各国通商、译信、电报、铁路、权量、钱币、佃渔、监犯及领事交涉各事。"第三问为:"各国商例,论商会汇票之所以持信,于以知近今百年西人之富不专在机器之创兴,而其要领专在保护商会,善法美政,昭然可举。是以铁路、电线、汽机、矿务成本至巨,要之以信,不患其众擎不举也;金银有限而用款无穷,以楮代币,

---

① (清)马建忠:《巴黎复友人书言欧洲邦国之交》,引自"台湾中央研究院近代史研究所"编:《近代中国对西方列强认识资料汇编》,第三辑第二分册,1986 年版,第 654~658 页。

约之以信，而一钱可得书百钱之用。"第四问为："各国外史专论公使外部密札要函，而后知普之称雄，俄之一统，与夫俄、土之宿怨，英、法之代兴，其故可诊缕而陈也。"第五问："英、美、法三国政术治化之异同，上下相维之道，利弊如何？英能持久而不变，美则不变而多蔽，法则屡变而屡坏，其故何在？"第六问为："普、比、瑞、奥四国政术治化，普之鲸吞各邦，瑞之联络各部，比为局外之国，奥为新踬之后，措置庶务，孰务得失？"第七问："各国吏治异同，或为君主，或为民主，或为君民共主之国，其定法、执法、审法之权分而任之，不责于一身，权不相侵，故其政事纲举目张，粲然可观。催科不由长官，墨吏无所逞其欲；罪名定于乡老，酷吏无所舞其文。人人有自立之权，即人人有自爱之意。"第八问为："赋税之科则，国债之多少，西国赋税十倍于中华而民无怨者，国债贷之于民而民不疑，其故安在？"此八条者，考试对策凡三日，其书策不下二十本，策问之条目盖百许计。忠逐一详对，俱得学师优奖，刊之新报，谓能洞隐烛微，提纲挈领，非徒钻故纸者可比。①

由于学习西方法律的缘故，1894 年马建忠还在《拟设翻译书院议》一文中建议翻译西方法律。是谓：

应译之事拟分三类。其一为各国之时政。外洋诸国内治之政，如上下议院之立言，各国交涉之件，……其二为居官考订之书，……为数甚繁，今姑举其尤当译者数种，如：《罗玛律要》，为诸国定律之祖；《诸国律例异同》《诸国商律考异》，民主与君主经国之经，山林渔泽之政，邮电铁轨

---

① （清）马建忠：《上李伯相言出洋工课书》，引自王梦珂点校：《马建忠集》，中华书局 2013 年版，第 33~34 页。

之政;《公法例案》,备载一切交涉事件原委;《条约集成》,
自古迄今,宇下各国凡有条约无不具载,其为卷甚富,译成
约可三四百卷……①

(二)汤震

汤震(?~1917年)对于英美法的理解主要是在光绪十八
年(1892年)考中进士前集中表达的。汤震在光绪十六年
(1890年)指出,中国君臣上下言路不通时,曾主张学习英美议
会制度,并给出了具体操作方案。文载:

> 泰西设议院,集国人之议以为议,即王制众共众弃之
> 意。今欲仿行之,而另柬议员(双行小字:如英上院约四百
> 七十八人,下院约六百五六十人。德上院计五十九人,下院
> 计三百九十七人)。方苦官冗;另筹岁俸(双行小字:如美
> 议院各七千五百元,合英银一千五百镑。奥议院岁俸共五万
> 六千四百三十六镑),方虞镪绌,亟切未易行也。莫如采西
> 法而变通之,自王公各至各衙门堂官翰林院四品以上者均隶
> 上议院,而以军机处主之(双行小字:军机处非行走者不得
> 至,可以内阁为之);堂官以下各员,无问正途任子詧朗及
> 翰林院四品以下者,均隶下议院,而以都察院主之。每有大
> 利之当兴,大害之当替,大制度之当沿革,先期请明谕,得
> 兴议者殚思竭虑,斟酌古今,疏其利害之所以然。届期分集
> 内阁及都察院,互陈陈见,由宰相觑其同异之多寡,上之天
> 下,请如所议行。在外省府州县,事有应议者,自巨绅至举
> 贡生监,与著有能名之农工商,皆令与议而折其衷。虽此时

---

① (清)马建忠:《拟设翻译书院议》,引自王梦珂点校:《马建忠集》,中华书局
2013年版,第94页。

与议人员，其闻见仍未离乎守旧，众人咻之，或虑乱政，然宽于采纳，精于别择，仍在君相损益。学校亟与新学以植人材，是尤议院之原本耳。总之，上下分则不党，询谋同则不私，于是忌讳之科日，不攻而自破；吏胥之舞弄，不杜而自祛，始可言振作，始可望挽回我国家。转弱为强之机，其权舆于是欤![1]

在此段记述中，汤震尽管主张在中国开议院的目标只是为了解决上下不通，实现国家富强，但是，从其提出的"中国版本"的议院设计来看，他对英美议院的组成还是较为了解的。

（三）许庭铨

许庭铨，江苏长洲人，后改名象枢，1886～1888 年就读于上海格致书院，曾于光绪十九年（1893 年）冬，写作《议院利害若何论》一文，对英美议会政制的缘起、在中国设立议院的好处，进行了较为全面的论述。

首先，许庭铨认为，中国古时虽未创议院之名，但议院所内涵的上下相通的做法，在古代始终是存在的，中国设立议院既符合古制，也与英美相通，理应设立。文载：

> 孔子曰：天下有道，则庶人不议，非禁民之议也。有道之君，其智识足以烛民之隐，其仁慈足以苏民之困，其勇断足以除民之患。动而世为天下道，行而世为天下法，言而世为天下则，虽欲议之，无得而议焉。是以三王之世，不有议院，而物阜民康，后世莫及。然而圣不自圣，未尝不集众思以广益也，故轩辕有明台之议，放勋有衢室之问，虞帝有告

---

[1] （清）汤震：《议院》，引自"台湾中央研究院近代史研究所"编：《近代中国对西方列强认识资料汇编》，第三辑第二分册，1986 年版，第 509～510 页。

善之旌，夏后有昌言之拜，不特此也，传曰：史为书，瞽为诗，工诵箴谏，大夫规诲，士传言，庶人谤，商旅于市，百工献艺。是三代盛王罔不博采众议也，特未创立议院名目，故遇哲王而言路通，否则言路即塞耳。考泰西上古亦无议院，耶稣降生前五十七年，即汉宣帝五凤元年，巴勒斯坦新设议政五大会，每会七十人，此为欧洲议院之权舆。至西历一千二百六十五年，宋度宗咸醇元年，英国始定议院章程。迄于今而上议院、下议院，无国蔑有。诚以议院之有益治理，非浅尠也。泰西有君主之国，有民主之国，有君民共主之国。君主者权操于上，议院不得擅施行，弊在独断，德俄等国是也。民主者权落于下，议员得以专威福，弊在无君，美法等国是也。英为君民共主之国，君可民否，君不得擅行；民可君否，民不得擅作，立法独为美备。然上情可以下逮，下情可以上达，则一也。我中国幅员之广，物产之饶，人民之众，甲于五大洲，然而地利不能尽，国用不能充，弊政不能革，刑罚不能简，民困不能苏，国威不能振。下有贤才，不能遽用；上有庸佞，不能遽退。非中国之君不若泰西各国之君也，非中国之相不若泰西各国之相也，上下之情隔焉故也。是故中国而不设议院则已，中国而设议院，其有利益于国家，有可偻指计者。①

其次，许庭铨论证了中国开设议院的七大好处。尽管从这段论述中可知，许庭铨主要将议院的功能设定为"君民上下相通"，但也应当看到其对议院其他功能也是熟识的，如议院有决定财政用度之功能、有监督司法之功能、有监督百官之功能以及

---

① （清）许庭铨：《议院利害若何论》，引自"台湾中央研究院近代史研究所"编：《近代中国对西方列强认识资料汇编》，第三辑第二分册，1986 年版，第 730～731 页。

选任国家重要官员之功能等。是谓:

中国五金煤矿宜于开采,地气丰腴宜于种植,物料宏多宜于制造。如有于开矿、植物、制造确有见地者,即由议院上请开办,则地利尽矣,其利一。泰西各国,凡大师旅、大兴筑,议定后即由议院筹款,盖百姓利之,劝输自易也。中国皆拨库款,故虽明知厘卡开捐之弊,而用度支绌,不能不借以补苴。有议院则上下同欲,筹款有自,国用不患无措矣,其利二。我朝忠厚开基,深仁厚泽,皇古未有,然而部办之掣肘善政,州县之滥用非刑,厘捐之不恤商情,诸弊尚多沿习。如建议院,则弊之所在,即许直陈,不患不能尽革矣,其利三。泰西之俗,习律例者,原有专家,设刑司以听断,设状师以辨驳,初不隶于议院,然上下情通,博访周咨,真情易得。中国诚能仿而行之,有狱不至留滞矣,其利四。海禁初开,中西立约通商,西人著著占先,中人事事喫亏。查近今通商贸易册,英人每岁赢金有四千余万之多,民力安得不困乎?有议院以维持之,则已往之条约可设法更换,后来之弊窦可先事预防,不受其抑勒,不受其把持,则商民之气伸,而困可稍苏矣,其利五。中国剿发灭捻以来,整军经武,已非道咸时可比。然承平日久,故态复萌,侵蚀名粮则额虚而不补,刻剥军费则器旧而不更。甚或耽于烟酒,不知操练为何事,私通枭贩,转以卖放为利薮。有议员以抉其弊,则上无虚糜之饷,下无不练之兵,而国威可振矣,其利六。泰西诸国大臣皆由议员公举,民主之国,虽伯理玺天德之废立亦由议院主持,是以贤才不至掩滞,庸佞不得固位。中国宜略师其意,内而大学士六部大臣及总理衙门海军大员,外而督抚提镇及驻外国使臣,皆咨于议院而后简放。则怀才之士进，而不肖者退矣，其利七。①

　　最后，许庭铨十分清醒地认识到在中国设立议院可能会受到的阻力，尤其指出国人会用相对主义的观点，即认为中国与泰西国情、民情不同，进而否定议院的设立。对此，许氏都给予了批驳，并得出了中国设议院"有利无害"的结论。是谓：

　　　　虽然，事属创始，必有出而挠之者。日本步武泰西，其
　　气较中国为锐，观其工艺之日精，制造之日盛，几疑举国皆
　　知西法之善。然前年开院集议，有掷石噪扰伤及议员者。况
　　中国拘守成规，牢不可破，尤非日本之比哉！窃意中国政
　　事，动援成例，议院之议，为国家兴利而已，除弊而已，岂
　　必有成案之可循，则部臣必有挠之者。中国之迁擢臣僚也，
　　不视人才之可否，而视资格之浅深。议员之公举，重才能不
　　重资格，则内外臣工必有挠之者。天下升平，武备渐弛，有
　　议院以议其后，统兵大员不得冒口粮，废训练，则提镇以下
　　诸武弁必有挠之者。各省设立善后工程军备等局，名目繁
　　多，盖以调剂闲散人员也，实则耗财用，无实济。如立议
　　院，此等人员必多删汰，则各省闲散人员必有挠之者。凡州
　　县佐杂之廉银禄米，所得几何，其得以肥身家，裕后昆者，
　　非阴蚀国帑，即显剥民生。有议员以发其覆，则美缺皆为苦
　　缺矣，则州县以下必有挠之者。中国之民，少所见，多所
　　怪，可与图终，难与虑始。前来设立电报，强者拔竿断线以
　　肇事，弱者街谈巷议以惑众。议院之设，亦为闻所未闻，则
　　百姓必有挠之者。其挠之之说，必谓中国民风土俗与泰西
　　殊。泰西之民，顾大局明大势者居多。中国之民，往往爱己

―――――――――

① （清）许庭铨：《议院利害若何论》，引自"台湾中央研究院近代史研究所"编：《近代中国对西方列强认识资料汇编》，第三辑第二分册，1986 年版，第 731～732 页。

不爱人，顾家不顾国，行之既久，必有借公议以籍制官府把持公事者。不知天下无无弊之法，而有无弊之人。泰西之设议院，亦合众小私成一大公也。如一事也，而民欲之，必其利己者也，私也。然一人欲之则为私，人人欲之即为公矣。一政也，而民恶之，必其害己者也，私也。然一人恶之则为私，众人恶之即为公矣。即有时众议员意见不合，各执一是，亦可互相辨驳，使曲不胜直，非不敌是，复何虑其有弊乎？中国诚能行之，将见君民联为一气，家国合为一体。古所云民惟邦本，本固邦宁，又所云众志成城者，不难再见于今也。故蒙得而决之曰：有利无害。①

（四）杨史彬

与前述许庭铨一样，杨史彬也曾就读于上海格致书院，在1893 年冬也就郑观应所出"中国能开议院否"这一征文题目，给出了自己的回答。杨史彬首先讲明了中国设议院的意义。文载：

今夫民心至涣也，天下甚遥也，而欲上德无不下宣，下情无不上达，诚非易易也。独有设议院之法，则可利无不兴，弊无不革，民之望因以慰，民之业得以兴，野既乐利相安，国斯强盛可致。何则？朝野一体也，身体之日用，必待手足之运行；未有手足丰腴，而身体瘠瘵者也。君民一本也，本根之挺生，实赖枝叶之荫庇；未有枝叶敷秀，而本根枯槁者也。是故泰西之富强，大都由于议院。其始立议院者，仅一二国，继而各国闻风兴起，莫不创立，借通君民之

---

① （清）许庭铨：《议院利害若何论》，引自"台湾中央研究院近代史研究所"编：《近代中国对西方列强认识资料汇编》，第三辑第二分册，1986 年版，第 732 页。

情。其法良，其意美，方之皇古之制，亦何多让。该古之为政皆重民，书曰民惟邦本，本固邦宁，言国以民为重也。又曰众心成城，言既重民，斯能得民心也，设使堂廉高远，下情或不能上达，虽欲重民而无自，虽欲得民而未能矣。故说者谓中国亦宜设议院，达兴情，采清议，以追乡校之清风。诚如是，则颓靡为之一振，局面为之一新，其利必多，其益必广。虽然中国之欲设议院，创举也，言其利者一人，言其弊者或十人，谓其益者百人，谓其害者或千人，苟不举其间利害，推阐详明，将何以破浮言，成大事？妾不揣讯陋，设为十难以辨之。①

接着，杨史彬从十个方面批驳了反对在中国设立议院的说法。其一，设议院只会赞襄中国之政事，不会导致"君无权，官无权，而权在议员"情况的出现。是谓：

难者曰：中国政教号令俱出于朝廷，内而赞襄者有卿相，外而辅佐有督抚，一切用人行政，非民庶所能干。设议院后，则君无权，官无权，而权在议员，毋乃有倒行逆施之弊乎？曰非也。中国政事，议员能辨论是非，而不能发施号令。盖议员所司者，议事之职耳，朝献一治安之策，夕陈一富强之谟，务使利害之关键阐明，得失之机缘无隐，是其所职。若事之行否，仍需国家批准，方可照行，否则议员无擅行之理，安得谓君无权乎？况上议员皆用勋旧大臣，非但下议院可以自主，又安得谓官无权乎？且议员深明大体，洞悉时务，更足补君相之不逮，是其有利无害者可想而知，何容

---

① （清）杨史彬：《议院利害论》，引自"台湾中央研究院近代史研究所"编：《近代中国对西方列强认识资料汇编》，第三辑第二分册，1986 年版，第 829～830 页。

鳃鳃焉而过虑哉?①

其二,他主张,不应以"夷夏大防"之观点看待议院,相反,泰西议院"实昉于中土",且"有裨大局",没有不学之道理。是谓:

> 难者又曰:泰西为蛮貊戎狄之国,中朝实声明文物之邦,夷夏之防,不可不谨,故以泰西而从部议之法则可,以中朝而行议院之法则不可,盖用夷变夏,贤者所耻也。曰:此不达理之言耳。议院虽行于泰西而实昉于中土。试观三代之议礼明堂,郑人之议政乡校,既议院之制所由来。西人仿而行之,变而通之,遂使制度章程莫不尽美尽善。夫西人尚能师古,而我反行蔑古,竟视古法为西法,以为断不可行,抑何忘本如是。且即使议院为西法,而上有以利国,下有以益民,亦当采彼所长,补我所短。不然,电报轮船,西法也;矿物铁路,西法也;造枪炮,用机器,西法也,何不闻一概绝之? 可见事之有裨大局者,原宜创行,初不必分乎夷夏。今若设议院,正礼失求野之意也,何耻之有哉?②

其三,他认为设立议院有助于国家治理能力的提升,且日本设立议院的实际已经证实这点。文载:

> 难者又曰:事事步武泰西,久为外人所轻视,今又仿行议院,西国见我因人成事,必益视为无能,而恫喝要求,将无忌惮,其害如是,尚得谓为利乎? 曰:此正反言之也。实则中国不设议院,必为外人所轻;苟设议院,必为外人所重。何则? 日本东洋一小国耳,其地不如中国之大,其人不及中国之繁,而近来尚设议院,励精图治。其上院议员系亲

---

① ② (清)杨史彬:《议院利害论》,引自"台湾中央研究院近代史研究所"编:《近代中国对西方列强认识资料汇编》,第三辑第二分册,1986年版,第830页。

王及文武大员，名曰贵族院；下院公举各府州县士民，名曰众议院。凡事必下院先发议论，然后达诸上院。如以为可，即行上闻，候国王批准。是日本用能力求治理。今中国不及泰西，而并不及日本，其能免为外人轻笑乎？一旦设立议院，彼见我经营擘画，日起有功，劳必敬重逾恒，而和局从此可以永固矣，其利不亦大乎？[1]

其四，他认为泰西各国议院存在不同体制，中国不应学习法国和美国，而应学习意荷英德之制，避免法国议院的"叫嚣之气"和美国议院"民有过重之权"的问题。是谓：

难者又曰：各国议院，其例虽同，其制略异。法国有叫嚣之气，美民有过重之权，今中国将何所择从？苟立定章程，未能妥善，势不免弊端百出，利何有哉？曰：此无虑也。法美之制，固不当从，可从者，莫如意荷英德之制。而意之法度，尤为简约易行。其上院由国王选派议员，以亲王世子大臣之有名望充之，约二百七十人。下院议员，则由民间公举，约五百八人。年须及二十以上，有地产于中国者，方能应举。而一切官吏教师皆不得选，惟水陆兵官及副部员可略举五分之一。以五年为期。其院每年开聚一次。散院后遇有政事，须订期会议。议事之法，尽人畅所欲言，而以从违之多寡，以定可否。议既定，上之国王，待批准而后施行。其法简而且备，中国苟依法试行，并略为变通，藉臻美善，其利不可更仆数，弊何有哉？[2]

其五，他认为俄国变法唯独不设议院是不可取的，其结果只

---

[1] （清）杨史彬：《议院利害论》，引自"台湾中央研究院近代史研究所"编：《近代中国对西方列强认识资料汇编》，第三辑第二分册，1986 年版，第 830～831 页。

[2] （清）杨史彬：《议院利害论》，引自"台湾中央研究院近代史研究所"编：《近代中国对西方列强认识资料汇编》，第三辑第二分册，1986 年版，第 831 页。

会导致乱党无容纳之场所，进而犯上作乱，后患无穷。是谓：

难者又曰：俄为强大之国，自其先君彼得罗堡效赵武灵微服过秦之术，遍历欧洲，凡各国有利之图，无不仿行，而独不立议院。使议院果有利益，俄何为不行乎？曰：正为俄人不立议院，而其乱党所以多也。其民向分数党，平日被官吏欺压，时思起而作乱，以泄不平。观日报所载，其君出游，乱党往往要伏中途，思欲行刺，可见俄之不设议院，上下之情故不通也。虽其国亦有议会，而究不若议院之良。盖必设立议院，政可以有得无失，官不敢舞弊营私，民间有疾苦之情，立能上达，天下遇灾荒之事，不壅上闻，何难庶绩咸宜，百废具举。然则议院之利益，诚可谓无穷矣。①

其六，他认为议院应遍及全国设立，尤其应该仿照英国"立绅之法"进行具体操作。是谓：

难者又曰：中国幅员之广，为亘古所未有，若设议院，亦仅设与京都顺直一带，虽可略沾利益，而其余各省，相隔迢遥，下情岂能一概上闻？则是议院即有利，亦未能普于天下也。曰：天下之利，拘而守之，似亦限于一方；推而广之，即可溥于四海。今欲使均沾议院之利，在浅见者固为其难而不知无难也。当仿英国立绅之法，英之城乡市镇，每一地段分立绅士一二人，将地方利病曲直，随时布诸同院而上陈之。计敦伦五十三部，共立绅四百八十九人；阿尔兰三十二部，共立绅一百零三人；苏格兰三十三部，共立绅六十人。中国如照此法，于各州郡遍立绅士，随时探访情形，达

---

① （清）杨史彬：《议院利害论》，引自"台湾中央研究院近代史研究所"编：《近代中国对西方列强认识资料汇编》，第三辑第二分册，1986年版，第831页。

诸议院，何难利益溥于天下乎？①

其七，他认为施行议院并不会导致君民无权，而权操于官，并强调了在中国应在议会中加强下议院和君主的权力。文载：

> 难者又曰：西国议员恒多充位滥竽，而行政之权仍主之于宰辅，黎庶不得干其事，君主不得操其权。名为与民共政，实则政由宁氏，然则所利者官耳，君民有何利哉？曰：此说似是而实非也。夫天下之事，大都利弊相因，办理而不得法，则滥竽之弊诚所难免。然使严行赏罚，明定章程，其弊自消，安有任非其人之虑？况乎议政之法，无不一秉大公，而又下院之权重于上院，宰辅虽为上院之主，然一事也，上院以为是，下院以为非，宰辅即不能专主，然则谓黎庶不得干其事者，非也。一议也，上院以为可，君主以为否，宰辅亦未克擅行，然则谓君主不可操其权者，又非也。盖上下交益之端，从来莫名于议院，而或以为官可专政，无利于君民，不亦谬哉？②

其八，他认为在中国设立议院，薪俸不应成为阻碍之依据，上议院议员由于其特殊身份，可以不用支付费用，而下议院则应该有薪俸。文载：

> 难者又曰：时势多艰，筹款不易，苟立议院，则议员薪俸，所需匪微。试观各国议员之费，比则月支四百三十福兰格，荷则岁支一百六十磅，葡则日支七先令，美则上下院主席岁支俸一万元，上议院岁支七千五百元。是欲建议院，必先筹费，而每年多此一费，不有损于国计乎？曰：议院之

① （清）杨史彬：《议院利害论》，引自"台湾中央研究院近代史研究所"编：《近代中国对西方列强认识资料汇编》，第三辑第二分册，1986 年版，第 831～832 页。
② （清）杨史彬：《议院利害论》，引自"台湾中央研究院近代史研究所"编：《近代中国对西方列强认识资料汇编》，第三辑第二分册，1986 年版，第 832 页。

俸，多寡初无一定，而意大里并无俸。今中朝如立议院，上
议员皆王公大臣，既有本职养廉，原无庸兼支议俸。不过下
议院非俸不可，然究为数无几，何患乎不易筹？况自来兴大
业者，不惜小费，议员既献可替否，补弊救偏，是亦大有裨
于国政，岂复各区区之费耶？[①]

其九，他认为中国固有的御史监察制度并不等同于议院制
度，且御史流弊很多，需要通过设立议院更化之。是谓：

> 难者又曰：建官分职，我朝之立法极详，六部九卿外，
> 又有监察御史，所以寄耳目也，故天下之利，御史得据事直
> 陈，天下之害，御史可危言相阻，是言官之设，利益良多，
> 何烦再立议院，以滋流弊乎？曰：此真经生之见也。夫朝廷
> 之设言官，固欲其敷陈时政，然而承其乏者，未必明大局情
> 形，甚至揣摩时趋，以为投机之。如昔年某学士奏开艺学
> 科，而某侍御以流弊甚多，请罢其议；某大员奏兴铁路，而
> 某侍御以难于持久，请勿庸行，遂使良法不能见诸施为。此
> 何也？盖识时务者少，泥故步者多，而欲风气大开，不戛戛
> 乎其难哉？设议院后，则议论大发，耳目一新，即拘执不通
> 者，亦将默化潜移，知时务为不可不讲，行见大局不致束
> 缚，其利自不胜言也。[②]

其十，他认为议院之设立将有裨益于全局。文载：

> 难者又曰：古来为远图者必筹全局，利之不能通行者不
> 为，益之不能持久者不为，必也沾其利者千百人，受其益者
> 千百世，使当竭力圆维。试问议院之利益，果能大而远乎？
> 曰：利之大而远者，莫如议院也。以商务论，原为致富之

---

①② （清）杨史彬：《议院利害论》，引自"台湾中央研究院近代史研究所"编：
《近代中国对西方列强认识资料汇编》，第三辑第二分册，1986 年版，第 832 页。

本，议院立，凡振作商务，推广商务，自必设法创行，而外洋之利权可以夺。以地利论，今多弃之如遗，议院开，凡垦务以裕民，矿务以富国，树业以广生计，制造以广流通，自必大加振作，而中土之财源可以兴。其他足挽既倒狂澜者，难以缕述，谓非利益大而远乎?[①]

其十，杨史彬疾呼应在中国立即设立议院，摒弃那些反对的声音。是谓：

> 可见议院之行，诚为当今之急务，较明目达聪之制，尤足除壅塞而振衰靡。而不识时务者，犹以为不可行，抑何所见之迂也。故特抒管见设为十难，借杜妄议之口。世有留心大局者，当不河汉视之也。[②]

（五）陈翼为

对于郑观应的征文题目，1893年冬曾就读于格致书院的陈翼为在当时用《议院利害若何论》一文，给出了自己的回答。首先，陈翼为揆诸历史，总结了秦之前，中国重民之传统及其良好效果，并批评了秦之后，君主轻其民的弊端。是谓：

> 天生蒸民有欲，无主则乱。圣人者立，为之王侯以统之，为之卿大夫士以治之，然后天下汇于一。三代以前，海内诸侯，何啻万国。有分土，无分民。民众则其国强，民寡则其国弱，民散则其国亡。国之所兴立者民，而君听命于民者也。唐虞以前尚矣。尧之举舜，舜之举禹，皆博谋于众而授以位。夫天下重器，王者大统，而授受之间，惟众言是

---

① （清）杨史彬：《议院利害论》，引自"台湾中央研究院近代史研究所"编：《近代中国对西方列强认识资料汇编》，第三辑第二分册，1986年版，第832~833页。
② （清）杨史彬：《议院利害论》，引自"台湾中央研究院近代史研究所"编：《近代中国对西方列强认识资料汇编》，第三辑第二分册，1986年版，第833页。

听。举凡百官之黜陟，百事之兴废，其待决于众可知。孟子所谓天与民与者是也。夫建军所以为民，立政所以便民，设官所以理民，顺民之心，行民之事，而王者无所私于其间，此圣人意也。其在商书曰：民惟邦本，本固邦宁。周语亦云：众心成城。古人之重民如此，故箕子演洪范，有谋及庶人之语；凡伯刺厉王，有询于刍荛之训。然则唐虞三代之隆，未有不博咨于民者也。春秋之时，号为乱世，然子产不毁乡校，而郑以兴。列国之君，一举大事，必访于民。如晋惠之囚秦，陈灵之兴楚，卫灵之叛晋，皆朝国人而问之。及至战国，齐威后有民无恙岁无恙之问，孟子有民为重君为轻之论，则当时之重民可知矣。秦并天下，始为尊君抑臣之制，焚诗书以愚黔首，及其弊也，卒亡于民。自是之后，有天下者，率蹈秦辙，益轻其民。然汉之博士太学生，得识朝廷之政事，魏之九品中正，得举天下之贤才，而庶人上书言事者无代蔑有。至如东京之党锢、明季之东林，皆以布衣清议，力持朝政，是重民之意虽亡，而民之所以为重者未尝亡也。综而论之，三代以前，诸侯之国，犬牙相错，土广人稀，上轻其民，民散于四方，莫得而禁也。秦汉以下，天下一家，尺土一民，莫非其有。民去则无所之，逃则无所匿。为上者习见而狎之，不倚以为重，至于暴戾恣睢，然后激而叛上。方其初犯之，民固无如君何也。[①]

其次，陈翼为认为议院制度虽是泰西的产物，但其制度内涵与先秦中国固有的重民传统相暗合，理应成为"中外争民"时代的选择。文载：

---

① （清）陈翼为：《议院利害若何论》，引自"台湾中央研究院近代史研究所"编：《近代中国对西方列强认识资料汇编》，第三辑第二分册，1986年版，第850页。

自通商以来，泰西诸国接踵西商，有火车轮船以通其道，民固不以欧西为远。然则，今之天下，固中外争民之时也。处今之势，治今之民，欲以秦汉唐宋之制行之，固不可得而理矣，泰西国于欧洲，去中土数万里，亘古不相通问，政教风俗不相师者，今其国乃有议院之设。呜呼！何其大类皇古之道乎？岂亦有所师而然乎？抑或理之所同，势之所便，不相谋适相合乎？①

再次，陈氏以法国议院为例，梳理了西方议院的制度内容。是谓：

按议院之制，各国皆有之。法国为先，诸国多从其法，时有不同，然大致不甚远。姑就法国言之，法国议院之设甚久，然不独柄国家之权，至西历一千八百七十五年，始置上下议院，然后举国之权皆议院主之。其制上议院三百人，皆举于乡里有闻望为众所服者，置之一乡之中，以理乡事。才大者，则升之一邑之中，以理邑事。才尤大者，则升之一郡之中，以理郡事。才又大者，则升之下议院及上议院，以平章军国之事。与成周乡举里选略相仿佛。国家之兵戎、田赋、征榷、刑罚、礼制诸事，则博谋之议员。下议院条其事，上之上议院；上议院定其可否，以达于总统；总统下之部臣，以行于民。其有未审者，总统若部臣驳之，反覆数四，必使尽善而已。其议终不合者，则部臣引退。若下议院之员与总统不合，总统得退之，然必合于上院之意然后行。总统有罪，惟下院得告之，上议院得断其曲直。议员有罪，亦惟本院得而审之。凡会议之时，年有五月，非有机密重

① （清）陈翼为：《议院利害若何论》，引自"台湾中央研究院近代史研究所"编：《近代中国对西方列强认识资料汇编》，第三辑第二分册，1986年版，第849~850页。

事，则大开院门，举国之人皆得而与闻之。此法国议院之大略也。今若其善而可行于今者，举而为之，辅之以文章礼乐，本之以仁义忠信，则唐虞三代之盛，可复睹于今，岂独与泰西争富强而已哉？①

复次，他批评了设立议院是"以夷变夏"的论调，认为"上古虽无议院之名，而有议政之制"，今学习泰西之议院是"礼失而求诸野"的表现，并明确提出了，议院制度并非只有民主之国才能适用的观点。文载：

难者曰：中华文物之邦，若建议院，是变于夷也。是大不然。夫上古虽无议院之名，而有议院之制。特书经秦火，其详不可得闻。今以泰西之法，行上古之政，所谓礼失求野，天子失官守在四夷也。难者又曰：筑室道旁，三年不成，议院若设，是启纷争之渐，欲求其治安岂不难哉？不知议院之中，非驱市人而与之议也，不过择民之才智，以任其职，议员有常数，议事有常经，又何不一之患哉？难者又谓：泰西民主之国，君民一体，故议院可立。今民主之国既不可变，即议院亦不必立也。然此说亦非也。泰西有非民主之国，无无议院之国。姑就英法俄美睹大邦言之，法与美民主之国也，英与俄君主之国也，英俄之议院无异于法美，然则议院之设固不问其民主为君主也。②

最后，陈翼为列举了设立议院可以去除的四种弊端以及三大利好，并力主尽快设立。文载：

夫议院以通上下之情，上知下之心而恤其下，下知上之心而乐其上，上下交而国不治者，未之有也。果能不拘成

①② （清）陈翼为：《议院利害若何论》，引自"台湾中央研究院近代史研究所"编：《近代中国对西方列强认识资料汇编》，第三辑第二分册，1986年版，第850页。

见，举行而之，则其利不可胜言，姑条其大者，曰去四害，曰兴三利。何谓四害？一曰抑大臣之弄权。自古大臣窃国，必箝谏诤之口，以蔽人主之耳目，故民罢而君不知，政乱而君不知，水旱寇贼而君不知。议院立，则天下之情通，而大臣之奸谋息。二曰去吏胥之积弊。吏胥习于例案，凡京员之铨选，州县之补授，必厚贿吏胥，否则往往据例而驳之。甚至内之部臣，外之监司，反为玩弄于股掌之上。议院立，则群臣之情通，而吏胥之伎俩穷。三曰绝官绅之私征。田赋征权，倍取于民，仅半入于公。商农微贱，不能上诉帝廷，任其所为而莫敢谁何。议院立，则商农之情通，而官绅之中饱绝。四曰免狱官之锻炼。亲民之吏，一遇命盗重案，承审官惧有处分，往往辗转规避。规不得，则取疑似之人，严拷之以塞责。其贪者，卖狱之事在所不免。议院立，则囚房之情通，而刑狱之冤抑灭。四害既去，三利仍之：一曰吏治可振。近世官吏勤于奔竞，惰于任事，苟得长之心，民虽怨之，无如何也。议院既设，则毁誉为赏罚。清议之所与，从而举之；清议之所非，从而去之，虽大吏不能为左右袒，则有位莫不自励矣。二曰财源可裕。天下生财之事，如铁路、如开矿、如织纺。及百工之事，官不能独为之，必资民力，而又不信官，是以往往格而不行，即行亦不久而废。苟上下之情既通，则公司可举，合天下之财，兴天下之利，而犹不能成者，未之有也。三曰人才可兴。议院之举皆选于民，则中才以上争自磨濯以待国用。其余有艺之长者，官皆知而用之。奇才异能之士，既可表见于世，而人无遗力矣。兴三利，利也；除四害，亦利也。有此七利，则议院之举，诚不可视为缓图。但积习既久，反古实难，当行之以渐，持之以久，则其利益之大，岂言辞所可尽哉？[1]

（六）李经邦

李经邦，安徽泸州人，曾于 1890～1893 年就读于上海格致书院。该院曾组织大家撰文就"比较中西律例异同得失"进行讨论。李经邦于光绪十九年（1893 年）作《中外各国刑律轻重宽严异同得失考》一文，系统地比较了中西刑事法律的不同，其中所涉西方刑律的内容，主要是英国和美国。

李经邦首先用简短的文字梳理了中国的刑罚史。文载：

> 自有虞氏命皋陶为士师，而五刑以定，曰墨、曰劓、曰腓、曰宫、曰大辟，五刑之外复有二，曰流、曰鞭。此为中国定刑律之始。后世商鞅韩非之徒出，不知为治之道，专尚刑名法术之学，酷烈深刻，残忍不仁，元元罹其荼毒，不可胜计。式健严酷之吏，承其余弊，变本加厉，而刑滋滥。故中国死罪前代有车裂者，有要斩者，有夷三族者，有夷九族者，有鱼鳞剐者，有剥皮揎草者。圣清以忠厚开基，深仁厚泽，敷于四海，前代一切非法之刑，革除净尽。其所定刑律，死罪则凌迟斩绞，活罪惟军徒流笞杖而已。[2]

其次，他指出泰西刑律一开始也比较残酷，但日渐轻缓，刑罚种类分死罪和监禁两种，且死刑没有肢解、枭首等规定。文载：

> 泰西各国，先时刑法亦尚残酷。瀛寰志略：云俄罗斯用

---

[1]　（清）陈翼为：《议院利害若何论》，引自"台湾中央研究院近代史研究所"编：《近代中国对西方列强认识资料汇编》，第三辑第二分册，1986 年版，第 850～851 页。

[2]　（清）李经邦：《中外各国刑律轻重宽严异同得失考》，引自"台湾中央研究院近代史研究所"编：《近代中国对西方列强认识资料汇编》，第三辑第二分册，1986 年版，第 804 页。

刑最酷。万国史记谓：俄主宜万第四，性严刻，以峻法治下。晚年益酷，戮臣民数万，群下畏而从之，亦有离畔者。经邦昔年游俄都比得堡之蜡人馆，中见有一室塑其先世肉刑，如犁舌、刳腹、劓鼻、刖足，及以鈇揭乳，以铁皮寸许，上排密锥，内向而环其项，铸生铁模，其内锐锋如猬毛，将人纳入而合之，种种惨毒，不忍逼视。由此而推，则英法等各国，其前世要不能免此等酷刑。今则除苛解娆，不复如前此之惨酷矣。蒙尝考泰西各国今时所用之刑律，死罪则有用洋枪击毙者，有缳首者，总之皆全尸，无割肢体，分身首之惨。死罪而外，其所谓刑者，惟监禁而已。监禁之期，有久有暂，而罪之轻重，即以是判。轻者则以日计，以月计；重者则以年计，有监禁一年以外者，有十余年者，皆罚作工。虽各国未必一律，而其大略则同。①

为了比较中西刑罚的不同，李经邦主要以英国、德国和美国为例，兼论日本和俄国进行说明。其中对英国刑罚这样表述道：

英国刑律，凡唆人殴执渎犯外邦出使驻扎本国之大臣及随员仆役等人，下常狱监禁九月，罚作苦工。又口讲笔书，辱骂皇族人等者罪同前，私带炸药者监禁十四年，偷漏税项者监禁三月，殴伤人者监禁一月，发假誓者每次监禁七年，并罚苦工。考曰：此英国刑律也，与中国之刑律异。按中国刑律云：流外官及军民吏卒殴非本管三品以上官者，杖八十，徒二年；伤者，杖一百，徒三年；折伤者，杖一百，流二千里。五品上下者减等。又凶恶之徒，不知国家事务，捏

---

① （清）李经邦：《中外各国刑律轻重宽严异同得失考》，引自"台湾中央研究院近代史研究所"编：《近代中国对西方列强认识资料汇编》，第三辑第二分册，1986 年版，第 804 页。

造悖谬言词，投贴匿名揭贴者，投贴之人绞立决。若捏造寻
常谬妄言词，无关国家事务者，依律绞候。至私带军火，中
律更有明条。查光绪十三年刑部通行，如有私贩私藏洋枪
者，照私造鸟枪例枷号两月，杖一百，每件加一等，罪止杖
一百流三千里。（双行小字：见兵律）。又客商匿税不纳课
者，笞五十，物货一半入官。（双行小字：见户律）若以手
足殴人不成伤者，笞二十；成伤，及以他物殴人不成伤者，
笞三十；成伤者，笞四十。考中国刑律，其殴官一则与英律
大同小异。盖监禁之罪，与中国徒流相去不远。彼则监禁九
月而作苦工，我则杖徒。虽中国有无伤、有伤、折伤之别，
而罪止徒流；英则不判伤否，而概加以监禁。是中律与英
律，无甚轻重宽严，亦无其异同得失也。至匿名揭帖之罪，
中律轻则绞候，重则绞决，而英律亦止监禁九月。夫中律之
所以重其罪者，因此等人，大之辩言乱政，摇惑人心，小之
亦足以伤人害命，故其定罪也重而严，以示民之不可犯。英
人未明其意，仅监禁九月，未免失之轻与宽。过轻则犯者
多，不啻诱之入罪。是中律重于英律而得者也。若夫私携军
火之罪，中律则罪止杖流，英律则监禁十四年。是中轻而英
重，中宽而英严矣。洋枪炸药为祸甚烈，苟重其罪，则军民
各相警戒，不敢显蹈刑章。今罪杖流，似嫌轻纵。此中律轻
于英律而失者也。虽然英律于私带炸药之罪，虽觉甚重，而
办案时则未能一律遵守。即如昔年美生私带炸药洋枪来华，
被我查获，审明供辞，解回英国，英廷谨拟以监禁九月。如
此办法，与英律显相违背，而英大臣竟毅然行之，不顾人之
议其后。中国则不然，凡罪人一经审定，即不能移易，非若
英律之可以故为出入也。是英律虽重，而办者不能执法如

山，及不若中国之为得矣。至殴伤人者，中律罪止于答，英
律亦仅监禁一月，法虽异而意则同，并无轻重宽严得失之可
分。由是以观，中英刑律，固有彼轻此重者，亦有此宽彼严
者，其异同得失，无不可考。惟英律有发假誓者，每次监禁
七年之罪，中国刑律中并无此条，斯则英与中绝然有异而不
同者也。[1]

从这段记述中可知，李经邦已经不自觉地运用比较法学的方
法，使用概念比较和法条比较的方法，比较了中英各自刑律中诸
多罪名的刑罚轻重，并在此基础上，分析了呈现异同的原因，实
属难得。

他还用同样的方法比较了德国刑律和美国刑律。其中，涉及
与美国刑律的比较这样记载道：

美国刑律，凡军民及大小官员用枪击毙总统者，科以缳
首之罪。又俄国刑律，凡凶横人犯，或于初入监时不服管束
者，日饮以冷水三碗，不给饮食，俟其削瘦无力，再行调
治。日本刑律，凡斗殴临时起意杀人，科以重罪役九年。考
曰：此美俄日三国之刑律也，与中国皆大相悬殊。美为民主
之国，其所称总统者，即该国之君，用枪击毙总统，是其叛
逆已着。查中国刑律载，凡谋反及大逆，但共谋者，不分首
从皆凌迟处死，其祖父子孙，及同姓之族、异姓之亲，凡男
者年十六以上皆斩。盖此等不利于国，不利于君之人，其恶
已极，其罪至大，法不容宽，故不分造意为首，随恶为从，
皆处以极刑，且缘及所亲所密，概予斩决，所以示民之不可

---

① （清）李经邦：《中外各国刑律轻重宽严异同得失考》，引自"台湾中央研究院近
代史研究所"编：《近代中国对西方列强认识资料汇编》，第三辑第二分册，
1986年版，第804~805页。

犯,此即刑期无刑之意。乃美律于谋逆重犯,罪止缳首,且逆犯之祖父子孙亲族,并无作何治罪明文,其轻纵一至于斯,故欧西各国用枪轰击君主之事,时有所闻。推求其故,皆由定律未严,以启凶恶觊觎之心。是美律之轻而宽,与中律之重而严,其孰得孰失,不待智者知之矣。至监犯凶横,中律亦有专条,例载凡犯死罪监候人犯,在监复行凶致死人命者,照前后所犯斩绞罪名,从重拟以立决。而俄律凶横之犯,日饮以冷水,不给饮食,俟其垂毙,始加调治。即中俄刑律以相较,定罪则中重而俄轻,立意则中宽而俄严。何言之?中国必须俟其已犯罪之后,始加以斩绞;倘未犯以前,则断不加重其罪。俄则不待其已犯,先饮以冷水,使之不能犯。然则以刑论,似觉中律重;而以意言,岂非俄律严乎?且日饮以冷水,使之消削,究失国家政刑之体,不若中律之俟其罪已着而治之也。此中律得而俄律失可知。若斗殴临时起意杀人,在中律则为故杀,故杀者斩监候,而日律仅监禁九年,未免法轻情重。凡若此者,并与中国刑律异而不同也。[①]

通过这段具有比较法意义的文字可知,李经邦虽然对中国与美国,以及日本、俄国刑律中射杀"国家领导人"进行了比较,并给出了评价,但是,很明显他本人对于"法律面前人人平等""罪责刑相适应"等西方近代刑罚理论是完全陌生的。李经邦只是用中国固有刑罚的观念审视、评价西方刑罚制度,其结果必定是不科学和偏颇的。同时,由于缺少必要的西方刑法学理论知

---

① (清)李经邦:《中外各国刑律轻重宽严异同得失考》,引自"台湾中央研究院近代史研究所"编:《近代中国对西方列强认识资料汇编》,第三辑第二册,1986年版,第806~807页。

识，因而，这种比较也很难发现中西刑罚异同所涉及的真正问题，如中国固有刑罚为何对案外人也要实施刑罚，西方刑罚却罚及己身，不能株连等。

当然，既然是比较，必然会发现不同。李经邦通过比较中西刑罚之轻重异同，也发现"死罪则中国重于泰西，活罪则泰西严于中国"的特点，尽管其最后的分析，在我们今天看来只是浮于表面，且不甚正确。文载：

> 以上诸条，皆中外各国之刑律，其轻重宽严异同得失有如此，经邦既详考而备言之矣。然以中外各国之刑律，总而论之，觉死罪则中国重于泰西，活罪则泰西严于中国。何以言之？中律死罪虽止凌迟斩绞，然凌迟则肢体割裂，斩则身首异处，皆极刑。泰西则止有缳首、枪毙二刑，此外并无死罪。是欧西死罪轻于中国也。若活罪，中国有军流徒笞杖之别。笞杖一经发落，即如无事。徒则或一年，或二年，或二年半，至三年满徒而止。流则不能复返，或二千里，或三千里。军则足四千里极矣。倘遇恩赦，仍得生旋。其生旋也，宗族戚党之自好者，自不与为伍，而他人未之知也。未之知，则彼虽犯事于前，仍可晚盖于后，开其自新之路，犹足以自求口实，外洋则异是，虽罪不过监禁，而一经定谳，即登明于新闻纸，使国内外莫不周知，咸置之不齿之列。由是言之，西国之活罪不且严于中国哉？①

（七）沈粹生

除了上述李经邦以外，这一时期沈粹生还写作《论泰西治

---

① （清）李经邦：《中外各国刑律轻重宽严异同得失考》，引自"台湾中央研究院近代史研究所"编：《近代中国对西方列强认识资料汇编》，第三辑第二分册，1986年版，第807页。

狱》一文，对英美司法的律师制度、陪审制度进行介绍。在该文中，沈粹生首先指出了英美陪审制度在司法中的良善性，并通过对比指出中国固有刑讯所存在之问题，主张废除。文载：

> 泰西谳狱甚合古法，不令下跪，欲悉其聪明致其忠爱也。反是则形格势禁，嗫嗫颠倒矣。不用刑讯，欲意论轻重，慎测浅深也。反是则箠楚之下，怨抑实多矣。处以陪审，则记与众共之道也，而肆威夺货之弊祛。列以见证，则无简不听之意也，而妄指诬陷之弊除。[①]

> 国朝初起东方，制刑宽简，大辟之外，惟有鞭笞。及世祖抚有中原，命大臣定律。当时议纂诸臣，学识浅陋，未能仰体皇仁，因仍故明惨法，遂至斩决之上有凌迟，斩决之次有绞，凌迟极刑，非唐虞三代所有，岂宜行于盛世？绞之苦，闻甚于斩，则名轻而实加重矣。闻西国犯有击脑、闭气诸法。击脑者，用枪正对其脑弹击，可以立毙；闭气者，闭之小室，令新养气不得入，可以渐毙，皆远异斩绞之惨。今宜除凌迟律，犯此者改为斩决；除绞律，犯此者改用西国击脑闭气法决之。并除父母兄弟妻子连坐律，以仰体列圣仁慈之隐，继其未及改定之志，则三代后未有之仁政，自我朝开之，亿万年不拔之基在是矣。至今法审犯，必取其招供为凭，致问官动用非刑逼招，痛昏之下，何求不得？若已确知其情，又焉用招？宜除取招供例，无论轻重案件，但令问官详查细密，求情定罪。除笞杖枷及责掌责嘴之件外，其余一切刑具及各衙门自制私刑，着悉行烧毁，示永不复用。内外掌刑官及非掌刑官，敢有私藏旧刑具，或私制新刑具者，斩

---

① （清）沈粹生：《论泰西治狱》，引自"台湾中央研究院近代史研究所"编：《近代中国对西方列强认识资料汇编》，第三辑第二分册，1986年版，第963页。

立决。此亦除惨之一大端也。①

但是，沈粹生却对英美的律师制度进行了批评，认为律师类似于中国固有之讼师，有助人漏网的弊端，并指责泰西"泰西刑章失之太宽"。是谓：

> 然有未尽善者，律师代陈，无理者皆得矫饰。中国讼棍亦然虽是非难免，亦竟有律师善辩，脱漏法网者。中国讼棍书吏之巧饰得漏网者更多。审案有费，无力者怯于控诉。虽曲者代纳，亦有曲者赤贫，仍责诸理直。且所定刑章，失之太宽，易启作乱犯上之渐。法国乱首尔朗之罪，尽人皆知，以身充议员，迁延不问；败将伯沁之狱，历审日久，议论纷纭，仍从轻减。布国轮路受贿之案，以牵涉议员，不与追究。尤可异者，美国讼师奇笃，手弑其总统，获系狱中，不加琅璫，挟刃逞凶，伤及狱卒。英国匪徒墨格林，枪击其君主，虽未成伤，竟以巧言解脱，置之不问，岂因有别故？抑其君无道，咸欲弑之乎？然水懦民玩，致生乱阶。泰西一乡官辖境，狱中之犯常及千人，少亦数百人，虽云细故皆予禁锢，亦法律宽纵有以致之欤！②

与上述李经邦相类似的是，由于沈粹生对于英美律师制度知识的匮乏，因而，其对于英美律师制度的评价并不高。尽管沈粹生并不赞同在中国"尽行西律"。但是，他却主张中国应尽快了解西法，收回领事裁判权。文载：

> 或谓中国不宜尽行西律，西律亦有未尽善者，当请外国上等有名大律师、中国老成有声望之申韩幕友，再延深通律

---

① （清）沈粹生：《论泰西治狱》，引自"台湾中央研究院近代史研究所"编：《近代中国对西方列强认识资料汇编》，第三辑第二分册，1986 年版，第 963～964 页。

② （清）沈粹生：《论泰西治狱》，引自"台湾中央研究院近代史研究所"编：《近代中国对西方列强认识资料汇编》，第三辑第二分册，1986 年版，第 963 页。

例之华人翻译，将彼此中西刑律会同参订，至公至当，为中西通商各口律例，分华洋文刊布各埠。凡在通商口岸所有交涉案件，皆准此编判断，无事刑求，以归一律，庶我民不至独受其亏，西人不得独蒙其利，并可徐图西旅归我有司管辖，以渐复我中国自有之权。此虽看似缓着，而实关系要害，宜急急图维也。①

---

① （清）沈粹生：《论泰西治狱》，引自"台湾中央研究院近代史研究所"编：《近代中国对西方列强认识资料汇编》，第三辑第二分册，1986年版，第963页。

第六章
英美法在中国的理解与运用

　　整个洋务运动时期，英美法在"公法时代"的大背景下，在西方列强所主导的"条约体系"中，通过教会、官方机构、出使游历人员等途径在中国进一步传播，并影响了部分传统士大夫和社会精英人士。如1879年后来维新变法运动的旗手康有为（1858～1927年）从张鼎华处得知各种西学新书，"得《西国近事汇编》、李圭《环游地球新录》，及西书数种览之，薄游香港，览西人宫室之环丽，道路之整洁，巡捕之严密，乃始知西人治国有法度，不得以古旧之夷狄视之。乃复阅《海国图志》《瀛寰志略》等书，购地球图，渐收西学之书，为讲西学之基矣。"① 1883年，他又"购《万国公报》，大攻西学书，声、光、化、电、重学及各国史志、诸人游记，皆涉焉。于时，欲辑万国文献通考。"②

　　尽管这些知识对于更为广大的士大夫及其普通民众而言依然陌生，但是，毕竟这一时期较之鸦片战争前后已有很大的不同。例如，清廷的部分士大夫已经了解和掌握这些英美国际法，并在交往中主动使用，维护清廷的利益。如郭嵩焘出使期间曾上书"请准《万国公法》，宽免崇厚罪名"；黄遵宪自学国际公法与外交惯例，并"曾取《万国公报》及制造局所出之书尽读之"。③ 同时，也应看到，对于这种异质于中国传统文化的知识，国人需要一种认识的转化。为了论述的针对性，下文主要以薛福成、陈兰彬、郭嵩焘和黄遵宪为例进行叙述。

---

① 楼宇烈整理：《康南海自编年谱》，中华书局1992年版，第9～10页。
② 楼宇烈整理：《康南海自编年谱》，中华书局1992年版，第11页。
③ 有论者就梳理了这一时期驻外使臣阅读英美国际公法的情况。参见马一：《晚清驻外公使群体研究》，广西师范大学出版社2019年版，第112～118页。

一、英美国际法在中国的理解与运用

（一）薛福成加入国际公法大家庭的主张与实践

有论者认为，尽管晚清不乏主张利用英美国际法挽回国家权益的士大夫，甚至如前述曾纪泽等还利用它进行了实践，但是这一时期真正主张加入公法体系的士大夫应是薛福成。[①]

薛福成对英美国际法的认知源自其在李鸿章北洋幕府时期的实践。这期间他直接参与了"马嘉理案"的处理与《中英烟台条约》[②] 的签订，建言阻止赫德觊觎中国海防，并为平定朝鲜内乱、抗击法国侵略谋划策。这些事件的历练与其后来出洋的经历，使他对英美国际法有着比常人更深刻的认识。

1. 加入国际公法大家庭

与这一时期大部分朝野知识精英的国际公法思想具有本质不同的是，薛福成最重要、最鲜明的国际公法思想，可以高度概括为"中国不能在公法之外"。1892 年，薛福成专门写作《论中国在公法外之害》一文，呼吁利用英美国际法，成为"公法内之国"。

[①] 参见刘保刚：《论晚清士大夫公法观念的演变》，载于《浙江学刊》1999 年第 3 期。

[②] 《烟台条约》，又称为《滇案条约》《中英会议条款》，是 1876 年 9 月 13 日清朝与英国在烟台签订的不平等条约。条约的签订结束了"滇案"，但也使英国得到了入侵中国西南边境"条约权利"。条约约于 1886 年 5 月 6 日在伦敦交换批准。其中第二端"优待往来各节"规定，"总期中国官员看待驻居中国各口等处外国官员之意与泰西各与国交际情形无异，且与各国看待在外之中国官员相同"。由此可推知，英国要求中国进入国际公法之交往秩序，互相享有驻使、设领的权利。

尽管薛福成在该文中在一定意义上也认同这一时期国人对于英美国际法的普遍态度，即国际法背后实是国家实力的强弱，不可太过相信和依凭，但是，他更坚持国际法本身对于近代国际社会关系所具有的新意义。文载：

> 泰西有《万国公法》一书，所以齐大小强弱不齐之国，而使有可守之准绳。各国所以能息兵革者，此书不为无功。然所以用公法之柄，仍隐隐以强弱为衡，颇有名实之不同。强盛之国，事事欲轶乎公法，而人勉以公法绳之，虽稍自克以俯徇乎公法，其取盈于公法之外者已不少矣；衰弱之国，事事求合乎公法，而人不以公法待之，虽能自奋以仰企乎公法，其受损于公法之外者，已无穷矣。是同遵公法其名，同遵公法而损益大有不同者其实也。虽然，各国之大小强弱，万有不齐，究赖此公法以齐之，则可以弭有形之衅。虽至弱小之国，亦得藉公法以自存。①

接着，薛福成通过对比日本和暹罗，一方面列举他们加入"国际大家庭"所获之利，另一方面，则陈述中国海禁大开以来，强调中西之俗各异，不愿加入国际公法体系所带来的危害。这些危害具体包括："西人辄谓中国为公法外之国，公法内应享之权利，阙然无与。……公法外所受之害，中国无不受之。"②公法内之权利缺失，此为一害。公法外所受之害又为何呢？薛福成认为，一则西洋诸国不以国际公法之规则与我国交往，漠视我国之公法权利；二则中国面对侵害时，西洋诸国也不愿意以公法之准则发表公论。是谓：

> 盖西人明知我不能举公法以与之争，即欲与争，诸国皆

①② （清）薛福成：《论中国在公法外之害（1892 年）》，引自马文忠、任青编：《薛福成卷》，中国人民大学出版社 2015 年版，第 283 页。

漠视之，不肯发一公论也；则其悍然冒不韪以陵我者，虽违理伤谊，有所不恤矣。①

最后，薛福成认为中国要免受上述三害就必须"曷若以公法为依归"②。

薛福成这样鲜明的立场源于其对于英美国际法的深入了解。实际上，早在 1879 年，薛福成撰写《筹洋刍议》时，他就以英美国际法为视角，分析了中国鸦片战争以前外交失败的深层原因，即不熟悉西人的国际交往的规则和逻辑。文载：

> 然东西皆有约之国，按之公法，一国不协，各国可以从中调停。而今日之中国，断不能得之于西人者，何也？彼西人之始至中国也，中国未谙外交之道，因应不尽合宜，何也？彼疑中国之猜防之，蔑视之也，又知中国之可以势迫也，于是动辄要求，予之以利而不知感，商之以情而不即应，绳之以约而不尽遵。今中国虽渐知情伪，而彼尚狃于故智，辄思伺中国有事以图利也。③

甚至他在 1785 年"成名作"《应诏陈言疏》中就认知到条约之于西人和国人的重要性，建议州县各官熟读《万国公法》，通商条约等书，并利用其中的国际法处理涉外事务。文载：

> 一、条约诸书宜颁发州县也。西人风气，最重条约，至于事关军国，尤当以万国公法一书为凭。如有阻挠公事，违例干请者，地方官不妨据约驳斥。果能坚韧不移，不特遏彼狡谋，彼且从而敬慕之，如或诡随畏法，不特长彼娇气，彼且从而非笑之。盖西洋立国，非信不行，非约不济，其俗固

---

① ② （清）薛福成：《论中国在公法外之害（1892 年）》，引自马文忠、任青编：《薛福成卷》，中国人民大学出版社 2015 年版，第 283 页。
③ （清）薛福成：《筹洋刍议·敌情（1885 年）》，引自马文忠、任青编：《薛福成卷》，中国人民大学出版社 2015 年版，第 171 页。

> 如此也。方今海疆州县，商船之络绎，传教之纷繁，事事与
> 洋人交涉。乃当其任者，往往以未见条约，茫然不知所措，
> 刚柔两失其宜。其偏于刚者，既以违约而滋事者端；其偏于
> 柔者，亦以忘约而失体统。启衅召侮，职此之由。似宜将万
> 国公法，通商条约等书，多为刊印，由各省藩司颁发州县。
> 将来流布渐广，庶有志之士与办事之官幕书吏，咸得随时披
> 揽，一临事变，可以触类方通，援引不穷矣。①

日本学者佐藤慎一认为，薛福成此项主张表面上看是对十年
前恭亲王奕䜣观点的延续，但薛福成的贡献在于他在此刻已经认
识到"万国公法的性格及其在西方国际社会中所起的作用。"②

至于薛福成为何强烈主张中国"加入国际公法大家庭"？有
论者认为："中国方面通过援引万国公法这一事实本身而使对方
国改变对中国的认识，从长远来看，期待着能够对不平等条约的
修正有所贡献。"③ 申言之，尽管在当时举国上下普遍都认为中
国是"公法外之国"，但是，薛福成与同时代其他人相比对待这
一问题的方向显然是不同的。在当时大部分人看来，如果中国成
为"公法内之国"，就会受到万国公法的限制。因为从本质上
看，万国公法只是英美人用其"道具"攻击弱小国家的武器。
有关这一点在前述曾纪泽、王韬等人的言论中比比皆是。质言
之，由于鸦片战争后列强与清廷签订不平等条约的存在，这"影
响到清末中国人的万国公法观，而且也影响到思考这一问题的研

---

① （清）薛福成：《应诏陈言疏（1875 年）》，引自马文忠、任青编：《薛福成卷》，
中国人民大学出版社 2015 年版，第 59 页。
② ［日］佐藤慎一，刘岳兵译：《近代中国的知识分子与文明》，江苏人民出版社
2011 年版，第 61 页。
③ ［日］佐藤慎一，刘岳兵译：《近代中国的知识分子与文明》，江苏人民出版社
2011 年版，第 64 页。

究者的态度。"①

然而，对于薛福成来说，国人对于万国公法的这些认知不仅不正确，而且在实践中存在上述提到的三大危害，因此，若想取消既有的不对等情形，首先应成为"公法内之国"。对此，薛福成在光绪十六年（1890 年）六月初五的出使日记中写到，近些年来，中国凭借公法和自身实力的增强，西洋诸国官绅对于中国的轻视态度已经有很大改观。文载：

> 一则越南一役，法人欲索赔偿竟不可得，法人咸咎斐礼之开衅，恨其得不偿失，各国始知中国之不受恫喝也。一则十馀年中，冠盖联翩，出驻各国，渐能谙其风俗，审其利弊，情意既浃，邦交益固也。一则中国于海防海军诸要政，逐渐整顿，风声所播，收效无形。且近年出洋学生，试于书院，常列高等，彼亦知华人之才力不后西人也。②

要改变国人对于万国公法上述不甚正确的认知，薛福成认为在国家之间的交往过程中，应对"交际"与"交涉"有明确的区分，并强化"交涉"的作用，而弱化"交际"问题。

就两者区别问题，薛福成早在 1879 年的《筹洋刍议》中就指出：

> 盖尝考西人之俗矣，西人以交际与交涉判为两涂，中国使臣之在外洋，彼皆礼貌隆洽，及谈公事，则截然不稍通融。③

后来，在 1890 年的《豫筹各国使臣合请觐见片》中，薛福成更为明确的表达为：

---

① ［日］佐藤慎一，刘岳兵译：《近代中国的知识分子与文明》，江苏人民出版社 2011 年版，第 34 页。
② （清）薛福成：《出使英法义比四国日记》，引自钟叔河编：《走向世界丛书Ⅷ》，岳麓书社 2008 年版，第 167 页。
③ （清）薛福成：《筹洋刍议·敌情（1885 年）》，引自马文忠、任青编：《薛福成卷》，中国人民大学出版社 2015 年版，第 172 页。

　　查外洋各国风气，交际与交涉，截然判为两事。交际之礼节，务为周到；交涉之事件，不稍融通。[1]

　　其意思是，"交际"涉及礼仪问题；而"交涉"涉及"公事"，即主权问题。西人对于"交际"问题，"礼貌隆洽"，而对于"交涉"问题，则"不稍通融"。正是不懂得这样的区别，薛福成认为，过去我们将两者次序颠倒，在外交事务中过分强调"交际"问题，在诸如跪拜、驻京等礼仪问题上争论不休，相反，在涉及领事裁判权、关税自主权等主权问题，本该据理力争的"交涉"问题上却一再退让。之所以如此，其背后实际上还是上文提到的"朝贡体系"与"条约体系"之间存在的冲突问题。完备的礼仪是中华文明赖以生存、安身立命的根本，让蛮夷之邦以粗野的方式迫使我们进入他们构建的全新体系，其结果是可以想象的。因此，相对于"条约体系"下中国人所陌生的"交涉"问题，"交际"问题则更为根本，更为重要。

　　然而，薛福成通过出使西洋，他发现西方各国在礼仪方面并不输给中国，郭嵩焘之前羡慕"西洋国政民风之美"是真实的。他在光绪十八年（1892 年）五月二十的日记中写道：

　　西洋各国驻华公使领事，无不任意挟制，遇事生风。余以为洋人性情刚躁、不讲礼仪之故。及至欧洲与各国外部交接，始知其应付各事，颇有一定准绳；周旋之间彬彬有礼，亦尚能顾交谊，不肯显露恃强凌人之意，亦不显露矜智尚术之意。非特英法也，各国皆然；非特外部也，各员皆然。即如前驻京英使威妥玛，我中国人皆以为妄人也，暴人也；而威妥玛与余交，情文并挚，随时襄助；且其学问议论，即在

---

[1] （清）薛福成：《豫筹各国使臣合请觐见片（1890 年）》，引自马文忠、任青编：《薛福成卷》，中国人民大学出版社 2015 年版，第 237 页。

中国亦断不能以常人视之。然苟再至中国，不能保其不为患也。①

此外，薛福成还发现，西洋不仅"国政民风"有礼仪，而且在"交际"中也十分讲究礼仪。他在出使期间写给总理衙门的奏疏中这样写道：

> 查西洋通例，于各国使臣来驻国都者，平日接待礼文，颇为周至，异乎寻常。即如朝会礼节，其待各国使臣，与本国贵戚一体，而与待国中之臣不同，以寓宾敬之意，即以联彼此之情。②

既然西方各国也懂礼仪，并非蛮夷，那么，过分地拘泥于"交际"，而不去关心更为重要的"交涉"问题可能就是本末倒置。实际上，薛福成指出，过去由于轻视"交涉"问题，中国已经失去了许多权益，接下来所要做的，就是利用国际公法在涉及"交际"问题上据理力争，充分保证国家主权的自主性。对此，薛福成指出：

> 凡两国交涉之事，条约所及者，依约而行，条约所不及者，据理而断，中外各国所以敦睦谊于不敝也……夫中国有自主之权，军饷筹之中国，非各国所能干预。创办厘捐之初，洋商之货，亦在各子口抽课，均无异词。③

此外，对于万国公法而言，薛福成还认识到公法不同于一般的律例。他在光绪十八年（1892 年）六月初七的出使日记中写道：

---

① （清）薛福成：《出使英法义比四国日记》，引自钟叔河编：《走向世界丛书Ⅷ》，岳麓书社 2008 年版，第 579 页。
② （清）薛福成：《致总理衙门总办论接见外国使臣书（1890 年）》，引自马文忠、任青编：《薛福成卷》，中国人民大学出版社 2015 年版，第 238 页。
③ （清）薛福成：《筹洋刍议·利权二（1885 年）》，引自马文忠、任青编：《薛福成卷》，中国人民大学出版社 2015 年版，第 180 页。

> 西学之最有用者，日几何学、化学、重学、汽学、热学、光学、声学、天文地理学、电学、兵学、医学、植物学、公法学、律例学。①

他把西学分为 14 门学科，其所列举的最后两门是公法学和律例学。对于前者，他认为出使人员应当多多予以关注。他还在光绪十七年（1891 年）正月初一的日记中写道："盖西人平时多好讲求公法，揣摩各国形势，故凡出任使事，多不至辱命焉"。②

2. 出洋前利用英美国际法尽争利权的主张与实践

既然薛福成加入国际公法大家庭的目的是为了对中国已签订不平等条约有所修正，那么，可以发现他在出洋前有关国际公法的论说和实践都是围绕这个展开的。具体说来，包括如下几个方面：

先看第一方面，对于"最惠国待遇的危害及补救"这个问题，薛福成认为，中国由于对于"交涉"问题的不理解，无法把握"最惠国待遇"条款背后"利益均沾"的具体内涵，因而，在实践中对主权破坏极大。文载：

> 虽然，中国立约之初，有视若寻常而贻患于无穷者，大要有二：一则日一国获利，各国均沾也。西人始来不过一二国，中国不知其率率而至者，如是其众也。既因有此约，一国所得，诸国安坐而享之；一国所求，诸国群起而助之。是不啻驱西洋诸国，使之协以谋我也。失计莫甚于此。从前诸国以英国为主谋，英国允而各国无不照行，是尚有统宗之处。今则德国雄长欧洲，每事与英竞胜，且烟台条款，德人

---

① （清）薛福成：《出使英法义比四国日记》，引自钟叔河编：《走向世界丛书Ⅷ》，岳麓书社 2008 年版，第 590 页。
② （清）薛福成：《出使英法义比四国日记》，引自钟叔河编：《走向世界丛书Ⅷ》，岳麓书社 2008 年版，第 290 页。

藉英之力沾利多矣。今复以修约而诛求无已，而英人亦乘间而导之，合力以谋之，此皆"利益均沾"一语阶之厉也。①

对于此问题，薛福成认为，可以听取总税务赫德之建议，"拟定各国通行约本，另设一汉文条约底式，凡有外国订约者，即按通行之约以授之"。② 这样做的好处在于，"利益均沾"条款不必去，但其弊自去，同时，省去分别订约之繁琐，避免各国每次订约勒索不同的利益。就当时德国欲与中国制定条约，英法与中国修约之期将至，薛福成认为可以约定三国同时订约，这样的好处在于：

> 宣告之曰：约文有"一体均沾"之语，若稍有参差，则一事两歧，而开办无期；莫若乘立约之始，而会归于一。英、法、德三国既允，其余诸国可无虑矣。他日届期修约，彼即不能选出以相尝，万一意见不合，不过互相牵制，不行新约而止耳。各国无端之喧聒，其少纾乎？③

薛福成所谋划的方法，其实是想把双边条约变成多边的国际条约，把条约的签订变成条约的接受。

再说另一方面，即涉及"洋人居中国，不归中国官管理"的领事裁判权问题。薛福成通过阅读英美国际法有关材料认识到，属地管辖本是"地球之国通行之法"，但西人却用属人管辖代之，实践中造成诸多司法不公现象。是谓：

> 夫商民居何国何地，即受治于此地之有司，亦地球各国通行之法。独中国初定约时，洋人以中西律法迥殊，始议华人治以华法，归华官管理；洋人治以洋法，归洋官管理。然居此地而不受治于有司，则诸事为之掣肘。且中国之法重，

---

①②③ （清）薛福成：《筹洋刍议·约章（1885年）》，引自马文忠、任青编：《薛福成卷》，中国人民大学出版社2015年版，第165页。

西洋之法轻，有时华人、洋人同犯一罪，而华人受重法，洋人受轻法，已觉不均。今即以人命论，华人犯法，必议抵偿，议抚恤，无有能幸免者；洋人犯法，从无抵偿之事，洋官又必多方庇护，纵之回国，是不特轻法所未施，而直无法以治之矣。此无他，有司无权之故也。①

对于上述问题，薛福成认为，可能的出路在于："既不能强西人而就中法，且莫如用洋法以治洋人"。② 申言之，其具体举措如下：首先，在通商口岸设立理案衙门，由各省大吏遴选干员，并延聘外国律师参与审理；其次，应按照中英《烟台条约》之规定，详细酌核中西律例，为华洋诉讼制定通行之法；最后，如若洋人觉得通行之法不可，可以退一步专用洋人之法。③ 薛氏认为，这样做的好处在于：一方面，可以使洋人难以摆脱法律的制裁；另一方面，也可以防止华人避重就轻，选择适用刑罚较轻的洋人法律。更为重要的是，薛福成此时已经意识到核定中西律例，制定通行之法的重要意义，即可以收回领事裁判权。对此，他以日本举例说道："近闻美国与日本议立新约，许归复其内治之权，外人皆归地方管辖。中国亦宜于此时商之各国，议定新约。"④

此外，他还坚持关税自主，保护商业利权。薛福成反对外国干预中国厘金制度的裁废，并依据国际公法，坚持中国税收主权。文载：

夫厘金果不便于民，俟中国财用充足，徐图裁剪可也，外人而挠我自主之权不可也。中国整饬厘金之弊，严杜中饱，俾商民乐业可也，予洋人以垄断之柄不可也。……万国

---

①②③④ （清）薛福成：《筹洋刍议·约章（1885 年）》，引自马文忠、任青编：《薛福成卷》，中国人民大学出版社 2015 年版，第 166 页。

公法有之日，凡欲广其贸易，增其年税，或致他国难以自立
自主，他国同此原权者，可拒之以自护也。又曰，若于他国
之主权、征税、人民、内治有所妨害，则不行。今各国徇商
人无厌之请，欲有妨于中国，其理之曲直，不待言而明矣。①

不仅如此，薛福成还认识到，虽然海关税收需要与列强共同
制定，但厘金不同于税，故条约不能规制。是谓：

> 凡两国交涉之事，条约所及者，依约而行，条约所不及
> 者，据理而断，中外各国所以敦睦谊于不敝也。……至厘卡
> 收捐，专为筹饷而设，名之曰捐，则非税可知，名之曰卡，
> 则非关可知。二者既不能相混，则条约固无不得抽厘之文，
> 彼西人将何说之辞？②

最后，从实践方面来看，薛福成出洋前就开始利用英美国际
法处理外交事务。例如，在1883～1885年中法战争期间，时任浙
江宁绍台道的薛福成就要求英国按照旧约规定协同清军保护舟山。
1846年4月4日在虎门签订条约，其中有两条涉及保护舟山：

> 一　英君退还舟山后，大清皇帝永不以舟山等岛给与他
> 国；一　舟山等岛若受他国侵代，大英主上应为保护无虞，
> 仍归中国据守，此系两国友睦之谊，无庸中国给与兵费。③

薛福成以此为据，撰写《英宜遵约保护舟山说》，阐明理由
和立场，并译为英文，寄往伦敦刊登上报。后英国驻宁波领事对
法声称："英有保护舟山之约，普陀亦属舟山，如法果往占，英

---

① （清）薛福成：《筹洋刍议·利权一（1885年）》，引自马文忠、任青编：《薛福
成卷》，中国人民大学出版社2015年版，第179～180页。
② （清）薛福成：《筹洋刍议·利权二（1885年）》，引自马文忠、任青编：《薛福
成卷》，中国人民大学出版社2015年版，第180～181页。
③ 海关总署《中外旧约章大全》编纂委员会编：《中外旧约章大全（中国与英
国）》，中国海关出版社2004年版，第198页。

愿助中国驱逐。"① 此一利用国际公法的举动，最终使法国放弃
攻占舟山。此外，在中法战争期间，有些非参战国违反中立法规
定向法军提供军用物资，英国和丹麦在中国的大东、大北两电报
公司违法为法军收发电报。薛福成得到情报后，于 1884 年 9 月 1
日电传总理衙门请其向各国明申国际公法相关规定。后来，总理
衙门通过照会各国，一定程度上制止了非参战国的上述行为。

3. 出洋后利用英美国际法尽争利权的主张与实践

1889 年 5 月薛福成出使西洋后，利用英美国际法为中国尽
争利权有了更多的表现。

首先，促成驻外使臣觐见清帝成为定制。由于受到"夷夏
观"的影响，清廷自鸦片战争以来，宁可割地赔款也不愿让洋人
在驻京，更不愿接见各国驻外使臣。针对这一不合国际外交礼仪
的做法，清廷备受指责。薛福成出洋后，通过观察，认为清廷此
举不妥，奏疏朝廷，徐图改进。他在 1890 年《察看英法两国交
涉事宜疏》中说道：

> 抑臣又闻外洋各国使臣，相互驻扎，皆以得见君主为
> 荣，君主亦必接见以示优异。皇上亲政以来，各使以未觐天
> 颜，疑有薄待之意，不无私议，屡见英法新闻纸中，将来恐
> 不免合力固请，似亦当筹所以应之也。②

为了进一步使朝廷得以劝说，薛福成还以自己出使为例，并
讲明皇帝接见使臣属"交际"事项，不言公事。是谓：

> 凡各国使臣初到一国驻扎之时，其君主无不接见，慰劳
> 数语以示优待，使臣鞠躬而退，并不言及公事，此西国之通

---

① 转引自刘悦斌：《薛福成对近代国际法的接受和运用》，载于《河北师范大学学
报（哲学社会科学版）》1998 年第 2 期。
② （清）薛福成：《察看英法两国交涉事宜疏（1890 年）》，引自马文忠、任青编：
《薛福成卷》，中国人民大学出版社 2015 年版，第 236 页。

例也。臣到英后，除呈递国书外，其君主延请宴会一次，听乐观舞会各二次，礼意颇为周浃。①

至于清帝最为关心的行礼问题，薛福成建议清廷以乾隆帝时马戛尔尼行西礼为先例，建议西洋使臣"愿行中礼，或愿行西礼，各听其便。"②

对于薛福成这一提议，光绪帝悉数采纳，并于 1890 年 12 月 11 日发布上谕准可。光绪十七年（1891 年）正月二十五日，光绪帝于紫光阁接见了各国公使。至此，正是在薛福成的努力下，外国使臣觐见清帝这一涉及"夷夏大防"的敏感问题，才从制度上得以基本解决。

其次，薛福成基于上述出洋前涉及领事裁判权的主张，还提出了处理教案管辖原则的建议。薛福成在光绪十六年（1890 年）五月二十七日出使日记中指出：

> 各州县交涉教案，据理为断，稍有徇庇，立予参办。洋人犯案，应依洋律处理；中国人犯案，应依中国律处理；不得因习天主教，稍分轻重。③

这即是说，涉及中国民众与传教士之间的教案，传教士应按洋律处理，中国民众应使用大清的律例；中国教民与普通民众之间的冲突，都应按照中国律法处理，不能因为信仰基督教而区别对待。应该说这样的处理教案的原则，一是恪守了已签订的相关条约，二是在一定意义上捍卫了中国的司法主权。薛福成这种既不排外，亦不媚外的教案处理方案，可以有效地解决因为教案所

---

① ②　（清）薛福成：《豫筹各国使臣合请觐见片（1890 年）》，引自马文忠、任青编：《薛福成卷》，中国人民大学出版社 2015 年版，第 237 页。
③　（清）薛福成：《出使英法义比四国日记》，引自钟叔河编：《走向世界丛书Ⅷ》，岳麓书社 2008 年版，第 164 页。

引发的外交冲突问题。①

再次，薛福成主张中国应在设立领事馆保护寓居海外的华民。针对中国华民寓居英属各地逐渐增多的新问题，薛福成以总理衙门的名义向英国贵爵部堂（外部——作者注）提议，增开除新加坡以外更多的领事馆。② 对此，英国方面却认为，他们曾于1878年4月16日照会时任大清帝国驻英公使郭嵩焘，反对此建议，并说明了理由。即

> 中国与各国往来，系照特定和约之章，非遵各国通好之道。况中国尚未尽准洋人入内地，洋人商务，亦未各处开办。故不能援引各国之式，准派领事官分驻英地。③

这即是说，英国方面并不认可中国已加入国际公法大家庭，因此，不能援引其他国家在各英属殖民地设立领事馆这一国际公法的相关规定。

对于这一观点，薛福成在光绪十六年（1890年）八月十三的出使日记中给出了反驳理由。是谓：

> 此事于一千八百七十八年或有此等情形，但于近日观之，实无此等情形。中国并未不遵《万国公法》办理，而近十五年之内，更觉按照《万国公法》办事。中国虽尚未将内地各处尽准西人通商，然即中国所做之事论之，亦足令中国有请准设领事官驻扎英地之理。④

与此同时，他还认为，当年（1878年）英外部照会郭嵩焘时，

---

① 关于清末教案的相关问题，详见乔飞：《从清末教案看中西法律文化冲突》，中国政法大学出版社2012年版。

② 需要说明的是，新加坡领事馆是1877年在郭嵩焘的外交努力下设立的。后来驻英公使曾纪泽提出在香港设立领事，并多次与英国外部交涉，但并无进展。参见刘悦斌：《薛福成外交思想研究》，学苑出版社2011年版，第86页。

③④ （清）薛福成：《出使英法义比四国日记》，引自钟叔河编：《走向世界丛书Ⅷ》，岳麓书社2008年版，第215页。

《烟台条约》尚未核准，而今《烟台条约》已经生效，而条约中明确规定中国有派领事馆至英地之权。此外，薛福成还指出，在1860年10月24日条约中，英国曾明言承认中国有派领事官至英国各处之权。① 此条后虽因其他缘故，没有施行，但这足以表明英方已有此意。况且，薛福还坦诚说，中国并非想一时遍派领事官分驻于英国各处地方，而是酌量派设，英方大可不必惊慌。②

薛福成正是在与英国外部交涉的基础上，于光绪十六年（1890年）八月二十五日奏疏总理衙门，陈述了添设海外领事官的好处与意义。文载：

> 本大臣查中英条约，未有设立领事明文，是以前任大臣于新嘉坡初设领事，及续派领事时，与英外部文牍往来辩论，殊费周折。诚如贵衙门文开须先与该国商定，方能筹议。惟本大臣查英属各岛，华民流寓者极多，而香港一岛，附近粤东，尤为中外往来咽喉。凡华洋各商货物，均先至香港，然后转运各省。而交涉事务，一曰逃犯，一曰走私，一曰海界，繁难丛杂。每出巨案，粤省遇事，辄派员至港，而声气不通，往往缓不及事。所以该处添设领事，实为刻不容缓之图……本大臣又查泰西各国所设领事一官，遍于地球，所以保护人民，疏通商务。盖枝叶盛则根本固，声息捷则国势张，关系綦重。即英国在中国领事，既有二十余员之多。而南洋各岛，华民流寓者有数百万，其为中外门户，固不待

---

① 需要说明的是，此处薛福成所指的"1864年10月24日条约"应是1869年10月中英《新定条约》（又称"阿礼国协约"或"北京协约"）。其第二款规定："中国允，凡通商各口，英国均可派领事官驻扎。英国允，凡英国及英国属地各口，中国均可派官驻扎。彼此均照待各国官员最优之礼相待。"参见王铁崖：《中外旧约章汇编》，第一册，生活·读书·新知三联书店1957年版，第308页。

② （清）薛福成：《出使英法义比四国日记》，引自钟叔河编：《走向世界丛书Ⅷ》，岳麓书社2008年版，第216页。

言。中国从前为甚措意。而近年中外往来交涉日繁，风气大开。若谓遍设领事，即已握长驾远驭之规；或称就地可筹巨费，或冀收彼华民，为我所用。此皆阅历未深之语，其事亦断办不到。然尝盱衡全局，实有不能不择要筹措者。即就英属各岛而论，如能添设领事数员，每岁不过多费数万金，已隐收无形之益，其效当有十倍于所费者。且商民人等，环诉迭求，若置之不顾，颇足以长华民觖望之心，招外人轻侮之议。①

显然，这里薛福成已经意识到海外设立领事馆不仅是争取国际公法主权的表现，而且还具有促进商务、增加财富、凝聚华侨爱国之心以及杜绝外人轻侮中国等多方面作用。

最后，在出洋后的具体国际公法实践方面，薛福成最大的贡献当属与英国于1894年3月1日签订《续议滇缅界、商务条款》。中英滇缅边界问题起因于英军侵占缅甸后，光绪十二年（1886年）六月中英《缅甸条款》第三款所引发的勘界问题。该条款规定："一、中、缅边界应由中、英两国派员会同勘定，其边界通商事宜亦应另立专章，彼此保护振兴。"② 针对这一遗留问题，1890年初至英国后，薛福成就查阅了曾纪泽与英国外部交涉的节略，主动了解了滇缅边界的相关情况和资料，并积极主动就滇西展地划界提出了四条意见，并最终签订条约。③ 对于薛福成这一具体实践国际公法的过程，有论者这样评论道：

在这种情形下，薛福成通过努力使英国承认了中国对车

① （清）薛福成：《咨总理衙门与英外部商办添设领事（1890年）》，引自马文忠、任青编：《薛福成卷》，中国人民大学出版社2015年版，第252~253页。
② 王铁崖：《中外旧约章汇编》，第一册，生活·读书·新知三联书店1957年版，第485页。
③ 具体过程细节，详见刘晓莉：《晚清早期驻英公使研究（1894年前）》，河南人民出版社2008年版，第151~172页。

里、孟连土司的领土主权，自然是一种对中国领土主权的确
认，也非易举。①

值得注意的是，薛福成还利用这次勘界交涉，获准在英属地
缅甸仰光设立领事的权利，并获得最惠国待遇。该条款第十三条
规定：

> 一　中国大皇帝可派领事官一员驻扎缅甸仰光。英国大
> 君主可派领事官一员驻扎蛮允。中国领事官在缅甸，英国领
> 事官在中国彼此各享权利，应与相待最优之国领事官所享权
> 利相同。②

这样的结果无疑与前述薛福成不断与英交涉添设海外领
事的努力是分不开的。③

（二）　陈兰彬使美期间对于英美国际法知识的运用

与前述薛福成主要通过政论文章理解英美国际法不同的是，
陈兰彬（1816～1895 年）作为清代五朝元老，在 19 世纪 70 年
代，则通过自己的外交实践具体践行了英美国际法。陈兰彬具体
运用英美国际法的事例主要体现在 1875 年他充任第一任驻美公
使后，在中美侨务问题上维护了华工的利益，捍卫了中国的国家
主权。

1. 任驻美公使抗议"十五名旅客"议案

由于早年入幕曾国藩，曾任上海江南制造局总办以及 1872
年奉命率领幼童走向美国的缘故，陈兰彬对外部世界，尤其是美

---

① 刘晓莉：《晚清早期驻英公使研究（1894 年前）》，河南人民出版社 2008 年版，
第 182 页。
② 王铁崖：《中外旧约章汇编》（第一册），生活·读书·新知三联书店 1957 年版，
第 579 页。
③ 英国彻底允许中国在其所属领地设立领事是 1904 年中英《保工章程》所确认的。
参见胡门祥：《晚清中英条约关系研究》，湖南人民出版社 2010 年版，第 114 页。

国较为熟悉。再之，陈兰彬出使美国前有长期刑部工作的经历，且在 1870 年又有处理"天津教案"的历练，因而，这对其日后关注、运用英美国际法打下伏笔。①

需要特别指出的是，陈兰彬在担任"幼童出洋肄业局"监督期间，清廷于 1871 年、1873 年、1874 年和 1875 年分四批，每批 30 人，共 120 名幼童赴美学习。这其中，第一期有梁敦彦、蔡绍基、黄开甲、张仁康、何廷樑、钟文耀、刘家照和谭耀勋等 8 人学习法律；第二期有唐国安、李恩富、陈佩瑚等 3 人学习法律；第三期有朱宝奎 1 人学习法律。② 尽管后来出于种种原因，这些留学生被提前撤回，但这些人中仍有一些为近代中国的外交事业做出了贡献，如梁敦彦于 1908 年任清廷外务部尚书，后任欧美公使。

1875 年随着美国排华形势的严峻，李鸿章奏请清廷派遣外交使臣驻美、日、秘三国出使保护海外华人、华工。于是，该年 12 月 11 日清廷正式任命："以三品京堂陈兰彬，同知容闳（1828～1912 年），为出使美国日国秘国钦差大臣。"③ 1878 年 9 月 28 日陈兰彬使团谒见美国总统海斯（Rutherford Birchard Hayes，1822～1893 年）并呈递国书。中国的国书全文如下：

> 大清国大皇帝问大亚美利驾合众国大伯理玺天德好，贵国与中国换约以来，睦谊攸关，凤敦和好。兹特简赏带花翎二品顶戴太常寺卿陈兰彬，出使为驻扎贵国都城钦差大臣，

---

① 关于陈兰彬赴美前的经历和思想详见梁碧莹：《陈兰彬与晚清外交》，广东人民出版社 2011 年版，第 58～171 页；赖其深：《晚清关于美国与古巴的早期记录》，引自钟叔河、曾德明、杨云辉主编：《走向世界丛书》，岳麓书社 2016 年版，第 17～42 页。
② 参见徐润：《徐愚斋自叙年谱》，香山徐氏铅印本民国十六年，第 15～24 页。转引自梁碧莹：《陈兰彬与晚清外交》，广东人民出版社 2011 年版，第 151～160 页。
③ （清）朱寿朋编：《光绪朝东华录》（第 1 册），中华书局 1984 年版，第 162 页。

以二品顶戴道员容闳副之，并准其随时往来，朕稔陈兰彬等忠诚笃实，沉毅有为，办理交涉事件，必能息臻妥协。朕恭膺天命，寅绍丕基，中外一家，罔有歧视。嗣后愿与贵国益敦友睦，长享升平，朕有厚望焉。①

从该国书看，清廷这时的措辞用语已经大体属于"条约体系"的表达，很大程度上表现出对英美国际法原则的认可。很快，驻美使馆在华盛顿建成，清廷设定了使馆的规制以及公使的职责。比照这些规则和职责，它们与前面梳理的京师同文馆和江南制造局翻译的英美国际法基本一致，是这些英美法在中国的具体运用。

与前述郭嵩焘一致，作为驻外公使，陈兰彬必须全面了解美国，及时向朝廷汇报。《使美记略》就是陈兰彬向国人介绍南北战后美国的文献。在该文献中，陈兰彬非常详细地介绍了美国"三十七邦、十属、二部落"②，并在日记的最后较为全面地介绍了美国的政制。文载：

> 查美国各邦，凡商民汇集至盛之所，设立总督或巡抚，称会城皆有上、下议院，即市镇稍大，有哶亚［市长，Mayor］（官名秩如知府）衙署者，亦各有会堂，故一切政治律例不能画一，只征收关税、水陆兵柄，及外交立约等大事，归京朝主政。其设官，则一曰外部，专管各国交涉，及遣接使臣等事；一曰内部，专管国内舆图、户口、粮赋、学校及发给准照（凡创设一器艺，必给予准照，不许他人遽行仿

---

① *Notes from the Chinese Legation in the United States to the Department of State*, 1868 – 1906. The National Archives, Washington, 1947. Reel 1. （缩微资料，香港大学图书馆馆藏，第49~50号）。转引自梁碧莹：《陈兰彬与晚清外交》，广东人民出版社2011年版，第307页。

② （清）陈兰彬：《使美记略》，引自钟叔河、曾德明、杨云辉主编：《走向世界丛书》，岳麓书社2016年版，第41~52页。

造）等事；一曰兵部，专管陆师诸务；一曰水师部，专管水
师诸务；一曰库部，专管款项出入，及铸造金银、行用钞票
等事，有石银库一座，造费千余万，宽十数亩，门似蜂房水
涡，常存银二百余兆万；一曰刑部，有正、副按察等官，专
管一切词讼，其衙署即附在议院；一曰农部，专管制造农
具、分别籽种等事；另有律政衙门，增删条例归其议奏；有
驿务衙门，电报文札归其稽核。各设大臣一员，副大臣及司
员，则视部务繁简，多寡不一，而事权统归议院。上议院每
邦二人，共计七十六人；下议院每邦多少，视其大小，现计
二百九十四员，皆由各邦民间公举，赴京办事。凡有举措，
须询谋金同，间有异议，则用其签名之多者，伯理玺天德特
总其成而已。①

前面提到，陈兰彬赴美的重要目的之一就是为了应对美国排
华的严峻形势，因此，陈兰彬在《使美记略》中概述了美国排
华的缘起、现状和问题。他指出：

公正殷实绅商，并喜用华人，惟埃利士［爱尔兰人］
工人会党肆意欺凌，其人由英之阿尔兰［爱尔兰］岛源源
而来，入美国籍，且得与于举官之列。从前诸务草创，市
肆、街衢、器局、船厂，凡百需人，又周回数万里，兴造火
车铁路，各食其力，群可相安。自矿金渐竭，轮路告成，羁
寄日多，工值日减，遂蓄志把持，妒工肆虐，而各国人皆有
领事保护，兵船游巡，不敢逞志，故专向华人。始犹殴辱寻
仇，近且扰及寓庐，潜行焚掠。始犹华佣被虐，近且逼勒雇
主不准容留；而又设誓联盟，敛赀谣煽，欲使通国附和，尽

---

① （清）陈兰彬：《使美记略》，引自钟叔河、曾德明、杨云辉主编：《走向世界丛
书》，岳麓书社2016年版，第59~60页。

逐华人而后已。其党魁复声气广通，诡谋百出。现在该处未结之案约数百起，监押者数百人，而所设新法，如住房之立方、天气［空气］，寄葬之不得迁运，告状之不许华人作证，及割辫、罚保等例，均于华人不便。①

通过这段记述可以清晰地看出，陈兰彬了解到美国的排华之风经历了一个由地方立法到国会立法的转变，并且爱尔兰人工人会党是其中重要的排华势力，而美国排华之风之所以盛行主要源于在美华人缺乏领事保护。

如果回溯这段历史，可以清晰地印证陈兰彬分析的客观性和正确性。随着西部"淘金热"的消退以及1869年美国跨洲铁路的修成，美国不再需要廉价的中国劳工，一股反华之风在美国，尤其是加利福尼亚州（以下简称"加州"）兴起。如1870年加州修改宪法，禁止加州在公共项目中雇佣华人。1870年旧金山《立体空间法》规定，华人不准多人一起租房子。1870年旧金山道路管理规定，华工不准扛物走人行道。1873年旧金山剪发规定，华工不准留长发。1879年加州还通过了禁止白人与华人结婚的法律。此外，19世纪六七十年代，加州还通过一系列法令对华人加收更多的赋税。② 随着美国排华浪潮的高涨，1879年，来自西部和南部各州的民主党议员提出了旨在"限制华人向合众国移民"的议案，亦即"十五名旅客"议案（*Fifteen Passenger Bill*）。该议案在众议院以155票赞同、72票反对和61票弃权获得通过，进而递交参议院审议。参议院经过激烈辩论最后以39票赞成、27票反对、9票弃权的微弱优势获得通过。参议院遂即将议

---

① （清）陈兰彬：《使美记略》，引自钟叔河、曾德明、杨云辉主编：《走向世界丛书》，岳麓书社2016年版，第11~12页。
② ［美］邱彰：《龙与鹰的搏斗——美国华人法律史》，中国政法大学出版社2015年版，第31~44页。

案连同一项旨在责成总统采取行动，废除与清廷之前缔结《蒲安臣条约》（*Burlingame Seward Treaty*）第五款和第六款的独立附加规定，呈递给美国总统海斯。海斯总统最后以议案违反《蒲安臣条约》"自由移民政策"为由否决了法案。①

面对美国华人的窘境，陈兰彬积极运用英美国际法保护在美华工的利益。一方面，他在反华之风最严重的的加州首府旧金山设立领事馆，拿起法律武器，通过外交手段抗议美国政府纵容排华。另一方面，在美参议院辩论上述"十五名旅客"议案之时，陈兰彬和副手容闳一起会见了美国国务卿，严正指出议案严重违背中美 1868 年《蒲安臣条约》所确立的"自由移民条款"。陈兰彬的抗议得到了前美国驻华使馆头等参赞，时任美国耶鲁大学卫三畏（Samuel Wells Williams，1812～1884 年)② 的积极响应。他亲自起草了一份要求海斯总统否决"十五名旅客"议案的请愿书，③ 并得到了耶鲁大学全体教职员工的签名支持。应该说，陈兰彬等人利用国际法的努力在一定程度上为海斯总统否定该议案做出了贡献。

2. 利用国际法知识进行公法外交

在美国排华浪潮的影响下，中国侨民在诸多方面受到不公正待遇，陈兰彬及其副手容闳利用国际法在轮船征税、华人被辱等问题上，展开公法外交，与美国政府进行外交交涉，维护了美国华人的权益。

---

① 参见［美］许佩娟：《1876～1882 年美国制订排华法案过程中立法与行政的冲突》，引自汪熙主编：《中美关系史论丛》，复旦大学出版社 1985 年版，第 268 页。
② 卫三畏，美国人。他不仅是近代中美关系史上的重要人物，也是美国早期汉学研究的先驱，被称为美国"汉学之父"，代表作有《中国总论》（*The Middle Kingdom*）和《汉英韵府》（*A Syllabic Dictionary of the Chinese Language*）。
③ 该请愿书内容详见［美］卫斐列著，顾钧、江莉译：《卫三畏生平及书信——一位美国来华传教士的心路历程》，广西师范大学出版社 2004 年版，第 293 页。

1880 年 8 月 13 日和 23 日，美国政府正式通知中国使馆，从中国开往旧金山的轮船一律应征税课船钞。对此，驻美公使陈兰彬、容闳一方面通知将抵旧金山口岸的中国船只，按要求纳税；另一面照会美国外交部，应采用国家公法上的"最惠国待遇原则""一律对待"中国船只。亦即：第一，中国通商各口岸征收美船钞悉与中外各船只无异；第二，中国征收美商入口税亦与相待最优之国商民及华民一律办理；第三，中国各口并无额外多征外国货税之例。美船所载货物，无论系美国制造抑系别国制造货物，出自何国由外洋某处而来，在所不问。①

更为重要的是，此时美国安吉立（James B. Angell）使团正在中国与总理衙门商议删改《中美续增条约》（即《蒲安臣条约》），在此谈判之际，陈兰彬及时地将中美贸易现状向国内进行了汇报，希望总理衙门在谈判中能涉及中美贸易问题，并得到平等待遇。1880 年 10 月 25 日，总理衙门根据陈兰彬的汇报意见就中美商务问题答复了美方，指出美国船只在中国通商各口，完纳税钞，与中国商民及各国商民，均系一律办理，并无稍有歧异。② 同年，11 月 6 日，总理衙门致函美国驻华参赞何天爵，提及条约中并没有载明中国船只到美国各口，应如何征纳税钞之处，希望补入"嗣后中国船只无论载中国货物及别国货物进美国口岸，其税钞均照先常则征收，与各国一律，不得额外加征"③。

① *Notes from the Chinese Legation in the United States to the Department of State*, 1868 – 1906. The National Archives, Washington, 1947. Reel 1.（缩微资料，香港大学图书馆馆藏，第 319～323 号）。转引自梁碧莹：《陈兰彬与晚清外交》，广东人民出版社 2011 年版，第 387 页。
② 黄嘉谟主编：《中美关系史料》（光绪朝一），"台湾中央研究院近代史研究所" 1988 年版，第 703 页。转引自梁碧莹：《陈兰彬与晚清外交》，广东人民出版社 2011 年版，第 388 页。
③ 黄嘉谟主编：《中美关系史料》（光绪朝一），"台湾中央研究院近代史研究所" 1988 年版，第 714 页。转引自梁碧莹：《陈兰彬与晚清外交》，广东人民出版社 2011 年版，第 388 页。

11 月 7 日安吉立使团回复总理衙门道：增广两国的贸易之地；中国船只无论载中国货物及别国货物，其进口出口，及由此口进彼口之税钞，与各国一律，并不额外加征；如遇中国人与美国人因事相争，两国官员应行审定。① 于是，我们看到正是在陈兰彬等人的建议下，清廷得以在中美通商征税问题上实现了国家利益。1880 年 11 月 17 日中美两国签订《中美续约附立条款》（亦称"安吉尔条约"），其中第三款明确肯定了这一点：

> 第三款，中国允美国船只在中国通商各口，无论该船载美国货物与别国货物，其进口出口，及由此口进彼口之税，与其所纳之钞，均照中国船只，及各国船只，一律征纳，并不额外加征，亦不另征他项税钞。美国允中国船只，或由中国通商各口，及他国各口，进美国各海口，或出美国各口，前往他国各口，及回中国通商各口，无论载中国货物与别国货物，均照美国船只，及各别国于美国船只，不额外加税钞之国，一律征纳进口之税，与其应纳之钞，并不额外加征，亦不另征他项税钞。②

在华人被辱问题上，1880 年 10 月 31 日美国科罗拉多州丹佛市发生排华骚乱，陈兰彬作为驻美公使就"丹佛事件"正式与美进行外交交涉。

在"丹佛事件"中，华人李星（Sing Lee）被杀，华人洗衣店铺、住所遭洗劫，受伤者数十人。事发后，陈兰彬一方面派旧金山领事傅列秘到现场调查，另一方面照会美国政府，敦促美国

---

① 黄嘉谟主编：《中美关系史料》（光绪朝一），"台湾中央研究院近代史研究所"1988 年版，第 715 页。转引自梁碧莹：《陈兰彬与晚清外交》，广东人民出版社 2011 年版，第 388 页。
② 黄嘉谟主编：《中美关系史料》（光绪朝一），"台湾中央研究院近代史研究所"1988 年版，第 724～725 页。转引自梁碧莹：《陈兰彬与晚清外交》，广东人民出版社 2011 年版，第 389 页。

政府出面处理该案。同年，11 月 5 日，陈兰彬拜会美国国务卿埃瓦茨，提出强烈抗议，要求赔偿受害者损失。11 月 10 日，陈兰彬向美国国务卿埃瓦茨发出第一份照会。照会根据英美国家法以及中美条约规定，要求美方保护在美华人，承办凶手。照会严正指出，时间"被害情节甚重，受伤数人，毙命一人，毁坏屋宇物件约值银二三万元。地方官当时置华人于狱中以暂避一时凶焰。"① 对此，陈兰彬向美方提出：第一，妥速设法善为保护该处华人；第二，地方官严拿不法匪徒，按法惩治；第三，赔偿所失财物。最后，陈兰彬指出："该处侨寓华人遵通商和约来贵国贸易、工艺，一旦惨遭扰害，致资财散失，难以安生。"望美国当局"秉公核办，以儆效尤而安商旅"。②

　　同年，12 月 30 日，美国国务卿埃瓦茨复函陈兰彬，他承认暴乱是不法暴徒的行为。美国总统闻讯后深感愤慨和遗憾。在此事件中，中国人在美国得到了与美国公民一样的保护，在逮捕和惩处暴徒方面，美国政府不能直接干预联邦一个州的地方法律的实施和执行。因此，埃瓦茨认为，逮捕和惩处罪犯只属于科罗拉多州政府和有关地方当局，且到目前为止，该地方当局在处理该问题上是妥当的，美国政府没有理由赔偿华人的损失。对此复函，陈兰彬表示不满，与 1881 年 1 月 21 日又向美国国务卿送去一份措辞强硬的急件，并附上傅列秘现场调查证明美国地方当局失职的调查报告。在该急件写道：

---

① *Notes from the Chinese Legation in the United States to the Department of State*, 1868 – 1906. The National Archives, Washington, 1947. Reel 1. （缩微资料，香港大学图书馆馆藏，第 329 号）。转引自梁碧莹：《陈兰彬与晚清外交》，广东人民出版社 2011 年版，第 393 页。

② *Notes from the Chinese Legation in the United States to the Department of State*, 1868 – 1906. The National Archives, Washington, 1947. Reel 1. （缩微资料，香港大学图书馆馆藏，第 328 号）。转引自梁碧莹：《陈兰彬与晚清外交》，广东人民出版社 2011 年版，第 393 页。

惟拿犯惩治一层，该恶党杀害人之生命侵夺人之财产，贵大臣亦言不法之徒行同畜类，是固举国所共恶者，自应严办以儆凶顽，乃又有限于律纲不能干预各邦内治等语。

本大臣亦知律纲与和约，贵国均视为必应遵守之上法。查中美和约与合众国订立非与哥罗拉度一邦订立，今无辜被害，系遵约来美之华人，是此案当属中美交涉事件，非一邦内治可比，故不得不商请贵大臣饬查办理。来文未言及哥罗拉度缉获几犯如何惩治，以伸合众国照约保护之权，流寓远人何所托庇乎！又筹偿毁失财物一层，来文称意外之事，无国无之，地方官竭力尽法弹压，应无赔偿之理等语，然则应否赔偿总以地方官之尽力不尽力为断。

据查此次起事实因匪徒憎恶华人，专向华人欺凌扰害，并非外寇骤来扰害，合埠地方官已逆知其专向爱护人，乃于滋闹之始，并未发遣兵勇当场拿匪，力为禁遏，只令水龙工役射水及盛闹之时，又止押令华人入狱躲避三日之久；并未遣拨人役防护华人物业生理，以致匪党任意抢夺。当日情形众所共见，据陪审各官判断，此案亦云讯悉各证人供词偏于闹事之时，差役径行上前捉拿匪首，定能弹压，何致如此酿成巨案。只因本城差役查办无法，加以地方官治理不善，未能尽职所致。更有府官睹此意外之虞，仍不思援救，华人性命与及物业遂致匪党如此猖獗杀戮人命，实有玷辱本城等语，是地方官之不尽力弹压确有明证。

本大臣查中美条约第一款即云：两国及其人民各皆照前和好，毋得或异，更不得相互欺凌，今华人遵约而来，安分营生，并未肇祸，只因凶党憎恶，遂致其身家性命不获保全，地方官临时既不能迅为挽救，事后又不为竭力追赃偿失，似亦未见按约保护，实际为此抄贴傅领事票件再行照会，敬烦贵大臣秉公察核，将如何于情理无憾，办理完结之处，再为示复，俾得据报政府，实为盼切。①

此件复函不仅阐明了陈兰彬代表清廷的外交立场，而且透露出陈兰彬对于英美国际法的谙熟和自觉运用。一方面，陈兰彬是明晰美国法律的"双轨制"特征的，即联邦中央法律体系和各州法律体系，但他认为美国国内法的"双轨制"不能成为阻却中美外交和约的理由，这是国际法的基本常识。另一方面，他以"协议必须维护"这一国际法准则，提醒美方中美和约曾明文规定美国有保护在美华人的法律义务，并通过大量事实证据向美表明，此事件并非一般意义上的地方治安事件，而是"专向华人"有目的的外交事件。

尽管陈兰彬于1881年2月25日第三次照会美国，但是美国新国务卿，以反华立场著称的布莱恩（James Gillespie Blaine）还是拒绝了中方的主张和立场。"丹佛事件"的外交失败，后来促使陈兰彬坚定在华人居住密集的地方建立领事馆的决心。

总之，陈兰彬在担任驻美公使期间尽职尽责，"援公法。据商约，侃侃力争"，通过积极运用英美国家法捍卫了国家主权和华人权益。无奈那时中国国势低微，陈兰彬占了理，却输了交涉，再一次印证了"弱国无外交"的公理。

需要注意的是，针对上述美国排华事件，光绪十五年（1889年）曾就读于上海格致书院的蒋同寅还撰文《论美国禁止华工是否违背国际公法》，对其尽行评述。从该评述内容可知，洋务

---

① *Notes from the Chinese Legation in the United States to the Department of State*, 1868 – 1906. The National Archives, Washington, 1947. Reel 1. （缩微资料，香港大学图书馆馆藏，第343～347号）。转引自梁碧莹：《陈兰彬与晚清外交》，广东人民出版社2011年版，第395～396页。

运动时期随着英美国际法在中国的输入，部分中国人对该知识已有所理解，并已经开始尽行运用。文载：

> 窃谓交邻有道，信义为先。方今泰西各国，彼此以权力相尚，几置信义于不顾。所幸彼此往还，犹有条约足以相守，犹有公法足以相维。论者每以为持此足以相安于无事，孰知有显背约条，不顾公法，毅然而独行其权者。噫！是可异矣。按泰西各国交际之约条不可得见，即以中国与各国之条约而论，首冠通商二字。夫所谓通商者，乃彼此往来，有无相通之义也。试微之英国续约之第五款、法国第一款及续约之第九款、俄国续约第七款、美国续约第六款、日本第十款、丹义奥等国第一款、日本第七款，均声明两国人民可以任意来去、居住、贸易，且为之保护其身家财产，从无禁止之明文。我国家柔远为怀，凡与各国交际，莫不恪守条约，所有商民教士人等，住居华土者，莫不尽力保护，何今美国犹有禁止华工之举耶？在彼以谓所禁在工，并非民人可比。然即以工而论，曾于同治五年间，与英法两国使臣商订招工章程计二十二款，条分缕晰，毫无丝毫含混。至日斯巴尼亚国，则于光绪三年，订立古巴华工条款共十六款，大致与英法二国相仿。惟美国于光绪六年间，因华工日往日多，难于整理，特遣使臣续增条约四款。其第一款，大致谓华工前往美国，或在各处居住，实于美国之益有所妨碍，或与美国内及美国一处地方之平安有所妨碍，中国特准其可以或为整理，或定人数年数之限，并非禁止前往。至人数年数，总续酌中定限，系专指华人续往美国承工者而言，其余各项人等均不在限止之列等语。是可以限止者，仅续往之华工，其已在美国者不在此例，无论别项民人矣。其第四款略谓：美国如按

照所定各款，妥立章程，照知中国，如与中国商民有损，可由两国妥为定议，总期彼此有益无损等语。条约皇皇，何等明晰，乃未几而有焚杀华民之案起，未几而禁止华工之议与。始则仅发于嫉妒华工之土人，继则议院亦翕然和之，终且总统亦不谋诸中朝而遽然画押矣。呜呼！美其不国矣。按美为合众，系民主之国，总统六年一任，须由议院公举，故总统虽明知华工无损于美国，第为保全禄位起见，不得不俯顺民情而显违公法。虽中国有特许其限止之权，并公法亦有本国自立自主之权，以管辖在己之疆内，然必有不得已而有妨碍于其国者而可。试思华工果有妨碍于美国乎？即使果有妨碍，亦当遵照续增条约之第一款，照知中期，俟妥议画押始能颁行。今竟不俟中朝议定而遽然行之，是彼已将条约废弃。彼既废弃条约，则我亦不妨按照公法所云，视他国待我民之住彼者，以待其民之住此者，且当偏告列邦，以明彼之甘为戎首。想公道自在人心，当有出而为鲁仲连者。①

二、薛福成对英美法的理解

前已述及，薛福成积极主张加入公法体系，进入国际公法大家庭的态度是不同于同时代其他人的。这一方面源于他对于英美国际公法深入的了解，另一方面也体现了他对于涉外事务所秉持的积极务实的态度。尽管薛福成始终认为英美国际法在处理国与

---

① （清）蒋同寅：《论美国禁止华工是否违背国际公法》，引自"台湾中央研究院近代史研究所"编：《近代中国对西方列强认识资料汇编》，第三辑第二分册，1986 年版，第 757~758 页。

国之间关系中有独立性的作用，但是，他也认为培养中国具备足以享受万国公法的实力同样重要。两者应双管齐下，缺一不可。而达至这一目标的方案，就是"变法"。对此，他在 1890 年《察看英法两国交涉事宜疏》中明确提出了"大抵外交之道，与内治息息相通"的观点。① 于是，我们看到，薛福成对于英美法的认识就从万国公法走向了英美"公法"。

(一)"变法"：薛福成出洋前的法政思想

有论者认为应当根据作品将薛福成的法政思想分为三段：以《上曾侯相书》和《应诏陈言疏》为代表的前期；以《筹洋刍议》为代表的中期；以《出使日记》为代表的后期。② 笔者认为，从法政思想变化来看，薛福成出使西洋前后呈现出明显不同。其前期思想大体仍在经世致用的思想的指导下，对传统制度进行补苴，而出使后的思想则对传统有了些许冲击，并出现了"调和中外历史的努力"。③

早期薛福成因长期担任曾国藩和李鸿章的幕僚，因而大体上属于洋务派的成员。由于受到龚自珍（1792 ~ 1841 年）、林则徐（1785 ~ 1850 年）以及魏源（1794 ~ 1857 年）所倡导的"经世之学"，因而其更关注"夷务"和"海防"。对此，他在 1865 年写给曾国藩（1811 ~ 1872 年）的万言书中说道：

> 福成于学人中，志意最劣下，往在十二三岁时，强寇窃发岭外，慨然欲为经世实学，以备国家一日之用，乃屏弃一

① （清）薛福成：《察看英法两国交涉事宜疏（1890 年）》，引自马文忠、任青编：《薛福成卷》，中国人民大学出版社 2015 年版，第 236 页。
② 何云鹏：《薛福成法律思想述略》，载于《北华大学学报（社会科学版）》2005 年第 5 期。
③ ［美］费正清、邓嗣禹，陈少卿译：《冲击与回应：从历史文献看近代中国（1839 ~ 1923）》，民主与建设出版社 2019 年版，第 187 页。

切而专力于是。始考之二千年成败兴坏之局，用兵战阵变化曲折之机，旁及天文、阴阳、奇门、卜筮之崖略，九州厄塞山川险要之统纪，靡不切究。①

正是基于对"夷务"与"海防"的关注，他在这份使其进身曾府幕僚的上书中分别从"养人才""广屯田""兴屯政""治寇捻""澄吏治""厚民生""筹海防""挽时变"这八个方面陈述了"变法"主张。② 但是，纵观这些内容大体上仍未超过之前魏源所提出的"师夷长技以制夷"的水平。其治标和治本之方法仍未超出传统治世之窠臼。例如，他虽对科举制大加批判，但其开除的"药方"仍旧是"征辟与科举并用"，③ 并未想从根本上革除科举制度。

这里特别需要关注的是，尽管此时的薛福成改革时弊的方式仍是传统的，但他开始使用"体"和"用"这两个概念。文载：

> 窃尝默审乎天时人事之交，其道历久不弊者，要在知和之不可常恃，一日勿驰其防而已。防之之策，有体有用。言其体，则必修政刑、厚风俗、植贤才、变旧法、祛积弊、养民练兵、通商惠工，俾中兴之治业，蒸蒸日上，彼自俯首帖耳，罔敢恃叫呶之故态以螫我中国。言其用，则筹之不可不豫也。筹之豫而确有成效可睹者，莫如夺其所长，而乘其所短。西人之所恃，其长有二：一则火器猛利也，一则轮船飞驶也。我之将士，闻是二者，辄有谈虎色变之惧。数十年来，瞠目束手，甘受强敌之侵陵而不能御。不知西人贪利，

---

① （清）薛福成：《上曾侯相书（1865 年）》，引自马文忠、任青编：《薛福成卷》，中国人民大学出版社 2015 年版，第 10 页。
② 详见（清）薛福成：《上曾侯相书（1865 年）》，引自马文忠、任青编：《薛福成卷》，中国人民大学出版社 2015 年版，第 10~22 页。
③ （清）薛福成：《上曾侯相书（1865 年）》，引自马文忠、任青编：《薛福成卷》，中国人民大学出版社 2015 年版，第 11 页。

彼之利器，可购而得也。西人好自炫所长，彼之技艺，可学而能也。①

显然，薛福成这里的"体"主要指传统中国完善内政等方面，而"用"则是指学习西方具体的"坚船利炮"。应该说，薛福成关于"体""用"的界定，实际上构成了甲午战争后"中体西用"说的早期表达。②

实际上，早期薛福成这种"体""用"二分的认识是契合整个洋务派的主导思想的，即中国长于"礼仪"，而短于"船炮"。因此，"变法"的方向就是学习西方的"炮械之精"和"轮舰之捷"。为了学习这些"自强之术"，1872 年清廷派遣陈兰彬、容闳率学生赴美。薛福成为时任刑部主事撰写《赠陈主事序》一文，表达了上述观点。是谓：

> 方今海外诸国，力与中国竞者，曰英，曰法，曰美，曰俄，曰德；其他往来海上，无虑数十国。中国之情状，彼尽知之矣。而其炮械之精，轮舰之捷，又大非中国所能敌。中国所长，则在秉礼守义，三纲五常，犁然周致。盖诸国之不逮亦远焉。为今之计，莫若勤修政教，而辅之以自强之术。其要在夺彼所长，益吾之短，并审彼所短，用吾之长。中国之变，庶几稍有瘳乎。③

1872 年曾国藩去世后，薛福成只能以直隶州知州衔暂时回苏州书局进行编辑工作。1875 年时逢光绪登基，朝廷广开言路，薛福成撰写《应诏陈言疏》，由山东巡抚丁宝桢代奏。该奏疏尽

---

① （清）薛福成：《上曾侯相书（1865 年）》，引自马文忠、任青编：《薛福成卷》，中国人民大学出版社 2015 年版，第 19 页。
② 参见戚其章：《从"中本西末"到"中体西用"》，载于《中国社会科学》1995 年第 1 期。
③ （清）薛福成：《赠陈主事序（1872 年）》，引自马文忠、任青编：《薛福成卷》，中国人民大学出版社 2015 年版，第 36 页。

管让薛福成一时间名满京城，[①] 但纵观其中的"治平六策"和"海防密议十条"，[②] 其内容"并没有突破当时洋务诸人'坚船利炮'之说的水平"。[③] 其基本逻辑是，依靠"治平六策"这一传统中国的方式提升内政，再借助"海防密议十条"这种洋务活动实现自强，通过兼采中西，实现"体"与"用"完美结合。

出洋前薛福成变法思想最为集中的体现，则是在其 1879 年撰写的《筹洋刍议》当中。1875 年，薛福成因《应诏陈言疏》入幕北洋，开始了长达 7 年的李幕生涯。在协助李鸿章办理洋务期间，薛福成更为明确地将"变法"思想提了出来。

在《筹洋刍议》"变法"篇，薛福成首先指出了近代社会之变革与以往变革存在本质区别，即天下已由封闭社会转变为中外交通之社会。文载：

> 降及今日，泰西诸国，以其器数之学，勃兴海外，履垓埏若户庭，御风霆如指臂，环大地九万里，罔不通使互市。虽以尧、舜当之，终不能闭关独治。而今之去秦、汉也，亦二千年，于是华夷隔绝之天下，一变为中外联属之天下。[④]

接着，薛福成指出，变法是不得已而为之的事情，是根据时势而做出的选择。

但是，对于变法的方向与内容，薛福成认为："今天下之变

---

① 如曾国藩次子曾纪鸿就评论道："海防密议十条，笔达而圆，意新而确。此议未出之前，系是人人意中所无；此议既出之后，乃觉人人意中所有。"参见（清）薛福成：《应诏陈言疏（1875 年）》，引自马文忠、任青编：《薛福成卷》，中国人民大学出版社 2015 年版，第 60~61 页。
② 详见（清）薛福成：《应诏陈言疏（1875 年）》，引自马文忠、任青编：《薛福成卷》，中国人民大学出版社 2015 年版，第 48~59 页。
③ 钟叔河：《从洋务到变法的薛福成》，引自于钟叔河编：《走向世界丛书Ⅷ》，岳麓书社 2008 年版，第 15 页。
④ （清）薛福成：《筹洋刍议·变法（1885 年）》，引自马忠文、任青编：《薛福成卷》，中国人民大学出版社 2015 年版，第 184 页。

亟矣，窃谓不变之道，宜变今以复古；迭变之法，宜变古以就今。"① 与前述一致的是，此时薛福成仍认为中国传统的礼仪纲常是不能变的，只能"变今以复古"；与前述发生变化的是，可变的内容已经不再局限为"炮械""轮舰"，还包括"商政矿务""考工制器""电报""约章""兵制阵法"等更多的内容。文载：

> 若夫西洋诸国，恃智力以相竞。我中国与之并峙，商政矿务宜筹也，不变则彼富而我贫；考工制器宜精也，不变则彼巧而我拙；火轮、舟车、电报宜兴也，不变则彼捷而我迟；约章之利病，使才之优绌，兵制阵法之变化宜讲也，不变则彼协而我孤，彼坚而我脆。②

这些可变的内容已经大大超过了之前洋务派所要学习的范围，这不能不说是一种进步。更为重要的是，此时的薛福成还承认"西人偶得风气之先"，并坚信"百数十年后"，中国能够"更驾其上"。③

至此，薛福成通过参与具体的洋务实践活动，终于在以传统治道为依归的经世致用的思想中，产生了因时而变的"变法"思想。这一思想不仅构成了出洋前薛福成思想表达的全部，而且也代表了其思想所能表达的极限。

（二）"重商"和"君民共主之政"：薛福成出洋后的法政思想

出洋前，尽管薛福成主张"变法"，但仍限于"取西人器数之学，以卫吾尧、舜、禹、汤、文、武、周、孔之道"④ 的水

---

① （清）薛福成：《筹洋刍议·变法（1885 年）》，引自马忠文、任青编：《薛福成卷》，中国人民大学出版社 2015 年版，第 184 页。
②③④ （清）薛福成：《筹洋刍议·变法（1885 年）》，引自马忠文、任青编：《薛福成卷》，中国人民大学出版社 2015 年版，第 185 页。

平。但是，出洋的经历使他的观念发生了改变。

初到英伦，薛福成便在光绪十六年（1890 年）三月十三日的日记中认同了十几年前郭嵩焘赞美西洋国政民风之美，却在国内备受质疑、批评的观点。文载：

> 昔郭筠仙侍郎每叹美西洋国政民风之美，至为清议之士所牴排。余亦稍讶其言之过当，以询之陈荔秋中丞、黎莼斋观察，皆谓其说不诬。此次来游欧洲，由巴黎至伦敦，始信侍郎之说，当于议院、学堂、监狱、医院、街道证之。①

这一发现一定程度上改变了薛福成过去那种认为中国长于礼仪风俗，西人长于器数的认识。这种改变，促使他从更为深入的角度去观察西洋，反思中国。

1. "商战"

他在同年四月初一的日记中初步总结了西洋勃兴的理由。是谓：

> 欧美两洲各国勃焉兴起之机，在学问日新，工商日旺，而其绝大关键，皆在近百年中。②

接着，薛福成开始分析了中国积贫积弱的原因。例如，他认为西洋之所以能打败中国原因有二：

> 一则中国三代以前，文武原未尝分途，汉唐犹存此意；宋明以来，右文轻武，自是文人不屑习武，而习武者皆系粗才。积弱不振，外海迭侵，职此之由。……一则兵事不尚空谈，贵乎实练。中国兵法之有专家，始于战国之时。……宋明以后，渐失其传。……欧洲各邦，以战立国一二千年矣

---

① （清）薛福成：《出使英法义比四国日记》，引自钟叔河编：《走向世界丛书Ⅷ》，岳麓书社 2008 年版，第 124 页。
② （清）薛福成：《出使英法义比四国日记》，引自钟叔河编：《走向世界丛书Ⅷ》，岳麓书社 2008 年版，第 132 页。

上下一心，竞智争雄，目见耳闻，濡染已久，又复相互师法，舍短集长。……以上二者，彼之所以获此成效，本非易易。中国虽不必尽改旧章，专行西法；但能明其意而变通之，酌其宜而整顿之，未始非事半功倍之术也。①

同时，他对中国古代"言利为戒"的观念给予了批评，鼓励中国与西方在经济上进行"商战"。对此，他说道：

中国圣贤之训，以言利为戒，此固颠扑不破之道、孔子曰："放于利而行，多怨。"孟子曰："苟为后义而先利，不夺不餍。"其言犹为深切著明。然此皆指聚敛之徒，专其利于一身一家者言之也。《大学》平天下一章，半言财用；《易》言乾始能以美利利天下。可见利之溥者，圣人正不讳言利。所谓"生财有大道，生之者众，食之者寡，为之者疾，用之者舒"，此治天下之常经也。后世儒者不明此义，凡一言及利，不问其为公为私，概斥之为言利小人。于是利国利民之术，废而不讲，久矣。

数十年来，通商之局大开，地球万国不啻并为一家；而各国于振兴商务之道，无不精心研究。其纠合公司之法，意在使人人各遂其私术；人人之私利既获，而通国之公利寓焉。故论一国之贫富强弱，必以商务为衡。商务盛，则利之来如水之就下而不能止也；商务衰，则利之去如水之日泄而不自觉也。亚洲东方诸国之商务，向不如泰西诸国风气之开；然迩来日本、暹罗经营商务，亦颇蒸蒸日上。中国地博物阜，本为地球精华所萃。徒以怵于言利之戒，在上者不肯保护商务，在下者不肯研索商情，一二饶才智、知大体者，

---

① （清）薛福成：《出使英法义比四国日记》，引自钟叔河编：《走向世界丛书Ⅷ》，岳麓书社 2008 年版，第 137~138 页。

相率缄口而不敢言。偶有攘臂袛掌而谈之者，则果皆忘义徇利之小人也，即使纠合巨款为孤注为一掷，无不应手立败，甚且干没人财以售其诈，致使天下之人相率以商为畏途。试取各关贸易总册阅之，中国之财，每岁流入外洋者白金二三千万两。以三四十年通计之，则白金一去不返者已有十万万两之多矣！再阅一二十年，中国将何以为国乎？吾用是叹息流涕于当轴者之不知变计；即有一二知变计者，而又未尽得其术也。[1]

就如何具体展开"商战"，他在光绪十八年（1892 年）闰六月二十七日出洋日记中有具体的说明。文载：

> 而所以扩商务之用者，则尤有八焉。一曰设专官：如西洋各国，有商部尚书以综核贸易之盈亏，又有商务委员以稽查工作之良窳是也。一曰兴公司：兴之之术，不外立保护公司之法，议整顿公司之规而已。一曰励新法：有能创一艺者，给以凭单，俾得专享其利，则才智之士无不殚精竭能矣。一曰杜伪品：中国丝茶之不振，半由奸商肆其诈伪；有搀杂假托诸弊，以致货真价实者亦受其累。今宜悬明法以禁之，又使诸商公议罚办之规条，行之数年，庶有豸乎。一曰趋时尚：凡物能变新样，必可善价而沽，而众耳俗目之所好，尤不可不投也。一曰设赛会：仿英、法、德、美、日本办法，建设会场，罗列珍奇，所以广见闻、资则效、开风气、旺贸易，法至良也。一曰改税则：宜乘各国换约之时，渐改值百抽五之例；稍重洋货进口之税则，而于洋酒洋烟之税更加重焉。丝茶二项，宜稍轻出口税以减成本而广销流。

---

[1]　（清）薛福成：《出使英法义比四国日记》，引自钟叔河编：《走向世界丛书Ⅷ》，岳麓书社 2008 年版，第 585~586 页。

> 一曰导商路：招商局轮船既已畅行江海，宜渐多置轮船，派往南洋诸埠以及外洋诸国，装货搭客，稍分西人之利；而华民之旅居外洋者，亦得声气联络，裨益岂浅鲜哉。[①]

2．"君民共主之政"

除了在经济领域鼓励中国与西方展开"商战"以外，出洋后西洋的政制也是薛福成所关注的重点。实际上，出洋前薛福成就对西洋政制有初步的了解。如在在光绪十六年（1890年）闰二月十六日的出洋日记中写道：

> 泰西立国有三类：曰蔼姆派牙（empire——作者注），译言王国，主政者或王或皇帝；曰恺痕特姆（kingdom——作者注），译言侯国，主政者侯或侯妃；二者皆世及。曰而立泼勃立克（republic——作者注），译言民主国，主政者伯理玺天德，俗称总统，民间公举，或七岁或四岁而一易。[②]

实际上，薛福成说的西洋三种政制分别是帝国、君主国和共和国。

前已述及，由于薛福成同意郭嵩焘对于西洋国政民风的赞美，于是，其在光绪十六年（1890年）七月二十二日的出洋日记中对西洋的议院有所介绍和评价。文载：

> 西洋各邦立国规模，以议院为最良。然如美国则民权过重，法国则叫嚣之气过重；其斟酌适中者，惟英、德两国之制颇称尽善。德国议院章程，尚待详考。英则于八百年前，其世爵或以大臣分封，或以战功积封，聚而议政，谓之"巴力门"，即议院也。其后分而为二。凡世爵大者、富者，辅

---

① （清）薛福成：《出使英法义比四国日记》，引自钟叔河编：《走向世界丛书Ⅷ》，岳麓书社2008年版，第599页。
② （清）薛福成：《出使英法义比四国日记》，引自钟叔河编：《走向世界丛书Ⅷ》，岳麓书社2008年版，第104页。

君治事，谓之劳尔德士，一名比尔士，即上议院绅也。其小者、贫者，谓之高门士，即下议院绅也。宋度宗元年，英廷始令都邑公举贤能，入下议院议事，而上议院之权渐替。

上议院人无常额，多寡之数因时损益。……上议院之谳狱，皆以律师之贤者封爵以充之，不得世袭。政府必有世爵数人，故上议院中皆有政府之人，宰相得举百官之有才能者入上议院。

而下议院之人，皆由民举。举之之数，视地之大小、民之众寡。其地昔寡而今众，商务日兴，则举人之数可增；反是，则或减或废。举而不公，亦废其例，使不得举……

上议院世爵，多世及，无贤愚皆得人。故其人多守旧，无故不建议。下议院所议，上诸上议院，允者七八，否者二三，其事简。下议院为政令之所出，其事繁……①

通过此段可知，薛福成认为美国议院"民权过重"，法国"叫嚣之气过重"，而对"斟酌适中"的英、德两国议院比较认可。需要注意的是，薛福成这里概括美国议院特点时所用"民权"二字，是洋务运动时期为数不多的表达。

由于对于君主国议院存在好感，因此，薛福成进一步观察了英国议院的功能及其运作。是谓：

泰西诸大国，自俄罗斯而外，无不有议院，实沿罗马之遗制也。其所由来，数千年矣。议院者，所以通君民之情也。凡议政事，以协民心为本。大约下议院之权，与上议院相维制；上下议院之权，与君权相权相维制。英国有公保两党，公党退，则保党之魁起为宰相；保守退，则公党之魁起

---

① （清）薛福成：《出使英法义比四国日记》，引自钟叔河编：《走向世界丛书Ⅷ》，岳麓书社 2008 年版，第 197～198 页。

为宰相。两党互为进退，而国政张弛之道以成。然其人性情稍静，其议论亦较持平，所以两党攻讦倾轧之风，尚不甚炽，而任事者亦稍能久于其位。①

英国上下两议院，凡制度、刑法、军政、度支，悉由院中定议而后举行。上院诸员，均系世爵旧臣及教中大长等，贵显异常。但政事均由下议院议定，而详诸上议院；上议院照行者十之七八，驳改及暂停者十之二三。下议院诸员，例由民间公举，凡诸郡县各举一人。预其选者，即为该郡县建白一切事宜。其权甚重，故有宁弃封圻之任，而以举授议员为荣者。英国下议院人员额，向惟六百七十人；嗣因国中郡县多，光绪十一年已增至六百七十人。英伦举议员四百九十五人，苏格兰七十二人，阿尔兰举一百零三人，此现在定额也。②

不仅如此，他还发现了英国两党制与议院之间的关系。文载：

英国上下议院，有公保两党，迭为进退，相互维制。公党者，主因时变通，裨益公务。保党者，主保守旧章，勿使损坏。两党胜负之数，视宰相为转移。保党为宰相，则保党在院皆居右，而公党皆居左；公党为宰相，则公党居右，亦如之。今之首相侯爵沙里斯伯里，实保党也。沙侯若退，则公党必有为相者。一出一入，循环无穷，而国政适以剂于平云。③

在此基础上，薛福成开始对西洋政制进行总结。如光绪十六

---

① （清）薛福成：《出使英法义比四国日记》，引自钟叔河编：《走向世界丛书Ⅷ》，岳麓书社2008年版，第515页。
② （清）薛福成：《出使英法义比四国日记》，引自钟叔河编：《走向世界丛书Ⅷ》，岳麓书社2008年版，第618页。
③ （清）薛福成：《出使英法义比四国日记》，引自钟叔河编：《走向世界丛书Ⅷ》，岳麓书社2008年版，第227页。

年（1890 年）十二月二十八日中对于政制类型分为"君主之国"
"民主之国""君民共主之国"的概括已经不同于半年多以前总
结。是谓：

> 地球万国内治之法，不外三端：有君主之国，有民主之
> 国，有君民共主之国。凡称皇帝者，皆有君主之全权于其国
> 者也。中国而外，有俄、德、奥、土、日本五国；巴西前亦
> 称皇帝，而今改为民主矣。美洲各国及欧洲之瑞士与法国，
> 皆民主治国也。其政权全在议院，而伯理玺天德（译作总
> 统）无权焉。欧洲之英、荷、义、比、西、葡、丹、瑞典诸
> 国，君民共主之国也。其政权亦在议院，大约民权十之七
> 八，君权十之二三。君主之胜于伯理玺天德无几，不过世袭
> 君位而已。英主在英伦三岛称君主，而又称五印度后帝，则
> 其百年来为其民所限制，骤难更张也。①

更为重要的是，经过比较和总结，此时的薛福成对于这三种
政制有了自己的认识，并提出了改变中国既有政制的设想。首
先，他基于美国排华的事实以及上述"民权过重"的担忧，认
为"民主之国"不适合中国。是谓：

> 大抵民主之国，政柄在贫贱之愚民；而为之君若相者，
> 转不能不顺适其意以求媚。夫至可凭者，民情也，所谓"天
> 视自我民视，天听自我民听"也。至无定者，亦民情也。彼
> 其人人杂言庞，识卑量隘，鼓其一往之气，何所不至，是以
> 不能无待于道之齐之也。美国之政，惟民是主，其法虽公，
> 而其弊亦有不胜枚举者。②

---

① （清）薛福成：《出使英法义比四国日记》，引自钟叔河编：《走向世界丛书Ⅷ》，
　　岳麓书社 2008 年版，第 286 页。
② （清）薛福成：《出使英法义比四国日记》，引自钟叔河编：《走向世界丛书Ⅷ》，
　　岳麓书社 2008 年版，第 510 页。

尽管薛福成认为"民主之国"不适合中国，但是，他却认识到民主之国的好处在于"集思广益，曲顺舆情"，而这恰是君主之国所欠缺的。文载：

> 地球五大洲各国，或君主，或民主，大要不外此两端。民主之国，其用人行政，可以集思广益，曲顺舆情；为君者不能以一人肆于民上，而纵其无等之欲；即其将相诸大臣，亦皆今日为官，明日即可为民，不敢有恃势凌人之意。此合于孟子"民为贵"之说，政之所以公而溥也。然其弊在朋党角立，相互争胜，甚且各挟私见而不问国事之损益；其君若相，或存"五日京兆"之心，不肯担荷重责，则权不一而志不齐矣。

> 君主之国，主权甚重，操纵伸缩，择利而行。其柄在上，莫有能旁挠者，苟得贤圣之主，其功德岂有涯哉。然弊在上重下轻，或役民如牛马，俾无安乐自得之趣，如俄国之俗政是也；而况舆情不通，公论不伸，一人之精神，不能贯注于通国，则诸务有堕坏于冥冥之中者矣。是故民主君主，皆有利亦有弊。然则果孰为便？曰：得人，则无不便；不得人，则无或更。[①]

因此，他认为君主之国是存在问题的。由于薛福成已明确将中国划归为君主之国，而这里他的言论等于直截了当地批评了中国的君主政制。考虑到薛福成出洋公使的身份，这样的言论在当时显然是十分大胆的。这也在另一个侧面反映了其出洋后思想的变化。

同时，我们也应注意到薛福成这里也指出了"民主之国"

---

① （清）薛福成：《出使英法义比四国日记》，引自钟叔河编：《走向世界丛书Ⅷ》，岳麓书社 2008 年版，第 536～537 页。

存在的弊端，即"朋党角立，相互争胜，甚且各挟私见而不问国事之损益"，因此，得出"民主君主，皆有利亦有弊"的结论。

那么，什么样的政制才是薛福成所认可的？薛福成通过在英伦的观察，给出的答案是"君民共主之国"。对此，他在光绪十八年（1892 年）四月初一的日记中明确写道：

> 中国唐虞以前，皆民主也。观于舜之所居，一年成聚，二年城邑，三年成都，故曰都君。是则匹夫有德者，民皆可戴之为君，则为诸侯矣；诸侯之犹有德者，则诸侯咸尊之为天子：此皆今之民主规模也。迨秦始皇以力征经营而得天下，由是君权益重。秦汉以后，则全乎为君矣。若夫夏商周之世，虽君位皆世及，而孟子"民为贵，社稷次之，君为轻"之说，犹行于其间，其犹今之英、义诸国君民共主之政乎？夫君民共主，无君主、民主偏重之弊，最为斟酌得中，所以三代之隆，几及三千年之久，为旷古所未有也。①

这里薛福成通过比附的方法表达了此时其明确的政制改革倾向。

当然，我们也不能过分夸大此时薛福成思想的变化，认为他已经完全走到了君主政制的对立面。因为在英伦期间始终对中国的政教之本"三纲之训"深信不疑。例如，他在光绪十六年（1890 年）十二月初十的出使日记中就坚持认为：

> 夫各国勃兴之际，一切政教均有可观，独三纲之训，究逊于中国。洋人亦或推中国为教化最先之邦，似未尝不省悟及此；然一时未能遽改者，盖因习俗相沿之故。余谓耶稣当西土鸿荒出辟之时，启其教化，魄力甚雄，然究竟生于绝

---

① （清）薛福成：《出使英法义比四国日记》，引自钟叔河编：《走向世界丛书Ⅷ》，岳麓书社 2008 年版，第 538 页。

域，其道不免偏驳。失之毫厘，差以千里，不信然欤。^①

为了说明西洋"三纲之训，究逊于中国"，薛福成从君臣、父子、夫妻三个方面做了说明与论证。文载：

> 惟流弊所滋，间有一二权臣武将，觊窃魁柄，要结众心，潜设异谋，迫令其君退位，如近日巴西、智利之事。而数十年前，则此等事尤多，颇如孔子未作《春秋》以前列邦情势。此其君臣一伦，稍违圣人之道者也。

> 子女年满二十一岁，即谓由自主之权，婚嫁不请命于父母。子既娶妇，与父母别居异财，甚者不相闻问。虽较之中国父子贼恩、妇姑勃豀者，转觉稍愈。然以骨肉至亲，不啻推远之若途人。国家定律，庶民不得相殴。子殴父者，坐狱三月；父殴子者，亦坐狱三月。盖本乎墨氏爱无差等之义，所以舛戾若此。此其父子一伦，稍违圣人之道者也。

> 西俗贵女贱男。男子在道，遇见妇女则让之先行。宴会诸礼，皆女先于男，妇人有外遇，虽公侯之夫人，往往弃其故夫，而再醮不以为异。夫有外遇，其妻可鸣官究治，正与古者扶阳抑阴之义相反。女子未嫁，每多男友，甚或生子不以为嫌。所以女子颇多终身不嫁者，恶其受夫之拘束也。此其夫妇一伦，稍违圣人之道者也。^②

最终，他于光绪十九年（1893年）六月十四日，在出使西洋行将结束之际，用一篇《论西国富强之原》的文章，从"通民气""保民生""牖民衷""养民耻"和"阜民财"五大方面总结了其出洋时期的思考。文载：

---

① （清）薛福成：《出使英法义比四国日记》，引自钟叔河编：《走向世界丛书Ⅷ》，岳麓书社2008年版，第273页。
② （清）薛福成：《出使英法义比四国日记》，引自钟叔河编：《走向世界丛书Ⅷ》，岳麓书社2008年版，第272页。

论西国富强之原，西国制治之要，约有五大端：

一曰通民气。用乡举里选，以设上下议院，遇事昌言无忌；凡不便于民者，必设法以更张之。实查户版，生死婚嫁，靡弗详记；无一夫不得其所，则上下之情通矣。二曰保民生。凡人身家田产器用财贿，绝无意外之虞。告退官员，赡以半俸；老病弃兵，养之终身；老幼废疾，阵亡子息，皆设局教育之。则居官无贪墨，临阵无畏缩矣。三曰牖民衷。年甫孩提，教以认字。稍长，教以文义。量其材质，分习算、绘、气、化各学，或专一事一艺。终身无一废学者，何也？有新报之流传，社会之宣讲也。四曰养民耻。西国无残忍之刑，罪止于绞及远戍苦工，其馀监禁罚镪而已。监狱清洁无比，又教以诵读，课以工艺，济以医药，无拘挛，无鞭挞；而人皆知畏刑，不敢犯法，几于道不拾遗。父母不怒责其子，家主不喝叱其仆，雍然秩然。男女杂坐，谈笑而不及淫乱，皆养耻之效也。五曰阜民财。其藏富于民者三要：一，尽地力。谓讲水利、种植、气化之学。二，尽人力。各擅专门，通工易事，济以机器，时省工倍。三，尽财力。有公司级银号，而锱铢之积，均得入股生息，汇成大工大贾；有钞票及金银钱以便转运，则一可抵十矣。有此五端，知西国所以坐致富强者，全在养民教民上用功；而世之侈谈西法者，仅曰精制造、利军火、广船械，抑末矣。①

细读这篇文字可知，尽管薛福成此时已经意识到西洋的法政制度对于富强具有积极的作用，如他所极力推崇的英国"君民共主之政"。但是，同样明显的是西洋的法政制度在他的体系中是从

①　（清）薛福成：《出使英法义比四国日记》，引自钟叔河编：《走向世界丛书Ⅷ》，岳麓书社 2008 年版，第 802~803 页。

属于"养民教民"这一更高"教化性"的目标，而不具有独立价值。例如，在上述"西国富强之原"五个部分中，薛福成就将西洋议院制度的优良等同于"通民气"，将西洋法律之优越等同于"养民耻"。这也就是说，西洋议会制度的存在只是为了更好的"通民气"，西洋法律的规定很大程度上能够帮助他们"养民耻"，其功用与其他的"保民生""脯民衷"和"阜民财"基本相同，皆可帮助实现"养民教民"。很显然，这一认识判断在本质上仍是儒家型的君子治小人之教化模式，而不是现代国家人人自主之自由模式。

因而，我们可以说出洋后的薛福成已经意识到西学的范围已经不再是早期洋务派所提的"炮械"与"船舰"，也非其出洋前认识到的"商政矿务""考工制器""电报""约章""兵制阵法"等包含更多内容的"器数之学"，而是包括议院和法律在内的"养民教民之法"，并且西洋的这个"养民教民之法"较之其他内容更为根本，更值得学习。但是，从另外一个角度上看，这也意味着西洋之学在薛福成心目中仍只具有功用的目的，不具备独立性价值，甚至其背后的制度内涵也未被他真正地理解。在他眼中西洋的法律仍然只是"明刑弼教"的手段。议院在其心目中也没有上升到富强非议院不可的制度决定论，或是权力来源正当性、合法性的高度，而只能充当沟通君民之情的辅助工具。

（三）"西学中源，考旧知新"：薛福成对两种法政传统的转换

从表面上看，出洋后薛福成的法政思想较之前有了很大变化，承认西洋富强之本在于懂得"教民养民"之法。这一表达在某种意义上等于承认了西洋国家一样亦有本有末，过去洋务派

学习的"制造、军火、船械"等皆为西洋之末，而包括"通民气""养民耻"在内的法政制度才是西洋富强之本。既然西洋也有本末，那么，西洋的本末和中国是一种什么关系，就成为薛福成法政思想背后不得不回答的问题。

实际上前述已经表明，尽管薛福成出洋后对西洋有了更多的认识，但是其在兹念兹的仍是传统中国儒家的"道统"。对于这一点，他出洋前后始终未变。因此，这就决定了"西洋之本"在其心目中不仅不应该超越"中国之本"，而且"西洋之本"在"中国之本"面前可能不应具有某种特殊性和独立性。对此，薛福成采取了"西学中源"的论调。

"西学中源"即是说西学的种种知识及其外在制度表现，要么在传统中国圣人的言论中早已有之，要么曾具体地存在过，总之西学的一切都"笼罩"在中学博大精义之中。对此，我们可以在薛福成出使日记中找到很多。

例如，他在光绪十六年（1890年）正月二十一日赴英途中偶读徐继畬的《瀛寰志略》就发现，环球地理实情并未超出邹衍之说。文载：

> 偶阅《瀛寰志略》地图，念昔邹衍谈天，以为儒者所谓中国者，乃天下八十一分之一耳……今则环游地球一周者，不乏其人，其形势方里，皆可核实测算。余始知邹子之说，非尽无稽；或者古人本有此学，邹子从而推阐之，未可知也。①

甚至薛福成为了论证邹衍之说的正确性，他将世界五大洲通过如下的表述附会为"九州"。是谓：

---

① （清）薛福成：《出使英法义比四国日记》，引自钟叔河编：《走向世界丛书Ⅷ》，岳麓书社2008年版，第76~77页。

盖论地球之形，凡为大洲者五，曰亚细亚洲，曰欧罗巴洲，曰阿非利加洲，曰亚美理驾洲，曰澳大利亚洲，此因其自然之势而名之者也。亚美理驾洲分南北，中间地颈相连之处，曰巴拿马，宽不过数十里，皆有大海环其外，固截然两洲也。而旧说亦有分为二洲者，即以方里计之，实足当二洲之地，是大地共得六大洲矣。

惟亚细亚洲最大，大于欧洲几及五倍。余尝就其山水自然之势观之，实分为三大洲。

……今余以《志略》所称北土中土者，谓之北阿非利加洲，《志略》所称东土西土者，谓之南阿非利加洲，此又多一大洲也……

夫然，则九大洲之说，可得而实指其地矣。①

另外一个比较有代表性的例子是薛福成在了解了西洋天文学所提出的"天圆地方"观点后，认为此说并未超出古之圣人的言说，并且西人实际观察的"天圆地方"仅属于"形"的范畴，而圣人所言"方圆动静"则属于更高层次的"道"。文载：

天圆而地方，天动而地静，此中国圣人之旧说也。今自西人入中国，而人始知地球之圆……

余谓西人所测方圆动静，言其形也；圣人所谓方圆动静，言其道也。夫阴阳始终，寒暑往来，循环无端，岂非天道圆乎？华岱江河，各有定位，不能移易，岂非地道方乎？圆之故，由于动……方之故，由于静。②

问题是，古之圣人既然明白"道"，为何不具体言明天圆地

---

① （清）薛福成：《出使英法义比四国日记》，引自钟叔河编：《走向世界丛书Ⅷ》，岳麓书社 2008 年版，第 77~78 页。
② （清）薛福成：《出使英法义比四国日记》，引自钟叔河编：《走向世界丛书Ⅷ》，岳麓书社 2008 年版，第 499 页。

方之"形"呢？对此，薛福成这样解释道：

> 地球之圆，岂非今之夫妇所知，而古之圣人所不知乎？
> 环游地球一周，岂非今之夫妇所能，而古之圣人所不能乎？
> 应之曰：古之圣人，不能环游地球，审矣。若谓不知地球之
> 圆，则未必然。但未到其时，圣人不肯显言；未涉其境，圣
> 人不必赘言耳。[①]

这即是说，古之圣人不是不知晓"天圆地方"，只是没说而已。其潜在含义是既然"天圆地方"的"道"已被圣人洞悉，"形"自在其中。

甚至到了后来，在薛福成看来，就是西人所创造的"形"也没什么新奇的地方，其皆舶来自中国。对此，他说道：

> 上古之世，制作萃于中华。自神圣迭兴，造耒耜，造舟
> 车，造弧矢，造网罟，造衣裳，造书契。当鸿荒草昧，而忽
> 有此文明，岂不较今日西人之所制作尤为神奇，特人皆习惯
> 而不察耳。即如《尧典》之定四时，《周髀》之传算术，西
> 人星算之学，未始不权舆于此。其他有益国事民事者，安知
> 其非取法于中华也？昔者宇宙尚无制作，中国圣人仰观俯察，
> 而西人渐效之；今者西人因中国圣人之制作，而踵事增华，
> 中国又何尝不可因之。[②]

不仅西洋上述"器数之学"来自中国，薛福成认为，西洋的宗教和政教诸政也概莫能外。他在光绪十六年（1890 年）十月二十五日日记中曾言："余尝谓泰西耶稣之教，其原盖出于墨

---

① （清）薛福成：《出使英法义比四国日记》，引自钟叔河编：《走向世界丛书Ⅷ》，岳麓书社 2008 年版，第 499～450 页。
② （清）薛福成：《出使英法义比四国日记》，引自钟叔河编：《走向世界丛书Ⅷ》，岳麓书社 2008 年版，第 133 页。

子，虽体用不无异同，而大旨实最相近"。①他在《淮南子》中
找到了西洋议院和工商诸务的起源。文载：

> 《淮南子·主术训》曰："众智所为，则无不成也。千
> 人之群无绝梁，万人之聚无废功。"西国各学各事之所以能
> 胜人者，率用此术，即其用人行政之有议院，工商诸务之有
> 公司，亦合众智以为智，众能以为能，所以鲜有败事也。②

此外，他还认为西洋诸学与《管子》《庄子》暗合极多。
文载：

> 《管子》一书，以富国强兵为宗主；然其时代去三代未
> 远，其言之粹者，非尽失先王遗意也。余观泰西各邦治国之
> 法，或暗合《管子》之旨，则其擅强之势亦较多。《管子》
> 云："量民力，则无不成。不强民以其所恶，则诈伪不生。不
> 欺其民，则下亲其上。"西国之设上下议院，颇得此意……
>
> 《庄子》一书，寓言也，亦卮言也，而与近来泰西之学
> 有相出入者。③

比较到最后，薛福成甚至认为中国唐虞以前是"民主"时
代，而今天英国的"君民共主"是中国唐虞以前政制的实现。
文载：

> 中国唐虞以前，皆民主也。观于舜之所居，一年成聚，
> 二年城邑，三年成都，故曰都君。是则匹夫有德者，民皆可
> 戴之为君，则为诸侯矣；诸侯之犹有德者，则诸侯咸尊之为
> 天子：此皆今之民主规模也。迨秦始皇以力征经营而得天
> 下，由是君权益重。秦汉以后，则全乎为君矣。若夫夏商周

①② （清）薛福成：《出使英法义比四国日记》，引自钟叔河编：《走向世界丛书
Ⅷ》，岳麓书社2008年版，第252页。
③ （清）薛福成：《出使英法义比四国日记》，引自钟叔河编：《走向世界丛书Ⅷ》，
岳麓书社2008年版，第252～254页。

之世，虽君位皆世及，而孟子"民为贵，社稷次之，君为轻"之说，犹行于其间，其犹今之英、义诸国君民共主之政乎？夫君民共主，无君主、民主偏重之弊，最为斟酌得中，所以三代之隆，几及三千年之久，为旷古所未有也。[1]

对于中国人接受异质文明的方式，葛兆光先生曾有过提纲挈领地总结，他说道：

> 像中国这样一个拥有相当悠久历史传统与主体性格的文明，对待异文明的进入，通常会有两种反应，一是采取表面的普遍主义态度，虽然欢迎这些似乎不容置疑的知识、思想与技术，却在特别的解释中使这些新知转化成旧学，从而以一种天下一家的心态，渐渐使自己融入世界；一是采取特殊主义的态度，坚决拒绝这些会瓦解和动摇固有知识、思想与信仰的东西，激起激烈的民族主义和保守主义。[2]

以此为据，我们很容易发现，薛福成较之洋务运动时期那些保守派，采取的是上述第一种态度。但同样极其明显的是，以今天的理论来看，薛福成这种"普遍主义"认知方式不是一种多元主义的立场，而是一种单向度的认知。在他看来，西洋各种本末在本质上都是中国"汉家故物"，只不过后来我们自己搞丢了，当务之急"固在不能更新，尤在不能守旧"。因此，薛福成主张应"考旧知新"。是谓：

> 吾闻西人之言曰，华人尚旧，西人尚新。盖自憙其能创一切新法以致富强，而微讽中国不知变计也。讵知不忘旧，然后能自新；亦惟能自新，然后能复旧……即如中国上古之

---

[1] （清）薛福成：《出使英法义比四国日记》，引自钟叔河编：《走向世界丛书Ⅷ》，岳麓书社 2008 年版，第 538 页。

[2] 参见葛兆光：《中国思想史》（下册），复旦大学出版社 2009 年版，第 333 页。

世，继天立极之圣人，应运迭兴，造卦画，造市易，造网罟，造耒耜，造舟车，造弧矢，造衣裳，造书契，能使鸿荒气象，一变为宇宙之文明。盖新莫新于此矣。其化由东而西，至今西学有东来之法，是能新中国，并能新及遐方殊俗者，莫中国之圣人若也。降及近古，中国之病，固在不能更新，尤在不能守旧……藉令因其旧法，相与潭思竭能，庸讵不能出西人上乎？夫惟其轻于忘旧，所以阻其日新也。窃尝盱衡时局，参核至计，为以两言决之曰："宜考旧，勿厌旧；宜知新，勿骛新。"①

"考旧知新"意味着薛福成已将本来具有相对主义特点的中西文明化约为一种单向度的存在，西洋在上述圣人之言中似乎已经没有独立存在的必要。他"企图根据文明发生的时间差的观念"来消解中西两种文明相互对立的问题。②中西之间之所以会在具体文明状态上存在不同，实际是因为他们所处的时期不同。具体说来，越是新兴国家，文明的历史较短，其"元气未泄"，故而政教风俗也就质朴、优良；相反，传统国家文明越久远，则政教风俗日趋败坏。对此，他说道：

> 同人有谈美国风俗之纯厚者，余谓泰西诸国，在今日正为极盛之时，固由气数使然；然开辟之初，户口未繁，元气未泄，则人心风俗自然纯厚。盖美洲之开辟后于欧洲，欧洲之开辟后于中国，而欧洲各国之中，开辟又有先后，故风俗亦有厚薄。美利坚犹中国之虞夏时也，俄罗斯犹中国之商周时也，英吉利、德意志犹中国之两汉时也，法兰西、意大

---

① （清）薛福成：《考旧知新说（1892年）》，引自马忠文、任青编：《薛福成卷》，中国人民大学出版社2015年版，第291页。
② ［日］佐藤慎一，刘岳兵译：《近代中国的知识分子与文明》，江苏人民出版社2011年版，第70页。

利、西班牙、荷兰，其犹中国之唐宋时乎？①

就这样，薛福成就将西洋诸国一同拉进了传统中国历史的脉络之中，既化解了学习西洋之尴尬，又解释了西洋客观富强于中国之原因。无形之中，薛福成利用"西学中源"和"考旧知新"转换了中西法政的两种传统。

三、黄遵宪对英美法的理解

黄遵宪（1848～1905 年），子公度，广东嘉应州人，1876 年中举人，1877 年 12 月，出任驻日参赞官；1882 年春，调任美国旧金山，任总领事；1885 年回国，后在 1887 年任驻英参赞，1891 年任新加坡总领事；1894 年张之洞奏调其回国，主持江鄂四省教案，同年 9 月，入强学会。② 从黄遵宪 1894 年之前的任职经历来看，其长期在海外充任外交官员，尤其是任职美国、英国和新加坡期间，应该对英美法有过一定了解。因此，通过阅读其在光绪二十年（1894 年）之前的文章可以端详出，这一时期部分知识精英对英美法理解的大致程度。③

根据钟叔河先生的研究，早年的黄遵宪就渴望"走出门"，接触"当世事"，并反感那些食古不化的传统文人。对此，他在 17 岁时所作《感怀》一诗中写道：

① （清）薛福成：《出使英法义比四国日记》，引自钟叔河编：《走向世界丛书Ⅷ》，岳麓书社 2008 年版，第 124 页。
② 关于黄遵宪的生平述略，参见郑海麟：《黄遵宪传》，中华书局 2006 年版。
③ 需要说明的是，国内现有关于黄遵宪法律思想有关的研究主要包括：张锐智：《黄遵宪〈日本国志〉中的法治思想论析》，载于《日本研究》2007 年第 4 期；张锐智：《试论黄遵宪〈日本国志〉对中国近代刑法改革的影响》，载于《比较法研究》2006 年第 6 期；周威：《黄遵宪使用宪法语词考》，载于《日本研究》2016 年第 3 期等。

世儒诵《诗》《书》，往往矜爪嘴。昂头道皇古，抵掌说平治。上言三代隆，下言百世俟。中言今日乱，痛哭继流涕。摹写车战图，胼胝过百纸。手持《井田谱》，画地期一试。古人岂我欺，今昔奈势异。儒生不出门，勿论当世事。识时贵知今，通情贵阅世。①

据考，同治九年（1870 年）黄遵宪先到广州，遍读《万国公报》和江南制造局关于"时务"的书，又游历香港等地。②1877 年，黄遵宪在接受清廷驻日大使何如璋（1838～1891 年）的邀请后，开启了他"游东西洋十年"和"历宦四十年"的"知今""阅世"生涯。

与前述洋务运动时期知识分子不同的是，黄遵宪对于英美法的理解主要是在其游历东西洋之后，通过考察紧邻日本而得出的。也就是说，黄遵宪试图通过日本向西方学习的历史，尤其是日本明治维新史的记述，向国人说明学习西方的重要意义。③ 对此，他在光绪十六年（1890 年）于英伦使馆，为《日本杂事诗〔广注〕》所作"序言"中写道：

久而游美洲，见欧人，其政治学术，竟与日本无大异。今年日本已开议院矣，进步之速，为古今万国所未有……中国士夫，闻见狭陋，于外事向不措意。今既闻之矣，既见之矣，犹复缘饰古义，足己自封，且疑且信；逮穷年累月，深稽博考，然后乃晓然于是非得失之宜，长短取舍之要，余滋

① （清）黄遵宪：《人境庐诗草》（卷一），引自陈铮编：《黄遵宪全集》（上册），中华书局 2005 年版，第 70～71 页。
② 钟叔河：《黄遵宪及其日本研究》，引自钟叔河编：《走向世界丛书Ⅲ》，岳麓书社 2008 年版，第 538～540 页。
③ 实际上，郭嵩焘早在光绪三年（1877 年）十月初八的日记中，就表达了此种看法："日本仿行西法，尤务使情情与其国家息息相通，君民上下，同心以求利益，此中国所不能及也。"参见（清）郭嵩焘：《伦敦与巴黎日记》，引自钟叔河编：《走向世界丛书Ⅳ》，岳麓书社 2008 年版，第 364 页。

愧矣！①

需要说明的是，黄遵宪在这一时期对于英美法的理解可以参见其诗集《人境庐诗草》以及《日本杂事诗〔广注〕》《日本国志》和黄遵宪使美期间的禀文和报纸。②《日本国志》虽开始写于日本，但该书是黄遵宪从美国回国后最终修改完成的。而根据上述黄遵宪在《日本杂事诗〔广注〕》中的"自序"和该书所录王韬光绪六年（1881 年）所作序可知，《日本杂事诗〔广注〕》成书虽早，但却晚于《日本国志》后出版。据郑海麟先生考，《日本杂事诗》起草于光绪四年（1878 年）秋，经四易其稿，于1879 年春誊清，而《日本国志》初稿完成于 1882 年初，光绪十六年（1890 年）修补后的书稿于广州富文斋付刻，最终于 1895 年正式出版面世。③ 就两书关系而言，《日本杂事诗》是《日本国志》的姐妹篇，后者的基本内容在前者的行文中，有简明扼要的反映。对此，黄遵宪在《日本杂事诗》的"自序"中说道：

> 既居东二年，稍与其士大夫游，独其书，习其事。拟草《日本国志》一书，网罗旧闻，参考新政。辄取其杂事，衍为小注，弗之以诗，即今所行《杂事诗》是也。④

（一）《日本杂事诗》中对于英美法的理解

《日本杂事诗》所涉内容很广，大体上分为介绍日本地理历

---

① （清）黄遵宪：《日本杂事诗〔广注〕·自序》，引自钟叔河编：《走向世界丛书Ⅲ》，岳麓书社 2008 年版，第 571~572 页。
② 关于黄遵宪使美期间研究所用的禀文和相关美国报纸，可参见［加拿大］施吉瑞，孙洛丹译：《金山三年苦：黄遵宪使美研究的新材料》，载于《中山大学学报（社会科学版）》2016 年第 1 期。
③ 郑海麟：《黄遵宪传》，中华书局 2006 年版，第 70 页、第 164~165 页。
④ （清）黄遵宪：《日本杂事诗〔广注〕·自序》，引自钟叔河编：《走向世界丛书Ⅲ》，岳麓书社 2008 年版，第 571 页。

史文化、介绍明治维新和介绍日本礼俗风情三大部分，其中涉及本书主题的是在介绍明治维新部分。

他在"明治维新"一诗的小注中向国人提及了美国的"民权自由之说"，即"明治元年德川氏废，王政始复古，伟矣哉中兴之功也。而近来西学大行，乃由倡美利坚合众国民权自由之说者。"① 对于日本明治维新，黄遵宪是极力推崇的，他在"锐意学西法"一诗的小注中，认为西方政制不仅是优良的，而且在日本取得了良好效果。文载：

> 既知夷不可攘，明治四年乃遣大臣使欧罗巴、美利坚诸国。归，遂锐意学西法，布之令甲，称曰维新，美善之政，极纷纶矣。而自通商来，海关输出逾输入者，每岁约七八百万银钱云。然易服色，治宫室，焕然一新。②

为了具体展示日本学习西方政制之结果，黄遵宪分别在"官制""议院""法律""刑狱"等诗文小注中进行介绍和评论。在"官制"中，他指出："明治维新后，乃一一复古，斟酌损益于汉制、欧罗巴制，彬彬备矣。曰太政官，有大臣参议，佐王出治，以达其政于诸省。"③ 在"议院"的小注中，黄遵宪介绍了日本明治十一年（1878 年）开议院的情况，并比较了日本君主之国的议院与西方议院的不同。是谓：

> 太政官权最重。后设元老院，国有大事开院议之。府、县于明治十一年始选议员，以议地方事，亦略仿西法上下议院之意。此固因民之所欲而为之，规模犹未定也。旧有弹正

---

① （清）黄遵宪：《日本杂事诗〔广注〕》，引自钟叔河编：《走向世界丛书Ⅲ》，岳麓书社 2008 年版，第 586 页。
② （清）黄遵宪：《日本杂事诗〔广注〕·自序》，引自钟叔河编：《走向世界丛书Ⅲ》，岳麓书社 2008 年版，第 600～601 页。
③ （清）黄遵宪：《日本杂事诗〔广注〕·自序》，引自钟叔河编：《走向世界丛书Ⅲ》，岳麓书社 2008 年版，第 617 页。

台，后废。西法多民出政而君行政，权操之议院，故无谏官。日本君主之国，而亦无之。①

在"法律"一诗小注中，黄遵宪介绍了日本"古无律法"，"后来用大明律，近又用法兰西律"的事实，并认为法律虽然增多，但效果却"囹圄充塞，赭衣载道矣。"② 接着，在"刑讼"一诗小注中，又详尽介绍了明治维新后，日本参详法国构建大陆法的历程。文载：

> 府县止理民事，刑讼专司于裁判所，而直隶司法省。明治六年，颁新律纲领，参用"大明律"、泰西律，然法多未备。判官上事，每曰"吟味其事情，难于判结"云云。吟味，公牍中语，谓审度也。近又由司法省撰《民法》《刑法》二书，专用法兰西律，交元老院议之，未及颁行。③

此外，黄遵宪还介绍了日本学习西方后的监狱制度和警察制度。

（二）使美时期对于英美法的运用和理解

光绪八年（1882年）黄遵宪奉命出任美国旧金山总领事，获得了直面英美国家的机会。实际上，在出使美国之前，黄遵宪一直对美国是颇具好感的，他在光绪六年（1880年）写就的《朝野策略》一书中，④ 就提出了"联美国"的设想。文载：

① （清）黄遵宪：《日本杂事诗〔广注〕·自序》，引自钟叔河编：《走向世界丛书Ⅲ》，岳麓书社2008年版，第619页。
② （清）黄遵宪：《日本杂事诗〔广注〕·自序》，引自钟叔河编：《走向世界丛书Ⅲ》，岳麓书社2008年版，第631页。
③ （清）黄遵宪：《日本杂事诗〔广注〕·自序》，引自钟叔河编：《走向世界丛书Ⅲ》，岳麓书社2008年版，第632页。
④ 关于黄遵宪《朝鲜策略》的有关研究，参见郑海麟：《黄遵宪传》，中华书局2006年版，第32~60页。

何谓联美国？自朝鲜之东而往，有亚美利加者，即合众国之所都也。其土本英属，百年之前，有华盛顿者，不愿受欧罗巴人苛政，发奋自雄，独立一国。自是以来，守先王遗训，以礼义立国，不贪人土地，不贪人人民，不强与他人政事。其与中国立约十余年来，无纤介之隙。而与日本往来，诱之以通商，劝之以练兵，助之以改约，尤天下万国之所共者。盖其民主之国，共和为政，故不利人有。而立国之始，由于英政酷虐，发奋而起，故常亲于亚细亚，常疏于欧罗巴，而其人实与欧罗巴同种。其国强盛，常与欧罗巴诸大驰骤于东西两洋之间，故常能扶助弱小，维持公义，使欧人不敢肆其恶。其国势偏近大东洋，其商务独盛大东洋，故又愿东洋各保其国，安居无事。即使其使节不来，为朝鲜者尚当远泛万重里之重洋而与之结好；而况其选遣使臣，既有意以维系朝鲜乎？引之为友邦之国，可以结援，可以纾祸。吾故曰联美国。①

黄遵宪到达美国后直面的问题是 1882 年美国"排华法案"（亦称《新例》）通过后，如何抵制美国的排华运动，保护华侨的法律权利。

黄遵宪针对"行例以来，因商工事屡次兴讼"的问题，对"排华法案"开始逐条进行研究，试图从中获得对华人有利的法律依据。黄遵宪发现"排华法案"第六条"华商须凭执照方准入境"，在实践中与中美 1880 年签订《中美续约附立条款》中"华商既准往来自便之人，自可无须执照"的内容，并不相符，且《中美续约附立条款》所限制的只是华工，而不应包括华商。

---

① （清）黄遵宪：《朝鲜策略》，引自陈铮编：《黄遵宪全集》（上册）中华书局 2005 年版，第 252 页。

在律师麦嘉利士的协助下，黄遵宪认识到：

> 一则谓中国发给商人执照，原不过藉以表明此人系不在限制之内者，故藉之为凭据，并非为禁止彼等前来。……华商于未行新例之前曾在外国居住者，如再由中国来，虽未领取中国执照，照新例而行，彼等亦可前来美国……①

于是，他在上呈清驻美公使郑藻如的禀文中建议：

> 讼而不胜，不过仍照新例，无照不许上岸；讼而获胜，则或借判词以驳新例，以后不须执照，大可为商人开一方便之门。②

在获得首肯后，黄遵宪向美国当局提起诉讼，指出《新例》第六条与《中美续约附立条款》相关内容不符。在庭审中，美国庭审法官费卢认可了黄遵宪的观点，指出：

> 新例是禁工人，非禁商人，若商人不准上岸，是绝通商也，于中美条约未合。律师已熟悉新例，持之甚力，亦宜复按条约主持公道。且如律师言，商人亦须有执照方许上岸，是也，然例中所言系指自中国前来之商人。若从他国前来之商人，彼等于新例未行时，久在异国，今欲来美贸易，而令其先返中国请领执照，然后可来，有是理乎！若律师疑商人无照，华工亦可冒认，不知工人、商人，自有分辨。条约主于通商，新例主禁工人，因禁中国前来之工人，遂累及往来美国之商人，本官断不谓然也。③

随后，美国法院判定：

> 凡自他国来此之华商，均无须执照，准其上岸，且谓由

---

① ② （清）黄遵宪：《上郑钦使第二十号》（光绪八年八月十五日），引自陈铮编：《黄遵宪全集》（上册），中华书局 2005 年版，第 467 页。
③ （清）黄遵宪：《上郑钦使第十九号》（光绪八年八月三日），引自陈铮编：《黄遵宪全集》（上册），中华书局 2005 年版，第 465 页。

此前往英属墨西哥等国，如不久即回，即不领护照，亦听其往来自便。……中美续修条约，所谓准其整理酌中定限者，系专指续往承工者而言，其贸易游历人等本系声明往来自便，俾受优待各国最厚之利益。①

可见，正是由于黄遵宪的努力以及通过运用英美国际法的方式，华商在美的权益得到了一定意义上的保护。

此外，黄遵宪在此过程中，对美国的法官及其司法制度有着积极的评价。如他在写给郑藻如的禀文中写道：

窃观费卢为人刚强公正，当辩驳时仍谓美国地大人众，何以不容为数无多之华人！当道巨公，不避嫌怨，倡言于众，其胆识甚足钦佩。……美国政体议例官、行政官、司法官各持其一，往往有议员议定，总督签行之事，而一司法得驳斥而废之。故审官、审官不由民选，有任之终身者。律师最为人所敬畏，其政体然也。②

尽管在美期间的黄遵宪对美国的法治及其法治下的司法体制有较高的评价，但是却对美国的民主共和政体，尤其是"总统选举"并不认可，他在《纪事》一诗中就对美国"合众党"和"共和党"的竞争有所记述。写道：

此党夸彼党，看我后来绩。通商与惠工，首行保护策。黄金准银价，务令昭画一。家家田舍翁，定多十斛麦。凡我美利坚，不许人侵轶。远方黄种人，闭关严逐客。毋许溷乃公，鼾睡卧榻侧。譬如耶稣饼，千人得饱食。太阿一到手，其效可计日。彼党斥此党，空言彼何益。彼党诩此党，党魁

---

① （清）黄遵宪：《上郑钦使第二十号》（光绪八年八月十五日），引自陈铮编：《黄遵宪全集》（上册），中华书局2005年版，第466~467页。
② （清）黄遵宪：《上郑钦使第十九号》（光绪八年八月三日），引自陈铮编：《黄遵宪全集》（上册），中华书局2005年版，第465页。

乃下流。少作无赖贼，曾闻盗人牛。又闻挟某妓，好作狭邪游。聚睹叶子戏，巧术秒穷钩。面目如鬼蜮，衣冠如沐猴。隐匿数不尽，汝众能知不？是谁承余窍，竟欲粪佛头。颜甲子重铁，亦恐难遮羞。此党讦彼党，"众口同一咻。①

实际上，经过在美国的切身观察，黄遵宪更倾向于君民共主的君主立宪，而非美国式的民主共和。对此，他在1881年10月30日与日本人宫岛的笔谈中就认为"君民共治之政体，实胜于寡人政治"，但"断不可为米国"。②

此外，黄遵宪还描写了美国总统选举过程中，竞选人为获选票，暗中行贿的丑行，并追述华盛顿立国宏愿，反衬当今使人失望的美国共和民主制。是谓：

> 吁嗟华盛顿，及今百年矣。自树独立旗，不复受压制。红黄黑白种，一律平等视，人人得自由，万物咸逐利。民智益发扬，国富乃倍蓰，泱泱大国风，闻乐叹观止。乌知举总统，所见乃怪事。怒挥同室戈，愤争传国玺。大则酿祸乱，小亦成击刺。寻常瓜蔓抄，逮捕遍官吏；至公反成私，大利亦生弊。究竟所举贤，无愧大宝位。倘能无党争，尚想大平世。③

在《逐客篇》一诗中，黄遵宪基于华人在美所遭受的种种不公正待遇，对美国建国宣扬的平等、公正的承诺，进行了嘲讽，是谓：

> 慨想华盛顿，颇具霸王略。檄告美利坚，广土在西漠。

---

① （清）黄遵宪：《人境庐诗草》（卷四），引自陈铮编：《黄遵宪全集》（上册），中华书局2005年版，第108页。
② （清）黄遵宪：《与宫岛诚一郎笔谈》，引自陈铮编：《黄遵宪全集》（上册），中华书局2005年版，第783页。
③ （清）黄遵宪：《人境庐诗草》（卷四），引自陈铮编：《黄遵宪全集》（上册），中华书局2005年版，第109页。

九夷及八蛮，一任通邛筰。黄白红黑种，一律等土著。逮今
不百年，食言曾不怍。①

与此同时，他指责美国当局为了实现排华的目的，竟罔顾美
国宪法和国际公法，"国典与邻交，一切束高阁"②。他认识到，
国际社会的竞争是一个弱肉强食的残酷世界，哀叹清政府应该更
加有为，才能在国际竞争中立于不败之地。文载：

吁嗟五大洲，种族纷各各。攘外斥夷戎，交恶詈岛索。
今非大同世，只挟智勇角。芒砀红番地，知汝重开拓，飞鹰
依天立，半球悉在握，华人虽后至，岂不容一勺。有国不养
民，譬为丛驱爵。四裔投不受，流散更安着？天地忽蹢躅，
人鬼共咀嚼。皇华与大汉，第供异族虐。③

(三)《日本国志》中对于英美法的理解

前已述及，黄遵宪一生最为重要的著作《日本国志》是其
从美回国后完成的。因此，《日本国志》虽以研究日本为名，但
书中很多思想是黄遵宪基于在美国的观察和思考，结合日本事例
而铺陈展开的。对此，郑海麟先生说道：

在美国旧金山总领事任内的三年余，是黄遵宪的世界观
转变和改革思想形成的重要时期。当他于一八八五年底乞假
归国后，便"闭门发箧，重事编纂"《日本国志》，急于要
把他的新体会和新思想写进他的改革教科书中去。④

---

① (清) 黄遵宪:《人境庐诗草》(卷四)，引自陈铮编:《黄遵宪全集》(上册)，中华书局 2005 年版，第 107 页。
② (清) 黄遵宪:《人境庐诗草》(卷四)，引自陈铮编:《黄遵宪全集》(上册)，中华书局 2005 年版，第 107~108 页。
③ (清) 黄遵宪:《人境庐诗草》(卷四)，引自陈铮编:《黄遵宪全集》(上册)，中华书局 2005 年版，第 108 页。
④ 郑海麟:《黄遵宪传》，中华书局 2006 年版，第 142~143 页。

《日本国志》成书于光绪十三年（1887年），光绪十六年（1890年）于广州刊刻，全书共十二类，四十卷，约五十万字，自称"外史氏"，以传统中国的"史志"体裁写成。[1]

在卷一"国统志一"中，黄遵宪首先介绍了君主制、民主制和君民共主制三种政体，并简单分析了各种政制的特点。是谓：

> 外史氏曰：环地球而居者，国以百数十计。有国即有民，有民即有君。而此百数十国，有一人专制，称为君主者；有庶人议政，称为民主者；有上与下分任事权，称为君民共主者。民主之位，与贤不与子，或数年一易，或十数年一易，无所谓统也；君民共主，或传贤，或传子，君不得私有其国，亦无所谓统也。一王崛兴，奕叶绳武，得其道则兴，失其道则废，故夫君主之国，有传之数世者焉，有传之数十世者焉。[2]

接着，他指出近邻日本，学习西方法政，采"民权自由"学说，开国会，废除君主制的事实，并预言日本或走向君民共主，或走向民主。是谓：

> 然而，近日民心渐染西法，竟有倡民权自由之说者。中兴之初，曾有万机于公论之诏，而百姓执此说以要君，遂联名上书，环阙陈诉，请开国会而伸民权；而国家仅以迟迟有待约之，终不能深闭固绝而不许。前此已开府县会矣，窃计十年之间，必又开国会也。嗟夫！以二千五百遽君主之国，自今以往，或变而为共主，或竟变为民主，时会所迫，莫知

---

[1] 关于黄遵宪《日本国志》整体性研究可参见郑海麟：《黄遵宪传》，中华书局2006年版，第六章。

[2] （清）黄遵宪：《日本国志·国统志一》，引自陈铮编：《黄遵宪全集》（下册），中华书局2005年版，第892页。

其然。虽有智者，非敢议矣。作《国统志》。①

对于日本这一政体的转变缘由和论争，黄遵宪在"国统志三"即所谓的"明治维新史"部分又有更为细致的记述。文载：

> 维新以来，悉从西法，更定租税，用西法以取民膏矣；下令征兵，用西法以收血税矣；编制刑律，用西法以禁民非矣；设立学校，用西法以启民智矣。独于泰西最重之国会，则迟迟未行，曰国体不同也，曰民智未开也，论非不是，而民已有所不愿矣。今日令甲，明日令乙，苟有不便于民，则间执民口曰西法西法；小民亦取其最便于己者，促开国会亦曰西法西法。此牵连而并及者，亦势也。重以外商剥削、士民穷困、显官失职之怨望，新闻演说之动摇，是以万口同声，叩阍上请，而不能少缓也。为守旧之说者曰，以国家二千余载，一姓相承之统绪，苟创为共和，不知将置主上于何地，此一说也。为调停之说者曰，天生民而立之君，使司牧之，非为一人，苟专为一人，有兴必有废，有得必有失，正唯分其权于举国之臣民，君上垂拱仰成，乃可为万世不坠之业，此又一说也。十年以来，朝野上下之二说者，纷纭各执，即主开国会之说，为迟为速，彼此互争；或英或德，又彼此互争，喧哗嚣竞，哓哓未已。而朝廷之下诏已以渐建立宪政体许之民，论其究竟，不敢知矣。②

为了进一步介绍日本向西方学习政制设置的情况，黄遵宪在"职官志"中进行了详细的记述。对此，他说道："维新以来，

---

① （清）黄遵宪：《日本国志·国统志一》，引自陈铮编：《黄遵宪全集》（下册），中华书局2005年版，第892页。
② （清）黄遵宪：《日本国志·国统志三》，引自陈铮编：《黄遵宪全集》（下册），中华书局2005年版，第929～930页。

设官分职……分条胪举，其仿照西法为旧制所无者，特加详焉。"① 黄遵宪首先介绍了日本依据西方分权学说，在官职方面的改革。文载：

> 丁卯，太政复古，尽废旧称……设总裁、议定、参与之职。明治元年戊辰正月，以三职统八课。八课者：日总裁，日神祗事务，日内国事务，日外国事务，日海陆军务，日会计事务，日刑法事务，日制度事务。二月，改八课为八局。②

这里所说的"三职制"中的总裁、议定、参与，大体上是明治初年日本仿照西方三权分立而设立的政权形式，而八课则相当于西方国家各部的设置。紧接着，明治元年"闰四月。改局称官，复分总裁局为议政官、行政官。议政官有议定、参与、议长，皆主立政。行政官有辅、有相，皆主行政。"明治二年七月，日本又罢行政官，复大臣、参议之名，别置集议院，作为未来议院的初级形式。明治四年七月，鉴于太政官权过重，将太政官分为正院（内阁）、左院（议院）、右院（各省长官集议之所）。明治八年四月，日本又废三院，更立元老院为专门的议政机关。于是，在"太政官职"下，元老院以定立法、大审院以主司法，参事院以定职制章，会计检查院以掌岁目之出入、预决算之报告。③ 对此，天皇特下诏书说道：

> 朕即位之初，首会群臣，以五事誓神明，定国是。幸赖祖宗之灵，群臣之力，致今日小康。顾中兴日浅，未臻上理，朕乃扩充誓文之意，更设元老院，以定立法之源；置大审院，以巩司法之权；又召集地方官，以通民情，图公益，

---

① ② （清）黄遵宪：《日本国志·职官志二》，引自陈铮编：《黄遵宪全集》（下册），中华书局 2005 年版，第 1104 页。

③ （清）黄遵宪：《日本国志·职官志二》，引自陈铮编：《黄遵宪全集》（下册），中华书局 2005 年版，第 1104 ~ 1105 页。

渐建立立宪政体，欲与汝众庶俱赖其庆。汝等其体朕意。①

总之，日本按照西方三权分立之政制结构，初步构建起近代立宪政体。

如果仔细分析可以发现，日本的政制设置大体经历了一个由欧陆的民主制向英美尤其是英国的君主立宪制的转变。对于这一转变原因，黄遵宪总结道：

> 维新之始，收拾人心，既有万机于公论之诏，士民之杰出者执此以为口实，争欲分朝权以伸民气，促开国会，势也；而政权所属，上不能专制于朝廷，次不能委寄于臣隶，又不得不采泰西上下议院之法，以渐变君民共主之局，势也。②

既然选择英式的君主立宪制，那么，日本的政制设置在很多方面与英国相类似。如日本元老院虽是通向国会的过渡性机构，很明显其具有英国上议院的特征。因为元老院议长、议官皆非通过民主的方式选举产生，而是"特旨擢任"的结果，具体包括："第一，华族，第二敕任、奏任官应升者，第三于国有勋劳者，第四明于政治、习于法律者"③。而日本内阁制显然舶来于英国内阁。此外，日本地方府县议会的设置及其选举人资格也和英国接近。如按照明治十一年七月府县会规则规定：

> 凡投票之人及被选之人，均择其有家资、有品行者。除官吏外，满二十五岁以上男子，其籍在本府县住居过三年以上、岁纳十元地租以上者，许充议员。满二十岁以上之男子，其籍在本郡区，岁纳五元地租以上者，许为投票人。

---

① （清）黄遵宪：《日本国志·国统志三》，引自陈铮编：《黄遵宪全集》（下册），中华书局2005年版，第924页。
② （清）黄遵宪：《日本国志·国统志三》，引自陈铮编：《黄遵宪全集》（下册），中华书局2005年版，第926页。
③ （清）黄遵宪：《日本国志·职官志二》，引自陈铮编：《黄遵宪全集》（下册），中华书局2005年版，第1107页。

　　显然这种对被选举人财产及身份上的限制，与欧陆尤其是法国那种彻底意义上的民主并不一致，相反，与英国那种有限意义上的民主，倒十分接近。

　　这里需要说明的是，尽管黄遵宪对日本赞许有加，但是较之日本的君主立宪，他通过比较还是更加赞赏英国式的君主立宪。1890年3月17日当其作为驻英使馆二等参赞亲赴伦敦并目睹英伦时，他在《温则宫朝会》一诗中感叹道：

　　　　万灯悬耀夜光珠，绣镂黄金匝地铺。一柱通天铭武后，三山绝岛胜方壶。如闻广乐钧天奏，想见重华《盖地图》。五十余年功德盛，女蜗以后世应无。①

　　从这则小诗可知，黄遵宪认为英伦"三山"远胜于日本"方壶"，且英国女王维多利亚统治下的英国已近趋臻治。

　　从总体上说，黄遵宪对西方立宪政体大体是持肯定态度的，而且认为此种政制设置是与古老中国并行而立的，其精神与古之《周礼》有异曲同工之妙。对此，他说道：

　　　　泰西自罗马一统以来，二千余岁具有本末。其设官立政，未必悉本于《周礼》，而其官无清浊之分，无内外之别，无文武之异；其分职施治，有条不紊，极之至纤至悉，无所不到，竟一一同于《周礼》。②

　　这里需要强调的是，尽管黄遵宪对西方的立宪政体，尤其是英国的君主立宪制持积极态度，但他由于缺乏英美政党制度的相关知识，因此对英美的政党政治十分厌烦，甚至将其类比为中国历代的党祸。是谓：

---

① （清）黄遵宪：《人境庐诗草》（卷六），引自陈铮编：《黄遵宪全集》（上册），中华书局2005年版，第120页。
② （清）黄遵宪：《日本国志·职官志一》，引自陈铮编：《黄遵宪全集》（下册），中华书局2005年版，第1084～1085页。

　　若英之守旧党、改进党，美之合众党、民主党，力之最大，争之最甚者也。分全国之人而为二党，平时党中议论，付之新闻，必互相排牴，相互偏袒，一旦争执政权，各分遣其党人，以图争胜。有游说以动人心者，有行贿以买人心者，甚有悬拟其党人之后祸，抉发其党人之隐恶以激人心者。此党如是，彼党亦如是。一党获胜则鸣鼓声炮，以示得意。党首一为统领、为国相，悉举旧党之官吏废而易置之，僚属为之一空，美国俗语谓之官吏逮捕法，谓譬如捕盗，则盗之党羽必牵连逮捕也。举旧日之政体改而更张之，政令为之一变，譬之汉、唐、宋、明之党祸，不啻十倍千倍，斯亦流弊之不可不知也。①

　　既然选择了立宪政体，那么，例行法治则是应有之义。对此，黄遵宪很清楚地认识到此点，他说道："立宪政体，盖谓仿泰西制设立国法，使官民上下，分权立限，同受治于法律中也。"② 因此，他在《日本国志》的"刑法志"中除了用大量的篇幅逐条介绍了日本480条的《治罪法》和430条的《刑法》，③还以中国固有法为比照，特作一序言着重介绍了英美的法治。文载：

　　外史氏曰：上古之刑法简，后世之刑法繁；上古以刑法辅道德故简，后世以刑法为道德故繁。中国士夫好谈古治，见古人画象示禁、刑措不用，则罜然高望，慨慕黄农虞夏之盛，欲挽末俗而趋古风，盖所重在道德，遂以刑法为卑卑无

① （清）黄遵宪：《日本国志·礼俗志四》，引自陈铮编：《黄遵宪全集》（下册），中华书局2005年版，第1493页。
② （清）黄遵宪：《日本国志·国统志三》，引自陈铮编：《黄遵宪全集》（下册），中华书局2005年版，第924页。
③ （清）黄遵宪：《日本国志·刑法志》，引自陈铮编：《黄遵宪全集》（下册），中华书局2005年版，第1323～1398页。

足道也。而泰西论者，专重刑法，谓民智日开，各思所以保其权利，则讼狱不得不滋，法令不得不密。其崇尚刑法，以为治国保家之具，尊之乃若圣经贤传。然同一法律，而中西立论相背驰。至于如此者，一穷其本，一究其用故也。余尝考中国之律，魏晋密于汉，唐又密于魏晋，明又密于唐，至于我大清律例又密于明。积世愈多，即立法愈密，事变所趋，中有不得不然之势，虽圣君贤相，不能不因时而增益。西人所谓民智益开则国法益详，要非无理欤？余读历代史西域。北狄诸传，每称其刑简令行，上下一心，妄意今之泰西诸国亦当如是。既而居日本，见其学习西法如此之详。既而居美国，见其用法施政，乃至特设议律一官，朝令夕改，以时颁布，其详更加十百倍焉，乃始叹向日所见之浅也。泰西素重法律，至法国拿破仑而益精密。其用刑之宽严，各随其国俗以立之法，亦无大异。独有所谓《治罪法》一书，自犯人之告发，罪案之搜查，判事之预审，法廷之公判，审院之上诉，其中捕拿之法、监禁之法、质讯之法、保释之法，以及被告辩护之法、证人传问之法，凡一切诉讼关系之人、之文书、之物件，无不有一定之法。上有所偏重，则分权于下以轻之；彼有所独轻，则立限于此以重之，务使上下彼此，权衡悉平，毫无畸轻畸重之弊。窥其意，欲使天下无冤民，朝廷无滥狱。呜呼！可谓精密也已。余闻泰西人好论"权限"二字，今读西人法律诸书，见其反覆推阐，亦不外所谓"权限"者。人无论尊卑，事无论大小，悉予之权，以使之无抑；复立之限，以使之无纵，胥全国上下同受治于法律之中，举所谓正名、定分、息争、弭患，一以法行之。余观欧美大小诸国，无论君主、君民共主，一言以蔽之，曰

以法治国而已矣。自非举世崇尚，数百年来观摩研究、讨论
修改，精密至于此，能以之治国乎？嗟夫！此固古先哲王之
所不及料，抑亦后世法家之所不能知者矣。作刑法志。①

就此段论述而言，黄遵宪对法治的介绍和理解，大体上包含
以下几个部分：首先，黄遵宪从比较法的视角认为中国固有法重
"道德"，而泰西各国"无论君主、君民共主，一言以蔽之，曰
以法治国而已。"在那个时代，也只有郭嵩焘有这种认识。

其次，就法治的内涵而言，他认为，法治主要包含两层含
义：一是"保其权利"；二是"权限"。对于前一层含义，他指
出："泰西论者，专重刑法，谓民智日开，各思所以保其权利，
则讼狱不得不滋，法令不得不密"。可见，这时的黄遵宪已经认
识到，法治的目标是维护民众的权利，泰西各国之所以"素重法
律"就是因为程序化、制度化的法律能够切实的实现这一目标，
对此，他以法国《治罪法》为例，列举了在刑事诉讼中，犯罪
嫌疑人在整个诉讼环节所享有的权利。这等于告诉中国人，法律
并不是我们固有所理解的"禁暴止邪"的工具，还有维护当事
人权利的另一种含义。对于后一层含义，黄遵宪指出："余闻泰
西人好论'权限'二字，今读西人法律诸书，见其反覆推阐，
亦不外所谓'权限'者。"尽管这里他并未明确指出，此"权
限"就是指限制公权力的行使，但他却说"全国山下同受治于
法律之中"。申言之，也就是表达了任何权力都应在法律之下行
使的意思。可以说，整个洋务运动时期，能这样清晰、准确表达
"法治"之具体含义的只有黄遵宪。

再次，在法治的具体内容上。黄遵宪还认为法治在内容上应

---

① （清）黄遵宪：《日本国志·刑法志一》，引自陈铮编：《黄遵宪全集》（下册），
中华书局2005年版，第1322~1323页。

中南财经政法大学"双一流"建设文库

当具备完备的形式。对此，他以法国拿破仑立法和美国特设"议律一官"为例，予以说明。此外，他提及"上有所偏重，则分权于下以轻之；彼有所独轻，则立限于此以重之，务使上下彼此，权衡悉平"，说明法治应当体现公正。同时，他还以"人无论尊卑，事无论大小，悉予之权，以使之无抑；复立之限，以使之无纵"为题，说明法治在适用过程中应力求平等，具有普遍性。

最后，就法治的效果而论，黄遵宪认为例行法治可以"天下无冤民，朝廷无滥"，甚为"精密"。甚为重要的是，黄遵宪在此明确指出，西方的法治既不同于固有法的"德治"，也与后世法家所讲的法治不同，即"此固古先哲王之所不及料，抑亦后世法家之所不能知者矣"。正是由于西方法治的这些优点，我们看到黄遵宪在此时就主张中国应学习西方法律，收回治外法权。是谓：

> 窃以为今日之势，不能强彼以就我，先当移我以就彼。举各国通行之律，译采其书，别设一词讼交涉之条。凡彼以是施，我以是报，我采彼法以治吾民，彼虽横恣，何容置喙？……若待吾国势既强，则仿泰西通行之例，援南京初立之约，悉使商民归地方官管辖，又不待言矣。①

总之，在整个洋务运动时期，由于出使美国和英国特别的经历，使得黄遵宪对于英美法，尤其是英美立宪政制有较为深刻的理解，这些也为其在甲午战后具体参与戊戌维新运动作出铺垫。但是，需要我们重视和总结的是，黄遵宪对于英美立宪政制经历了一个早年推崇美国，到后来坚持英国的转变。对于这个转变，

---

① （清）黄遵宪：《日本国志·邻交志四》，引自陈铮编：《黄遵宪全集》（下册），中华书局2005年版，第986～987页。

实际上黄遵宪本人后来在给梁启超的信函中已有总结。文载：

> 二十世纪中国之政体，其必法英之君民共主乎。胸中蓄
> 此十数年，而未尝一对人言。惟丁酉之六月初六日，对矢野
> 公使言之。矢野力加禁诫。而后益缄口结舌，虽朝夕从公
> 游，犹以此大事，未尝一露，想公亦未知其深也。

> 仆初抵日本，所与游者多旧学，多安井息轩之门。明治
> 十二三时，民权之说极盛。初闻颇惊怪，既而取卢梭、孟德
> 斯鸠之说读之，志为之一变，以谓太平世必在民主，然无一
> 人可与言也。及游美洲，见其官吏之贪诈，政治之秽浊，工
> 党之横肆，每举总统，则两党力争，大几酿乱，小亦行刺，
> 则又爽然自失，以为文明大国尚如此，况民智未开者乎？因
> 于所著学术中《论墨子》略申其意。又历三四年，复往英
> 伦，乃以为政体必当法英，而着手次第，则又取租税、讼
> 狱、警察之权分之于四方百姓；欲取学校、武备、交通谓电
> 信、铁道、邮递之类。之权归之于中央政府，尽废今之督抚
> 藩臬等官，以分巡道为地方大吏，其职在行政，而不许议
> 政。上自朝廷，下至府县，咸设民撰议院为出治之所。初仿
> 日本，后仿英国。而又将二十一行省分画为五大部，各设总
> 督，其体制如澳洲、加拿大总督；中央政府权如英王，共统
> 辖本国五大部，如德意志帝之统率日耳曼全部，如合众国统
> 领之统辖美利坚联邦，如此则内安民生，外联与国，或亦足
> 以自立乎。①

不仅如此，根据张朋园先生的研究，黄遵宪有关立宪制度的

---

① （清）黄遵宪：《致梁启超函》，引自陈铮编：《黄遵宪全集》（上册），中华书局
2005 年版，第 429～430 页。

思考深刻地影响了后来的梁启超。①

四、郭嵩焘对英美法的理解

（一）新"夷夏观"：郭嵩焘法政思想的逻辑起点

　　中英鸦片战争是古老中国与近代西方兵戎相见的第一遭，也是传统士大夫对西方人认知的一个重要窗口。由于历史上地理条件的缘故，古老中国对西人的认识极度匮乏。鸦片战争前国人普遍认为西人是腿脚僵硬，不便行走的蛮夷。对于西人非茶叶、大黄不能保命的流言，甚至连林则徐也深信不疑，并曾在奏章中指出，茶叶大黄"固属外夷所需……尚非必不可无之事，不值为之厉禁"。② 国人上述对西人的荒诞看法，甚至在二十年后依然如故。长卢盐政史崇伦称，"夷人畏寒，断难在此久候"。③ 湖南巡抚骆秉章称："夷兵习于水战，用之于陆战，则畏抄截畏伏兵，胜不能深入，败不能善归。"④ 翰林院侍讲许彭寿则说："夷人往来帐档，皆坐小船，从无步行十里者，此其不良于行，已无可疑义。"⑤ 西人在当时国人眼中仍是传统的"夷狄"，早期的郭嵩焘

---

① 参见张朋园：《黄遵宪的政治思想及其对梁启超的影响》，引自张朋园：《近代知识分子与近代中国的现代化》，百花洲文艺出版社 2002 年版，第 17～39 页。

② （清）林则徐：《覆奏曾望颜条陈封关禁海事宜折》，引自"台湾中央研究院近代史研究所"编：《近代中国对西方列强认识资料汇编》，第一辑第一分册，1986年版，第 165 页。

③ 《崇伦等奏接见包令等并将所递清单折照录呈览折》，引自《筹办夷务始末》（咸丰朝），中华书局 1979 年版，第 340 页。

④ 《骆秉章等密陈英人侵入广州胁迫官员情形并摘抄粤省来函呈览折》，引自《筹办夷务始末》（咸丰朝），中华书局 1979 年版，第 654 页。

⑤ 《许彭寿奏外人驻京隐忧难述不宜示弱折》，引自《筹办夷务始末》（咸丰朝），中华书局 1979 年版，第 957～959 页。

也概莫能外。

1840～1842 年，郭嵩焘在浙江学政罗文俊幕中时，因参与战守事宜，亲历浙东战场，因而对中英鸦片战争有着切身的感受。他在《罪言存略》中写道："当庚子、辛丑，亲见浙江海防之失，相与愤然言战守机宜，自谓忠义之气不可遏抑。"在目睹英国侵略暴行后，在《丰乐镇书壁六首》中写道：

> 三年沧海有奔鲸，烽火喧阗彻夜惊。复道金缯归浩劫，枉从狐鼠乞残生。鲁连无语摧梁使，季布何心续虏盟。欲袖铁椎椎晋鄙，从谁改将信陵兵。[①]

然而，如果我们对上述的诗文进行认真分析就会发现，尽管郭嵩焘在浙期间对英国的侵略行为表现出充满忠义的爱国主义情怀，但是这种爱国主义并没有超出当时一般士大夫的眼界，仍把西方列强与古代的"夷狄"一体看待。正如他尽管对畏葸避敌的晋鄙式的边帅，以及用金缯乞盟的国耻，表示了满腔的悲愤，但由于对"沧海奔鲸"[②] 的形势还谈不上什么了解，因而也没有得出什么具有建设性的建议。同时，这一时期的郭嵩焘非常排斥和厌恶西方"夷狄"的器物，曾用"旅獒不入王都贡"[③] 的诗句，表明中国不需要"夷狄"的"奇技淫巧"。

郭嵩焘对待西人和西洋的思维"盲点"是与当时中国闭关锁国的政策和天朝上国的帝国心态分不开的。因为在 19 世纪前，中国从未遇到过另一具有巨大资源的文明中心的挑战。对此，怀特教授指出：

---

① （清）郭嵩焘：《郭嵩焘诗文集》，杨坚点校，岳麓书社 1984 年版，第 577～578 页。
② "沧海奔鲸"这里指英国兵舰在中国沿海横冲直撞，中国百姓彻夜惊悸，也泛指英人。
③ 这句诗的典故出自《尚书·旅獒》。"旅"指西旅，为古代西部少数民族，"獒"是一种高大的犬，为当地特产。当年召公告诫武王，不应该接受西旅所贡之獒。

在上一世纪中叶（这里指 18 世纪中叶——作者注），受过教育的中国人仍然生活在这样一种世界观的影响下，它认为中国文明几乎不可能遭遇根本性的挑战。这种世界观的关键因素是毫不犹豫地坚信中国的中心性。在地理层面上，普遍认为地球是平面的，中国居于中央。这种地理中心感有与之相应的政治观，即在一个安排恰当的世界中，中国将是权威的终极。最后，这一大厦建筑在这样一种信念的基础上，它相信中国的价值观念和文化规范是人类永久的合理性。中国的标准就是文明的标准；成为文明人就是成为中国人。[1]

后来迫使郭嵩焘对西人和西洋产生正确看法主要源于以下两件事情：1843 年在辰州与张晓峰太守的谈话和 1855 年的江南之行。

张景垣，字晓峰，山东高苑人。关于这次与张晓锋太守的谈话，郭氏在《罪言存略》中有过记载：

癸卯馆辰州，见张晓峰太守，语禁烟事本末，恍然悟自古边患之兴，皆由措理失宜，无可易者。嗣后读书观史，乃稍能窥知其节要而辨证其得失。[2]

郭嵩焘与张景垣谈话的具体内容不得而知，但是通过上述记载，可得知张氏对于"禁烟事本末"还是比较了解，而且通过与张氏的讨论懂得了鸦片战争失败之原因。所谓"恍然悟自古边患之兴，皆由措理失宜"，就是说，郭氏明确理解了鸦片战争失败与古代"边患之兴"一样，都是由于不善于分析敌我形势，因而处置失当。对待此种弊端，郭嵩焘开出了"读书观史"的

---

[1] A. F. 怀特：《中国文明研究》，载于《思想史杂志》，卷 21，1960 年版，第 233 ~ 255 页。转引自柯文：《王韬与晚清改革：在传统与现代性之间》，雷颐、罗检秋译，江苏人民出版社 2006 年版，第 16 页。
[2] （清）郭嵩焘：《郭嵩焘诗文集》，杨坚点校，岳麓书社 1984 年版，第 34 页。

解决办法，即从历史的经验和教训中，寻找与西人打交道的正确
方法，并在此基础上强调要主动了解西人信息、形势。就后者而
言，郭嵩焘极为赞赏魏源在《海国图志》中说过的一句话，即
"同一御敌，而知其形不知其形，利害相百焉；同一款敌，而知
其情不知其情，利害相百焉。"① 他在（咸丰九年）的奏章中强
调要制御远夷，"必务疏通其情"；要通晓夷情，必须"熟悉其
语言文字"。他指出：

> 通市二百多年，交兵议款又二十余年，始终无一人能通
> 达夷情，熟悉外国语言文字。所以他认为习知夷语以通夷
> 情，乃是当前最切要之事。②

咸丰六年（1856 年），郭嵩焘为了替曾国藩到浙江筹饷，因
而有机会游历被列强"通商"的上海。他在上海期间拜访了英、
法和大西洋（葡萄牙）的领事，参观了"利名""泰兴"等洋行
和火轮船，还访问了英国传教士麦都思所办的"墨海书馆"，会
见了传教士伟烈亚力和艾约瑟以及在那工作的王韬和李善兰等
人。在沪期间的所见所闻，使郭嵩焘对西人和西学产生了直观、
感性的认识。在洋泾浜，他觉得洋房"穷极奢靡"，洋小孩"极
秀美"。黄浦江上停泊的"火轮船、货船、兵船"职分有别，秩
序井然。到"得利洋行"观火轮磨及"传书铁线"（电报），认
为其"直夺天地造化之巧"。在西洋"器物"的感性认识下，郭
嵩焘开始逐渐关注"西学"。仅从咸丰六年游沪和咸丰八年初入
值南书房两段不长的日记中，我们即可看到：郭嵩焘与友人"谈
西洋测天之略"；从李善兰处觅得西人所撰《数学启蒙》；从王

---

① 转引自钟书河：《走向世界——中国人考察西方的历史》，中华书局 2010 年版，
第 194 页。
② 转引自汪荣祖：《走向世界的挫折——郭嵩焘与道咸同光时代》，中华书局 2006
年版，第 49 页。

韬处得到西人刊行之《遐迩贯珍》数部，"即所谓新闻报也"；与何秋涛讨论俄罗斯史地，索观其《朔方备乘》；记《海国图志》近增一百卷及俞正燮《癸巳类稿》、郑复光《镜镜詅痴》，皆"多详西洋制器之法"；记俄罗斯"进呈"图书仪器共三百馀种，有《发明西洋割过通例》《行兵战守论》《管船事宜论》等书；又与人讨论中外语文异同，……求"知"的范围十分广泛。① 以至于后来，曾国藩在致左宗棠的信中曾说："往时徐松龛中丞著书（即徐继畲的《瀛寰志略》），颇张大英夷，筠仙（郭嵩焘）归自上海，亦震诧之。"②

正是在上述"通其情、达其理"的认识和对西洋"声光气电"的感观下，郭嵩焘逐渐认识到西洋不同于中国古代的"夷狄"，"西洋立国二千年，政教修明，具有本末，与辽、金崛起一时，倏盛倏衰，情形绝异"③。因此，封建士大夫应改变过去那种"中国有道，夷狄无道"的观点，正视西洋的文明，主动了解西洋的政教科技。此外，郭嵩焘对战国以降形成的"夷夏之辨"也给予了明确的批判。面对"严夷夏之大防，实行彻底隔绝"的传统观念，郭氏认为："茫茫四海含识之人民，此心此理所以上契于天者，岂有异哉？而猥曰'东方一隅为中国，馀皆夷狄也'，吾所弗敢知矣！"何况近世技术发达，"七万里一瞬而至"，要隔绝也无从谈起。④ 对于只能"用夏变夷"，决不能"用夷变夏"的观点，郭嵩焘则说："计数地球四大洲，讲求实在学问，无有能及泰西各国者""其强兵富国之术，尚

① 钟叔河：《走向世界——中国人考察西方的历史》，中华书局2010年版，第194页。
② 《曾文正公书札》，卷六，第21页。
③ 转引自钟叔河：《走向世界——中国人考察西方的历史》，中华书局2010年版，第210页。
④ 《养知书屋文集》卷一一，《伦敦致伯相》。

学兴艺之方，与其所以通民情而立国本者，实多可以取法。"①
而上述这些对西人从"夷狄"到"人"的认识转变过程以及在
此基础上所形成的新"夷夏观"，也就构成了郭嵩焘法政思想
日后转变的逻辑起点。

（二）"本末观"：郭嵩焘法政思想的初期表达

新"夷夏观"使郭嵩焘面对中国积贫积弱的时局有了新的
视角，参照系的改变意味着郭氏可以摆脱传统政治思维模式的局
限，祛除思维的"盲点"，重新审视中国。郭嵩焘系统的"本末
观"就是在这样的背景下得以产生。

19 世纪 70 年代初，由于边疆危机四起，"洋务派"的总机
关——总理各国事务衙门以 1874 年日本侵台事件为训，认为
"海防亟宜切筹"，奏请"练兵、简器、造船、筹饷、用人、持
久"六条为"紧急机宜"。之后，大臣奉旨议复，形成了关于海
防事务决策的大讨论。② "本末观"思想正是郭嵩焘在这场海防
大讨论中提出的。1875 年（光绪元年），他在赴闽前奏疏了《条
议海防事宜》（余文简称《条议》）。

《条议》的核心主张认为，"坚船利炮"并不是西洋之所以
强盛的主要原因，巩固海防的根本并不在于"造船、制器"，而
在于"朝廷政教"。学习西方必须明其本末，分清轻重缓急，循
序渐进，以求实效。

就何为本末而言，郭嵩焘极力反对洋务派将如何巩固海防问
题，简单地化约为"造船、制器"问题。对此，郭氏在《条议》

---

① 《请将黔（滇）抚岑毓英交部议处疏》，《清末外交史料》卷四。
② 关于此次海防讨论的主要观点和内容，参见王宏斌：《晚清海防：思想与制度研
究》，商务印书馆 2005 年版，第 80～150 页。

诘问道：

> 诚使竭中国之力，造一铁甲船及各兵船，布置海口，遂可以操中国之胜算，而杜海外之觊觎，亦何惮而不为之？而以西洋聚精会神擅强数十百年之术，强中国一日行之而遽责其抗衡，据一时之议以尽各海口之变，果足恃乎，果不足恃乎？此所不敢知也。[①]

他认为，"筹防之宜"应在"究其国政、军政之得失，商情之利病"的基础上，才可以"师其用兵器之方"。概言之，海防问题解决的关键在于"先明本末之序"。为了说明此"本末观"，郭氏以西洋的历史经验予以论证。文载：

> 嵩焘窃谓西洋立国有本有末，其本在朝廷政教，其末在商贾，造船、制器，相辅以益其强，又末中之一节也。[②]

于是，郭氏认为总理衙门条奏的"海防六事"都是支微末节，而非图强之本。对此，他说道："故夫政教之及人本也，防边末也，而边防一事，又有其本末存焉。敬绎六条之议：如练兵、制器、造船、理财，数者皆末也。"[③] 因而，他毫不避讳地指出了洋务派这种本末倒置、急功近利的做法。是谓：

> 舍富强之本图，而怀欲速之心以急责之海上，将谓造船、制器用其一旦之功，遂可转弱为强，其余皆可不问，恐无此例。[④]

就本末之关系问题，《条议》在讨论学习西方从何入手时指出，正本、务末，孰先孰后，要因时制宜。是谓：

> 时之应有常、有变，而功之施有本、有末。时处乎变，

---

① （清）郭嵩焘：《郭嵩焘奏稿》，杨坚校补，岳麓书社1983年版，第346页。
② （清）郭嵩焘：《郭嵩焘奏稿》，杨坚校补，岳麓书社1983年版，第345页。
③ （清）郭嵩焘：《郭嵩焘奏稿》，杨坚校补，岳麓书社1983年版，第344页。
④ （清）郭嵩焘：《郭嵩焘奏稿》，杨坚校补，岳麓书社1983年版，第346~347页。

则从其变之数以治其末而匡救之，而本有不暇顾矣。时际乎常，则审其常之理以探其本而厘正之，而末有不足言矣。①

因此，郭氏认为，为了全面学习西法之本，可先务其"末"，即"通商贾之气以立循用西法之基，所谓其本末遑而务其末者。"② 这里所谓的末，便是"商贾、造船、制器"等发展工商、军事工业的措施。之所以要"姑务其末"是因为，"方今国计空虚，人民凋敝，其势不能兴大役、动大众"，因此应"渐进于强"。对此，郭氏言道：

> 天下国家之大，犹之人身也，强者力负千钧而弱者不能，强者日行百里而弱者不能，则姑疏通百脉之气，宣导六府之滞，使其神日舒而力亦日有增长，自可渐进于强。……自古国家大利之所在，皆成于渐而起于微，断无一蹴而即臻强盛之理。③

郭嵩焘在 19 世纪 70 年代中叶提出的"本末观"已经不同于洋务派的"中本西末"观。在洋务运动期间，学习西方技艺、发展近代工商业并不是什么新鲜的话题。清廷为了改变内外交困的时局，在接受魏源"师夷长技以制夷"主张的基础上，大体遵循了一条"中本西末"的原则，即"以中国之伦常名教为原本，辅以诸国求富强之术。"尽管"中本西末"论为封闭的传统文化打开了缺口，破天荒地承认天朝有不如夷邦之处，为西学在中国的传播辟出了路径，在当时的历史条件下，在中国起到了"开风气"的作用；但是，该论的根本在于以新卫旧、以西补中，企图用西方先进的科学技术来维护中国传统的政教纲常。因

---

① （清）郭嵩焘：《郭嵩焘奏稿》，杨坚校补，岳麓书社 1983 年版，第 340 页。
② （清）郭嵩焘：《郭嵩焘奏稿》，杨坚校补，岳麓书社 1983 年版，第 345 页。
③ （清）郭嵩焘：《郭嵩焘奏稿》，杨坚校补，岳麓书社 1983 年版，第 346 页。

此，随着西学东渐步伐的加快，"中本"越来越成为"西末"的障碍。这也是洋务运动举办数年，成效甚微，最终破产的根本原因之所在。郭嵩焘显然在那时已洞察出"补救"论之弊端，不仅主张应全面学习西方，而且要在"明本末之序"的基础上进行学习。

以郭氏在《条议》中"急通官商之情"和"通筹公私之利"为例。洋务工业的开展，虽然也包含了增强国家军力、财力，以御外侮的愿望，但清廷却更害怕出现"数十年后，中国富农大贾必有仿造洋机器以自求利益者，官法无从为之区处"的局面。因此，清廷并不主张在经济领域放任民间资本力量发展，极力以官办或官督商办的形式加以垄断，妄图把近代工业控制在"中本"的服务范围之内。对此，郭嵩焘十分反对，并主张"师洋人之所利以利民""求富强之所在导民以从之"。他认为，"洋人之利在通商"，通商是西方富强的成功秘诀。在西洋无论开设工厂、制造舟车，还是远洋贸易"皆商人为之"，政府不与争利，国家仅"收其税以济国用"。国家"能资商贾之力以养兵"，又以武力保护通商，乃至出兵征服，扩大市场的原因是"官民上下通筹，合力为之"，因而，"民富而国强"。于是，他提醒清政府，中国要自强，最重要的事情，应全面考虑问题，而不是筹办海防，而是"急通官商之情""通筹公私之利"。在发展近代工商业中，改变现有的做法，如同西洋一样，对商民实行引导、鼓励、扶持的政策，允许商民"广开机器局""制备轮船"，不搞官督，由"商人自制"，并与官办企业一体看待。同时，他还告诫清廷说："民富国强"不仅为西洋历史发展所证实，也是社会发展一种不可遏制的趋势，正所谓"利之所在，虚文有所不能制也"。① 相

---

① （清）郭嵩焘：《郭嵩焘奏稿》，杨坚校补，岳麓书社1983年版，第341页。

反，如果一味限制、束缚，只会驱使中国资本流入洋商名下以谋利，如伍怡和、吴健章、胡墉、杨坊等人，"号称巨富，皆有轮船，经营贸易遍及诸国。惟深自隐讳，以与洋商比附为利。国家制法防范愈密，则商人之比附愈深。"①

由是观之，郭嵩焘既以学习西方技艺，发展近代工商业作为应变的"匡救"之策，又视此应建立在"循用西法之基"上，从而把"治末"和"正本"有机地结合在一起，成为中国学习西方以致富强的不可分割的两个方面。这种认识思想已远非后来"中体西用"的理论模式所能容纳，因而，郭氏所提出的"本末观"成为近代中国除"中体西用"论之外，又一治国安邦之方案，并为后来戊戌变法的某些主张埋下伏笔。

（三）"君民兼主国政"：郭嵩焘法政思想的升华

尽管出洋前郭嵩焘在《条议》中已经看到"西洋立国有本有末"以及"西洋立国以政教为本"等问题，但是就如何才能达致"政通人和"的目标时，郭氏开出的"药方"仍然是传统的，即强调"明君、贤臣和顺民"的儒家民本主义思路。

有关这一点可以从如下三个事例予以说明。其一，郭氏在论及汉代议政制度时，表达了对"明君"的向往，并希望"以天下之政公之天下"。他写道：

> 汉时国有大政，公卿会议，下逮议郎，皆可直摅所见，上赞军国之至计，人主亦常屈群议而从之。言者不以为嚣，大臣不以为恩，天子亦不以为功。故以为听言之广，后世无若汉者，惟其以实不以文也。抑惟天子以天下之政公之天

---

① （清）郭嵩焘：《郭嵩焘奏稿》，杨坚校补，岳麓书社1983年版，第341页。

下，而人能自效其诚也。今之叔皮不难其人，而能与朝廷之议者，旷世无由一见。人才何由而兴，国政何由而善哉。①

其二，郭氏在对付太平军以及抚粤期间的经历，使他深刻认识到"官吏之路不清"是国家"治乱之源"，因此，他在出国前一直主张应"严以驭吏"。如他在《钦奉谕旨敬陈管见疏》中这样写道：

> 天下之治乱在乎用人之当否。所用贤，则纪纲振饬，法度修明，虽乱世亦可以为治；所用非贤，则纪纲倒置，法度废弛，虽平世亦可以致乱。从古及今，未闻费有用之财，养无用之人，啖之以利而求其不作乱者。②

此外，咸丰九年（1859 年），当咸丰皇帝第二次召见郭嵩焘问其"天下大局，宜如何办理"时，郭氏给出的答案就是"当以讲求吏治为本"。③　其三，同年，郭嵩焘在《请推陈致理之原疏》中指出了当前政局的最大忧虑，即"上下之情太隔"。④　咸丰皇帝在看此奏疏后召见了他。在召见时，咸丰皇帝对郭嵩焘说，若奏疏不能畅所欲言，可以"尽情陈说，不必隐讳"。借此机会，郭嵩焘进一步陈说了"通下情，以顺民"的重要性，说是"王大臣去百姓太远，事事隔绝，于民情军情委曲不能尽知，如何处分恰当？"他更直陈，希望朝廷之上，认真追求实际，以致天下从风。换言之，他要求皇帝定出一个明确的要求或政策，建立一个榜样使"人人晓得朝廷的志向"，积久成风，气象自然

---

① （清）郭嵩焘：《郭嵩焘日记》，第 1 卷，岳麓书社 1981 年版，第 83 页。
② （清）郭嵩焘：《郭嵩焘奏稿》，杨坚校补，岳麓书社 1983 年版，第 159 页。
③ （清）郭嵩焘：《郭嵩焘日记》，第 1 卷，岳麓书社 1981 年版，第 201 页。
④ 转引自汪荣祖：《走向世界的挫折——郭嵩焘与道咸同光时代》，中华书局 2006 年版，第 49 页。

会一新。①

可幸的是，马嘉理事件以及 1876 年《烟台条约》的签订，使得郭嵩焘于光绪二年（1876 年）12 月 1 日得到了出使英法，考察西方的机会。这也使他真正可以正眼看世界，重新审视、升华自己在天朝上国所能冥想出的认识极限。

由于出国前，慈禧太后要求郭嵩焘到西洋后一切应详细考察，所以郭嵩焘在英、法期间除尽使臣之责外，将大部分的时间都用于考察西方现代文明上。据学者钟书河整理，郭嵩焘在此期间留下了 50 多万字的日记，其内容涉及政教、风俗、刑狱、课税、礼仪、科技、教育、卫生、工业、商业、军事等诸多方面。值得一提的是，作为"天朝上国"的高级使臣，郭嵩焘对英国法政的考察，在中国近代西法东渐的历史上占有不可低估的作用。

1. 与中国古代文明相平行的西方文明

尽管出洋前郭嵩焘对传统的"夷夏观"就有新的认识，但"夷"邦的文明究竟如何，其语焉不详。况且，作为传统的士大夫，郭嵩焘在心底里依然认为中国古代的政教文明是最优的。然而，这一看似真理的"先见"在出洋后被打破。

在出使英、法的时间里，郭嵩焘亲眼看到"他们也有二千年的文明"。郭嵩焘在光绪五年（1879 年）二月十六日的日记里用大量文字分述了"犹太、巴比伦尼亚、亚述利亚、埃及、希腊、罗马、印度及中国凡八国，并立国数千万年"② 的历史。在该篇日记中，郭嵩焘用述学纪史的文字向国人描述了西方文明的源泉——古希腊哲学。文载：

① 参见汪荣祖：《走向世界的挫折——郭嵩焘与道咸同光时代》，中华书局 2006 年版，第 50~51 页。
② 具体参见（清）郭嵩焘：《伦敦与巴黎日记》，引自钟叔河编：《走向世界丛书 Ⅳ》，岳麓书社 2008 年版，第 934~946 页。

有退夫子（泰勒斯——作者注）言天地万物从水火出来。有毕夫子（毕达哥拉斯——作者注）尤精音乐、天文，论行星转动远近、大小、快慢，有一定声音节奏。有琐夫子（苏格拉底），爱真实，恶虚妄，言学问是教人有聪明、德行、福气，作有用之事，教别人得益处。有巴夫子（柏拉图——作者注）言凡物有不得自由之势，……。巴夫子有一学生，为亚力克山太先生，名亚夫子（亚里士多德——作者注），……言天地万物原来的动机就是神，这个动机不能自立，有一个自然之势教他不得不然。……耶苏前四百二十年有安夫子（安提西尼），言福气不在加在减，常减除心里所要的，就是德行；所以常轻视学问知识、荣华富贵。其学生杜知尼（第欧根尼——作者注）名尤著，常住木桶中。……其后又有以夫子（伊壁鸠鲁——作者注），言天地万物是从无数原质配合起来，自然成了所有的诸形。希腊学问从亚力克山太以后传播天下，泰西学问皆根源于此。①

在述及西方文明之源后，郭嵩焘还尝试着对中西方文明作出了比较，他指出儒、道、释、墨四者表面上虽有不一的地方，但实质却是相同的，其基本精神都是"专于自守"，是内向的，保守的，即"中国圣人之教道，足于已而无责于人"。相反，西方的基督教文明则"主于爱人"，是外向的，进取的，即"（耶稣）教主于爱人，其言曰'视人犹己'"。②

正是基于对西方文明的考察及思考，郭嵩焘认识到文明是社会进步的标志，西洋作为世界之重要组成部分，其也有自己的文

---

① （清）郭嵩焘：《伦敦与巴黎日记》，引自钟叔河编：《走向世界丛书Ⅳ》，岳麓书社 2008 年版，第 946~947 页。
② 转引自钟叔河：《走向世界——中国人考察西方的历史》，中华书局 2010 年版，第 208 页。

明，且发展程度并不比中国古代低，甚至可以比肩传统士大夫所向往的"三代"时期。如光绪四年（1878 年）八月初八日郭嵩焘在伦敦参加"万国公法学术讨论会"时，见"其议论之公平，规模之整肃"，云："惜中土列国时无此景色，虽使三代至今存可也。"① 同年四月二十一晚赴柏金宫殿跳舞会，见"嬉游之中，规矩仍自秩然"，谓"其风教实远胜中国"，虽跳舞"动至达旦"而"未闻越礼犯常，正坐猜嫌计较之私实教少也。"② 况且，在西洋人眼中，当下的中国的文明程度并不能与其相提并论，如郭嵩焘言道：

> 盖西洋言政教修明之国曰色维来意斯得（civilized，开化的——作者注），欧洲诸国皆名之。其馀中国及土耳其及波斯，曰哈甫色维来意斯得（half - civilized，半开化的——作者注）。哈甫者，译言得半也；意谓一半有教化，一半无之。其名阿非加诸回国曰巴尔比里安（barbarrian，野蛮的——作者注），犹中国夷狄之称也，西洋谓之无教化。三代以前，独中国有教化耳，故有要服、荒服之名，一皆远之于中国而名曰夷狄。自汉以来，中国教化日益微灭；而政教风俗，欧洲各国乃独擅其胜。其视中国，亦犹三代盛时之视夷狄也。中国士大夫知此义者尚无其人，伤哉！③

因此，郭嵩焘主张，我们不仅不能将西洋视为"蛮夷"之邦，相反，西洋与古代中国一样有着自己悠久的历史和文化传统，其文明程度并不亚于我们。这一认识无疑是对郭氏先前"夷

---

① （清）郭嵩焘：《伦敦与巴黎日记》，引自钟叔河编：《走向世界丛书Ⅳ》，岳麓书社 2008 年版，第 719 页。
② （清）郭嵩焘：《伦敦与巴黎日记》，引自钟叔河编：《走向世界丛书Ⅳ》，岳麓书社 2008 年版，第 580 页。
③ （清）郭嵩焘：《伦敦与巴黎日记》，引自钟叔河编：《走向世界丛书Ⅳ》，岳麓书社 2008 年版，第 491 页。

夏观"的一种深化和升华。与此同时，承认西方不是夷狄之国，而是文明之国，意味着过去一切对于西方人行为方式的解释，如他们要么好利，要么好武，要么好争等说法，都需要被重新的检视。

2. 对议会民主与两党政治的初步认知

前已述及，在出洋前，郭嵩焘认为合理而又健康的国家政治结构，应该是一种君臣各自职权明确、君臣之间相互信任、君通下情、民情上达、君臣吏民上下同心的合理结构。因此，初到英伦后，郭嵩焘对英国的议会民主制和两党制产生了浓厚的兴趣，在日记中用大量的笔墨对其进行了描述，溢美之情寓于字里行间。

郭嵩焘在英期间曾受阿什百里之邀去议院旁听辩论，他记述道：

> 是日集者四百馀人。有致诘各部院事，先指名知会，至则相与诘辨，而以土耳其一案为最著。有议院绅阿定敦，先知会政府毕根士由（系上议院绅），发论凡数千言。每有中肯綮处，则群高声赞诺。其兵部尚书哈尔谛辨驳其误，亦数千言，语尤畅朗。次议绅阿葛尔得复申阿定敦之说，亦数千言，徒诘政府因循坐视，不能出一计、定一谋，其言颇强坐以无能。大抵英政分为两党，一主时政，为新政府毕根士由一党；一专攻驳时政，为旧政府格南斯敦一党。其议政院坐位竟亦分列左右，右为新政府党，左为旧政府党；而列入新党者常多，亦权势所趋故也。其主议院事者，谓之斯毕格，坐正中堂皇。始就坐，斯毕格赞称静坐止言谈，即有应称起立，论所诘事。答者俟其语毕，起立申辨。其有要紧事件，斯毕格起传其名，令早自陈说。凡有言皆起立，其馀皆坐，

语毕退就坐，乃继其应之，无敢儳言者。①

从中郭嵩焘看到了西方政治的民主性，凡国家大事都由议院讨论决定，且气氛热烈，畅所欲言。

这一有别于中国的政治制度使得郭嵩焘回过头来，仔细考证了英国议会制度的历史。是谓：

> 显理第三当一千二百六十五年，令民间择人入巴力门会，与诸世爵议事可否，即下议院所由始也。巴力门会即议院，初惟世爵主之，至是始增置民会。②

> 略考英国政教原始：议院之设在宋初（英自汉时始立国，即有议会，多以教师操其权，历久而规制益详），距今八百馀年。至显理第三而后有巴力门之称（一千二百二十五年，当宋理宗绍定五年③），即今之上议院也。一千二百六十四年，令诸部各择二人，海口择四人入巴力门会，为今下议院所自始。（上院名罗尔德，世爵之称也；下院名高曼。义德第三即位五年，一千三百三十一年始分上、下议院。军国大事，先咨之高门士，以达上院，而后自行之。其长曰斯比格。）买阿尔之设（今称梅尔，买、阿二字之合音也）在一千一百八十年后（当宋孝宗淳熙时），设立伦敦买阿尔衙门，令民自选。又越百馀年（亦在义德瓦第三时），当元之中叶，始令听讼者由如力（jury，陪审员——作者注）代证枉直。如力者，地方良民也，为今律师代质所自始。④

---

① （清）郭嵩焘：《伦敦与巴黎日记》，引自钟叔河编：《走向世界丛书Ⅳ》，岳麓书社 2008 年版，第 159～160 页。
② （清）郭嵩焘：《伦敦与巴黎日记》，引自钟叔河编：《走向世界丛书Ⅳ》，岳麓书社 2008 年版，第 213 页。
③ 1225 年应该是宋宝庆元年，这里郭嵩焘的记载应该有误。
④ （清）郭嵩焘：《伦敦与巴黎日记》，引自钟叔河编：《走向世界丛书Ⅳ》，岳麓书社 2008 年版，第 404 页。

通过对英国议会历史的梳理，郭嵩焘认识到西洋各国大事，"皆百姓任之，而取裁于议政院（议会），其国家与人民，交相为系，并心一力"。①

对英国的两党政治，郭嵩焘也产生了浓厚兴趣。郭氏通过观察在日记中这样描述英国的两党政治，他说道：

> 英国执政分二党。今相毕根士、前相格兰斯各为之魁。其前二党立名，一曰多里（Tory，托利党——作者注），一曰非克（Whig，辉格党——作者注）。今又易其名，一曰庚色法尔甫（Conservative，保守党——作者注），犹言循守旧章之意，毕根士一党主之；一曰类布拉尔（Liberal，自由党——作者注），犹言遍行商议之意，格兰斯敦一党主之。大抵异同二者之辨而已。②

在论及英国两党政治产生原因时，郭嵩焘认为两党政治是为了反对议会专权而产生的，他指出："盖军国大事一归议院，随声附和，并为一谈，则弊滋多。故自二百年前即设为朝党、野党，使各以所相持争胜，而因剂之平。"③

从上面郭氏的论述我们看到，尽管郭嵩焘对英国议会民主制和两党制的认识还十分粗浅，甚至在有些方面存在着错误④。但是，毕竟置身于西洋文明中，郭嵩焘对自己中西方政治文明的"先见"，又做了进一步的修正和完善。

---

① 《致李傅相》，见《郭嵩焘诗文集》。
② （清）郭嵩焘：《伦敦与巴黎日记》，引自钟叔河编：《走向世界丛书Ⅳ》，岳麓书社 2008 年版，第 398 ~ 399 页。
③ （清）郭嵩焘：《伦敦与巴黎日记》，引自钟叔河编：《走向世界丛书Ⅳ》，岳麓书社 2008 年版，第 429 页。
④ 如郭嵩焘将英国的两党政治等同于古代中国的"党争"，认为两党政治在中国也曾出现过，即"此间国事分党甚于中国"。参见（清）郭嵩焘：《伦敦与巴黎日记》，引自钟叔河编：《走向世界丛书Ⅳ》，岳麓书社 2008 年版，第 101 页。

3. "君民兼主国政"：对英国政教之本认识的总结

随着郭嵩焘对英国政治文明认识的加深，逐渐认识到西洋的议会民主与传统中国的民本主义有着决然的不同，西洋政教之所以文明，国家之所以富强原因在于"君民兼主国政"这一具体的制度。

如果说初到英伦的郭嵩焘对英国的议会民主和两党政治的认识还如同看"万花筒"一般，徒识皮毛，比附中国，那么，耳濡目染的经历使郭嵩焘开始对这些制度产生思考。例如，一日同行的出使人员李凤苞向郭嵩焘谈起他对英国两党政治时说："君主民主，截为两党，不相假借。平居周旋，往来相善也，一与议国政，两党各树旗鼓，相持不能下，而以人数多者为胜党，亦遂敛然退听，无挟气以相难者。"对此，郭氏也谈了自己的一番见解："自始设立议政院，即分同、异二党，使各竭其志意，推究辩驳，以定是非，而秉政者亦于其间迭起以争胜。于是两党相持之局，一成而不可易。问难酬答，直输其情，无有隐避，积之久而亦习为风俗。"① 显然，在郭嵩焘看来，西洋的议会民主制及其与之关联的两党政治有利于正直敢言，从而使国家政治达到"上下相通"的状态。

于是，郭嵩焘逐渐认识到"在君主政治之外，尚有君民共主，民主之治矣"的其他文明政治模式，而这种"君民共主"的政治模式是西洋富强、文明的根本所在。光绪三年（1877）四月，郭嵩焘在考察英国的民用设施后，指出：

> 英国行政务求便民，而因取民之有馀以济国用。故其所设各官，皆以为民治事也，而委曲繁密；所以利国者，即寓

---

① （清）郭嵩焘：《伦敦与巴黎日记》，引自钟叔河编：《走向世界丛书Ⅳ》，岳麓书社 2008 年版，第 434 页。

于便民之中。……此专为便民也，而其实国家之利即具于是。此西洋之所以日致富强也。①

光绪四年三月在考察英国税务制度后，他说道：

西洋制国用，岁一校量出入各款，因其盈绌之数，以制轻重之宜，一交议院诸绅通议，而后下所司行之。三代制用之经，量入以为出，西洋则量出以为入，而后知其君民上下，并心一力，以求制治保邦之义。所以立国数千年而日臻强盛者，此也。②

由此，郭嵩焘得出结论说："西洋所以享国长久，君民兼主国政故也。"③

难能可贵的是，郭嵩焘还拿西洋"君民兼主国政"的民主制度参照、反思了中国陈陈相因两千多年的君主专制政体，认为中国两千年以来的政治恰与西洋"君民兼主国政"相反。是谓：

计英国之强，始自国朝；考求学问以为富强之基，亦在明季，后于法兰西、日耳曼诸国。创立机器，备物制用，实在乾隆以后。其初国政亦甚乖乱。推原其立国之本末，所以持久而国势益张者，则在巴力门议政院有维持国是之义，设买阿尔治民有顺从民愿之情。二者相持，是以君与民交相维系，迭盛迭衰，而立国千馀年终以不敝。人才学问相承以起，而皆有以自效，此其立国之本也。而巴力门君民争政，相互残杀，数百年久而后定，买阿尔独相安无事。亦可知为君者之欲易逞而难戢，而小民之情难拂而易安也。中国秦汉

① （清）郭嵩焘：《伦敦与巴黎日记》，引自钟叔河编：《走向世界丛书Ⅳ》，岳麓书社2008年版，第197页。
② （清）郭嵩焘：《伦敦与巴黎日记》，引自钟叔河编：《走向世界丛书Ⅳ》，岳麓书社2008年版，第526页。
③ （清）郭嵩焘：《伦敦与巴黎日记》，引自钟叔河编：《走向世界丛书Ⅳ》，岳麓书社2008年版，第156页。

以来二千餘年适得其反，能辨此者鲜矣。①

此外，正如前文所述出使前，郭嵩焘曾认为，为确立全面学习西法的基础，可先务其"末"，即"先通商贾之气以立循用西法之基，所谓其本末遑而故务其末者。"出国后，郭氏在认识到英国政教之本在于"君民兼主国政"的同时，他对先前"本""末"发展先后顺序的认识有所修正。他认为：

> 要之，国家大计，必先立其本。其见为富强之效者，末也。本者何？纲纪法度，人心风俗是也。无其本而言富强，祇益其侵耗而已。贤者与此固当慎之。②

由此观之，郭嵩焘此时已经认为治理国家固然有很多事情要做，但当务之急应该是确立国家富强之根基。治国必先立"本"，即确立良好的政治法律制度，改变落后的思想意识和风俗习惯，而后才能取得国家富强的成效，相反，不立"本"而片面追求富强，只能空耗国力。

（四）"法治"与"人治"之别：郭嵩焘法政思想的飞跃

如果说认识到西洋政教之本、富强之基在于"君民兼主国政"是郭嵩焘法政思想认识升华标志的话；那么，明确提出"法治"与"人治"是中西方法政区别根本之所在的观点，则意味着郭氏的法政思想有了质的飞跃。因为在传统中国能抛弃"三代之治"的梦想，跳出"民本主义"的藩篱，用现代化的眼光重新审视中西法政之异同，不仅在那个时代是颇为难得的；而且即便在今天，这种认识也不过时，仍然具有深远的启示意义。

---

① （清）郭嵩焘：《伦敦与巴黎日记》，引自钟叔河编：《走向世界丛书IV》，岳麓书社 2008 年版，第 407 页。
② 《致李傅相》，见《郭嵩焘诗文集》。

郭嵩焘这段石破惊天的概括这样写道：

吾谓：西洋君德，视中国三代令主，无有能庶几者；即伊、周之相业，亦未有闻焉。而国政一公之臣民，其君不以为私。其择官治事，亦有阶级资格，而所用必皆贤能，一与其臣民共之。朝廷之爱憎无所施，臣民一有不惬，即不得安其位。自始设立议政院，即分同、异二党，使各竭其志意，推究辩驳，以定是非，而秉政者亦于其间选起以争胜。于是两党相持之局，一成而不可易。问难酬答，直输其情，无有隐避，积之久而亦习为风俗。其民人周旋，一从其实，不为谦退辞让之虚文。国家（英国——作者注）设立科条，尤务禁欺去伪。自幼受学，即以此立之程，使践履一归诚实。而又严为刑禁，语言文字一有诈伪，皆以法治之，虽贵不贷。朝廷又一公其政于臣民，直言极论，无所讳忌。庶人上书，皆与酬答。其风俗之成，酝酿固已深矣。①

此外，在论及"法治"与"人治"的区别时，郭嵩焘认为，尽管在传统士大夫看来，中国上古时期的夏、商、周三代是圣人之治，是西洋各国所不能比拟的，但是，三代之治与西洋政治相比是有所欠缺的，即"圣人之治民以德"，但"一身之圣德不能常也"，一代圣人死后，难保代代君主都是圣人贤哲，圣人贤德不存，因人而治世；而"西洋治民以法""推其法以绳之诸国"，法不以君异而变，法是相对永恒的，可以"推衍无穷"。对此，他说道：

恣睢之欲逞，而三代所以治天下之道于是乎穷。圣人之治民以德，德有盛衰，天下随之以治乱。德者，专于己者

---

① （清）郭嵩焘：《伦敦与巴黎日记》，引自钟叔河编：《走向世界丛书Ⅳ》，岳麓书社 2008 年版，第 434 页。

也，故其责天下常宽。西洋治民以法。法者，人己兼治也，故推其法以绳之诸国，其责望常迫。其法日修，即中国之受患亦日棘，殆将有穷于自立之势矣。中国圣人之教道，足于己而无责于人。①

在认识到西洋的"法治"的重要性之后，郭嵩焘也将考察西洋的重点向法律制度方面转移，驻英期间他考察了英国法律的律师制度、刑事案件审判制度、陪审制度、回避制度、监狱制度以及参加万国公法会议的情况和认识。通过观察，郭嵩焘认识到，西洋的刑事审判以及与之相关联的陪审制能够有效地保障案件审判的科学性和公正性，进而保护公民之权利，相比之下，中国的司法审判极易造成冤假错案。于是，他感叹道："中国秦汉以来二千余年适得其反，能辨此者鲜矣。"②

在与西洋各国交往的过程中郭嵩焘认识到法律在各国交往中的重要性，于是，他十分关注各国法律交往的通行做法。光绪三年（1877 年）八月十一日，郭嵩焘收到国际公法讨论会寄来的材料，感到"达摩之意，大抵言各国习教不同，不能以习教之同异分别轻重，一当准情度理行之。所以见示，亦自表其于中国无猜嫌也。"③ 于是，郭嵩焘于光绪四年（1878 年）八月廿十日派驻法使馆随员马建忠参加了此次万国公法会。④ 经过郭氏的努力，本次会议为中国争取了三项法律权利：第一，中国与亚细亚不同教之国相接，当另立章程，其中小有变更，当由亚细亚会议

---

① （清）郭嵩焘：《伦敦与巴黎日记》，引自钟叔河编：《走向世界丛书Ⅳ》，岳麓书社 2008 年版，第 627 页。
② （清）郭嵩焘：《郭嵩焘日记》，第 3 卷，岳麓书社 1982 年版，第 373 页。
③ （清）郭嵩焘：《伦敦与巴黎日记》，引自钟叔河编：《走向世界丛书Ⅳ》，岳麓书社 2008 年版，第 302～303 页。
④ 关于郭嵩焘对万国公法的认识以及与万国公法会之间的联系，参见张建华：《郭嵩焘与万国公法会》，载于《近代史研究》2003 年第 1 期。

裁定，不宜专任欧洲列强干涉；第二，西方列强在东方各口领事不应干涉地方公事；第三，国际公法对各国意见同等予以尊重，中国不当例外。作为答谢，郭嵩焘宴请了国际公法会会长巴里说费尔得、副会长屠威斯、参赞里威业及格吕南、来纽、马尔登。①

不仅如此，郭嵩焘在国际交往中，也经常运用国际法处理与西洋各国之关系。如英印度大臣派员出使喀什噶尔，对此，郭嵩焘进行了严正抗议，并指出"本大臣于此，窃疑与万国公法微有不合"②，因为万国公法有保护立国之例，"今英国犹似调处为义，奉中国以建置小国之权"，这是侵犯中国主权的行径。于是，他认为清廷应"援据西洋公法，划定疆界，杜其侵扰"。③ 事实证明，郭氏的外交策略不仅与国际接轨，而且配合清廷粉碎了英国谋划新疆的企图。

（五）"人心风俗为立国之本"：郭嵩焘法政思想的归宿

孤独的先行者其结局往往是悲剧性的。1879 年郭嵩焘被清廷勒令撤职归国。乞休归里的日子，郭嵩焘仍然关心着国事，思考着时局。应该说，这一时期郭嵩焘的法政思想就与以往发生了明显的改变。如果说郭氏在出洋前侧重于破除传统士大夫封闭眼界，让人正视西洋法政文明，更多地在于"破"的话；那么，置身过"欧风美雨"，亲历过西洋法政文明的他，此时更关注从"立"的角度，思考中国的未来走向以及如何具体达致国家之富强。

---

① （清）郭嵩焘：《伦敦与巴黎日记》，引自钟叔河编：《走向世界丛书Ⅳ》，岳麓书社 2008 年版，第 723 ~ 725 页。
② 郭廷以编：《郭嵩焘先生年谱》，"台湾中央研究院近代史研究所"1972 年版，第 642 页。
③ （清）郭嵩焘：《郭嵩焘奏稿》，杨坚校补，岳麓书社 1983 年版，第 373 页。

晚年的郭嵩焘在深信中国向西方学习已成为一种不可逆转的前提下，主张"渐进地"学习。这一点可以从郭氏晚年对"建海军""修铁路"中找到明证。马江之败后，清廷积极经营海军，但郭嵩焘并不赞成，并认为中国的自强一直没有上轨道，基础未固，即建海军，并不实际。他在致李鸿章的信函中说，花大钱建海军，乃是"徒资纷扰，终无裨益"，还不如保全长江水师，以扼制江河上的盗贼。如果要毁弃水师营求海军，在他看来无异"毁弃数十年之成效，营求茫无踪影之富强"。那就太不明理，太不识大体了。① 正如汪荣祖所言：

> 郭嵩焘不主张大治海军，并不是不知其威力与重要，而完全是从实际的观点来考量。譬如沙滩上建筑的城堡，再雄伟，亦必定徒劳无功。经营多年的北洋海军，于甲午一役全军覆灭。若郭地下有知，必有不幸言中之憾。②

此外，郭嵩焘晚年对修筑铁路也表达了同样的务实态度。这些观点主要体现于他去世前几年致李鸿章的信件及所写的《铁路议》《铁路后议》等文中。光绪十五年他在致李鸿章的书中赞同修建仅数百里的津通铁路，认为"深得机要"。因为他知道西洋的铁路是"渐积而成"的，因此，中国也宜"渐次推行"，以行一段收一段之利。如果想一举就营治数千里，似乎是在力求富强，事实上是自取穷困。因大举筑路非借洋款不可，而洋债利息不赀，无以善后；更何况"造端宏大，浮费百出"。基于此，他反对当时张之洞大修几千里的芦汉铁路，并认为此举是"香帅大言炎炎""未能考求中国之情势，知其利而不知所以利。嵩焘以

---

① 参阅郭寄李傅相书，见《养知书屋文集》，卷一二，第13~15页。
② 汪荣祖：《走向世界的挫折——郭嵩焘与道咸同光时代》，中华书局2006年版，第334页。

为轮船、电报，必宜通行，铁路暂必不能行。无已，则小试之，徐徐推广之，庶无大失也。"① 此时的郭嵩焘更加趋向稳健而务实，他并非废弃铁路而不用，因为他更深知"虽使尧舜生于今日，必急取泰西之法推而行之，不能一日缓也"，② 但他更觉得，"今时风俗颓弊，盗贼肆行水旱频仍，官民交困，岌岌忧乱之不遑，而轻言富强乎？"③

其实，郭嵩焘这种"渐次推行"主张源于他对英国政治教化的长期观察。他认为英国的民主政治是长期政治教化、多方因素积累的结果，即"积之久而亦为风俗……其风俗之成，酝酿固已深矣"。④ 在当时的历史条件下，在诸多条件不具备的情况下，为了使中国更务实地学习西方，走向世界，晚年的郭嵩焘最终将落脚点定在了扭转国人"人心风俗"上。

他认为"人心风俗"不仅是"国家政教之源"⑤，而且还是富强之本，"人心厚、风俗纯，则本治"⑥。基于这种认识，郭嵩焘在回湘后十分重视"人心风俗"的改良。他在家乡主持禁烟公社时说：

> 自鸦片流毒中国以来，人心风俗，日益败坏，不复可问。吾辈家居，无整齐教化之责，无赏罚之权，要须实实认定鸦片烟之为害，必不可稍有沾染。……庶冀鸦片烟渐有止

---

① 《致李傅相》，见《郭嵩焘诗文集》。
② 转引自钟叔河：《走向世界——中国人考察西方的历史》，中华书局 2010 年版，第 217 页。
③ 令人唏嘘不已的是，郭嵩焘的预言到清末保路运动时得到了印证。四川民众为反对清廷铁路收归国有的政策，发动"保路运动"，端方调令湖北新军赴川镇压保路运动，武昌空虚，首义成功，庞大的清帝国最终因铁路瞬间崩塌。
④ （清）郭嵩焘：《伦敦与巴黎日记》，引自钟叔河编：《走向世界丛书Ⅳ》，岳麓书社 2008 年版，第 434 页。
⑤ （清）郭嵩焘：《郭嵩焘日记》，第 3 卷，湖南人民出版社 1982 年版，第 868 页。
⑥ （清）郭嵩焘：《郭嵩焘诗文集》，杨坚点校，岳麓书社 1984 年版，第 553 页。

境，人心风俗亦可渐次归于纯实。①

郭嵩焘希望通过禁吸鸦片烟使国人正本清源，从而解决中国衰弱的本源问题。难能可贵的是，郭嵩焘把对"人心风俗"的改造寄托在教育和人才的培养上。他指出："学校者，人心风俗之源也""诚欲挽救人心风俗，必自学校始""人才国势，关系本源大计，莫急于学，而自秦汉以来，学校之不修，二千余年，流极败坏，以致于今日。"同时，他又说："学校之起，必百年而后有成。用其百年之力以荡涤旧染；又用其百年之力，尽一世之才而磨蚌之；又有其百年之力，培养渐积以使之成。"② 此外，郭嵩焘还通过在乡里劝导乡里士绅改造街道、筹办议院以及改良婚葬风俗等方式重树"人心风俗"。③

郭嵩焘之所以在晚年将其法政思想的落脚点放在"人心风俗"这一深层次的思考上，主要是基于对中国国情和国民文化水准的现实思考。郭氏认为，当时中国积贫积弱，风俗凋敝，民生艰苦，根本没有条件追踪西法寻求富强，如果仓行西法，不仅不能富强，反而会动摇国本。是谓：

> 今言者动日取法西洋制造乃能至富强。人心风俗，政治法令，阘冗如此，从何取法西洋乎？于是益知中国求治之难也。④

> 今言富强者，动日急行西法。抑知西人所以富强，果安在乎？……未有人心风俗流极败坏，而可与言富强者也。⑤

---

① （清）郭嵩焘：《郭嵩焘日记》，第4卷，湖南人民出版社1983年版，第23页。
② （清）郭嵩焘：《郭嵩焘日记》，第4卷，湖南人民出版社1983年版，第19页。
③ 参见（清）郭嵩焘：《郭嵩焘日记》，第3卷，湖南人民出版社1982年版，第856页。
④ （清）郭嵩焘：《郭嵩焘日记》（第4卷），湖南人民出版社1983年版，第45页。
⑤ （清）郭嵩焘：《致瞿鸿禨信》，引自郭廷以编：《郭嵩焘先生年谱》，台湾中央研究院近代史研究所1972年版，第945页。

从中我们可以看到，晚年的郭嵩焘尽管不愿意放弃自己的对于中西法政问题的深刻洞察，但不得不囿于实际，扎根现实，为中国社会寻求一条"渐强"之路。他甚至断言：中国实现富强至少需要三百年的持续发展时间，即"以今日人心风俗言之，必有圣人接踵而起，垂三百年而始有振兴之望。"① 于是，郭嵩焘法政思想的归宿已经不再是中西文化观单纯的比较和选择，而已经转化为一种如何践行一种符合中国社会发展实际的，具有长期性、连续性、阶段性的系统工程，而这个系统工程的根基就是改造国人的"人心风俗"。对此，学者曾永玲这样评价道：

> 他似乎并不太看重政权形式，而更重视社会文明的整体。……他的思想深邃之处在于，当人们对西方文化的认识从物质结构深入到政治、经济制度时，他却看到了更深的层次——以民族文化水准为基础的"人心风俗"，即观念、传统、习俗。旧中国的这种"人心风俗"，可以以流言、"公论""义愤"、不动声色的表态，消磨改革家的锐气，腐蚀先行者的进取精神，制造不流血的谋杀，是社会变革的巨大潜在阻力。而这些，恰恰是近代政治家们过分忽略了的一个重要方面。在近代，救亡始终是紧急课题，洋务派学习西方坚船利炮，维新派希望实现君主立宪，革命派以暴力推翻清政权，人们的注意力都集中在能对救亡起直接作用的物质力量与政权结构上，而无暇顾及改造社会广大群众的旧观念、旧意识。这种趋向，一直延伸到新民主主义革命，甚至社会主义革命时期。要根本改变这种"人心风俗"，必须以提高全民族文化水准为前提，确实是长期艰巨的工作。所以，郭

---

① （清）郭嵩焘：《郭嵩焘日记》，第4卷，湖南人民出版社1983年版，第19页。

嵩焘关于改革中国的独特见解，至今仍富有生命力。①

（六）"天嘘晴风散云霾"：中国法律现代化过程中的郭嵩焘

尽管从严格意义的角度讲，郭嵩焘在中国近代法律现代化过程中并不能算是一名真正的法学家，因为他没有法律方面的著作，也没有形成一整套系统的法律主张，但他先知先觉的法政思想标志着中国人已经艰难地开启法律近代化之路，走向世界。他不仅向朝廷及国人介绍了西洋法律运行的风貌，而且明确指出人治与法治是中西法政最大的不同。这些石破惊天的言论向当时暮气沉沉的神州大地吹进了西洋民主、自由的新鲜空气，并为后来维新派的政治法律改良思想起到了不可忽视的启蒙作用。②

鸦片战争给中国社会造成的冲击是划时代的。这次冲击尽管在国民自然经济结构和国家政治权力结构关系方面深刻影响了中国社会。但是，相比较而言，中华民族的文化观念在这次冲击中遭受的损害更大，其结果直接导致"西学东渐"成为挽救民族危亡的一种手段和一剂"良药"。具体表现在法律上，则是清末大规模的变法修律活动。然而，后来的历史证明，中国近代的变法修律活动并不是一帆风顺，其间的踌躇、质疑、反复不胜枚举。究其原因，实是因为国人面对"三千年未有之大变局"，既无法正视西洋法律以及背后所蕴藏的普世价值，也无法直面陈陈相因几千年的礼法传统及其背后的宗法伦理，于是始终在中西之间、古今之间徘徊。

---

① 王国兴：《郭嵩焘研究著作述要》，湖南大学出版社 2009 年版，第 207 页。
② 具体参见庄竺华：《郭嵩焘是早期维新派的先驱者之一》，载于《求索》1992 年第 2 期。

　　郭嵩焘尽管生活在 19 世纪七八十年代，作为先觉者，他似乎已经预见到中国法律近代化可能面临的尴尬境地，于是，他在洞悉西洋法政知识的基础上，结合中国特殊的国情，以挽澜者的身份给出自己的回答。他首先以新的"夷夏观"破除了传统士大夫"夷夏大防"的禁忌，开启了国人正视西洋文明的先河；接着，他又用"本末观"否定了"中体西用"这一始终制约国人充分认识、利用西学的禁锢；其次，在充分考察西洋议会制度、两党政治的基础上，提出了"君民兼主国政"的制度性主张；在此基础上，思考得出法治治国优于人治治国的观点，并由此悉心考察西洋的政治法律制度；最后，在充分顾及国情和国民素质的基础上，将中国富强之策定位于"人心风俗"之上。综观郭嵩焘一生的思想内在理路，笔者认为其在如下两个方面对中国法律近代化产生了重要的意义与影响：

　　其一，他在某种程度上为中国法律近代化之路的开启做出了铺垫。中国法律近代化之路虽然开启于晚清最后十年，但是在此之前，郭嵩焘用新的"夷夏观"使国人不仅认识到西洋之人不仅不是"蛮夷"，而且他们的文明程度绝不亚于华夏文明。这一观念的转变，直接使得西洋的法政知识有了在中国传播、学习的可能。郭嵩焘的"本末观"更是使国人认识到西洋的强大并非只是坚船利炮、声光气电。中国的孱弱是全方位的，不仅表现在上述诸物质层面上，而且在制度乃至文化层面都较之西洋有所差距。因此，在当时"中体西用"已成共识的大背景下，主张全面向西洋学习，① 而这恰恰与清末变法修律的指导思想不谋而

――――――――

① 如郭嵩焘在光绪三年八月二十七日上奏清廷的《请纂成通商则例折》中就主张效法西洋，《纂成通商则例一书，以资信守事。》参见（清）郭嵩焘：《郭嵩焘奏稿》，杨坚校补，岳麓书社 1983 年版，第 381 页。

合。而郭嵩焘主张"君民兼主国政"以及政党制度的观点，也成为日后清末预备立宪的主要方向。由以人治国到依法治国的转变，更成为中国近代法制变革一条不可逆转的主线。

与之相应，郭嵩焘毕生所极力抨击的正是日后阻碍中国法律近代化进程的顽固、保守性因素。郭嵩焘认为，是南宋以来的虚骄之气是国人无法正视西洋，无法很好地学习西洋的重要原因。郭嵩焘一再感叹中国自鸦片战争以来，由于不明洋情，不知如何应付洋人，以致于屡次延误，使洋务既愈来愈难办，国家也愈来愈艰危。而造成这一现象的原因就是，一种既不明理势，亦不讲是非，甚至只为了个人名利的虚骄之气。这些怀有虚骄之气的士大夫往往迎合当时国人因列强侵略而导致的仇外心理，以自鸣高，不惜动用一切可资利用的传统资源，如春秋大义、华夷之分、君父之仇、国体、纲常，以气势慑人，压制理势，甚至挟制朝廷，影响决策。他们的出发点并不是解决问题，思考如何使国家富强，而是站在道德的制高点，回避、隐藏、拖延问题，沽名钓誉。其实，后来变法修律之所以举步维艰，很大程度上就是顽固派秉持虚骄之气的结果，"礼法之争"即是明证。"礼法之争"表面看似呈现出中、西法律文化的冲突，似乎是传统文化在作祟，然则是虚骄之辈利用了传统文化。

其二，郭嵩焘晚年法政思想的归宿实质上已经触及了中国法律近代化一个亟待解决的核心问题，即法律和社会的关系。申言之，在一个与西洋法律生存环境迥异的土壤里，西洋法律应如何适应中国社会。

在郭嵩焘看来，西洋的法政知识固然优良，是华夏文明之外人类文明史上的另一支奇葩。但是，在人民风俗日恶，吏治益坏，国家羸弱的现实国情下，自强大业要由烂摊子来撑，无论如何是撑不起来的。如果贸然移植西法只会动摇国本，事倍功半。于是，郭嵩焘最终将中国富强之路落脚在改造"人心风俗"这一系统工程上。在很多人看来，晚年郭嵩焘此举是其思想倒退的表现，认为其难以摆脱封建传统之羁绊，重拾儒家民本主义挽救危亡。[①] 实际上，郭嵩焘的主张是一种更高层次的思想。因此，郭嵩焘正是认识到法律与社会发展实际应大体相当的道理，才务实地在晚年讲求人心风俗，要求去伪，把人心风俗与学校联系在一起，以冀重振学校之道。[②]

其实，中国近代法律现代化之所以举步维艰很重要一个原因就是，我们从国家富强、救亡图存的角度出发，把西洋的法政知识作为使中国振衰起弱的"富强之术"，试图用西洋的法律来改造中国积贫积弱的社会，而很少顾及西洋之法律与中国社会是否适应、是否合适。中国法律近代之路恰是在这种外在政治化的目的中，丧失了自我健康的发展道理，走上歧途。在这个意义上讲，郭嵩焘晚年看似"倒退"的主张，实质上构成了对于中国法律近代化之路的自主反思，这无疑对这场至今仍在继续的法律近代化之路仍具有十分重要的警示性。

早在中国法律近代化之前，只有少数人士能够以理智看清时局，认为中国必须走向世界。如果说林则徐、魏源等人较早地向国人介绍英美法政知识，属于"睁眼看世界"的话，那么，晚其一辈的郭嵩焘则以其宽广的视界，正视西方尤其是英美法知

---

① 参见崔丽娟：《郭嵩焘洋务思想新论》，引自《广西师范大学学报（哲学社会科学）》1990 年第 2 期；李时岳：《近代史新论》，汕头大学出版社 1998 年版，第 162 页，等。
② 相关论述参见（清）郭嵩焘：《郭嵩焘日记》，第 3 卷，湖南人民出版社 1982 年版，第 823、887、948 页。

识，可谓中国近代法律史上"正眼看世界第一人"。① 尽管他的法政思想过于先进，同时代人鲜能接受，但"天嘘晴风散云霾"，其思想主张不可逆转地将成为日后时代发展的主流。他始终坚信，百世后的论者能给他一个公允的评价，正如他在临终前不久自提小像诗有云："傲慢疏慵不失真，唯余老态托传神。流传百世千龄后，定识人间有此人。"②

---

① 关于郭嵩焘与林则徐的区别，参见袁伟时：《从林则徐到郭嵩焘》，引自《近代史研究》1991 年第 5 期。
② 《戏书小像》，引自《养知书屋诗集》第十五卷。

第七章
英美法在中国输入与
影响的理论分析

一、中国对英美法的认知—评价心理

如果说鸦片战争前后英美法的输入在中国并未掀起波澜是因为"政教一体化"的王权主义维系着传统的"夷夏观"，国人囿于文化心理的定势思维对其进行排斥的话；① 那么，洋务运动三十年，当英美法无论从深度和广度上都进一步输入中国时，当更多的中国人接触、认识到这些知识时，其影响效果却依旧有限，这就不得不引起思考。显然导致这一现象的原因并不在于英美法传播内容的多少或者是传播方式的优劣，抑或是传播程度的大小，而主要涉及这背后中国人对英美法这种舶来知识的认识、理解和评价相关联的认知—评价心理。因为这一认知—评价心理直接左右着洋务运动时期的中国人，尤其是朝野知识分子如何在自己的思维中，完成对外来知识的"消化"和评价。

这里需要指出的是，这里所说的朝野知识分子的认知—评价心理既不是这其中每个人个体心理的总和，也不是他们的中间均衡状态，而是他们每个人或多或少地在其心理所体现出这种典型的心理状态。更为具体地讲，保守派可能体现这种典型的心理状态程度要高一些，洋务派则体现得少一些，早期改良派则出现了一些偏离的状态。对此，有论者言：

> 各人的社会经历、个性特质与这种作为集体经验的典型心理不同比例的结合，从而使士大夫的思想呈现出千姿百态来。尽管如此，我们还是要指出，这种典型心理既然是从大

---

① 详见李栋：《鸦片战争前后英美法知识在中国的输入与影响》，中国政法大学出版社 2013 年版，第 232~241 页。

多数士大夫的国粹表现中抽象出来的，它当然为大多数人所共有。我们民族在近代史上的种种不幸，就主观方面而言，恰恰在于，在中国特殊历史文化条件下，有幸摆脱这种典型心理模式支配的士大夫为数实在太少了。①

（一）"强制同化"：朝野知识分子的认识心理

首先就认知心理而言，从认识心理学的角度看，人作为认识主体，是运用自己思维中内在的认知结构作为框架来认识外界客观事物的。申言之，这里的认知结构就是由一系列在特定的历史文化条件下形成的概念、范畴彼此有机结合而成的思维网络。所谓对客体对象的认知，就是人们运用自己认知结构中的概念、范畴和术语，来表征和描述他所感知到的外部客观事物。因此，当人们运用自己的概念、范畴、术语，对外部客体的信息和感觉材料加以摄取、包容之后，客体对象在人的思维中就转换为主体所能理解和接受的语词形态。②

按照已有的研究，瑞士心理学家皮亚杰（Jean Piaget，1896～1980 年）将人们对外部客体对象的认知过程，类型化为两种：同化（assimilation）机制和顺化（即顺应 accomodation）机制。

前者指涉的是，"把外界元素整合于一个机体的正在形成中或已完全形成的结构内。"③ 即是说，当某一外部客体作用于人的思维时，它与主体的概念范畴库存中现存的语词直接吻合，从而能够顺利地被主体认知结构予以吸收，进而直接转换为主体认

① 萧功秦：《儒家文化的困境：近代士大夫与中西文化碰撞》，广西师范大学出版社2006 年版，第 33 页。
② 参见萧功秦：《儒家文化的困境：近代士大夫与中西文化碰撞》，广西师范大学出版社 2006 年版，第 33～34 页。
③ ［瑞士］皮亚杰：《皮亚杰的理论》，引自张述祖等编：《西方心理学家文选》，人民教育出版社 1984 年版，第 429 页。

知结构内部的语词指号。换言之，在同化机制中，主体无须对自己原有的认知结构本身予以内部调整和改变，就能够在思维中吸收、同化和包容这一外部刺激，完成对外部刺激即客体对象予以认知的功能。

后者则指涉的是另一种情况，即当某一种特异的新奇事物刺激人的感觉和思维时，主体在自己原有的概念库存中又找不到适当的、对应的语汇来准确地表达这一外部对象。也就是说，外部事物不能与人的认知结构中原有的任何概念直接吻合和匹配。既然认知结构无法直接吸收该外部刺激，为了克服这一困境，主体必须对自身的认知结构进行内部调整，补充乃至改组，以最终顺应对该特异客体在自己的认知结构中予以吸收的功能要求。

由于后者能够不断自我更新，以适应认识客观世界的需要，因而具开放性；而前者主要适合于主体对外部世界周而复始的、循环出现的熟知对象迅速加以处理、分类和编码，因而对新鲜事物或异质事物则显得无能无力，因而倾向于保守。① 对此，皮亚杰指出：

> 当同化胜过顺化时（就是说不考虑客体的特性，只顾到它们与主体的暂时兴趣相一致的方面），就会出现自我中心主义的思想，甚至表现我向的思想。②

如果以此为据，我们可以很容易发现，由于缺乏同质文明的冲击以及对自身典章文物制度的自信，中国传统的认知心理大体上应属于同化机制。当他们遇到新事物、新知识时，惯常用"旧瓶装新酒"的方式，从旧有词库中寻找相近术语进行表达，而不

---

① 参见萧功秦：《儒家文化的困境：近代士大夫与中西文化碰撞》，广西师范大学出版社 2006 年版，第 34~35 页。
② ［瑞士］皮亚杰：《皮亚杰的理论》，引自张述祖等编：《西方心理学家文选》，人民教育出版社 1984 年版，第 432 页。

会另辟蹊径，通过建构或发明新概念完成这一任务。如他们将西方的"炮船器具，声光化电"用古语"奇技""机巧"来表达，将国与国之间的"通商贸易"用古语"互市""通市"来概括；将英美的议会政治用古语"议礼明堂""议政乡校"来比附。

这种"强制同化"的认知心理，一方面很容易使来自于西方的新事物、新知识被中国人归类到其原有的知识结构中，转化为中国人可以直接理解的概念形态，甚至构成一种接受西方知识的权宜"策略"，"展现了冲破文化隔阂或拘囿的努力，为求弥合而诉诸本土话语，为异域法律文化寻找'适当'的本土表述，蕴含着对西方法律的引介之策与推广之术。"①

然而，从另一个方面来讲，由于这种"强制同化"发生在认识主体对新事物的客观性特征和本质属性尚未充分认知以前，因而，认识主体也就失去了对其进一步辨识、理解的机会，必然表现为一种不真实或者说一种扭曲的认知，其结果必然导致观念与现实的背离，名实不符情况的出现。对此，有论者指出：

> 近代正统士大夫们并没有切实地，哪怕是肤浅地了解近代西方的科学技术、工业制度、政治制度、民族风俗、文化价值观念以及国际通商贸易法和外交惯例等近代新事物，却用硬性附会方法来表征及描述这些新异事物。于是这使人们的精神状态、心态和意念仍然被笼罩在中古时代的陈旧的术语编织的范畴网络之中。这使他们在不知不觉中作茧自缚，并自信这个世界上并没有任何新异的东西需要他们费尽心智去重新认识。既然明明具有新质的西方事物被传统术语层层

---

① 黄涛涛、马腾：《近代比较法研究的"格义附会"现象分析》，引自徐昕主编：《司法·近代司法专号》，厦门大学出版社 2012 年版，第 307 页。

掩盖起来，他们就自然会认为西方的"夷狄""术数""机巧""袄教"完全不出于吾圣人先贤论述的大载大复之外。以致于他们从来不曾设想要对西方挑战另辟蹊径重新认识和反省。①

这里需要强调的是，皮亚杰的认知心理理论等于提醒我们美国学者费正清提出的理解近代中国的公式"刺激—反应"的公式可能并不恰当。因为一个"刺激"之所以能够引发"反应"，很大程度上取决于一个有机体首先能否够"感受"到这个"刺激"。如果不能采取"顺化"的认知，采取"同化"的认知，那么，由于缺乏对外部的"感受"，何谈"刺激"，哪有"反应"呢？

(二)"圣学投影"：朝野知识分子的评价心理

具体到认识主体的评价心理问题，按照既有的研究，人们对于具体事物进行评价和取舍，必须依循一定的尺度和标准。而评价的尺度和标准的来源途径一般有两种：一种方式是对有关事实的信息进行归纳，通过信息综合，提出假说，然后考察这一假说能否说明全部事实，并通过把事实与假说进行比较，进而修改、补充和丰富这一假说。这种过程是不断反复的。这一具体的运思过程，假说的提出、修改、补充、验证，乃是运者独立的创造性的发现过程。另一种获得评价尺度的思维途径，则是根据某种先定的信条、原则、规范及外在的权威命题来作为前提，并从这些前提中演绎出针对具体问题的判断尺度和取舍标准。② 就差别而言，后一种以类似演绎逻辑的方式将新事物纳入先验性的权威

---

① 萧功秦：《儒家文化的困境：近代士大夫与中西文化碰撞》，广西师范大学出版社2006年版，第43～44页。
② 参见萧功秦：《儒家文化的困境：近代士大夫与中西文化碰撞》，广西师范大学出版社2006年版，第44页。

系统，进行评价；而前一种则有归纳逻辑的意蕴，即新事物构成了原先先验性知识的"源头活水"。

从理论上讲，评价心理虽不同于认识心理，但两者的关系十分紧密，因为从解释学的角度讲，认知主体在认知心理的模式选择过程中已经"前见地"持有着某种价值倾向。申言之，洋务运动时期朝野知识分子认识心理的"强制同化"，必然会对其评价心理产生影响。

具体而言，洋务运动时期朝野知识分子所恪守的先验性权威原则就是"尧舜孔孟之道"。对此，有论者说道：

> 人们判断是非、曲直、善恶、真伪的尺度，是从先贤明哲的四书五经中严格推衍派生出来的，并不需要人们运用个人的理智独立去发现。这些尺度、准则和规范，作为千古不变的大经大法，早已由古代的圣贤们记载于"六经语孟"之中，并巨细无遗地昭示给后人了。从朱熹所称"圣人之学""继天立极"，到近代士大夫叶德辉的"孔教为天理人心之至公"，都表明这些圣学法则具有超越一切时代和地域的全称判断命题的性质。而且，这些"终极真理"一旦被圣贤明哲发现，以后也不可能有一丝一毫的增加和损减。据朱熹《中庸章句序》（尧舜禹）"以天下之大圣，行天下之大事，而其授受之际，丁宁告诫，不过如此，则天下之理，岂有以加于此哉？"足以表明圣学原则的永恒的普遍性和稳定性。清末正统派人士朱一新称："五经四子之书，日用所共，如水火菽粟之不可缺，无论今文古文，皆以大中至正为归，古今只此义理，何所庸其新奇，闻日新其德，未闻日新其义理也。"另一个正统派叶德辉也称："考之六经，从未

闻弃旧如遗，悍然以开新为务者。"①

这些先验性权威原则，一方面，意味着人世间万事万物并没有什么新奇之处，世间一切都只是这些权威原则的"投影"，即所谓"天下唯道与事而已""数穷理极必返其本"。如果用权威原则的"投影"无法投射，这类事物就一定是旁门左道，异端邪说。

另一方面，任何新出现的问题和遇到的困境，都被归结到对权威性原则的偏离，因此，解决方式就是重归圣人之学，即所谓用"求贤，亲君子，远小人，慎守吏，修养心身，安民靖边，经筵讲学，重农抑商，尊中国，攘夷狄"等方式就可解决。例如，一位正统士大夫在光绪九年（1883 年）所上的奏折中，在列举了内外交困的种种问题与大量时弊之后，便指出解决问题的关键就在于皇上应像康熙皇帝当年平"三藩之乱"时一样，"亲御经筵，熟读六经"。在他看来这是一个简而易明，约而可守，体用赅贯的途径。他认为只须这样去做，一切困难自然迎刃而解，接下来定会出现一个"靖内攘外，诸务次第振兴"的安泰局面。②

对于上述整个认知—评价心理，这里可以用清代乾嘉学派大师俞樾（1821～1907 年）在为王之春《清朝柔远记》所作序中的表述予以例证。在该序中，俞樾写道:

晋皇甫谧《帝王世纪》云:"自神农以上有九大洲，柱州、迎州、神州等。黄帝以来，德不及远，惟于神州之内分为九州。"是说也，儒者或未之深信。及佛氏之书出，而四大

① 萧功秦:《儒家文化的困境: 近代士大夫与中西文化碰撞》，广西师范大学出版社 2006 年版，第 45 页。
② （清）屠仁守:《屠光禄疏稿》卷一《敬献刍言疏》。转引自萧功秦:《儒家文化的困境: 近代士大夫与中西文化碰撞》，广西师范大学出版社 2006 年版，第 46 页。

部洲之说兴，更为儒者所不道。乃自泰西诸国通乎中夏，则海外五大洲，曰欧罗巴，曰利未亚，曰阿细亚，曰南、北亚墨利加，曰墨瓦蜡泥加，固皆舟车之所至，人力之所通矣。以是推之佛氏四大部洲可信，而神农以上大九州亦可信。夫神农以上，如天皇、地皇之类，固荒远难稽，而伏羲都陈，神农亦都神，后又都鲁，载籍有征，学者亦皆信之。然则神农以上君临大九州者，皆吾中国圣人，而四夷无与焉。天下大势，合久必分，分久必合。今远人来欢，视道如咫，此盖分而复合之征。意者，吾中国有大圣人，将合大九州而君之，以复神农以上之旧乎？①

很明显，这里俞樾首先使用"强制同化"的认知心理，将世界五大洲附会古书《帝王世纪》的"大九州"这一传统的概念之中。接着，对其进行"圣学投影"，以圣学所载的"天下中心论""分久必合论"以及"圣人君临论"进行演绎，从而得出中国"圣学"必将实现"大九州"一统的结论。

二、"西学中源"与"中本西末"：朝野知识分子认知—评价心理的具体表达

按照前述洋务运动时期朝野知识分子认知—评价心理的介绍，其大致处理英美法乃至西学的思维过程大致分为两步：第一步是，朝野知识分子用"强制同化"的认知心理，把西方异质器物、制度和思想，用固有的范畴和概念进行归类；

---

① （清）王之春：《清朝柔远记》，赵春晨点校，中华书局2008年版，俞序，第7～8页。

第二步即用亘古不变的儒学精义进行"圣学投影"，以演绎的方式对其进行评价。具体而言，这一过程在洋务运动时期呈现为两种具体的观念或者说是范式，① 即"西学中源"说和"中本西末"说。

（一）"西学中源"说：认知心理"强制同化"的具体表达

一方面就涉及认知心理的"强制同化"来说，无论是居庙堂之上的洋务派士大夫，还是处江湖之远的早期维新派文人，为了认知、接纳西方异质事物，都在秉持"西学中源"说。

先说洋务派，该派之所以坚持"西学中源"说主要是为了对抗守旧派，为洋务运动开路。与洋务派所坚持的功用主义不同，面对西学，保守派则表现得更加敏感，他们更关心的是这样一套西学知识会不会破坏中国人终古不变的"人心"及其一整套完整的价值体系。如当时的一位翰林院编修对此忧心忡忡，他说道：

> 伏惟近年以来正学不明，人心思动，读书通籍之士，以立品为迂谈，以放言为晓事，以圣贤书为无所用，以礼教事为不必拘，以先王之政法为万不可行，以祖宗之章程为奉行故事。由是一倡百和，浸成风气，故谀回周利之徒，得以肆

---

① "范式"一词来自托马斯·库恩 1962 年的著作《科学革命的结构》，该词后被引入到科学哲学以外的广泛领域。按照学者梁治平的观点，范式指涉的是"历史学家自觉或不自觉引以为据的一套不容置疑的理论或信念，这套理论或者信念支配了历史家的工作，决定了他们的提问的方式、范围乃至最后的结论。服膺于同一套理论或者信念的历史家形成某种学术共同体，范式正是一个学术共同体成员所共有的东西。根据这样的界定，则范式不仅包含方法，也可能包含意识形态因素；范式存在于特定时空、特定人群之中，有其制度化的表现形式；范式可以有层次上的差别，其内容可能部分地重叠，而不同范式可以并存。"参见梁治平：《法律史的视界：方法、旨趣与范式》，载于《中国文化》2002 年第 19、20 期。

厥诪张，妄兴大议。彼知中朝士夫之不我瑕疵也，今且谗邪之焰久而愈炽，几有不可复遏之势。①

面对保守派的指摘，洋务派必须回答中学和西学的关系问题。申言之，洋务派面对的窘境是，一方面他们与保守派一样也是孔孟之道的拥护者，恪守道统，不能逾越雷池；另一方面，他们必须谋求变化，接受西学，以应对"三千年未有之大变局"。

于是，我们看到"强制同化"的认识心理在洋务派这里发生了作用，他们不去客观地辨识、理解中国和西方，而是千方百计将西方纳入中国，寻求一种正当性。需要强调是，洋务派鼓吹"西学中源"并不是什么理论创新，而是借用曾经在明末清初朝野上下已经约定俗成的"西学中源"理论。② 实际上，李鸿章早在 1865 年为了论证派人赴西方学习机器制造并不违反固有传统时，就开始了"西学中源"说。文载：

> 无论中国制度文章，事事非海外人所能望见，即彼机器一事，亦以算术为主，而西术之借根方，本于中术之天元，彼西土目为东来法，亦不能昧其所自来。尤异者，中术四元之学，阐明于道光十年前后，而西人代数之新法，近日译出于上海，显然脱胎四元，竭其智慧不出中国之范围，已可概见。特其制造之巧，得于西方金行之性，又专精推算，发为新奇，遂几于不可及。中国亦务求实用，焉往不学？学成而彼将何所用其骄？是故求遗珠不得不游赤水，寻溢觞不得

① 《丁立钧敬陈管见》，引自《洋务运动》（一）第 256 页。转引自丁伟志、陈崧：《中西体用之间——晚清文化思潮论述》，社会科学文献出版社 2011 年版，第 121 页。

② 关于明末清初"西学中源"说的形成过程，可参见乐爱国：《从儒家文化的角度看"西学中源"说的形成》，载于《自然辩证法研究》2002 年第 10 期；张明悟：《"西学中源"说论证方式的历史考察》，载于《自然辩证法通讯》2018 年第 6 期。

度昆仑。后之论者，必以和仲为宅西之鼻祖，《考工》为《周礼》之外篇，较夫入海三千人采黄金不死之药，流沙四万里繙青莲般若之文，岂可同年语耶？事虽创闻，实无遗议。①

洋务派的后期代表曾纪泽也是如此。② 他在光绪五年（1879年）二月廿三的出使日记中就认为西学涉及的政教、器物皆来自"上古之中华"。是谓：

余谓欧罗巴洲，昔时皆为野人，其有文学政术，大抵皆从亚细亚洲逐渐西来，是以风俗文物，与吾华上古之世为近。尝笑语法兰亭云，中国皇帝圣明者，史书不绝，至伯理玺天德之有至德者，千古惟尧舜而已。此虽戏语，然亦可见西人一切局面，吾中国于古皆曾有之，不为罕也。至于家常日用之器物，无一不刻镂绘画，务求精美，则亦吾华尊、罍、斝、盉、枓、禁、玷、洗之遗意也。或者谓火轮舟车、奇巧机械，为亘古所无。不知机器之巧者，视财货之赢绌以为盛衰。财货不足，则器皆苦窳，苦窳，则巧不如拙。中国上古，殆亦有无数机器，财货渐绌，则人多偷懒而机括失传。观今日之泰西，可以知上古之中华；观今日之中华，亦可以知后世之泰西，必有废巧务拙，废精务朴之一日。盖地产有数，不足以供宇宙万国之繁费，而由精而入粗者，势使然也。③

---

① 《海防档·机器局（一）》，第14页。转引自丁伟志、陈崧：《中西体用之间——晚清文化思潮论述》，社会科学文献出版社2011年版，第123页。
② 笔者这里仍将曾纪泽看作洋务派，而非早期改良派，主要是因为纵观曾纪泽一生的论述，他不仅仍强调西学中源，而且其并未提出学习西方民主政制的观点，仍对中国传统典章文物保有信心。
③ （清）曾纪泽：《出使英法俄日记》，引自钟叔河编：《走向世界丛书Ⅴ》，岳麓书社2008年版，第177～178页。

　　总之，洋务派"西学中源"说为他们"师事夷人"，进而
"采西学"作出了合理性辩护。

　　令人感到吊诡的是，"西学中源"说不仅是洋务派所坚持
的，以王韬、薛福成、郑观应为代表的早期改良派也对此深信不
疑，并在此基础上将"西学中源"说的范围从"声光器电"，扩
展到"礼乐刑政"。

　　长期接触西学的王韬就在《弢园文录外编》"原学"篇得出
"中国为西土文教之先声"的结论，并用大量篇幅予以溯源，他
说道：

　　　　中国，天下之宗邦也，不独为文字之始祖，即礼乐制
　　　度、天算器艺，无不由中国而流传及外。

　　　　当尧之世，羲和昆仲已能制器测天，用璇玑玉衡以齐七
　　　政，而兄弟四人分置于东西南朔，独于西曰昧谷者，盖在极
　　　西之地而无所纪限也。当时畴人子弟，岂无授其学于彼土之
　　　人者？故今借根方犹称为东来法。乃欧洲人必曰东来者，是
　　　指印度而非言震旦也，不知印度正从震旦得来。欧人之律历
　　　格致大半得自印度，而印度则正授自中原。即以乐器言之，
　　　七音之循环迭变，还相为宫，而欧人所制风琴，其管短长合
　　　度，正与中国古乐器无殊。他如行军之乐，铙吹之歌，中国
　　　向固有之，至今失传耳。当周之衰，鲁国伶官俱怀高蹈，而
　　　少师阳襄则远入于海，安知古器、古音不自此而西乎？他若
　　　祖冲之能造千里船，不因风水，施机自运；杨么之轮船，鼓
　　　轮激水，其行如飞，此非欧洲火轮战舰之滥觞乎？指南车法
　　　则创自姬元公以送越裳氏之归，霹雳炮则已见于宋虞允文采
　　　石之战，固在乎法朗机之先。电气则由试琥珀法而出者也，
　　　时辰钟则明扬州人所自行制造者也。此外，测天仪器，何一

非由璇玑玉衡而来哉。①

薛福成对于"西学中源"说表述得更为极端，不仅器物层面的各种"制作"是"西学中源"的，即：

> 昔者宇宙尚无制作，中国圣人仰观俯察，而西人渐效之；今者西人因中国圣人之制作，而踵事增华，中国又何尝不可因之？②

而且西方的宗教、工商、政制亦是如此。是谓：

> 余尝谓泰西耶稣之教，其原盖出于墨子，虽体用不无异同，而大旨实最相近……《淮南子·主术训》曰："众智所为，则无不成也。千人之群无绝梁，万人之聚无废功。西国各学各事之所以能胜人者，率用此术，即其用人行政之有议院，工商诸务之有公司，亦合众智以为智，众能以为能，所以鲜有败事也。"③

早期改良派代表人物陈虬（1851～1904年）也认为议院之名虽不直接来源于中国，但其法则却是中国的。他说道：

> 议院之设，中土未闻，然其法则固吾中国法也。考之传记，黄帝有明堂之议，实即今议院之权舆。管子大匡篇：凡庶人欲通，乡吏不通，七日囚。乡子产不毁乡校，其知此义矣。④

此外，早期改良派集大成者的郑观应在其《盛世危言》的卷1"道器"篇，也说到今日中国之西学不过是"流徙而入于泰

① （清）王韬：《弢园文录外编》，上海书店出版社2002年版，第2～3页。
② （清）薛福成：《出使英法义比四国日记》，引自钟叔河编：《走向世界丛书Ⅷ》，岳麓书社2008年版，第133页。
③ （清）薛福成：《出使英法义比四国日记》，引自钟叔河编：《走向世界丛书Ⅷ》，岳麓书社2008年版，第252页。
④ （清）陈虬：《创设议院以通下情》，引自"台湾中央研究院近代史研究所"编：《近代中国对西方列强认识资料汇编》，第三辑第二分册，1986年版，第917页。

西"① 的结果，接着在"西学"篇在详细列举了"西学中源"的种种表现的基础上，认为学习西学是"以中国本有之学还之于中国"的表现，"犹取之外厩，纳之内厩"，② 并批评保守派反对西学，恰恰是不明白中国固有古史的表现。是谓：

> 今人自居学者，而且不睹诸子之书，耳不闻列朝之史，以为西法创自西人，或诧为巧不可阶，或斥为卑无足道。噫！异矣!③

光绪十六年（1891 年）还未出仕的汤震甚至明确西方"法学"是源自中国古籍。文载：

> 余若天文、物学、化学、气学、光学、电学、重学、矿学、兵学、法学、水学、声学、医学、文字制造等学，皆见我中国载籍。④

由是观之，"西学中源"说构成了前述朝野知识分子践行"强制同化"，认知心理的主要方式。这其中既有他们从明末清初官方确立"西学中源"说所载的知识方面的来源，⑤ 同时也有

---

① （清）郑观应：《盛世危言·道器》，辛俊玲评注，华夏出版社 2002 年版，第 18 页。
② （清）郑观应：《盛世危言·西学》，辛俊玲评注，华夏出版社 2002 年版，第 111 ~ 112 页。
③ （清）郑观应：《盛世危言·西学》，辛俊玲评注，华夏出版社 2002 年版，第 111 页。
④ （清）汤震：《论中学西学》，引自"台湾中央研究院近代史研究所"编：《近代中国对西方列强认识资料汇编》，第三辑第二分册，1986 年版，第 511 页。
⑤ 如果拿清乾隆年间所修明史中《历志》内容与上述洋务派和早期维新派"西学中源"所列举具体内容比对，很容易发现两者的相似性。《明史·历志》载："西洋人之来中土者，皆自称欧罗巴人，其历法与回回同，而加精密。尝考前代，远国之人言历法者多在西域，而东南北无闻。盖尧命羲、和仲叔分宅四方，羲仲、羲叔、和叔则以嵎夷、南交、朔方为限，独和仲但曰'宅西'，而不限以地，岂非当时声教之西被者远哉。至于周末，畴人子弟分散。西域、天方诸国，接壤西陲，非若东南有大海之阻，又无极北严寒之畏，则抱书器而西征，势固便也，欧罗巴在回回西，其风俗相类，而好奇喜新竞胜之习之。故其历法与回回同源，而世世增修，遂非回回所及，亦其好胜之俗为之也。羲、和既失其守，古籍之可见者，仅有《周髀》。而西人浑盖通宪之器、寒热五带说、地圆正方之法，皆不能出《周髀》范围，亦可知其源流之所自矣。夫旁搜博采以续千百年之坠绪，亦礼失求野之意也，故备论之。"

其应对保守派策略上的考量，但主要的还是源于其根深蒂固的认知心理。这一点可以从早期改良派拓展"西学中源"说的范围得以验证。至于为什么早期改良派会将"西学中源"说的范围扩大至"礼乐刑政"，则涉及他们对于"中本西末"观的不同认识。

（二）"中本西末"说：评价心理"圣学投影"的具体表达

另一方面就涉及评价心理的"圣学投影"来讲，实际上洋务派和早期改良派在对待、评价英美法以及西学知识时，在某种程度上都在坚持"中本西末"说。[①]

既然洋务运动时期朝野知识分子在认知心理上坚持的是"强制同化"，具体表现为"西学中源"，那么，中西之间的关系是不言自明的，即中国的"圣学"是放之四海的，而西学只是"圣学"在泰西之地的延伸。因而，评价西学标准自然是"圣学"，而"圣学投影"就成为一种评价心理。

"西学中源"说只是在文化源头上作出了解释，而"圣学投影"需要进一步在文化的性质上明确中西之间的全部关系问题。于是，"中本西末"说就成为洋务运动时期知识分子评价心理"圣学投影"在实践中的具体表现。

---

① 这里需要说明的是，将此时期概括中西文化之间关系的语词使用"中本西末"，而不是"中体西用"，是目前学界之通说。通说认为："从1861年到1894年的三十余年间，洋务政治家和思想家在论及中学与西学关系时，曾有过'中本西辅''中本西末''中道西器''中道西艺'等不同提法。但是，在大多数情况下，他们是用'本''末'这对概念来表述中学与西学的关系。不仅'中道西器''中道西艺'的提法只是偶尔出现，'中体西用'的提法的出现也不过寥寥数次，居于主流地位的是'中本西末'论，而且，'中体西用'这一提法只是在1895年维新思潮兴起后才开始流行。"参见戚其章：《从"中本西末"到"中体西用"》，载于《中国社会科学》1995年第1期。

学界一般认为，洋务派和早期改良派"中本西末"说皆来自 1861 年冯桂芬（1809～1874 年）《校邠庐抗议》中的"采西学议"。冯桂芬乃翰林院编修出身，因而他很可能读过明末清初天主教来华传教士所译、所编西书，故而提醒国人不能夜郎自大，应注意这些西学文献。是谓：

> 顾氏炎武不知西海，夫西洋即西海，彼时已习于人口，《职方外纪》等书已入中国，顾氏或未见，或见而不信，皆未可知。今则地球九万里，莫非舟车所通、人力所到，《周髀》、《礼》疏、骈衍所称，一一实其地，据西人舆图所列，不下百国。此百国中经译之书，惟明末意大里亚及今英吉利两国书凡数十种，其述耶稣教者率猥鄙无足道，此外如算学、重学、视学、光学、化学等皆得格物至理，舆地书备列百国山川厄塞、风土物产，多中人所不及。昔郑公孙挥能知四国之为，子产能举晋国实沈、台骀之故，列国犹有其人，可以中华大一统之邦而无之乎？亦学士之羞也。①

接着，他提出了"采西学"的顺序以及所涉范围。他说道：

> 今欲采西学，宜于广东、上海设一翻译公所……一切西学皆从算学出……由是而历算之术，而格致之理，而制器尚象之法，兼综条贯，轮船、火器之外，正非一端。②

由此，我们看到在这里冯桂芬将西学的范围限定在数算地理、声光器电等自然科学领域，但同时，他又主张尽可能多地"鉴诸国"，凡是"于我朝章、吏治、舆地、民情类"有帮助的，

---

① （清）冯桂芬：《校邠庐抗议》，上海书店出版社 2002 年版，第 55 页。
② （清）冯桂芬：《校邠庐抗议》，上海书店出版社 2002 年版，第 56 页。

都应该了解。①"鉴诸国"秉持的原则立场是"以中国之伦常名教为原本,辅以诸国富强之术",其目标是"驭夷为今天下第一要政。"② 这里,冯桂芬很明确地提出的"中本西辅"说,且西学仅作为辅助中国富强的功用。"伦常名教"作为"圣学"之本是毫无疑问的。

尽管洋务派在洋务运动中以反对保守派得名,但在坚持"中本"还是"西本"这个问题上,两派并未产生分歧,皆将"圣学"奉为圭臬。李鸿章在1864年致函总理衙门时称:"中国文武制度,事事远出于西人之上,独火器万不能及……中国欲自强,则莫如学习外国利器。"③ 1865年他在《置办外国铁矿机器折》中明确提出了"中本西末"的观点,即"中国文物制度"是不可动摇之本,而西学"犹如急病之方"是末,且"末"对"本"而言,有"补救"之功效。是谓:

> 中国文物制度,迥异外洋猱狂之俗,所以郅治保邦固丕基于勿坏者,固自有在。必谓转危为安、转弱为强之道,全由于仿习机器,臣亦不存此方隅之见。顾经国之略,有全体,有偏端,有本有末,如病方亟,不得不治标,非谓培补修养之方即在是也。④

此种"中本西末"的表达在1866年左宗棠(1812～1885年)那里,亦是如此,他说道:

> 均势人也,聪明睿知相近者性,而所习不能无殊。中国

---

① 有关这一点可以在《校邠庐抗议》"收贫民议"中看到,冯桂芬在该篇明确主张效法荷兰设立收养和教育贫民的机构——"养贫教贫局",效法瑞典设立强制性义务教育学校——小书院,将范围扩大至政制和社会层面。参见(清)冯桂芬:《校邠庐抗议》,上海书店出版社2002年版,第75～76页。
② (清)冯桂芬:《校邠庐抗议》,上海书店出版社2002年版,第57页。
③ 《筹办夷务始末》(同治朝),卷二五,第9～10页。
④ 《置办外国铁矿机器折》(同治四年十月),《李文忠公全集·奏稿》卷九,第35页。

之睿知运于虚，外国之聪明寄于实。中国以义理为本，艺事为末；外国以艺事为重，义理为轻。彼此各是其是，两相不逾，姑置弗论可耳。①

曾纪泽甚至认为，种种西学的内容，中国圣人"于数千年已曾道破"，其内容不曾超出中国经典所言。如他在光绪五年（1879 年）5 月廿一日日记中说道：

> 理雅各、马格里皆疑余□大言欺人，又谓《易》为卜筮之书，无关学问。余答之曰：《易》之深处未易骤谈，请为君举浅处三数事以证之，可见西洋人今日孜孜汲汲以求考者，中国圣人于数千年已曾道破……《易》于中国学问，仰观天文，俯观地理，形而上者谓之道，形而下者谓之器，探赜索隐，钩沉致远，诚未易言。即西学而论，种种精巧奇奥之事，亦不能出其范围，安得谓之无关学问哉？②

可见，洋务派与保守派最大的不同在于是否"开门"接纳西学，前者以一种功用的态度，认为西学可以"补救""中本"；而后者则恪守"夷夏大防"，完全"堵塞"西学，生怕西学之末的引入会最终腐蚀、消解"圣学"之本。然而，两者却在是否应该固守"圣学"之本这个问题上，态度完全一致，且不容分说。这一点在 1876 年李鸿章写给友人的书信中表现得极为明显。文载：

> 尝谓自有天地以来，所以弥纶于不敝者，道与器二者而已……中国所尚者道为重，而西方所精者器为多……欲求御外之术，唯有力图自治，修明前圣制度，勿使有名无实；而

---

① 《海防档》（乙），福州船厂（一），第 7~8 页。
② （清）曾纪泽：《出使英法俄日记》，引自钟叔河编：《走向世界丛书Ⅴ》，岳麓书社 2008 年版，第 228~229 页。

于外人所长，亦勿设藩篱以自隘，斯乃道器兼备，不难合四海为一家。盖中国人民之众，物产之丰，才力聪明，礼义纲常之盛，甲于地球诸国，既为天地精灵所聚，则诸国之络绎而来合者，亦理之然也。①

洋务运动时期另一个让人感到吊诡的表现是，早期的改良派在对待中学与西学的关系的价值取向和评价心理也是"中本西末"说。

对于"中本西末"说，王韬认为："治天下者，当立其本，而不徒整顿其末"②，且本末应同时进行，由本及末。是谓：

> 盖洋务之要，首在借法自强，非由练兵士，整边防，讲火器，制舟舰，以竭其长，终不能与泰西诸国并驾而齐驱。顾此其外焉者也，所谓末也。至内焉者，仍当由我中国之政治，所谓本也。其大者，亦惟是肃官常，端士习，厚风俗，正人心而已。两者并行，固已纲举而目张。而无如今日所谓末者，徒袭其皮毛；所谓本者，绝未见其有所整顿。③

在此，王韬不仅明确了"本"是"中国之政治""末"是泰西诸国"练兵士、整边防，讲火器，制舟舰"；而且批评了洋务派徒袭西人皮毛，而不固国本的问题。对此，王韬在《上当路论时务书》中又一再重申"中本西末"说，即其中的"本"就是中国固有的"圣学"，而"末"是西学，学习西学的目的是为了"相辅而行之"。文载：

> 西学、西法非不可用，但当与我相辅而行之可已。
> 《书》有之曰："民惟邦本，本固邦宁。"故治民本也，效仿

---

① 《庸庵文编》卷二。
② （清）王韬：《弢园文录外编·变法下》，上海书店出版社2002年版，第13页。
③ （清）王韬：《弢园文录外编·洋务下》，上海书店出版社2002年版，第27页。

西法其末也。①

由此，我们看到早期改良派中的王韬虽然批评洋务派只学习西方之"末"，但对应坚持中国之"本"并无异议，相反，他还提醒洋务派在学习"西末"的同时，更应该提升"中本"，且后者更为重要，纲举才能目张，"此由本以治末，洋务之纲领也。"②

需要说明的是，王韬上述"中本西末"说是其"道器论"的衍化，大体上"道"对应的是"中本"，而"器"则指代的是"西末"。这一推衍过程则进一步说明了"圣学投影"在王韬评价心理中的客观存在。有关这一点在他为郑观应《易言》所写的跋中体现得非常明显。文载：

> 用夏变夷则有之矣，未闻变于夷者也……诚使孔子生于今日，其于西国舟车枪炮机器之制，亦必有所取焉。器则取诸西国，道则备自当躬。盖万世而不变者，孔子之道也，儒道也，亦人道也。道不自孔子始，而道赖孔子以明。③

作为早期改良派的集大成者，郑观应也明确地坚持"中本西末"说，即"中学其本也；西学其末也。主以中学，辅以西学。"④与前述王韬一样，郑观应的"中本西末"说也是建立在"道器论"的基础上，凸显了其对"中道"圣学的坚守的立场。他说：

> 《易·系》曰："形而上者谓之道，形而下者谓之器。"

---

① （清）王韬：《弢园文录外编·上当路论时务书》，上海书店出版社 2002 年版，第 246 页。
② （清）王韬：《弢园文录外编·洋务下》，上海书店出版社 2002 年版，第 29 页。
③ （清）王韬：《弢园文新编·杞忧生〈易言〉跋》，引自钱钟书主编：《中国近代学术名著》，生活·读书·新知三联书店 1998 年版，第 166～167 页。
④ （清）郑观应：《盛世危言·西学》，辛俊玲评注，华夏出版社 2002 年版，第 112 页。

盖道自虚无，始生一气，凝成太极……故物由气生，即器由道出……故庄子《南华经·天地外篇》云："以道观言，而天下之君正；以道观分，而君臣之义明；以道观能，而天下之官治；以道汎观，而万物之应备。通于天地者德也，行于万物者道也。"即形而上焉者也。"上治人者事也，能有所艺者技也。"即形而下焉者也。"技兼于事，事兼于义，义兼于德，德兼于道，道兼于天。"兼者合而一之之义，分而两则道器离矣。其所论精当，虽圣人复生，不易斯言矣……然尧、舜、禹、汤、文、武、周、孔之道，为万世不易之大经、大本，篇中所谓法可为而道不可变者。惟愿我师彼法，必须守经固本；彼师我道，亦知王者法天。①

由是观之，"中本西末"说构成了前述朝野知识分子践行"圣学投影"评价心理的具体表达。

洋务运动时期朝野知识分子的这种认知—评价心理决定了他们对于英美法及其西学的态度，以及英美法知识及其西学在这一时期在中国被接受的可能性。对此，有论者认为这些朝野知识精英基本来自上层，而"这些人受过中国经典学说的彻底熏陶，因而最不可能背离对待外国人的传统态度。"②

首先是保守派。该派适用这一心理机制的逻辑大体是，从认知心理上，甚至无须刻意地"强制同化"，直接将西方的一切归入未曾开化的"夷情"范畴，进而评价心理上，在"圣学投影""夷夏大防"的演绎下，直接对其进行否定性评价。此种逻辑在

---

① （清）郑观应：《盛世危言·西学》，辛俊玲评注，华夏出版社 2002 年版，第 18～20 页。
② 王尔敏、郝延平：《中国人对西方关系看法的变化，1840～1895 年》，引自［美］费正清、刘广京编：《剑桥中国晚清史（1800 - 1900）》，下册，中国社会科学出版社 2007 年版，第 141 页。

洋务运动时期保守派关于"同文馆"设立之争①和关于"海防"的争论中,②表现得极为明显。

其次是洋务派和早期改良派,他们在适用这一心理机制时,一开始在认知心理上,用中学的固有概念和表达,在"西学中源"说的指导下,"强制同化"新出现的,业已在中西交涉中显示出无可辩驳之实际威力的西方事物。接着,在"圣学投影"的逻辑演绎下,以"中本西末"说为具体展开公式,以一种包容性的姿态,以西末"补救"中本。

因而,按照这一认知—评价心理,英美法及其西学在洋务运动时期,要么像保守派那样被彻底否定,要么像洋务派和早期改良派那样被有限地接受,其接受的效果无法从根本上置换掉中国固有的"圣学"传统,走上了类似佛教、基督教在华传播的老路。对此,列文森也说道:

> 当英国人在鸦片战争中显示出他们的技术优势后,一些真诚的孔子门徒开始毫无顾虑地谈论起中国文化的变化来,在19世纪40年代,谈论的人并不多,但到了19世纪末,谈论的人则迅速增多起来。具有讽刺意义的是,他们谈论变化,是因为他们具有反对变化的传统主义偏见,他们同顽固的传统主义者分手,并不在最终目的上——即将最终价值归于中国的文明,而在如何保存这种价值的手段上。③

这样一种认知—评价心理的结果,要么像保守派那样,呈现

---

① 参见戚其章:《晚清社会思潮演进史》,中华书局2012年版,第261~276页。
② 参见王宏斌:《晚清海防:思想与制度研究》,商务印书馆2005年版。
③ [美]列文森:《儒教中国及其现代命运》,郑大华、任菁译,中国社会科学出版社2001年版,第48页。

出一种近乎迂腐般的盲目乐观情绪，进而滋生一股虚骄、排外之气；① 要么像洋务派和早期改良派那样，随着对"西末"了解、接受程度和广度的深化，在思维层面越来越呈现出一种观念与现实的极度混乱和悖离，痛苦不已。实际上，早期改良派中的很多知识分子已经表现出这一点。

三、别样的"中本西末"观：朝野知识分子认知—评价心理的有限突破

尽管从整体上讲，洋务运动时期英美法及西学在中国的传播受到上述认知—评价心理的作用，影响有限。但是，从一个角度来讲，这些新鲜的法律知识的传入毕竟也会对上述的认知—评价心理产生一定的冲击。有关这一点在前述对王韬、郭嵩焘、薛福成、何启以及郑观应的记述和分析中已经有所体现。这里，笔者试图再以"中本西末"说为论说的重点，展现早期改良派虽在整体上坚持"中本西末"观，但由于受到上述英美法及其西学的影响，他们后期的"中本西末"观在内容已经与洋务派产生了很大的不同，而这些不同的认识为这之后戊戌变法时期的变化打下伏笔。

前已述及，"中本西末"观既是洋务运动时期朝野知识分子对待西学的评价心理，也是一种逻辑演绎范式，似乎一切新鲜知

---

① 当然，有论者认为洋务运动中的很多保守主义者已经预见到部分接受西学的危害，如在倭仁（1804～1871年）看来，"如果允许西方文化因素进入中国，那么其结果是用来坚守中国文化的地盘将会越来越变得狭窄，目的在于保证中国意识的认同不受西方思想损害的'体用'模式，最终只能导致中国意识的认同受到西方思想的损害。"参见［美］列文森：《儒教中国及其现代命运》，郑大华、任菁译，中国社会科学出版社2001年版，第58页。

识、新奇事物都可以毫无扞格地放进这个既有的公式中进行逻辑推衍。然而，令他们始料未及的是，这里的英美法和西学是一套全新文明的产物，是一套用固有"圣学"所无法涵摄的新知识；同时它还是一整套既包括"奇技淫巧"，还包括"政教文化"的完整知识。对此，有论者说道：

> 既然"西学"的闸门由洋务派人士打开，涌进来的就不可能全是他们喜欢的东西。事实上，他们也不可能把"坚船炮利"的西方技术拿进来以后，又要强迫他人将"君民共主""上下不隔"的观念和知识留在码头上。当脱胎于"洋务"阵营的王韬、薛福成、郑观应高举着"君民共主"的政治大旗继续向西学迈进的时候，洋务派人士的主张和措施已经被抛在了历史的脑后。①

因此，"中本西末"在早期改良派那里，到了后期还有另一种表达，构成了对于其既有认知—评价心理的某种有限突破。

（一）中西各有本末

总体说来，洋务派所说的"中本西末"观，指涉的是西方的一切"坚船利炮""声光器电"，甚至包括后期利用"西学中源"所"强制同化"的"政教文化"，都属于"末"的范畴。中国当下学习它，只是为了修补、拱卫"中本"。"中本"与"西末"是在一个大框架下的，是可以相互修补的。至于到底是"由本及末"，还是"由末及本"，抑或是"本末并行"，并不是最为关键的。因为这个"本"已经由中国的先贤圣人规定好了，且这个"本"本身是至当的和放之四海而皆准的。即便"西末"

---

① 王人博：《中国近代的宪政思潮》，法律出版社2003年版，第42～43页。

中有涉及"中本"的内容，那也是"中本"很久之前传入西人那里的，现在的学习充其量算是"礼失而求诸野"。申言之，西人要么无"本"，有的"本"也是中国固有之"本"，"本"只有一个，那就是"圣学"。

对此一认识，郭嵩焘在接触了西学，尤其是作为公使出使英法之后，就作出了改变。1875 年他在《条议海防事宜》中就提出了西洋也有本末的观点。是谓：

> 嵩焘窃谓西洋立国有本有末，其本在朝廷政教，其末在商贾，造船、制器，相辅以益其强，又末中之一节也。①

并且，就本末之关系而言，他认为要因时制宜。"时之应有常、有变，而功之施有本、有末。时处乎变，则从其变之数以治其末而匡救之，而本有不暇顾矣。时际乎常，则审其常之理以探其本而厘正之，而末有不足言矣。"②

既然西人也有"西本"，那么，他们的"西本"又是什么？这个"西本"是否只是"中本"的投影呢？如果不是，它又是什么？

对此问题，郭嵩焘在 1877 年在考察完英国政制之后，得出了如下认识。郭嵩焘逐渐认识到"在君主政治之外，尚有君民共主，民主之治矣"的其他文明政治模式，而这种"君民共主"的政治模式是西洋富强、文明的根本所在，即"西洋所以享国长久，君民兼主国政故也。"③ 对此，早期改良派另一代表人物陈虬也有类似表达。是谓：

> 当道诸公师问官之意，既节取其寸长，以为土壤涓流之

---

① （清）郭嵩焘：《郭嵩焘奏稿》，杨坚校补，岳麓书社 1983 年版，第 345 页。
② （清）郭嵩焘：《郭嵩焘奏稿》，杨坚校补，岳麓书社 1983 年版，第 340 页。
③ （清）郭嵩焘：《伦敦与巴黎日记》，引自钟叔河编：《走向世界丛书Ⅳ》，岳麓书社 2008 年版，第 156 页。

助，如矿务、铁路、电线、制造诸法，以及广方言馆、水师武备等学堂，皆一一施行。虬愚以谓泰西富疆之道，在有议政院以通上下之情，而他皆所末。①

需要注意的是，郭嵩焘甚至还拿西洋"君民兼主国政"的民主制度参照、反思了中国陈陈相因两千多年的君主专制政体，认为中国两千年以来的政治恰与西洋"君民兼主国政"相反。是谓：

> 计英国之强，始自国朝；考求学问以为富强之基，亦在明季，后于法兰西、日耳曼诸国。创立机器，备物制用，实在乾隆以后。其初国政亦甚乖乱。推原其立国之本末，所以持久而国势益张者，则在巴力门议政院有维持国是之义，设买阿尔治民有顺从民愿之情。二者相持，是以君与民交相维系，迭盛迭衰，而立国千馀年终以不敝。人才学问相承以起，而皆有以自效，此其立国之本也。而巴力门君民争政，相互残杀，数百年久而后定，买阿尔独相安无事。亦可知为君者之欲易逞而难戢，而小民之情难拂而易安也。中国秦汉以来二千馀年适得其反，能辨此者鲜矣。②

此外，就本末之间的学习顺序而言，他改变了先前的观点，认为：

> 要之，国家大计，必先立其本。其见为富强之效者，末也。本者何？纲纪法度，人心风俗是也。无其本而言富强，祇益其侵耗而已。贤者与此固当慎之。③

---

① （清）陈虬：《创设议院以通下情》，引自"台湾中央研究院近代史研究所"编：《近代中国对西方列强认识资料汇编》，第三辑第二分册，1986 年版，第 917 页。
② （清）郭嵩焘：《伦敦与巴黎日记》，引自钟叔河编：《走向世界丛书Ⅳ》，岳麓书社 2008 年版，第 407 页。
③ 《致李傅相》，见《郭嵩焘诗文集》。

由此观之，郭嵩焘不仅认为西人亦有本末，而且西人之"本"完全不同于中国之"本"，甚至西人之"本"可能是优于中国之"本"的。因而，中国学习西人应从"本"开始，徒学西人之"末"是存在问题的。这些观点不仅与洋务派的"中本西末"观相左，而且在某种程度上已经颠覆了洋务派的观点。

（二）中"本"亦可变

按照洋务派"中本西末"观的理解，中"本"乃圣王之学，是万古不变之常经，这个本是不能变的。即便是西学中存在诸多涉及"本"的内容，按照"强制同化"的认知心理，在"西学中源"的逻辑下，西学之"本"也是从中学之"本"得来的，因此，说到底这个中"本"是静止的，永远不能变的。

然而，随着英美法及其西学知识的传入，早期改良派不仅开始意识到"中西各有本末"，而且随着这种认识的加深，中"本"亦可变的观念开始产生。这其中以薛福成、钟天纬表现得最为明显。

前已述及，从法政思想来看，薛福成的思想以出使西洋为界，大体分为两段。前期薛福成的思想仍没有摆脱传统的法政观念，仍是在经世致用的思想的指导下进行对传统制度的补苴，而出使后的思想才真正对传统的体制具有颠覆性，而且认识到了西洋法政的利弊，以及中国可资借鉴之处。例如，他于1865年在论及筹海防事宜时用传统治世"治标"和"治本"的观念，最早使用了"中体西用"这一概念，但其实质上并未与洋务派的"中本西末"有太大的不同，只是富有洞见性地将练兵、通商等也列为"体"。文载：

> 防之之策，有体有用。言其体，则必修政刑、厚风俗、

植贤才、变旧法、祛积弊、养民练兵、通商惠工，俾中兴之治业，蒸蒸日上，彼自俯首帖耳，罔敢悻叫唦之故态以螫我中国。言其用，则筹之不可不豫也。筹之豫而确有成效可睹者，莫如夺其所长，而乘其所短。西人之所恃，其长有二：一则火器猛利也，一则轮船飞驶也。……彼之技艺可学而能也……若是，则彼之所长，我皆夺而用之矣。①

然而，薛福成有感于保守派因循守旧，阻挠洋务，也觉察到洋务派徒学皮毛，效果有限，因而，提出"变法"主张，即"大抵天道数百年小变，数千年大变。自尧舜至今世益远，变益甚"②，并极具洞见地概括出天下已由封闭社会转变为中外交通之社会。是谓：

降及今日，泰西诸国，以其器数之学，勃兴海外，履垓埏若户庭，御风霆如指臂，环大地九万里，罔不通使互市。虽以尧、舜当之，终不能闭关独治。而今之去秦、汉也，亦二千年，于是华夷隔绝之天下，一变为中外联属之天下。③

由此，薛福成主张应"大变"，亦即"世变小，则治世法因之小变；世变大，则治世法因之大变。"④ 同时，他还认为，"今天下之变亟矣，窃谓不变之道，宜变今以复古；迭变之法，宜变古以就今。"⑤ 更为甚至，他突破了洋务派"西末"的观念，认为西法不仅不是"西末"，相反西法得"风气之先"，中国应主动学习。是谓：

---

① （清）薛福成：《上曾侯相书（1865 年）》，引自徐素华选注：《薛福成集》，辽宁人民出版社 1994 年版，第 20～22 页。

② （清）薛福成：《答友人书（1875 年）》，引自徐素华选注：《薛福成集》，辽宁人民出版社 1994 年版，第 52 页。

③ （清）薛福成：《筹洋刍议（1879 年）》，引自徐素华选注：《薛福成集》，辽宁人民出版社 1994 年版，第 88 页。

④⑤ （清）薛福成：《筹洋刍议（1879 年）》，引自徐素华选注：《薛福成集》，辽宁人民出版社 1994 年版，第 89 页。

> 或曰以堂堂中国而效法西人，不且用夷变夏乎？是不然。夫衣冠、语言、风俗，中外所异也；假造化之灵，利生民之用，中外所同也。彼西人偶得风气之先耳，安得以天地将泄之秘，而谓西人独擅之乎？又安知百年数十年后，中国不更驾其上乎？①

在这段表述中，薛福成已经承认中国在作为"本"的"风气"方面，已经不如西洋，并希望通过学习，以期在未来"更驾其上"。他在1893年借出使随员之口，讲出西学之"本"最重要的五个方面，即"通民气""保民生""牖民衷""养民耻""阜民财"。他认为："有此五端，知西国所以坐致富强者，全在养民教民上用功；而世之侈谈西法者，仅曰精制造、利军火、广船械，抑末矣。"②

既然承认中学之"本"不同于西学之"本"，甚至不如西学之"本"，那么，中学之"本"是否应该变？对于这个问题，薛福成回答是矛盾的。一方面，他在主张中国之"本"亦可变是必须的。如他在出洋之后还坚持说：

> 居今世而图立国之本，虽伊、吕复生，管、葛复生，谓可勿用致意于枪之灵、炮之猛、舰之精、台之坚，吾不信也。若夫修内政，厚民生，浚财源，励人才，则又筹此数者之本原也。③

但是，在另一方面，薛福成又在很多时候坚持"独三纲之训，究逊于中国"，强调"中本"的优先性。例如，他在1890

① （清）薛福成：《筹洋刍议（1879年）》，引自徐素华选注：《薛福成集》，辽宁人民出版社1994年版，第89页。
② （清）薛福成：《出使英法义比四国日记》，引自钟叔河编：《走向世界丛书Ⅷ》，岳麓书社2008年版，第803页。
③ 《海外文编》卷六，第3页。转引自戚其章：《从"中本西末"到"中体西用"》，载于《中国社会科学》1995年第1期。

年的日记中写道：

> 夫各国勃兴之际，一切政教均有可观，独三纲之训，
> 究逊于中国。洋人亦或推中国为教化最先之邦，似未尝
> 不省悟及此；然一时未能遽改者，盖因习俗相沿之故。
> 余谓耶稣当西土鸿荒出辟之时，启其教化，魄力甚雄，
> 然究竟生于绝域，其道不免偏驳。失之毫厘，差以千里，
> 不信然欤。①

而对于同一问题，在 1880 年前后，同样出过洋，并长期与
西人接触，从事中西翻译工作的钟天纬则表达的更为明确和
深刻。

他首先认为西人之"本"在于"政教修明"的政教制度，
以及君主对通过民主形式产生的法律至上性的遵守。是谓：

> 统观欧洲各国，无不政教修明，民生熙皞，国势日臻富
> 强。而究其本源，不外乎通民情、参民政而已。盖泰西通
> 例，国之律法最尊，而君次之；君亦受辖于律法之下，但能
> 奉法而行，不能权威自恣。而国之律法，则集亿兆公议而
> 定；君之威权亦本亿兆公助而成，是以君权虽有所限制，反
> 能常保其尊荣。民情得以自伸，不致受困于虐政。则不必袭
> 揖让之虚名，而阴已得"官天下"之实际。则此国势强弱、
> 民生休戚之大关键也。②

接着，他指出，西方正是由于坚持了这个不同于中国之
"本"，进而带动了各种"目"，纲举目张，实现了大治。文载：

> 至于通民情、参民政之目，则如：开公议堂，而闾阎无

---

① （清）薛福成：《出使英法义比四国日记》，引自钟叔河编：《走向世界丛书Ⅷ》，
  岳麓书社 2008 年版，第 273 页。
② （清）钟天纬：《刖足集内篇·综论时势》，引自薛毓良、刘晖桢编校：《钟天纬
  集》，上海交通大学出版社 2018 年版，第 21 页。

不达之情；创新闻纸而草野无不言之隐；立讼师陪审之员，
则是非一秉大公，而民无冤狱；设乡举里选之法，则好恶参
诸舆论，而野无遗才。若夫赋税由民定，则不困诛求；工役
由民办，则乐于从事；教养由民捐，则朝廷无博施济众之
病；巡逻由民派，则官府无精神不到之区……驯至道不拾
遗，夜不闭户，几乎三代刑措之风，断未可以无本之治目之
矣。至于武备之精、吏制之懋、学术之隆、人才之盛、刑罚
之公、财用之足、商务之兴、制造之利、水利之修、农功之
治，胥本此道以行之，故能造其精微，睹其成效耳，非即其
致治之本源也。①

对于这样一种良善的"西本"，钟天纬直言不讳地指出，中
国的贫弱源于"本源之地，受病最深"所致。对此，他说道：

乃中国事事与之相反。由于堂帘太隔，太阿独操，所以
易治者以此，所以易乱者亦以此。望君门如万里，则壅蔽日
深，操政柄于一人，则民心日涣，虽有九州十八省，实则家
自为政，人各有心，不啻瓜分为百千万国。如此则国势安得
不削弱，君民安能关痛痒乎？于此而欲谋挽回补救之方，原
自有在，特不从大本大原处着手，而仅就外面张皇，不揣本
而齐末。则如遣使、肄业、练兵、制器、开矿等事，非不竭
力经营，仍治标非治本，则不过小小补苴，终无救于存亡之
大计。②

因而，钟天纬在字里行间已经表露出，要用西方政教修明之
"本"，来改变中国"独操为政"之"本"的想法，可谓走向了
"中本西末"的反面。当然，像钟天纬这样极端的表达在当时只

① ② （清）钟天纬：《刖足集内篇·综论时势》，引自薛毓良、刘晖桢编校：《钟天
纬集》，上海交通大学出版社 2018 年版，第 21 页。

能算是"先知先觉"，更多的早期改良派依然试图在"中本西末"的范式内表达其不同于洋务派的主张。

（三）"中本"中的"大本"

随着对英美法及其西学了解认知的深入，早期改良派不仅认识到西学一样"有本有末"，而且西学之"本"尤其良善的一面，甚至产生了中学之"本"亦可变的想法。但是，囿于时代之风气、教育之背景以及不得不考虑的政治压力的影响，他们陷入了既想突破"中本西末"，引进"西本"，又不敢公然革新"中本"的尴尬境地。因此，尴尬之余，他们又十分无奈地提出了一些奇特的主张。这其中以郑观应所提出的"大本"最具代表性。

前已述及，郑观应亦是"中本西末"观的代表性人物，其代表性表达即是"中学其本也；西学其末也。主以中学，辅以西学。"① 然而，如果认真品读郑观应在"西学篇"的这句史料，实际上，在这句表达"中本西末"观的文字之上，还有一个"大本末"的概念。其完整的表达是：

> 且夫国于天地，必有与立，究其盛衰兴废，固各有所以致此之由。学校者，人才所由出；人才者，国势所由强。故泰西之强强于学，非强于人也。然则欲与之争强，非徒在枪炮战舰也，强在学中国之学，而又学其所学也。今之学其学者，不过粗通文字语言，为一己谋衣食，彼自有其精微广大之处，何尝稍涉藩篱？故善学者必先明本末，更明大本末，而后可言西学。分而言之，如格致、制

---

① （清）郑观应：《盛世危言·西学》，辛俊玲评注，华夏出版社 2002 年版，第 112 页。

造等学，其本也（各国最重格致之学，英国格致会颇多，获益甚大，讲求格致新法者约十万人），语言文字，其末也。合而言之，则中学其本也，西学其末也。主以中学，辅以西学。知其缓急，审其变通，操纵刚柔，洞达政体。教学之效，其在兹乎？①

从这段记述中可以看出，郑观应一方面"分而言之"，西学也是有"本末"的，"本"就是格致、制造等学，后来也包括政教之学，"末"则是语言文字等。另一方面"合而言之"，就中学与西学关系而论，他强调"中学其本也，西学其末也"。那么西学这个"本"与中学这个"本"是什么关系呢？对此，郑观应提出了"故善学者必先明本末，更明大本末，而后可言西学"的观点，即是说中学这个"本"较西学那个"本"来说，更为重要、更为根本，是"大本"。

那么，这个"大本"具体包括什么呢？郑观应在"道器"篇给出了明确的说明，他说道：

然尧、舜、禹、汤、文、武、周、孔之道，为万世不易之大经、大本，篇中所谓法可为而道不可变者。②

可见，郑观应将中学之"大本"进行了明显的限缩，仅将其定位为抽象化的尧舜周孔"圣学之道"。这也就是说，除去这个抽象化的"圣学之道"以外，可以说都是"末"，哪怕是涉及西学之"本"的种种制度和知识。

通过这种转换，我们一方面看到，郑观应在政治立场层面，坚决贯彻了"中本西末"这个清廷和社会舆论所必须坚守的原

① （清）郑观应：《盛世危言·西学》，辛俊玲评注，华夏出版社2002年版，第112页。
② （清）郑观应：《盛世危言·道器》，辛俊玲评注，华夏出版社2002年版，第20页。

则和底线；另一方面，"大本"的提出，使中学之"本"在内容上被缩小了，这样更多的西学之"本"，可以通过这种转换，堂而皇之地进入中国，因为说到底它们有一个无伤大雅的名讳——"末"。有关这一点，郑观应在该篇的另一段话表露得更加明显。文载：

> 《新序》曰："强必以霸服，霸必以王服。"恭维我皇上天亶聪明，宅中驭外，守尧、舜、文、武之法，绍危、微、精、一之传，诚使设大小学馆以育英才，开下议院以集众益，精理农商，藉植富国之本；简练水陆，用伐强敌之谋，由强企霸，由霸图王，四海归仁，万物所得，于以拓车、书大一统之宏规而无难矣。[①]

在这段论述中，类似"开下议院"这样涉及根本性政教内容的西学之"本"，也被认为可以作为"末"，来辅助于中国之"大本"。这样一来，在早期改良派的世界里，"中本西末"这个评价心理公式已经与洋务派有了绝然的不同。

在早期改良派那里，"西末"的内容不断扩大，而"中本"的内容不断缩小。这也解释了前面提到的问题，即为什么早期改良派会将"西学中源"说的范围扩大至"礼乐刑政"，其中学之"本"的内容要远远大于洋务派。

事实上，这一时期为了弥合中学之"本"与西学之"本"同时存在的尴尬，与郑观应提出"大本末"类似的是，还有人提出了"末中之本"和"本中之本"的概念。是谓：

> 今之天下，欲弥外患非自强不可，人能知之；而自强之要之本，人固不能尽知也。简器、造船、防陆、防海，末

---

① （清）郑观应：《盛世危言·道器》，辛俊玲评注，华夏出版社 2002 年版，第 19 页。

也；练兵、选将、丰财、利众，方为末中之本；修政事、革弊法、用才能、崇朴实，本也；正人心、移风俗、新主德、精爱立，方为本中之本。得末中之本者尚难勉支强敝，得本中之本者足以永奠苞桑。①

这里朱采对中学之本末和西学之本末进行了杂糅，按照四个序列进行了排序，即洋务早期所提倡的"坚船炮舰"和"声光器电"被认为是最低等的"末"；洋务后期所讲的练兵、丰财、利众等内容被认为是"末中之本"；而早期维新派所提倡的西方的"政教制度"被认为是"本"；而中国传统"圣学"被认为是最高级的"本中之本"。对此，他解释道："人心何以正？躬化导、尊名教，其大纲也。风俗何以变？崇师儒、辨学术，其大要也。"②

总之，尽管洋务运动时期朝野知识分子在评价心理上都秉持"中本西末"观，但基于立场和认识的不同，早期改良派语境下的"中本西末"观在很多方面已经与洋务派产生了很大的不同。这些不同，一方面在很大程度上是早期改良派接受英美法知识和西学知识的结果；另一方面，他们的"中本西末"从根本上并未突破"中本"的限制。因而，这就决定了他们对英美法和西学的理解和接受程度是有限的，英美法连同背后的西学一起是中学之"大本"之外的"本"或者"末"。这也是当甲午战争后，当维新派变法改制的维新思潮席卷中国时，他们反而噤若寒蝉的原因所在。

---

① ② （清）朱采：《复许竹筼》，《清芬阁集》卷4，第23页。转引自丁伟志、陈崧：《中西体用之间——晚清文化思潮论述》，社会科学文献出版社2011年版，第146页。

四、朝野知识分子认知—评价心理背后的原因

前已述及，洋务运动时期尽管英美法在中国的输入较之鸦片战争前后已有明显不同。朝野知识分子对于它的态度已不再是冷漠与排斥，而是以一种极为复杂的心理对待它，并将其具化为"西学中源"与"中本西末"这样的认知—评价心理。甚至这一认知—评价心理在后期的某些朝野知识分子心里出现了某种有限的突破，呈现出一种别样的"中本西末"观。但是，无论怎么样，这一时期朝野知识分子仍给泱泱华夏几千年来固有传统的内核留下了位置，不仅没有彻底否定它，甚至连怀疑它都很难讲。因此，无论"中本西末"也好，别样的"中本西末"也罢，"中本"这一核心本身对于这一时期中国而言，仍是具有正当性的。

造成这一结果的原因显然是传统的力量。传统作为一种承上启下的存在，它既是一种制度，也是一种思想，更是一套特定场域下人们日常洒扫应对的信仰。用美国学者麦金泰尔的话讲，传统并非是笛卡尔（René Descartes，1596～1650 年）以降，尤其是启蒙思想家笔下那种"未经反思的智慧"，相反，它不但不违反理性，其本身就是理性的具体表现，即"传统的合理性"（the rationality of traditions）。[①] 这都不得不促使生活在这片土地上的人们对其传统保有一种发自内心的自豪感，并对其内在典章文物的良善性深信不疑。

---

① 　［美］阿拉斯戴尔·麦金泰尔，万俊人、吴海针、王今一译：《谁之正义？何种合理性?》，当代中国出版社 1996 年版，第 457～466 页。

然而，两次鸦片战争残酷的现实促使生活在这种传统中的人们，不得不开始反思他们在兹念兹的这个传统，于是，才有了上述类似"中本西末"这样的表达。正如前文所述，尽管这一时期朝野士大夫开始反思，甚至更化这种传统，但是其本质仍在在"绝对主义"哲学思维框架下对待传统的。亦即传统的典章文物仍被看成"大本"，看作绝对的，不容更改，且优于其他传统的存在。

按照麦金泰尔的理论，一个传统之所以称之为传统，并具有合理性，其自我发展、更化的过程，大致包括三个阶段：第一阶段是建立起相关的信仰、经典和权威，而生活在这个传统中的人们对此深信不疑；第二个阶段是在经过一段时间以后，传统中出现了某些问题或"各种各样的不充分性"，这些对传统构成了潜在的威胁，但尚未找到克服或补救的方法；于是在第三个阶段，经过努力，对于上述问题找到了解决办法，"那种神圣的权威因此会在这一过程的进展中免遭否定，但其话语当然可能重新阐释。"① 这即是说，经过第三个阶段，尽管传统的内核被保留了下来，但是与之前两个阶段相比，人们在此过程中对那个过去牢不可破的传统进行了新的解释。当然，我们对于这种新的解释也不能给予太高的估计，因为在本质上讲，这种新的解释并没有从根本上否定或者解构传统的核心部分，而其一定宣称传统的核心部分在这种新的解释下不仅更贴近"原教旨主义"，而且更具活力。对此，麦金泰尔说道：

> 在某一发展中达到了一定阶段的那些人，通过把他们现在对世界的判断，或至少是对世界一部分的判断，与当时判

---

① ［美］阿拉斯戴尔·麦金泰尔：《谁之正义？何种合理性?》，万俊人、吴海针、王今一译，当代中国出版社1996年版，第464~465页。

断的结果进行比较，便能回顾并找出他们自己以前理智的不足或其前辈理智的不足。[①]

具体结合本文，可以看到，清末自海禁大开以来，当传统受到来自欧风美雨的强势冲击，传统中国遭遇到麦金泰尔前述提及第二阶段的"潜在威胁"，开始朝第三个阶段转化时，传统中国为了赓续传统，自然会对传统进行反思，看看自己的传统究竟哪里出了问题？为什么会这样？该如何应对？很明显，两次鸦片战争之前，作为"天朝上国"的中国不会主动产生这些这些想法，相反，之后的洋务运动时期，朝野知识分子的上述表达与实践，实际上都在说明他们在对被冲击的传统做着"新的阐释"。当然，与过去历史不同的是，面对"三千年未有之大变局"，这一时期朝野知识分子的"新阐释"所依凭的和所面对的都是传统农业文明所不曾遇见过的工业文明全新且不同质的知识。当然，借助这套新知识所给出"新的阐释"，如"西学中源""中本西末""中体西用"等，显然是过去不曾有的，但是这套"新的阐释"的框架仍然未超出传统。"新的阐释"探究的最终依据还是来源于历史经验，强调的仍然是"中国之所以为中国"这种特殊性，而非西方笛卡尔出发点式的探究，也非黑格尔那种终点式的探究。[②]

中国对待传统这种探究的合理性在于：它不仅使得传统具有某种延续性，陈陈相因，自成一体；而且使得任何赓续传统的努力具有某种正当性，即所谓"周虽旧邦，其命维新"。

然而，这种探究传统的方式也是存在问题的。申言之，当这

---

① ［美］阿拉斯戴尔·麦金泰尔：《谁之正义？何种合理性？》，万俊人、吴海针、王今一译，当代中国出版社 1996 年版，第 468 页。
② 参见［美］阿拉斯戴尔·麦金泰尔：《谁之正义？何种合理性？》，万俊人、吴海针、王今一译，当代中国出版社 1996 年版，第 470～471 页。

种具有"绝对主义"色彩的传统通过"新的阐释"能够应对危机，即通过前面麦金泰尔提到的第三个阶段的工作使得传统重新获得活力时，传统还能得以维系，得以继续。但问题是，当这个传统即便通过"新的阐释"无法应对问题时，这种具有"绝对主义"色彩的传统就面临着破产的危险，呈现出"认识论危机"（epistemological crisis）。对于这种通过传统框架无法解决的"知识论危机"，麦金泰尔这样描写道：

> 在任何阶段，任何被构成传统探究都可能发生这样的情况：通过以它自身进步的标准来衡量，它已经无法再获得进步了。迄今为止人们信得过的探究方法已变得无效了。对关键问题的各种对立答案的冲突，再也无法得到合理解决。更有甚者，实际上有可能发生这样的情况：即探究方法和争论形式的运用（通过这种方式，取得了迄今为止的合理性进步），开始产生越来越多地暴露新的不充分性、暴露至今尚未意识到的不连贯性、以及新的问题的后果，而在业已确立的信仰结构内部，似乎没有足够的资源或者根本没有任何资源解决这些新问题。①

"认识论危机"不仅意味着具有"绝对主义"色彩的传统无法维系，被迫承认他传统存在的"相对主义"哲学思维框架；而且在"相对主义"哲学思维框架下的固有传统和他传统也并非是相互平行，无法比较，不分优劣的。相反，当一个传统遭遇"认识论危机"，它必须借助于他传统帮助其"续命"，这一过程就使得两种传统不仅可以比较，而且在这一时刻它们在价值上是存在优劣的。这即是说在"认识论危机"之下，不仅任何自认

---

① ［美］阿拉斯戴尔·麦金泰尔：《谁之正义？何种合理性？》，万俊人、吴海针、王今一译，当代中国出版社 1996 年版，第 473 页。

为具有"绝对主义"色彩的传统无法继续"绝对",被降格为"相对主义"意义上的存在;而且这种"相对主义"意义上的存在如果还想继续存在,就必须借助另一个有生命力的他传统,在批判、质疑原有传统内核的基础上,彻底改变自己。对此,麦金泰尔将这种"有生命力的他传统"的特征及其与旧传统的关系概括为:

> 真正解决认知论危机的办法要求发明或发现新的概念和建构某种或几种新的理论来满足三个高度严格的要求。第一,这个在某种程度上全新的和概念上丰富了的图式,如果要结束认识论危机,必须以系统和连贯的方式,给那些以前证明是难以处理的问题提供解决办法。第二,它还必须解释在这种传统获得新的资源之前,是什么原因使得它成为瘫痪无能的或不连贯的,或两者兼而有之的。第三,必须用这样一种方式来完成前两项任务:即展示这种新的概念结构和理论结构与藉此一直规定着该探究传统的那些共享信仰之间的某种基本的连续性。①

同时,"相对主义"者的哲学命题(每一种传统必须永远按照那些标准来得以维护,因为它提供自己的合理性证明标准)也就跟着破产了。② 尽管在这里麦金泰尔注意到他传统与旧传统之间应具有连续性,但他特别强调克服"认识论危机"的新理论和概念结构"绝不会从那些早期的立场中派生出来",是与传统发展第三个阶段解决问题的方式有本质区别的。③ 更为重要的

---

① [美]阿拉斯戴尔·麦金泰尔:《谁之正义? 何种合理性?》,万俊人、吴海针、王今一译,当代中国出版社1996年版,第473~474页。
② 参见[美]阿拉斯戴尔·麦金泰尔:《谁之正义? 何种合理性?》,万俊人、吴海针、王今一译,当代中国出版社1996年版,第476页。
③ [美]阿拉斯戴尔·麦金泰尔:《谁之正义? 何种合理性?》,万俊人、吴海针、王今一译,当代中国出版社1996年版,第474页。

是，从价值上来看，这种帮助旧传统"续命"的他传统是"更有洞见的"，它一方面使旧传统"得以幸存和繁荣"，另一方面，它凸显了他传统在何时何地较旧传统而言，才更具意义。①

以此为据，我们认为：前述所概括、抽象出的洋务运动时期朝野知识分子对英美法的认知—评价心理及其所出现的有限突破或者说是尴尬的表达，很大程度上是因为他们在根本上没有认识到清末之变实际上是中国固有传统遭遇了"认识论危机"，仍旧采取传统应对危机方式对待之的缘故。

面对"华夷隔绝之天下"变为"中外联属之天下"的现实，当时尽管不乏薛福成、郑观应等有识之士发现了此一变化不同于以往，但是他们尚无力从更为深入层面和更具理论化的角度阐释此种变化，因而，他们注定只能从麦金泰尔前述所说传统发展第三个阶段所使用的方式思考它、应对它。笔者这里并不是苛责古人，只是想表达他们的阐释在当时不仅是符合时代的，而且也是注定的。甚至国人对此认识的茫然无知，一直持续到五四运动时期，即梁启超所概括的"器物—制度—文化"。这一过程因为无法预计，所以只能通过历史的发展，固有方式、努力的不断受挫，通过时间才能感悟和获得。对此过程，麦金泰尔非常形象地描述道：

> 每一种传统，不管它是否意识到这一事实，都面临着这样一种可能性：在将来某个时候，它将会陷入认识论危机的状态，它通过其自身合理性证明的标准可以意识到这种情况。但这些标准本身却一直都被当作在该传统的发展史上所出现的最佳标准来加以维护。一切试图想调动想象性和发明

---

① 参见［美］阿拉斯戴尔·麦金泰尔：《谁之正义？何种合理性？》，万俊人、吴海针、王今一译，当代中国出版社 1996 年版，第 475 页。

的资源、即试图调动该传统之信奉者所能提供的资源之企图，都有可能失败，或者，对于补救该探究传统所陷入的无能与不连贯性无能无力；或者会揭露或造成新的疑难问题，显露出新的缺陷和新的局限。时逝如水，但人们依旧是束手无策，没有任何新的资源和解决办法。①

因此，这也就注定了洋务运动时期的朝野知识分子在面对英美法时，一方面他们无法摆脱"绝对主义"的思想框架，站在一个"相对主义"的哲学立场去正视它们、理解它们；另一方面，在无法意识到"认识论危机"的情况下，更无法用他传统的法政知识去质疑或者从根本上置换掉关涉固有传统中核心的部分，并论证这种质疑和置换本身的正当性。

---

① ［美］阿拉斯戴尔·麦金泰尔：《谁之正义？何种合理性?》，万俊人、吴海针、王今一译，当代中国出版社 1996 年版，第 475～476 页。

参考文献

［1］（清）斌椿：《乘槎笔记·诗二种》，引自钟叔河编：《走向世界丛书Ⅰ》，岳麓书社 2008 年版。

［2］（清）张德彝：《航海述奇》，引自钟叔河编：《走向世界丛书Ⅰ》，岳麓书社 2008 年版。

［3］（清）张德彝：《随使英俄记》，引自钟叔河编：《走向世界丛书Ⅶ》，岳麓书社 2008 年版。

［4］（清）志刚：《初使泰西记》，引自钟叔河编：《走向世界丛书Ⅰ》，岳麓书社 2008 年版。

［5］（清）刘锡鸿：《英轺私记》，引自钟叔河编：《走向世界丛书Ⅶ》，岳麓书社 2008 年版。

［6］（清）黎庶昌：《西洋杂志》，引自钟叔河编：《走向世界Ⅵ》，岳麓书社 2008 年版。

［7］（清）郭嵩焘：《伦敦与巴黎日记》，引自钟叔河编：《走向世界丛书Ⅳ》，岳麓书社 2008 年版。

［8］（清）曾纪泽：《出使英法俄日记》，引自钟叔河编：《走向世界丛书Ⅴ》，岳麓书社 2008 年版。

［9］（清）薛福成：《出使英法义比四国日记》，引自钟叔河编：《走向世界丛书Ⅷ》，岳麓书社 2008 年版。

［10］（清）薛福成：《出使日记续刻》，引自钟叔河编：《走向世界丛书Ⅷ》，岳麓书社 2008 年版。

［11］（清）王韬：《漫游随录》，引自钟叔河编：《走向世界

中南财经政法大学"双一流"建设文库

丛书Ⅵ》，岳麓书社 2008 年版。

[12]（清）黄遵宪：《日本杂事诗〔广注〕》，引自钟叔河编：《走向世界丛书Ⅲ》，岳麓书社 2008 年版。

[13]（清）祁兆熙：《游美洲日记》，引自钟叔河编：《走向世界丛书Ⅱ》，岳麓书社 2008 年版。

[14]（清）陈兰彬：《使美记略》，引自钟叔河、曾德明、杨云辉主编：《走向世界丛书》，岳麓书社 2016 年版。

[15]（清）张荫桓：《三洲日记》，上下册，引自钟叔河、曾德明、杨云辉主编：《走向世界丛书》，岳麓书社 2016 年版。

[16]（清）崔国因：《出使美日秘国日记》，上下册，引自钟叔河、曾德明、杨云辉主编：《走向世界丛书》，岳麓书社 2016 年版。

[17]（清）蔡钧：《出洋琐记》，引自钟叔河、曾德明、杨云辉主编：《走向世界丛书》，岳麓书社 2016 年版。

[18]（清）邹代钧：《西征纪程》，引自钟叔河、曾德明、杨云辉主编：《走向世界丛书》，岳麓书社 2016 年版。

[19]（清）张祖翼：《伦敦竹枝词》，引自钟叔河、曾德明、杨云辉主编：《走向世界丛书》，岳麓书社 2016 年版。

[20]（清）傅云龙：《游历美利加图经》，上中下册，朝华出版社 2019 年版。

[21]（清）刘启彤：《英政概》，引自王锡祺编：《小方壶斋舆地丛钞》，第十一帙。

[22]（清）冯桂芬：《校邠庐抗议》，上海书店出版社 2002 年版。

[23]（清）郭嵩焘：《郭嵩焘诗文集》，岳麓书社 1984 年版。

[24]（清）郭嵩焘：《郭嵩焘奏稿》，岳麓书社 1983 年版。

[25]（清）何启、胡礼垣：《新政真诠（一）》，广西师范大学出版社 2015 年版。

[26]（清）胡礼垣翻译，（清）何启鉴定：《西律便览》。

[27]（清）王韬：《弢园文录外编》，上海书店出版社 2002 年版。

[28]（清）王韬：《弢园文新编·与周弢甫征君》，引自钱钟书主编：《中国近代学术名著》，生活·读书·新知三联书店 1998 年版。

[29]（清）郑观应：《盛世危言》，辛俊玲评注，华夏出版社 2002 年版。

[30]（清）王之春：《清朝柔远记》，中华书局 2008 年版。

[31]（清）朱寿朋：《光绪朝东华录》，第 1 册，中华书局 1984 年版。

[32]（清）曾国藩：《曾国藩全集》，岳麓书社 1994 年版。

[33] 上海图书馆整理：《江南制造局译书汇编》，政史类，第 1 册，上海科学文献出版社 2012 年版。

[34] 上海图书馆整理：《江南制造局译书汇编》，政史类，第 4 册，上海科学文献出版社 2012 年版。

[35] 上海图书馆整理：《江南制造局译书汇编》，政史类，第 5 册，上海科学文献出版社 2012 年版。

[36] 海关总署《中外旧约章大全》编纂委员会编：《中外旧约章大全（中国与英国）》，中国海关出版社 2004 年版。

[37] 黄嘉谟：《中美关系史料》（光绪朝一），"台湾中央研究院近代史研究所"，1988 年版。

[38] 马文忠、任青编：《薛福成卷》，中国人民大学出版社 2015 年版。

［39］薛毓良、刘晖桢：《钟天纬集》，上海交通大学出版社 2018 年版。

［40］夏东元：《郑观应集》，上册，上海人民出版社 1982 年版。

［41］陈铮：《黄遵宪全集》，中华书局 2005 年版。

［42］郑海麟：《黄遵宪传》，中华书局 2006 年版。

［43］王梦珂点校：《马建忠集》，中华书局 2013 年版。

［44］李天纲：《万国公报文选》，生活·读书·新知三联书店 1998 年版。

［45］朱有瓛：《中国近代学制史料》第 1 辑（上册），华东师范大学出版社 1983 年版。

［46］［美］卫三畏：《中国总论》，陈俱译、陈绛校，上海古籍出版社 2014 年版。

［47］［美］吴尔玺：《公法便览》，［美］丁韪良等译，同文馆，1878 年。

［48］［英］艾约瑟等：《西学启蒙两种》，引自钟叔河、曾德明、杨云辉主编：《走向世界丛书》，岳麓书社 2016 年版。

［49］［瑞士］步伦：《公法会通》，［美］丁韪良等译，乐善堂，1880 年。

［50］［英］钱伯斯兄弟编纂：《佐治刍言》，傅兰雅口译，应祖锡笔述，上海书店出版社 2002 年版。

［51］［美］丁韪良：《西学考略》，赖其深校点，引自钟叔河、曾德明、杨云辉主编：《走向世界丛书》，岳麓书社 2016 年版。

［52］［美］惠顿：《万国公法》，丁韪良译，上海书店出版社 2002 年版。

［53］［德］查尔斯·马顿斯：《星轺指掌》，（清）联芳、

庆常译，中国政法大学出版社 2006 年版。

［54］［英］伟烈亚力：《1867 年以前来华基督教传教士列传及著作目录》，倪文君译，广西师范大学出版社 2011 年版。

［55］"台湾中央研究院近代史研究所"编：《近代中国对西方列强认识资料汇编》，1986 年版。

［56］《万国公报》。

［57］陈尚胜：《中国传统对外关系的思想、制度与政策》，山东人民出版社 2007 年版。

［58］陈廷湘、周鼎：《天下、世界、国家—近代中国对外观念演进史论》，上海三联书店 2008 年版。

［59］丁凤麟：《薛福成评传》，上册，南京大学出版社 2005 年版。

［60］丁伟志、陈崧：《中西体用之间—晚清文化思潮论述》，社会科学文献出版社 2011 年版。

［61］葛兆光：《思想史研究课堂讲录》，生活·读书·新知三联书店 2005 年版。

［62］葛兆光：《中国思想史》，下册，复旦大学出版社 2009 年版。

［63］顾长声：《从马礼逊到司徒雷登来华传教士评传》，上海书店出版社 2005 年版。

［64］何绍斌：《越界与想象：晚清新教传教士译介史论》，上海三联书店 2008 年版。

［65］胡代聪：《晚清时期的外交人物和外交思想》，世界知识出版社 2012 年版。

［66］胡门祥：《晚清中英条约关系研究》，湖南人民出版社 2010 年版。

［67］吉少甫：《中国出版简史》，学林出版社1991年版。

［68］赖骏楠：《国际法与晚清中国：文本、事件与政治》，上海人民出版社2015年版。

［69］李焱胜：《中国报刊图史》，湖北人民出版社2005年版。

［70］李育民：《近代中国的条约制度》，湖南人民出版社2010年版。

［71］李文杰：《中国近代外交官群体的形成（1861～1911）》，生活·读书·新知三联书店2017年版。

［72］李栋：《鸦片战争前后英美法知识在中国的输入与影响》，中国政法大学出版社2013年版。

［73］梁碧莹：《陈兰彬与晚清外交》，广东人民出版社2011年版。

［74］林学忠：《从万国公法到公法外交：晚清国际法的传入、诠释与应用》，上海古籍出版社2009年版。

［75］刘禾：《帝国的话语政治：从近代中西冲突看现代世界秩序的形成》，生活·读书·新知三联书店2014年版。

［76］刘晓莉：《晚清早期驻英公使研究（1894年以前）》，河南人民出版社2008年版。

［77］刘悦斌：《薛福成外交思想研究》，学苑出版社2011年版。

［78］楼宇烈：《康南海自编年谱》，中华书局1992年版。

［79］马一：《晚清驻外公使群体研究》，广西师范大学出版社2019年版。

［80］潘光哲：《晚清士人的西学阅读史（一八三三～一八九八）》，凤凰出版社2019年版。

［81］戚其章：《晚清社会思潮演进史》，中华书局2012年版。

［82］钱钟书：《中国近代学术名著》，生活·读书·新知三联书店 1998 年版。

［83］田涛：《国际法输入与晚清中国》，济南出版社 2001 年版。

［84］汪晖：《中国现代思想的兴起》，第 2 卷，生活·读书·新知三联书店 2004 年版。

［85］汪荣祖：《走向世界的挫折——郭嵩焘与道咸同光时代》，中华书局 2006 年版。

［86］汪熙：《中美关系史论丛》，复旦大学出版社 1985 年版。

［87］王宏斌：《晚清海防：思想与制度研究》，商务印书馆 2005 年版。

［88］王健：《沟通两个世界的意义——晚清西方法的输入与法律新词初探》，中国政法大学出版社 2001 年版。

［89］王健：《西方法学邂逅中国传统》，知识产权出版社 2019 年版。

［90］王立群：《中国早期口岸知识分子形成的文化特征——王韬研究》，北京大学出版社，2009 年。

［91］王立新：《美国传教士与晚清中国现代化》，天津人民出版社 2008 年版。

［92］王林：《西学与变法——〈万国公报〉研究》，齐鲁书社 2004 年版。

［93］王人博：《中国近代的宪政思潮》，法律出版社 2003 年版。

［94］乔飞：《从清末教案看中西法律文化冲突》，中国政法大学出版社 2012 年版。

［95］萧功秦：《儒家文化的困境：近代士大夫与中西文化

碰撞》，广西师范大学出版社 2006 年版。

［96］熊月之：《晚清新学书目提要》，上海书店出版社 2007 年版。

［97］熊月之：《西学东渐与晚清社会》，中国人民大学出版社 2011 年版。

［98］熊月之：《中国近代民主思想史》，上海社会科学院出版社 2002 年版。

［99］石元康：《从中国文化到现代性：典范转移?》，生活·读书·新知三联书店 2000 年版。

［100］杨焯：《丁译〈万国公法〉研究》，法律出版社 2015 年版。

［101］杨代春：《〈万国公报〉与晚清中西文化交流》，湖南人民出版社 2002 年版。

［102］杨玉圣：《中国人的美国观——一个历史的考察》，复旦大学出版社 1997 年版。

［103］尹德祥：《东海西海之间：晚清使西日记中的文化观察、认证与选择》，北京大学出版社 2009 年版。

［104］张礼恒：《何启、胡礼垣评传》，南京大学出版社 2005 年版。

［105］张述祖等：《西方心理学家文选》，人民教育出版社 1984 年版。

［106］张志春：《王韬年谱》，河北教育出版社 1994 年版。

［107］张志勇：《赫德与晚清中英外交》，上海书店出版社 2012 年版。

［108］张朋园：《近代知识分子与近代中国的现代化》，百花洲文艺出版社 2002 年版。

[109] 张卫明:《晚清对外交涉中的国际法运用》,人民出版社 2016 年版。

[110] 赵晓兰、吴潮:《传教士中文报刊史》,复旦大学出版社 2011 年版。

[111] 邹小站:《西学东渐:迎拒与选择》,四川人民出版社 2008 年版。

[112] 邹振环:《影响中国近代社会的一百种著作》,中国对外翻译出版公司 1994 年版。

[113] 钟叔河:《走向世界——中国人考察西方的历史》,中华书局 2010 年版。

[114] 尹新华:《晚清中国与国际公约》,湖南人民出版社 2011 年版。

[115] 李明倩:《〈威斯特伐利亚和约〉与近代国际法》,商务印书馆 2018 年版。

[116] 段怀清:《传教士与晚清口岸文人》,广东人民出版社 2007 年版。

[117] 卢明玉:《译与异——林乐知译述与西学传播》,首都经济贸易大学出版社 2010 年版。

[118] 虞和平、谢放:《中国近代通史·早期现代化的尝试》,江苏人民出版社 2007 年版。

[119] 张晓编著:《近代汉译西学书目提要》,北京大学出版社 2012 年版。

[120] [美] 贝纳特:《传教士新闻工作者在中国——林乐知和他的杂志 (1860～1883)》,金莹译,广西师范大学出版社 2014 年版。

[121] [美] 费正清:《伟大的中国革命》,刘尊棋译,世界

知识出版社 2000 年版。

[122]［美］费正清、邓嗣禹：《冲击与回应：从历史文献看近代中国（1839～1923）》，陈少卿译，民主与建设出版社2019 年版。

[123]［美］柯文：《在传统与现代之间：王韬与晚清改革》，雷颐、罗检秋译，江苏人民出版社 2006 年版。

[124]［美］邱彰：《龙与鹰的搏斗—美国华人法律史》，中国政法大学出版社 2015 年版。

[125]［美］卫斐列：《卫三畏生平及书信——一位美国来华传教士的心路历程》，顾钧、江莉译，广西师范大学出版社2004 年版。

[126]［美］徐中约：《中国近代史：1600～2000 中国的奋斗》，计秋枫、朱庆葆译，世界图书出版公司 2008 年版。

[127]［美］徐中约：《中国进入国际大家庭：1858～1880年间的外交》，屈文生译，商务印书馆 2018 年版。

[128]［美］列文森：《儒教中国及其现代命运》，中国社会科学出版社 2001 年版。

[129]［美］芮玛丽：《同治中兴：中国保守主义的最后抵抗（1862～1874）》，房德邻等译，中国社会科学出版社 2002年版。

[130]［美］阿拉斯戴尔·麦金泰尔：《谁之正义？何种合理性?》，万俊人、吴海针、王今一译，当代中国出版社 1996年版。

[131]［美］丹尼斯·塞诺：《丹尼斯·塞诺内亚研究文选》，北京大学历史系民族史教研室译，中华书局 2006 年版。

[132]［日］佐藤慎一：《近代中国的知识分子与文明》，刘

岳兵译，江苏人民出版社 2011 年版。

［133］［日］沟口雄三：《作为方法的中国》，孙军悦译，生活·读书·新知三联书店 2011 年版。

［134］何勤华：《〈万国公法〉与清末国际法》，载于《法学研究》2001 年第 5 期。

［135］何勤华：《比较法在中国》，载于《法学研究》2006 年第 6 期。

［136］何云鹏：《薛福成法律思想述略》，载于《北华大学学报（社会科学版）》2005 年第 5 期。

［137］贺卫方：《英美法与中国（代引言）》，载于《比较法研究》1991 年第 4 期。

［138］范忠信、叶峰：《中国法律近代化与大陆法系的影响》，载于《河南政法管理干部学院学报》2003 年第 1 期。

［139］范忠信：《法制（治）中国化：历史法学的中国使命（论纲）》，载于《理论月刊》2011 年第 1 期。

［140］封丽霞：《偶然还是必然：中国近现代选择与继受大陆法系法典化模式原因分析》，载于《金陵法律评论》2003 年春季卷。

［141］高鸿钧：《比较法律文化视域的英美法》，载于《中外法学》2012 年第 3 期。

［142］乐爱国：《从儒家文化的角度看'西学中源'说的形成》，载于《自然辩证法研究》2002 年第 10 期。

［143］李贵连：《〈法国民法典〉的三个中文译本》，载于《比较法研究》1997 年第 1 期。

［144］李贵连：《近代中国法律的变革与日本影响》，载于《比较法研究》1994 年第 1 期。

［145］李章鹏：《〈列国岁计政要〉的翻译出版及其意义》，载于《统计研究》2015 年第 9 期。

［146］李红海：《当下中国英美法研究的评述》，引自易继明主编：《私法》，华中科技大学出版社 2011 年版。

［147］李维琦：《〈出使美日秘国日记〉读后》，引自钟叔河、曾德明、杨云辉主编：《走向世界丛书》，岳麓书社 2016 年版。

［148］梁治平：《法律史的视界：方法、旨趣与范式》，载于《中国文化》2002 年第 19、20 期。

［149］罗尔纲：《上太平军书的黄畹考》，载于《国学季刊》1934 年，卷 4，第 2 期。

［150］冷霞：《近代英国法律知识的大众传播及其中国影响——以〈人人自为律师〉的译介为例》，载于《华东政法大学学报》2018 年第 6 期。

［151］刘保刚：《论晚清士大夫公法观念的演变》，载于《浙江学刊》1999 年第 3 期。

［152］刘悦斌：《薛福成对近代国际法的接受和运用》，载于《河北师范大学学报（哲学社会科学版）》1998 年第 2 期。

［153］戚其章：《从"中本西末"到"中体西用"》，载于《中国社会科学》1995 年第 1 期。

［154］孙邦华：《论傅兰雅在西学汉译中的杰出贡献》，载于《南京社会科学》2006 年第 4 期。

［155］田涛、李祝环：《清末翻译外国法学书籍评述》，载于《中外法学》2000 年第 3 期。

［156］王培培：《朝贡体系与条约体系》，载于《社科纵横》2011 年第 8 期。

［157］王扬宗：《江南制造局翻译书目新考》，载于《中国

科技史料》1995 年第 2 期。

[158] 萧永宏：《王韬与郑观应交往论略——兼及王韬对郑观应思想之影响》，载于《江苏社会科学》2016 年第 5 期。

[159] 崔丽娟：《郭嵩焘洋务思想新论》，载于《广西师范大学学报（哲学社会科学）》1990 年第 2 期。

[160] 杨泽伟：《近代国际法输入中国及其影响》，载于《法学研究》1999 年第 3 期。

[161] 姚中秋：《普通法之道》，引自易继明主编：《私法》，华中科技大学出版社 2011 年版。

[162] 袁伟时：《从林则徐到郭嵩焘》，载于《近代史研究》1991 年第 5 期。

[163] 张建华：《郭嵩焘与万国公法会》，载于《近代史研究》2003 年第 1 期。

[164] 张明悟：《〈西学中源〉说论证方式的历史考察》，载于《自然辩证法通讯》2018 年第 6 期。

[165] 张锐智：《黄遵宪〈日本国志〉中的法治思想论析》，载于《日本研究》2007 年第 4 期。

[166] 张锐智：《试论黄遵宪〈日本国志〉对中国近代刑法改革的影响》，载于《比较法研究》2006 年第 6 期。

[167] 张用心：《〈万国公法〉的几个问题》，载于《北京大学学报（哲学社会科学版）》2005 年第 5 期。

[168] 张文涛：《公法抑或虚礼：试论曾纪泽的公法观》，载于《武陵学刊》2012 年第 4 期。

[169] 周威：《黄遵宪使用宪法语词考》，载于《日本研究》2016 年第 3 期。

[170] 庄竺华：《郭嵩焘是早期维新派的先驱者之一》，载

于《求索》1992 年第 2 期。

［171］邹振环：《京师同文馆及其译书简述》，载于《出版史料》1989 年第 2 期。

［172］［加拿大］施吉瑞：《金山三年苦：黄遵宪使美研究的新材料》，孙洛丹译，载于《中山大学学报（社会科学版）》2016 年第 1 期。

［173］赖其深：《晚清关于美国与古巴的早期记录》，引自钟叔河、曾德明、杨云辉主编：《走向世界丛书》，岳麓书社2016 年版。

［174］杨玉圣：《中国人的美国宪法观》，引自杨玉圣：《美国历史散论》，辽宁大学出版社 1994 年版。

［175］胡其柱：《蔡锡勇〈美国合邦盟约〉译本考论》，载于《学术研究》2011 年第 3 期。

［176］胡其柱：《蔡锡勇和他的〈美国合邦盟约〉》，载于《读书》2018 年第 10 期。

［177］钟叔河：《容闳与〈西学东渐〉》，引自钟叔河编：《走向世界丛书Ⅱ》，岳麓书社 2008 年版。

［178］钟叔河：《1872～1881 年间的留美幼童》，引自钟叔河编：《走向世界丛书Ⅱ》，岳麓书社 2008 年版。

［179］鄢琨：《抗争与无奈——张荫桓出使三洲的得与失》，引自钟叔河、曾德明、杨云辉主编：《走向世界丛书》，岳麓书社 2016 年版。

［180］鄢琨：《一位晚清游历使眼中的美洲印象》，引自钟叔河、曾德明、杨云辉主编：《走向世界丛书》，岳麓书社 2016 年版。

［181］鄢琨：《一个地理学者的观察》，引自钟叔河、曾德

明、杨云辉主编:《走向世界丛书》,岳麓书社 2016 年版。

[182] 穆易:《与西班牙外事交往的早期记录》,引自钟叔河、曾德明、杨云辉主编:《走向世界丛书》,岳麓书社 2016 年版。

[183] 穆易:《诗人笔下的异域风情》,引自钟叔河、曾德明、杨云辉主编:《走向世界丛书》,岳麓书社 2016 年版。

[184] 赖其深:《晚清介绍西学的一套启蒙丛书》,引自钟叔河、曾德明、杨云辉主编:《走向世界丛书》,岳麓书社 2016 年版。

[185] 黄涛涛、马腾:《近代比较法研究的"格义附会"现象分析》,引自徐昕主编:《司法·近代司法专号》,厦门大学出版社 2012 年版。

[186] 郑家栋:《列文森与〈儒教中国及其现代命运〉》,引自[美]列文森:《儒教中国及其现代命运》,郑大华、任菁译,中国社会科学出版社 2001 年版。

[187] 马剑银:《英美法在近代中国 1840～1949》,引自高鸿钧等主编:《英美法原论》,下册,北京大学出版社 2013 年版。

[188] 王尔敏、郝延平:《中国人对西方关系看法的变化,1840～1895 年》,引自[美]费正清、刘广京编:《剑桥中国晚清史(1800～1900)》,下册,中国社会科学出版社 2007 年版。